HISTÓRIA DA SEXUALIDADE 4

Michel Foucault

HISTÓRIA DA SEXUALIDADE 4

AS CONFISSÕES DA CARNE

Edição estabelecida por
Frédéric Gros

Tradução de
Heliana de Barros Conde Rodrigues
Vera Portocarrero

8ª edição

PAZ & TERRA
Rio de Janeiro / São Paulo
2025

Cet ouvrage a bénéficié du soutien des Programmes d'aides à la publication de l'Institut Français.
Este livro contou com o apoio à publicação do Institut Français.

Liberté
Égalité
Fraternité

Título original: *Les Aveux de la chair (Histoire de la sexualité IV)*

EDITORA PAZ & TERRA
Rua Argentina, 171, 3º andar – São Cristóvão
Rio de Janeiro, RJ – 20921-380
http://www.record.com.br

Texto revisado segundo o novo Acordo Ortográfico da Língua Portuguesa.

CIP-BRASIL. CATALOGAÇÃO NA PUBLICAÇÃO
SINDICATO NACIONAL DOS EDITORES DE LIVROS, RJ

F86h Foucault, Michel, 1926-1984.
História da sexualidade 4: as confissões da carne / Michel Foucault; [compilação] Frédéric Gros; tradução Heliana de
8ª ed. Barros Conde Rodrigues, Vera Portocarrero. – 8ª ed. –
Rio de Janeiro: Paz e Terra, 2025.
(Biblioteca de filosofia)

Título original: Les aveux de la chair (historie de la sexualité IV)
ISBN 978-85-7753-454-8

1. Comportamento sexual – História. I. Gros, Frédéric. II. Rodrigues, Heliana de Barros Conde. III. Portocarrero, Vera. IV. Título. V. Série.

CDD: 20-64279
20-64279 CDU: 316.83

Leandra Felix da Cruz Candido – Bibliotecária – CRB-7/6135

Coleção Biblioteca de Filosofia
Impresso no Brasil
2025

Sumário

Advertência

Em 1976, Michel Foucault publica – com o título de *A vontade de saber*[1] – o primeiro tomo de uma *História da sexualidade* cuja quarta capa anuncia uma próxima sequência em cinco volumes, respectivamente intitulados: 2. *A carne e o corpo*; 3. *A cruzada das crianças*; 4. *A mulher, a mãe e a histérica*; 5. *Os perversos*; 6. *População e raças*. Nenhuma destas obras aparecerá. Os arquivos Foucault[2] depositados na Biblioteca Nacional da França (Departamento de Manuscritos) apresentam, contudo, ao menos dois títulos (*A carne e o corpo*[3] e *A cruzada das crianças*[4]) que já haviam sido objeto de uma primeira redação importante.

Em 1984, pouco antes da morte de Michel Foucault, aparecem os tomos II e III[5] desta *História da sexualidade*

---

1 Paris: Gallimard, 1976. Col. "Bibliothèque des Histoires". [Rio de Janeiro: Graal, 1977.]

2 Trata-se de aproximadamente quarenta mil folhas que compreendem os manuscritos preparatórios (cursos, conferências, artigos etc.), bem como as notas de leitura de Michel Foucault. Estão divididas numa centena de caixas sob o registro NAF 28730.

3 Caixas LXXXVII a LXXXIX.

4 Caixas XLIV e LI.

5 *O uso dos prazeres* e *O cuidado de si* acabaram de ser impressos em francês em 12 de abril e em 30 de maio de 1984, respectivamente. Daniel Defert indica em sua "Cronologia" que Pierre Nora leva a Foucault, hospitalizado na Salpêtrière, em 20 de junho (ele morrerá no dia 25), um exemplar do *Souci de soi* [*Cuidado de si*, 1984] (Michel Foucault. *Oeuvres*. Paris: Gallimard, 2005. Col. "Bibliothèque de la Pléiade", t. I, p. XXXVIII. Edição estabelecida sob a direção de Frédéric Gros).

iniciada oito anos antes,[6] mas seu conteúdo está muito distante do projeto inicial, como o anunciam, ao mesmo tempo, o capítulo "Modificações", de *O uso dos prazeres* ("Esta série de pesquisas surge mais tarde do que eu previra e de uma forma inteiramente diferente..."[7]), e um "favor inserir", colocado dentro dos volumes no momento da publicação. O projeto de estudar o dispositivo biopolítico moderno da sexualidade (séculos XVI-XIX) – parcialmente tratado nos cursos do Collège de France – foi abandonado em proveito da problematização – mediante a releitura dos filósofos, médicos, oradores etc., da Antiguidade greco-romana – do prazer sexual na perspectiva histórica de uma genealogia do sujeito de desejo, e no horizonte conceitual das artes da existência. O tomo IV, consagrado à problematização da carne pelos Padres cristãos dos primeiros séculos (de Justino a santo Agostinho), inscreve-se no prolongamento desta nova *História da sexualidade*, defasada de uma boa dezena de séculos com relação ao projeto inicial, e tendo como ponto de gravitação a constituição de uma ética do sujeito. O "favor inserir" de 1984 foi concluído assim:

6 Não se pode, contudo, falar de "vazio editorial": além dos muito numerosos artigos publica dos entre 1976 e 1984 (reproduzidos em *Dits et écrits*. Paris: Gallimard, 1994. Col. "Bibliothèque des sciences humaines", 4 v. Edição estabelecida por Daniel Defert e François Ewald; reed. col. "Quarto", 2001, 2 v.) [*Ditos e escritos*, 10 v. Rio de Janeiro: Forense Universitária, 1999 a 2014], podemos mencionar a edição das lembranças de um "pseudo-hermafrodita" (*Herculine Barbin, dite Alexina B*. Paris: Gallimard, 1978. Col. "Les vies parallèles") [*Herculine Barbin: o diário de um hermafrodita*. Rio de Janeiro: Francisco Alves, 1982] e *Le Désordre des familles* (Paris: Gallimard, 1982. Col. "Archives"), feita com Arlette Farge.

7 *L'Usage des plaisirs*, *in Oeuvres*, t. II, pp. 739-748.

Daí, finalmente, uma centralização deste vasto estudo sobre a genealogia do homem do desejo, desde a Antiguidade clássica até os primeiros séculos do cristianismo. E distribuição em três volumes que formam um todo:

– *O uso dos prazeres* estuda a maneira pela qual o comportamento sexual foi refletido pelo pensamento grego clássico [...]. De que modo também o pensamento médico e filosófico elaborou este "uso dos prazeres" – *Khrêsis aphrodisiôn* – e formulou alguns temas de austeridade que iriam se tornar recorrentes em quatro grandes eixos da experiência: a relação com o corpo, a relação com a esposa, a relação com os rapazes, e a relação com a verdade.

– *O cuidado de si* analisa esta problematização nos textos gregos e latinos dos dois primeiros séculos de nossa era, e a inflexão que sofre numa arte de viver dominada pela preocupação consigo mesmo.

– *As confissões da carne* tratarão enfim da experiência da carne, nos primeiros séculos do cristianismo, e, nesta, do papel da hermenêutica bem como o da decifração purificadora do desejo.

A gênese desta última obra é complexa. Deve-se lembrar que em *História da sexualidade* "primeira maneira", as práticas e as doutrinas cristãs de confissão da carne deviam ser objeto de um exame histórico num volume intitulado *A carne e o corpo*.[8] Tratava-se, então, de estudar "a evolução da pastoral

8 M. Senellart, na apresentação de *La Volonté de savoir*, afirma que Foucault aliás pensava em intitular este volume consagrado à penitência cristã moderna: *As confissões da carne* (*Oeuvres*, t. II, p. 1.504).

católica e do sacramento da penitência depois do Concílio de Trento".[9] Um primeiro resumo dessas pesquisas havia sido apresentado na aula de 19 de fevereiro de 1975 no Collège de France.[10] Porém, Foucault logo decide recuar ao topo da escala do tempo para retomar, na história cristã, o ponto de origem, o momento de emergência de uma obrigação ritualizada de verdade, de uma injunção de verbalização pelo sujeito de um dizer verdadeiro sobre si mesmo. É assim que ele acumula, a partir dos anos de 1976-1977, certo número de notas de leitura sobre Tertuliano, Cassiano etc.[11] Daniel Defert escreve a propósito do mês de agosto de 1977: "Foucault está em Vendeuvre. Ele escreve sobre os Padres da Igreja e realiza um deslocamento de alguns séculos em sua história da sexualidade".[12] No quadro de um estudo das "governamentalidades" no Collège de France (aulas de 15 e de 22 de fevereiro de 1978),[13] ele aproveita essas primeiras leituras dos Padres para caracterizar o momento cristão da "governamentalidade pastoral":[14] "atos de verdade" (dizer o verdadeiro sobre si mesmo) articulados com práticas de obediência. Estes resultados serão retomados e sintetizados

---

9 Ibid., p. 627. Nestas primeiras pesquisas, Foucault já realizava um recuo histórico importante para medir a amplitude destas transformações, remontando aos séculos XII-XIII (citando, por exemplo, o Concílio de Latrão de 1215, que regulamenta o sacramento da penitência).

10 V. Marchetti e A. Solomoni (org.). *Les Anormaux*, Paris: Gallimard/Le Seuil, 1999. Col. "Hautes Études", pp. 155-186.

11 Encontra-se na caixa XXII.

12 "Cronologie", em M. Foucault, *Oeuvres*, t. II, p. XXVI.

13 FOUCAULT, Michel. *Sécurité, territoire, population*. Gallimard: Paris, 2004. (Coll. "Hautes Études"). *Segurança, território, população*. São Paulo: Martins Fontes, 2008.

14 Foucault a compreende como uma técnica de direção dos indivíduos visando sua salvação.

no mês de outubro de 1979 para alimentar a primeira das duas conferências propostas no quadro das *Tanner lectures* na Universidade de Stanford.[15]

O ano de 1980 constitui um momento decisivo na sequência das pesquisas, conduzindo à escritura do manuscrito das *Confissões*. Michel Foucault apresenta no Collège de France, nos meses de fevereiro e março de 1980 – sem jamais indicar que têm seu lugar numa história da sexualidade –, uma série de pesquisas históricas precisas e documentadas relativas às obrigações cristãs de verdade na preparação do batismo, nos ritos de penitência e na direção monástica entre os séculos II e IV de nossa era.[16] No outono do mesmo ano, nos Estados Unidos, ele profere, na Universidade da Califórnia (Berkeley) e no Dartmouth College, duas conferências expondo em sua grande generalidade conceitual estes mesmos temas,[17] e, sobretudo, no quadro de um seminário em Nova York com Richard Sennett, apresenta, de modo certamente ainda esquemático, várias articulações daquilo que será *As confissões da carne*.[18] Com efeito, encontramos neste seminário desen-

---

15 As duas conferências serão editadas com o título de *"Omnes et singulatim"*. *"Vers une critique de la raison politique."* (Cf., para esse texto, a edição e a apresentação de M. Senellart, *in* M. Foucault, *Oeuvres*, t. II, pp. 1.329-1.358 e 1.634-1.636).

16 *Du gouvernement des vivants*. Gallimard: Paris, 2012. (Coll. "Hautes Études"). *Do governo dos vivos*, São Paulo: Martins Fontes, 2014. O conteúdo desses cursos (à exceção das primeiras aulas consagradas a uma leitura de *Édipo Rei*, de Sófocles) será reescrito, mas retomado integralmente no manuscrito definitivo.

17 Cf. sua edição em *L'Origine de l'herméneutique de soi*. H.-R. Fruchaud e D. Lorenzeni (ed.). Paris: Vrin, 2013.

18 O manuscrito dessas conferências se encontra na caixa XL. Agradeço a H.-P. Fruchaud por me haver confiado sua transcrição pessoal desse seminário que marca uma etapa decisiva na elaboração de *As confissões da carne*.

volvimentos sobre a doutrina do casamento de Clemente de Alexandria, a arte cristã da virgindade (sua evolução de são Cipriano a Basílio de Ancira, passando por Método de Olimpo), assim como o exame do sentido fundamental que toma em nossa cultura, com santo Agostinho, o conceito de *libido* – após a queda e no casamento.[19] Pode-se então dizer que, desde o final do ano de 1980, Foucault não apenas tem a forte intuição da arquitetura e das principais teses de *As confissões da carne*, mas já completou um importante trabalho de pesquisa de fontes, pelo menos para o estudo dos rituais de penitência e dos princípios da direção monástica.

Pode-se situar nos anos de 1981 e 1982 o momento da redação definitiva do texto das *Confissões*. Em um número da revista *Communications*,[20] Foucault publica, em maio de 1982, aquilo que apresenta como "um extrato do terceiro volume da *História da sexualidade*".[21] Contudo, paralelamente, em seus cursos no Collège de France, Foucault opera de modo sempre mais maciço sua "virada" antiga.

---

19 Encontramos parte desse seminário no texto intitulado "Sexuality and Solitude" (publicado na *London Review of Books*, mai.-jun. 1980, retomado em *Dits et écrits*, texto n. 295 ["Sexualidade e solidão". In: *Ditos e escritos*. 3. ed. Rio de Janeiro: Forense Universitária, 2012. v. V]).

20 "Sexualités occidentales. Contribution à l'histoire et à la sociologie de la sexualité", maio 1982, organizado por Ph. Ariès e A. Béjin. [*Sexualidades ocidentais*. São Paulo: Brasiliense, 1985.].

21 M. Senellart (org.). "Le combat de la chasteté". In: M. Foucault. *Oeuvres*. T. II, pp. 1.365-1.379 e 1.644-1.648. Com este artigo, Foucault "extrai" um capítulo completo da segunda parte (levamos em conta pequenas correções feitas em seu texto). Ainda em abril de 1983, Michel Foucault pretende que *As confissões da carne* seja precedido de uma única obra consagrada à experiência antiga dos *aphrodisia* (sob o título *O uso dos prazeres*). Cf. sobre a história deste texto, nossa apresentação comum a *O uso dos prazeres* e *O cuidado de si* para a coleção Bibliothèque de la Pléiade (M. Foucault, *Oeuvres*, t. II, pp. 1.529-1.542).

O momento greco-latino, certamente, não havia sido completamente negligenciado até então, mas, de 1978 a 1980, estava reduzido ao papel de um contraponto, precioso, sobretudo, para fixar os pontos de irredutibilidade das práticas de veridicção e de governamentalidade cristãs (como as diferenças entre: o governo da cidade e a governamentalidade pastoral, a direção da existência nas seitas filosóficas greco-romanas e aquela praticada nos primeiros monastérios, o exame de consciência estoico e cristão etc.). Ora, aquilo que não passava de um simples contraponto vai se tornar cada vez mais o objeto em si de pesquisa consistente e insistente. A tendência é marcada desde 1981: o curso no Collège de France deste ano é inteiramente dominado pelas referências antigas (problemas do casamento e do amor dos rapazes na Antiguidade[22]), ao passo que o ciclo de conferências proferidas na Universidade de Louvain no mês de maio ainda tenta preservar um equilíbrio entre as referências antigas e cristãs.[23] Em 1982, o estilo propriamente cristão das obrigações de verdade e outras asceses não aparece mais em primeiro plano em seus grandes ciclos de conferências ou seminários ultra-atlânticos ("Dizer verdadeiro sobre si mesmo", na Universidade de Toronto em junho;[24] e "As técnicas de si", na Universidade

---

22 FOUCAULT, Michel. *Subjectivité et vérité*. Gallimard: Paris, 2014. (Coll. "Hautes Études"). *Subjetividade e verdade*. São Paulo: Martins Fontes, 1981.

23 F. Brion e B. Harcourt (org.). *Mal faire, dire vrai. Fonction de l'aveu en justice*. Louvain: Presses Universitaires de Louvain, 2012 [*Malfazer, dizer verdadeiro*. São Paulo: Martins Fontes, 2018.].

24 H.-P. Fruchaud e D. Lorenzini (org.). *Dire vrai sur soi-même*. Paris: Vrin, 2017.

de Vermont em outubro[25]), enquanto que, em seus cursos no Collège de France, é evocado apenas de modo marginal, como simples ponto de fuga.[26]

Pode-se então dizer, para retomar o conjunto do percurso desde *A vontade de saber* (1976), que, a partir de 1977-1978, o projeto de uma história da sexualidade moderna (séculos XVI-XIX), num primeiro momento (1979-1982), é abandonado em prol de uma centralização dirigida a uma problematização histórica da carne cristã – por meio de: os principais "atos de verdade" (exomologese e exagorese), as artes da virgindade, e a doutrina do casamento dos Padres cristãos dos primeiros séculos; e, em seguida, num segundo momento (1982-1984), em prol de uma descentralização voltada para as artes de viver greco-romanas e o lugar que nelas ocupam os *aphrodisia*.

Devem ter sido efetuados no outono de 1982 o depósito na Gallimard do manuscrito sobre a carne cristã e a composição do texto datilografado.[27] Pierre Nora lembra que nesta ocasião Michel Foucault o previne que, em todo caso, a publicação de *As confissões da carne* não será iminente, pois ele decidiu, encorajado por Paul Veyne, que esse livro que ele acabava de mandar transcrever seria precedido por um volume consagrado à experiência greco-latina dos *aphrodisia*. A amplitude

---

25 Texto retomado em *Dits et écrits* (D. Defert e F. Ewald (org.). Paris: Gallimard, 1994. n. 263). Do mesmo modo, seis meses mais tarde, com a conferência sobre "A cultura de si" na Universidade da Califórnia, Berkeley, em abril de 1983 (H.-P. Fruchaud e D. Lorenzini (org.). *La Culture de soi*. Paris: Vrin, 2015).

26 *L'herméneutique du sujet*. Gallimard.: Paris, 2001. (Coll. "Hautes Études"). *A hermenêutica do sujeito*. São Paulo: Martins Fontes, 2004.

27 Sobre o dossiê conservado por Pierre Nora que compreende o texto datilografado original das edições Gallimard, há uma etiqueta colada: "outubro de 1982".

das pesquisas às quais nos referimos será tal que Foucault desdobrará esse livro nos dois volumes que conhecemos: *O uso dos prazeres* e *O cuidado de si*. O trabalho e a redação destes dois tomos – apesar de ele ter lançado no Collège de France mais um novo campo de pesquisa: o estudo da *parrêsia*[28] – retardarão sua releitura de *As confissões da carne*, e talvez até o dissuadirão de visar a uma refundição. De março a maio de 1984, enquanto termina o trabalho editorial dos tomos II e III, esgotado e gravemente doente, retoma a correção do texto datilografado de *As confissões da carne*. Hospitalizado desde 3 de junho em decorrência de uma doença, ele morre na Salpêtrière em 25 de junho de 1984.

Para estabelecer esta edição, dispusemos do manuscrito de Michel Foucault e do texto datilografado.[29] Este último, estabelecido pela Éditions Gallimard a partir do manuscrito e depois transmitido a Michel Foucault para correção,[30] contém muitos erros – ele não pôde ser confiado à secretária que costumava datilografar seus textos e conhecia bem

28 FOUCAULT, Michel. *Le gouvernement de soi et des autres*. Gallimard: Paris, 2008. (Coll. "Hautes Études"). *O governo de si e dos outros*. São Paulo: Martins Fontes, 2010; *Le courage de la vérite*. Gallimard: Paris, 2009. (Coll. "Hautes Études"). *A coragem da verdade*. São Paulo: Martins Fontes, 2014. Cf. também a série de cursos dados em Berkeley (Universidade da Califórnia) no outono de 1983 sobre a parresia: *Discours et verité: précédé de la parrêsia*. (H.-P. Fruchaud e D. Lorenzini (org.). Paris: Vrin, 2016).

29 Encontra-se na caixa LXXXIV. Ou melhor, encontra-se nesta caixa uma pasta com onze folhas que retomam os desenvolvimentos presentes no manuscrito principal. Sua leitura permite compreender que elas constituem como que um pedaço retirado de um conjunto mais vasto (cf. a primeira frase: "Mas esta exclusão deixa lugar..."; e a última: "De todo modo, que o pecador seja somente...").

30 O texto datilografado conservado no Institut Mémoires de l'Édition Contemporaine (Imec, Caen) não inclui as correções de Foucault.

sua escrita. Para restabelecer o texto, nós voltamos, então, prioritariamente ao manuscrito de origem,[31] levando em conta, pelo menos nas duas primeiras partes do texto,[32] as correções que Foucault teve tempo de fazer no texto datilografado. Modificamos a pontuação para tornar o texto mais fluido para leitura, homogeneizamos as modalidades das referências, e retomamos as normas de edição estabelecidas nos volumes II e III de *História da sexualidade* (*O uso dos prazeres* e *O cuidado de si*). Verificamos (e corrigimos em caso de erro) as citações. Os colchetes que aparecem no texto impresso remetem a intervenções de nossa parte.[33] Essas intervenções são de vários tipos: redigir as notas quando o manuscrito traz apenas uma simples marca de nota sem conteúdo,[34] acrescentar notas e marcas de nota quando as citações estão sem referência; completar espaços em branco, retificar frases gramaticalmente defeituosas, incorretas ou manifestamente erradas; corrigir erros de nomes próprios; acrescentar uma tradução às passagens citadas

31 Encontra-se nas caixas LXXXV e LXXXVI.

32 Encontram-se, ainda, algumas raras correções na terceira parte do texto, mas nem todas feitas por Foucault. Quando Foucault, que certamente não tinha em mãos seu próprio manuscrito, faz correções no texto datilografado, porém baseado num erro de transcrição, frequentemente retomamos a versão inicial.

33 À exceção dos colchetes que aparecem no interior das citações: nesse caso, remetem a uma intervenção do próprio Foucault para tornar mais preciso o sentido da citação, ou então, mais classicamente, com três pontos: "[...]", para indicar que as passagens foram voluntariamente abandonadas.

34 Contudo, quando as marcas de nota correspondem a proposições demasiadamente gerais para que possamos determinar seu conteúdo, nós simplesmente indicamos: "[nota vazia]".

diretamente em grego, latim ou alemão;[35] acrescentar os títulos de capítulo quando faltam.[36] Para este trabalho de edição, recorremos a caixas de arquivos que compreendem suas próprias notas de leitura relativas aos primeiros Padres cristãos[37] dos primeiros séculos. A qualidade dos trabalhos de Michel Senellart[38] colaborou imensamente, bem como a da tese de Philippe Chevalier.[39] Agradeço a Daniel Defert e a Henri-Paul Fruchaud pela releitura paciente e frutífera do texto. A "bibliografia" final foi feita segundo as normas da edição de *O uso dos prazeres* e *O cuidado de si*: ela retoma apenas, na forma de "Índice das obras citadas", aquelas que foram mencionadas no corpo do texto. Contudo, é

35 Mas não acrescentamos as traduções quando o texto de Foucault dava indicações suficientes para a compreensão da frase.

36 Para os títulos, escolhemos a sobriedade descritiva, à exceção, talvez, do capítulo "A libidinização do sexo" – porém, o próprio Foucault fala no corpo do texto de "libidinização do ato sexual". Para as subdivisões, conservamos o recorte presente no manuscrito. Os títulos "O batismo laborioso" e "A arte das artes" são de Foucault. Encontram-se num projeto de plano (caixa XC, segunda folha da pasta 1).

37 Elas estão reagrupadas, principalmente, nas caixas XXI, XXII e XXIV. Constata-se sempre, inclusive para o conjunto dos Padres cristãos, que é levada em conta uma literatura crítica importante, mas com o retorno sistemático aos textos originais (seja mais frequentemente na coleção Fontes Cristãs das Éditions du Cerf, seja diretamente na *Patrologia*, grega ou latina, de J.-P.Migne).

38 Cf. suas notáveis edições de: *Du gouvernement des vivants*. Gallimard: Paris, 2012. (Coll. "Hautes Études"). *Do governo dos vivos*. São Paulo: Martins Fontes, 2014; *La Volonté de savoir*. Gallimard: Paris, 1994. *A vontade de saber*. Rio de Janeiro: Graal, 1977; "*Omnes et singulatim*". *Vers une critique de la pensée politique*."*Omnes et singulatim*". Por uma crítica da "razão política". *Novos estudos Cebrap*, n. 26, mar. 1990. *Le combat de la chasteté*. In: *Dits et écrits*, IV. Paris: Gallimard, 1994. *O combate da castidade*. In: Ariès, P. e Béjin, A. (orgs.). *Sexualidades ocidentais*. São Paulo, Brasiliense, 1985.

39 P. Chevalier. *Michel Foucault et le christianisme*. Lyon: ENS Éditions, 2011.

preciso ressaltar que as "obras citadas" representam apenas uma pequena parte (sobretudo no caso dos autores modernos) das referências lidas e trabalhadas,[40] como o demonstram as caixas do arquivo de notas de leitura de Michel Foucault sobre os Padres cristãos.[41] A pedido dos detentores dos direitos, o texto não tem notas do editor que seriam comentários, redirecionamento interno à obra de Foucault, ou de erudição. Nosso trabalho se limitou ao estabelecimento do texto.

Acrescentamos no final do texto quatro anexos que têm um estatuto diferente. Os três primeiros correspondem a folhas que aparecem em pastas separadas e colocadas fisicamente, no manuscrito de Foucault, no final da primeira parte das *Confissões*.[42] O anexo 1 é uma simples e curta reto-

---

40 Cf. nota 37.

41 Sobre cada padre ou cada prática precisa (batismo, penitência etc.), encontram-se nestas caixas listas bibliográficas muito importantes.

42 Encontram-se na caixa LXXXV. De fato, as caixas LXXXV e LXXXVI contêm o manuscrito que serviu de base para a constituição do texto datilografado pela Éditions Gallimard, mas não seguem sua ordem: encontramos na caixa LXXXV os capítulos II, III e IV da primeira parte, bem como a terceira parte na íntegra. Na caixa LXXXVI, encontramos o capítulo 1 da primeira parte, assim como a segunda parte na íntegra. Nesta, encontramos também, numa primeira pasta, uma introdução e um plano de introdução, mas que correspondem de forma manifesta ao projeto de *La Chair et le corps*. Não é impossível que Foucault tenha pensado em retomar os materiais trabalhados para *La Chair et le corps* para dar uma sequência a *As confissões da carne*. Com efeito, lemos no texto das *Confissões* a seguinte frase: "Reservo para um último capítulo a concepção de santo Agostinho. Ao mesmo tempo, porque, por um lado, constitui o quadro teórico mais rigoroso que permite dar lugar simultaneamente a uma ascese da castidade e a uma moral do casamento; por outro lado, porque tendo servido de referência constante à ética sexual do cristianismo ocidental, será o ponto de partida do estudo seguinte" (cf. infra, p. 241).

mada de objetivos gerais ("trata-se de demonstrar que..."), e pode corresponder a um projeto de introdução ou, mais, aos últimos retoques para uso pessoal.[43] O anexo 2 consiste num exame crítico das relações entre "exomologese" e "exagorese". Esse estudo se inscreve na estrita continuidade dos últimos desenvolvimentos da primeira parte do texto, mas não é possível saber se Foucault escreveu essas páginas e renunciou finalmente a incluí-las, ou se ele as redigiu depois de ter mandado datilografar seu manuscrito. O anexo 3 é o aprofundamento de uma notação que aparece de modo mais conciso no capítulo III ("A segunda penitência") da parte I, a respeito da maldição de Caim que estaria ligada, sobretudo, a sua recusa de confessar o crime. O anexo 4 corresponde ao último desenvolvimento do manuscrito e do texto datilografado. Preferimos transformá-lo em anexo, porque anuncia temáticas que, de fato, são desenvolvidas anteriormente. Percebe-se que os parágrafos que parecem fechar o livro, uma vez operado este deslocamento, têm verdadeiramente uma aparência conclusiva.

Os detentores dos direitos de Michel Foucault consideraram que o momento e as condições para a publicação deste inédito maior haviam chegado. Ele é publicado, como os três

---

43 O *incipit* de *As confissões da carne* pode parecer bastante brutal ("Foram os filósofos e não os diretores cristãos, então, que formularam o regime dos *aphrodisia*, definido em função do casamento, da procriação, da desqualificação do prazer e de um laço de simpatia respeitosa e intensa entre os cônjuges..."), mas não é evidente que Foucault tenha pensado em precedê-lo de uma introdução. De fato, *O cuidado de si* começava de um modo igualmente brusco: "começarei pela análise de um texto bastante singular..." (M. Foucault, *Oeuvres*, t. II, p. 971). A longa "Introdução" a *O uso dos prazeres* parece valer para o conjunto dos "três volumes, que formam um todo" ("Favor inserir" de 1984).

volumes precedentes, na coleção Bibliothèque des Histoires dirigida por Pierre Nora. O "favor inserir" de 1984 indicava:

Tomo 1: *A vontade de saber*, 224 páginas.
Tomo 2: *O uso dos prazeres*, 296 páginas.
Tomo 3: *O cuidado de si*, 288 páginas.
Tomo 4: *As confissões da carne* (no prelo).

Agora está pronto.

Frédéric Gros

[I]

[A formação de uma experiência nova]

1 – Criação, procriação

Foram os filósofos e os diretores não cristãos, então, que formularam o regime dos *aphrodisia*, definido em função do casamento, da procriação, da desqualificação do prazer e de um laço de simpatia respeitosa e intensa entre os cônjuges; foi uma sociedade "pagã" que se deu a possibilidade de nele reconhecer uma regra de conduta aceitável por todos – o que não quer dizer, longe disso, efetivamente seguida por todos.

Encontra-se este mesmo regime, sem modificações essenciais, na doutrina dos Padres do século II. Aos olhos da maioria dos historiadores, estes últimos não teriam encontrado os princípios nos meios cristãos primitivos nem nos textos apostólicos – com exceção das cartas fortemente helenizantes de são Paulo. Esses princípios, por assim dizer, teriam emigrado ao pensamento e à prática cristãos a partir de meios pagãos cuja hostilidade era preciso desarmar, mostrando formas de conduta por eles já reconhecidas por seu alto valor. É um fato que apologetas como Justino ou Atenágoras, ante os imperadores a quem se dirigem, destacam que, no que tange ao matrimônio, à procriação e aos *aphrodisia*, os cristãos põem em prática os mesmos princípios que os filósofos. E para ressaltar essa identidade, empregam, sem praticamente modificá-los, estes preceitos aforísticos cujos termos e formulações denotam facilmente a origem. "Quanto a nós", diz Justino, "se nos casamos, é para criar nossos filhos; se renunciamos ao casamento, mantemos a continência perfeita".[1] Falando a Marco Aurélio, Atenágoras usa referências preferencialmente estoicas: domínio do desejo[2] – "a procriação é, para nós, a medida do desejo";[3] recusa de qualquer segundo casamento – "aquele que repudia sua mulher para se casar com outra é adúltero", "todo recasamento é um adultério honroso";[4] desconfiança em relação ao prazer – "desprezamos as coisas desta vida e até mesmo os prazeres da alma".[5] Atenágoras não se serve destes temas para indicar traços distintivos do cristianismo por oposição ao paganismo. Trata-se de mostrar, de preferência, como os cristãos escapam às censuras de imoralidade que lhes são dirigidas, e como sua vida é a realização mesma de um ideal de moralidade que a sabedoria dos pagãos, por seu lado, reconheceu.[6] No máximo, sublinha o fato de que a crença dos

1 Justino, *Première apologie*, 29, 1.

2 [Texto datilografado: o nascimento como razão de ser do desejo.]

3 "*Hêmin metron epithumias hê paidopoiia.*"

4 "*Ho gar deuteros [gamos] euprepês esti moikheia.*"

5 "[...] *mekhri kai tôn tês psukhês hêdeôn*". Todos estes textos se encontram na *Supplicatio pro Christianis*, cap. 33. No artigo "Ehezweck und zweite Ehe bei Athenagoras" (*Theologische Quartalschrift*, 1929, pp. 85-110), K. von Preysing insiste na similitude entre as fórmulas de Atenágoras e as posições téoricas ou as atitudes de Marco Aurélio.

6 K. von Preysing conclui assim seu artigo: "*Wir hoffen dargetan zu haben, dass die zwei Anschauungen des Athenagoras in Bezug auf die Ehe nicht aus der christlichen Umwelt, jedenfalls nicht aus ihr in erster Linie stammen. Stoïsche Beeinflüssung in Bezug auf beide Ansichten dürfte wohl anzunehmen sein*" ["Esperamos ter mostrado que as duas concepções do casamento desenvolvidas por Atenágoras não proveem do mundo cristão, em todo caso, não em primeiro lugar. Tanto para uma quanto para outra, é preciso sem dúvida supor uma influência estoica"] (ibid., p. 110).

cristãos na vida eterna e o desejo de se unir a Deus constituem um motivo profundo e sólido para realmente seguirem esses preceitos; melhor ainda: para manter suas intenções puras e afastar inclusive os pensamentos relativos às ações que eles condenam.[7]

No final do século II, a obra de Clemente de Alexandria produz, sobre o regime dos *aphrodisia*, tal como podia ser então acolhido em um pensamento cristão, um testemunho de outra amplitude. Clemente evoca o problema do casamento, das relações sexuais, da procriação e da continência em inúmeros textos: os principais são o capítulo X do livro II, em *O pedagogo*, e também, mas de forma mais fluente, os capítulos VI e VII do mesmo livro e [o capítulo VIII] do livro III; no segundo *Estromata*, o capítulo XXXII, e o conjunto do terceiro *Estromata*. Antes de tudo, analisarei aqui o primeiro desses textos, elucidando-o, quando necessário, pelos outros. Há uma razão para isso: o grande texto do terceiro *Estromata* é essencialmente consagrado a uma polêmica contra diferentes temas gnósticos. Ela se desenvolve em duas frentes: por um lado, Clemente queria refutar aqueles para quem a desqualificação da matéria, sua identificação com o mal e a certeza da salvação para os eleitos tornavam indiferente a obediência às leis deste mundo, quando não tornavam sua transgressão obrigatória e ritual; por outro lado, procurava demarcar-se também dessas numerosas tendências encratistas que, invocando de maneira mais ou menos fundada Valentim ou Basilides, queriam proibir o casamento e as relações sexuais seja a todos os fiéis, seja pelo menos àqueles que pretendiam levar uma

---

7 Cf. igualmente Justino, *Première apologie*, XV, sobre a condenação daqueles que cobiçam uma mulher ou têm a intenção de cometer o adultério.

vida verdadeiramente santa. Estes textos são evidentemente capitais para entender, por meio da questão do casamento e da temperança, a teologia de Clemente, sua concepção da matéria, do mal e do pecado. *O pedagogo*, por sua vez, tem uma destinação bem diferente: dirige-se aos cristãos depois de sua conversão e seu batismo – e não, como por vezes se disse, aos pagãos rumo à Igreja. E lhes propõe uma regra de vida precisa, concreta e cotidiana.[8] Trata-se, pois, de um texto de objetivos comparáveis aos conselhos de conduta que os filósofos helenísticos podiam dar, e a comparação entre eles, nestas condições, pode ser válida.

Sem dúvida, estes preceitos de vida não esgotam as obrigações do cristão, e não o conduzem até o fim do caminho. Assim como *O protréptico*, antes de *O pedagogo*, tinha por função exortar a alma a escolher a boa via, depois de *O pedagogo*, do mesmo modo, o mestre ainda deverá iniciar o discípulo às mais altas verdades. Tem-se, pois, com *O pedagogo*, um livro de exercício e de caminhada – o guia para uma ascensão a Deus que um outro ensinamento deverá, em seguida, prolongar até seu termo. Mas o caráter intermediário dessa arte de viver de modo cristão não autoriza a relativizá-la: se ela está longe de dizer tudo, o que diz nunca se torna caduco. A vida mais perfeita, que um outro mestre ensinará, descobrirá outras verdades; não obedecerá a outras leis morais. Muito precisamente, os preceitos que *O pedagogo* dispensa quanto ao casamento, às relações sexuais e ao prazer não constituem uma etapa intermediária, própria a uma vida mediana, e que

---

8 *Le Pédagogue* corresponde a esta *tekhnê peri bion* [técnica de existência] da qual se diz ser a sabedoria na medida em que vela sobre o rebanho humano (II, II, 25, 3).

seria seguida por uma etapa mais rude ou mais pura, própria à existência do verdadeiro gnóstico. Este, que com efeito vê o que o simples "aluno" não saberia perceber, nessas matérias da vida cotidiana não tem de aplicar outras regras.

Com efeito, é o que podemos ver em *Os Estromatas*, em que, a propósito do casamento, Clemente nunca sugere, para o "verdadeiro gnóstico", preceitos outros que aqueles de *O pedagogo*. Se ele se recusa absolutamente a condenar o casamento, a nele ver, como alguns, uma *porneia*, uma fornicação, e mesmo a nele reconhecer um difícil obstáculo a uma vida autenticamente religiosa, tampouco faz dele uma obrigação: deixa abertas as duas vias, reconhece que cada uma delas, casamento e castidade, tem seus encargos e suas obrigações,[9] e ao longo da reflexão ou da discussão, acontece-lhe seja de sublinhar o maior mérito daqueles que se defrontam com a responsabilidade de ter mulher e filhos, seja de mostrar o valor de uma vida sem relação sexual.[10] O que se pode ler em *O pedagogo* sobre a vida de um homem com sua mulher não define, portanto, apenas uma condição provisória: são preceitos comuns que valem, em geral, para todos aqueles que são casados, seja qual for o seu ponto de avanço em direção à gnose de Deus. E, ademais, o que *O pedagogo* explica sobre a natureza de seu próprio ensinamento vai na mesma direção. O "Pedagogo" não é um professor primário, passageiro e imperfeito: "Ele se parece com Deus, seu Pai [...], ele é sem pecado, sem censura, sem paixões em sua alma, Deus sem mácula sob o aspecto de um homem, servidor da vontade

---

9 "*Idias leitourgias kai diakonias*", Clemente de Alexandria, *Les Stromates*, III, XII.

10 [Nota vazia.]

do Pai, Logos Deus, aquele que está no Pai, aquele que está sentado à direita do Pai, Deus também por seu aspecto".[11] O Pedagogo é, pois, o próprio Cristo; e o que ele ensina, ou mais exatamente o que ensina nele e o que é ensinado por ele é o *Logos*. Como Verbo, ele ensina a lei de Deus; e os mandamentos que formula são a razão universal e viva. A segunda e terceira partes do *Pedagogo* são consagradas a esta arte de se conduzir de maneira cristã, mas nas últimas linhas do capítulo XIII da primeira parte, Clemente oferece o sentido que empresta a estas lições ainda por vir: "Por conseguinte, o dever, nesta vida, é ter uma vontade unida a Deus e a Cristo, o que é um ato reto para a vida eterna. A vida de cristãos, que estamos aprendendo com nosso Pedagogo, é um conjunto de ações conformes ao Logos, a colocação em prática, sem falta, de ensinamentos do Logos, o que justamente chamamos fé. Este conjunto é constituído pelos preceitos do Senhor, que, sendo máximas divinas, nos foram prescritos como mandamentos espirituais, úteis simultaneamente para nós mesmos e para nossos próximos". E entre essas coisas necessárias Clemente distingue aquelas que concernem à vida aqui de baixo – que serão encontradas nos livros seguintes do *Pedagogo* – e aquelas que concernem à vida lá de cima, que se poderá decifrar nas *Escrituras*. Um ensino esotérico depois das lições dadas a todos? Talvez.[12] Mas não é menos plausível que seja preciso ver, nessas leis da existência cotidiana, um ensinamento do próprio Logos; é preciso reconhecer, na conduta que a ele se

11 Clemente de Alexandria, *Le Pédagogue*, I, II, 4, 1.

12 É a hipótese que H.-I. MARROU apresenta, em nota a esta passagem do *Pédagogue* (I, XIII, 102, 4-103, 2) na edição das Sources chrétiennes (Paris, 1960), pp. 294-295.

submete, a *ação reta* que conduz à *vida eterna*, e é preciso, nessas ações retas conformes ao Logos, reconhecer uma *vontade unida a Deus* e a Cristo.

Estas palavras que Clemente utiliza no momento em que vai apresentar suas regras de vida são muito significativas. Indicam nitidamente o duplo registro a que será preciso reportá-las: segundo o vocabulário estoico, estas regras de vida definem bem condutas convenientes (*kathêkonta*), mas também estas ações racionalmente fundadas nas quais o homem que as realiza se une à razão universal (*katorthômata*); e segundo a temática cristã, definem não somente os preceitos negativos que permitem que sejam acolhidos na comunidade, mas a forma de existência que conduz à vida eterna e constitui a fé.[13] Em suma, o que Clemente propõe no ensino de *O pedagogo* é um *corpus* prescritivo no qual o nível dos "convenientes" não é senão a face visível da vida virtuosa, que por sua vez é caminho para a salvação. A onipresença do *Logos*, que comanda as ações convenientes, manifesta a razão reta e salva as almas unindo-as a Deus, assegura a solidariedade dos três níveis.[14] Os livros "práticos" do *Pedagogo* que se abrem imediatamente após esta passagem estão repletos de precauções miúdas cujo caráter de pura e simples conveniência pode surpreender. Mas é preciso recolocá-las nesta intenção global, e o detalhamento

---

13 "A colocação em prática sem falta, de ensinamentos do *Logos*, o que justamente chamamos fé", *Le Pédagogue*, I, XIII, 102, 4.

14 Esta coesão entre os *kathêkonta*, os *katorthômata* e o valor salvador dos atos aparece com nitidez em formulações como: "*to mentoi tês theosebeias katorthôma di'ergôn to kathêkon ektelei*" (ibid., I, XIII, 102, 3 ["O ato virtuoso, inspirado pela religião, realiza, portanto, o dever pelos atos", trad. M. Harl]); ou ainda: "*kathêkon de akolouthon en biô theô kai Khristô boulêma hen, katorthoumenon aidiô zôê*" ["O dever, consequentemente, é ter uma vontade unida a Deus e a Cristo, o que é um ato reto para a vida eterna", trad. M. Harl] (ibid., I, XIII, 102, 4).

dos *kathêkonta*, em que com frequência parecem se perder as recomendações de Clemente, deve ser decifrado a partir deste *Logos* que é, ao mesmo tempo, princípio de ação reta e movimento de salvação, razão do mundo real e palavra de Deus chamando à eternidade.

A leitura do *Pedagogo*, II, X, portanto, demanda uma série de observações preliminares.

1. Tem-se o hábito de ali destacar sobretudo citações explícitas ou implícitas de moralistas pagãos e sobretudo estoicos. Musônio Rufo é sem dúvida um dos mais frequentemente utilizados, embora jamais nomeado. E é fato que em quatro ou cinco retomadas pelo menos, e em pontos essenciais, Clemente transcreve quase palavra por palavra sentenças do estoico romano. É assim quanto ao princípio de que a união legítima deve desejar a procriação;[15] quanto ao princípio de que a busca do prazer por si só, mesmo no casamento, é contrária à razão;[16] quanto ao princípio de que se deve poupar à sua mulher qualquer forma indecente de relações;[17] quanto ao princípio de que, se temos vergonha de uma ação, é porque temos consciência de que ela é uma falta.[18] Mas não se deveria concluir que Clemente nada mais faz do que interpolar neste capítulo um ensinamento tomado de empréstimo a uma escola filosófica sem muito procurar conferir-lhe uma significação cristã. Primeiramente, é preciso notar que as referências a filósofos pagãos são, aqui, como em tantos outros textos de

15 Ibid., II, X, 90, 3, e Musônio Rufo, *Reliquiae*, XIV, [10-11], p. 71 (ed. Hense).

16 Ibid., II, X, 92, 2, e Musônio Rufo, *Reliquiae*, XII, [3-4], p. 64.

17 Ibid., II, X, 97, 2, e Musônio Rufo, *Reliquiae*, XII, [15-16], p. 63.

18 Ibid., II, X, 100, 1, e Musônio Rufo, *Reliquiae*, XII, [1-2], p. 65.

Clemente, extremamente numerosas: podem-se descobrir empréstimos tomados a Antipater, Hiérocles e, sem dúvida, também a sentenças de Sexto; Aristóteles, que tampouco é citado, é frequentemente utilizado, como, aliás, naturalistas e médicos. Enfim – e isso tampouco é excepcional em Clemente –, Platão é um dos poucos a ser explicitamente citado, e o único que o é amplamente.[19] Mas é preciso também notar que nenhum dos grandes temas prescritivos evocados por Clemente se apresenta sem o acompanhamento de citações das escrituras: Moisés, o Levítico, Ezequiel, Isaías, Sirac. Mais do que um empréstimo massivo e pouco elaborado ao estoicismo tardio, é preciso ver neste capítulo a tentativa de integrar os preceitos efetivamente prescritos entre os moralistas da época em uma tripla referência: a dos naturalistas e médicos, que mostra como a natureza os funda e deles manifesta a racionalidade, testemunhando assim a presença do *Logos* como princípio de organização do mundo; a dos filósofos, sobretudo Platão, o filósofo por excelência, que mostra como a razão humana pode reconhecê-los e justificá-los, testemunhando que o Logos habita a alma de todo homem; finalmente, a da Escritura, que mostra que Deus deu explicitamente aos homens estes mandamentos – estes *entolai* –, testemunhando assim que aqueles que lhe obedecerem se unirão voluntariamente com ele: seja sob a forma da lei mosaica, seja sob a forma de palavras crísticas.[20]

---

19 Demócrito e Heráclito são citados uma vez; Crísipo, sob o nome "estoicos" em geral. Platão é o mais mencionado, sem contar as numerosas citações implícitas.

20 Sobre a distinção entre os dois ensinamentos: Clemente de Alexandria, *Le Pédagogue*, I, VII, 60, 2. Sobre sua continuidade, ibid., I, X, 95, 1, e, sobretudo, I, XI, 96, 3 ("Era por intermédio de Moisés que o Logos era Pedagogo") e 97, 1.

Cada um dos grandes preceitos formulados neste capítulo X do segundo livro está, portanto, submetido a um princípio de "tripla determinação": pela natureza, pela razão filosófica, pela palavra de Deus. Certamente, o conteúdo do ensinamento, a codificação, naquilo que ela permite, interdita ou recomenda, é absolutamente conforme, salvo alguns detalhes, ao que era ensinado desde os séculos precedentes nas escolas filosóficas e particularmente estoicas. Mas todo o esforço de Clemente é o de inserir estes aforismos conhecidos e correntes em um tecido complexo de citações, de referências ou de exemplos que os fazem aparecer como prescrições do *Logos*, quer ele se enuncie na natureza, na razão humana, ou na palavra de Deus.

2. O segundo e terceiro livros do *Pedagogo* são, portanto, uma regra de vida. Sob a desordem aparente dos capítulos – após a bebida, a questão é o luxo da mobília; entre os preceitos para a vida em comum e o bom uso do sono, fala-se de perfumes e coroas, depois, de sapatos (que devem ser simples sandálias brancas para as mulheres), e, a seguir, de diamantes, pelos quais não é preciso se deixar fascinar etc. –, pode-se reconhecer um quadro de "regime". Na literatura médico-moral da época, esses quadros se organizavam segundo diferentes modelos. Seja sob a forma de *agenda*, seguindo aproximadamente hora por hora o curso do dia: como no regime de Díocles, que toma o homem desde os primeiros gestos que executa ao acordar e o conduz até o momento do dormir, indicando a seguir as modificações a serem feitas de acordo com as estações e, finalmente,

dá conselhos sobre relações sexuais.[21] Seja igualmente, referindo-se à enumeração de Hipócrates, que para alguns é uma tabela canônica: exercícios, depois alimentos, depois bebida, depois sono, e enfim relações sexuais.[22]

Quatember[23] sugeriu que Clemente, em sua regra de vida cotidiana, segue o ciclo de atividades do dia, embora comece pela refeição da noite e, portanto, pelos conselhos relativos à nutrição, à bebida, às conversas, às maneiras à mesa; depois, passa à noite, ao sono e aos preceitos concernentes às relações sexuais. Os conselhos sobre as roupas e a coqueteria se reportariam à toalete da manhã, e a maior parte dos capítulos do livro III estaria consagrada à vida diária, aos servos, aos banhos, à ginástica etc.

No que diz respeito ao capítulo X, concernente às relações conjugais, malgrado a aparente desordem do texto, à qual vários comentadores foram sensíveis, Quatember igualmente propõe um plano simples e lógico. Depois de ter fixado o objetivo do casamento – a saber, a procriação –, Clemente condenaria as relações contra a natureza; depois, passando às relações interiores ao casamento, examinaria alternadamente a gravidez, as relações infecundas e o aborto, antes de estabelecer os princípios da medida e da conveniência a conservar nas relações matrimoniais. Mediante muitos desvios e entrecruzamentos, com efeito encontramos aproximadamente, neste

---

21 Diocles, *Du régime*, In: Oribase. *Collection médicale. Livres incertains*. ed. Daremberg, t. III, p. 144.

22 Esta lista se encontra em Hipócrates, *Épidémies*, VI, VI, 2. Existem também outros tipos de quadro.

23 F. Quatember. *Die christliche Lebenshaltung des Klemens von Alexandrien nach dem* Pädagogus, Viena, 1946.

capítulo, uma tal sucessão de temas. Mas pode-se reconhecer, ao mesmo tempo, um outro encadeamento, que de forma alguma exclui o primeiro esquema.

O tipo de citações explícitas ou implícitas ao qual Clemente dá alternadamente proeminência pode servir de fio condutor. Não que ele não tome o cuidado de entrecruzar, ao longo do texto, segundo o princípio da tripla determinação, a autoridade da Escritura, o testemunho dos filósofos e as palavras de médicos ou naturalistas. Mas, de maneira sensível, o acento se desloca ao longo do texto, a coloração das referências muda. Inicialmente, são evocadas as lições da agricultura e da história natural (a regra das semeaduras, as "metamorfoses" da hiena, os maus costumes da lebre) para explicar a lei mosaica.[24] Em seguida, empréstimos são feitos sobretudo à literatura médica e filosófica a propósito do corpo humano, de seus movimentos naturais, da necessidade de manter o controle dos desejos, e de evitar os excessos que esgotam o corpo e perturbam a alma.[25] Finalmente, nas últimas páginas do capítulo, as citações da Escritura, que nunca estiveram ausentes do texto e serviram de contraponto a outras referências, tornam-se predominantes (não sem um ou dois retornos explícitos a Platão e implícitos a Musônio).

Digamos que, neste texto complexo, superpostas uma a outra, há uma composição "temática" (que vai da condenação das relações contra a natureza às recomendações de reserva no uso do casamento) e uma composição "referencial", que dá a estas prescrições de "regime" uma outra

---

24 Clemente de Alexandria, *Le Pédagogue*, II, X, 83, 3, a 88, 3.

25 Ibid., II, X, 89, 1, a 97, 3.

dimensão. Este deslocamento de referências permite ouvir alternadamente as diferentes vozes por meio das quais o *Logos* fala: a das figuras da natureza, a da razão que deve presidir ao composto humano, a de Deus falando diretamente aos homens para salvá-los (entendendo-se que as duas primeiras são também o Logos de Deus, mas sob uma outra forma). Esta sucessão permite, assim, fundar as mesmas prescrições e os mesmos interditos (que são repetidos várias vezes no texto) em três diferentes níveis: o da ordem do mundo, conforme fixada pelo criador, e da qual alguns animais "contra a natureza" oferecem um testemunho inverso; a da medida humana, tal como a ensinam a sabedoria do próprio corpo e os princípios de uma razão que quer permanecer mestra de si mesma;[26] e a de uma pureza que permite aceder, além desta vida, à existência incorruptível. Talvez seja necessário reconhecer aqui, ainda que de uma forma encoberta, a tripartição, importante na antropologia de Clemente, entre o animal, o psíquico e o pneumático. Mesmo que não seja este o esquema subjacente, o capítulo manifestamente obedece a um movimento ascendente que vai de exemplos depositados na natureza a título de lição aos apelos que atribuem aos cristãos o objetivo de uma existência "semelhante" a Deus. E é ao longo deste caminho que se determina a economia das relações sexuais.

3. A principal questão colocada pelos tratados de conduta ou as diatribes dos filósofos pagãos dizia respeito à

26 Sobre o tema de que o *Logos* preside à ordem do mundo e à dos corpos e da alma, cf. ibid., I, II, 6, 5-6.

oportunidade do casamento: *Ei gamêteon*. O capítulo X trata da questão por preterição: indica desde as primeiras linhas que falará às pessoas casadas; a seguir, depois de um desenvolvimento em que se abordam as relações sexuais durante a gravidez e as doenças que seu excesso pode provocar, elide-se novamente a pergunta, dizendo que este tema é discutido no tratado *Sobre a continência*. Trata-se de uma obra autônoma? Ou de textos que figuram em *Os Estromatas*? Pode-se supor que dois conjuntos, em *Os Estromatas*, seriam passíveis de constituir este tratado, ou ao menos de reproduzir seu conteúdo: todo o livro III, a respeito do qual vimos que constitui uma longa discussão acerca do encratismo, comum a inúmeras tendências gnósticas, ou de certas formas "licenciosas" da moral dualista; e, mais verossimilmente, o capítulo XXIII e o último do segundo *Estromata* que introduz o livro III e se apresenta, ele próprio, como devendo responder à pergunta tradicional nos debates da filosofia prática: é necessário casar-se?[27] E é à análise desta pergunta que se dirige precisamente *O pedagogo*.

A resposta oferecida por esta passagem final do segundo *Estromata* não revela originalidade em relação à moral filosófica da época. Se tenta se destacar, não é quanto aos princípios gerais dos filósofos, mas principalmente de sua atitude real, cujo relaxamento a teoria não corrige. No que tange ao casamento, tanto neste texto dos *Estromatas* quanto no do *Pedagogo*, Clemente estabelece como fim a procriação de

---

27 "*Zêtoumen de ei gamêteon*", Clemente de Alexandria, *Les Stromates*, II, XXIII, 137, 3.

filhos.[28,29] A partir desta adequação entre o valor do casamento e a finalidade procriadora, Clemente pode definir as grandes regras éticas que devem presidir as relações dos cônjuges: a ligação entre eles não deve ser da ordem do prazer e da volúpia, mas do "Logos";[30] não se deve tratar sua mulher como uma amante,[31] não dispersar a semente de forma inconstante,[32] manter os princípios da sobriedade – regras que os próprios animais respeitam.[33] Esta ligação não deve ser rompida; e, se o for, deve-se renunciar ao recasamento enquanto o cônjuge

---

28 "[...] *sunodos andros kai gunaikos hê prôtê kata nomon epi gnêsiôn teknôn spora*", ibid., II, XXIII, 137, 1.

29 [Passagem riscada por Foucault no texto datilografado: "E segundo um procedimento de tipo inteiramente estoico, a partir desta definição pela finalidade, Clemente examina alternadamente: a questão de saber se é preciso se casar, em geral, e as condições que podem modular esta obrigação, impedindo que lhe seja dada uma resposta única e válida para todos a todo momento; as opiniões de diferentes filósofos a respeito do tema; o que faz de um casamento um bem: a saber, que dando ao homem uma descendência, ele perfaz e termina sua existência; que ele consegue cidadãos para sua pátria; que assegura, em caso de doença, a solicitude da mulher e seus cuidados; que oferece socorro quando chega a velhice. Ao que se adiciona, a título de prova negativa, o fato de que não ter filhos é sancionado pelas leis ou condenado pela moral. O raciocínio de Clemente consiste em deduzir o valor positivo do casamento do que pode haver de perfeição ou de utilidade no fato de ter uma progenitura. O que mostra bem que esta é *a* finalidade do casamento no sentido forte da expressão – o que é, dele, a razão de ser e a justificação; mas igualmente (e isto permanece implícito no texto), que a procriação não pode constituir um bem digno de ser perseguido como fim, a não ser na condição de se produzir no casamento."]

30 Ibid., II, XXIII, 143, 1.

31 Ibid.

32 Ibid., II, XXIII, 143, 2.

33 Ibid., II, XXIII, 144, 1.

ainda estiver vivo.[34] Enfim, o adultério é proibido, e deve ser castigado.[35]

A maior parte destes pontos – e especialmente aqueles relativos às relações entre os cônjuges – se encontra em *O pedagogo*, embora tratado com amplitude muito maior. A continuidade e a homogeneidade entre os dois textos é manifesta, com a diferença de que Os *Estromatas* fala do próprio casamento e de seu valor em função da procriação, enquanto *O pedagogo* fala da procriação como princípio de discriminação para as relações sexuais. Em um caso, trata-se da procriação como finalidade do casamento; no outro, tratar-se-á, sobretudo, desta mesma procriação na economia de relações e atos sexuais. O principal interesse do capítulo e sua novidade – pelo menos na literatura cristã, se não em toda a literatura moral da Antiguidade – é a de ter entrecruzado dois tipos de questões, dois debates tradicionais: o concernente à justa economia dos prazeres – tema dos *aphrodisia* –, e o do casamento, do valor e da maneira de nele se conduzir, estando dado que ele se justifica pela procriação e que se pode, a partir daí, definir em que ele pode ser um bem (tese desenvolvida no segundo *Estromata* e retomada em *O pedagogo*). Certamente, não é a primeira vez que se procura definir que tipo de conduta sexual devem ter os cônjuges; mas, ao que parece, é a primeira vez que se encontra desenvolvido todo um regime de atos sexuais que não se estabelece como tal em função da sabedoria e da saúde individual, mas, sobretudo, do ponto de vista das regras intrínsecas ao casamento. Havia um regime do sexo e uma moral do casamento: eles se sobrepunham, obviamente. Mas

34 Ibid., II, XXIII, 145, 1-3.

35 Ibid., II, XXIII, 146, 1-4.

temos, neste texto de Clemente, um recobrimento de dois pontos de vista. O que se passa entre os cônjuges, e que os moralistas da Antiguidade não tratam senão por preterição, ao menos brevemente e a distância – contentando-se em indicar regras de decência e de prudência –, está se tornando um objeto de preocupação, de intervenção e de análise.

Sob o título um pouco enigmático, "O que é preciso distinguir a propósito da procriação", o capítulo X do segundo livro do *Pedagogo* trata, de fato, de uma questão relativamente precisa. Ela é formulada desde a primeira linha do texto e reaparece na última: questão do momento, da ocasião, da oportunidade – *kairós* – da relação sexual entre pessoas casadas.[36] Na medida em que se trata de uma regra de dias e noites, o termo *kairós* tem o sentido estrito de "momento oportuno". Mas ele está longe de ser o único. No vocabulário filosófico e, sobretudo, estoico, *kairós* se refere ao conjunto de condições que podem fazer de uma ação, aliás permitida, uma ação que tenha efetivamente um valor positivo. O *kairós* não caracteriza uma oportunidade de prudência, evitando os riscos e os perigos que poderiam tornar má uma ação indiferente; define os critérios que uma ação concreta deve preencher para ser boa. Enquanto a lei separa o permitido do proibido entre todas as ações positivas, o *kairós* confere o valor positivo de uma ação real.

A questão que será tratada, portanto, neste capítulo do *Pedagogo* é a de fixar as condições que dão valor positivo às relações sexuais entre pessoas casadas. Que seja esta a questão tratada em um tal livro de conduta tem sua importância.

---

36 "*Sunousias de ton kairon*", Clemente de Alexandria, *Le Pédagogue*, II, X, 83, 1; "[...] *Hopênika ho kairos dekhetai ton sporon*", ibid., II, X, 102, 1.

Primeiramente porque se vê aí, segundo um processo que pudemos constatar entre os autores pagãos de épocas precedentes, que a questão das relações sexuais, dos *aphrodisia*, está agora fortemente subordinada à questão do casamento: neste aspecto, ela perdeu sua independência a tal ponto, que o termo *aphrodisia* não aparece neste texto de Clemente. É a procriação, ou, sobretudo, a conjunção procriativa que constitui o tema geral sob o qual vai se situar todo o capítulo. Temos aí sem dúvida o primeiro texto em que as relações sexuais conjugais são tratadas por elas mesmas, em detalhe, e como um elemento específico e importante da conduta. Ainda uma vez, os filósofos já haviam formulado a maior parte dos preceitos que Clemente vai enunciar, mas os recolocavam em uma ética global de relações entre cônjuges, numa regulação da maneira de viver junto quando se é casado. Os *Conjugalia praecepta* de Plutarco dão conselhos para o bom funcionamento geral desta comunidade que o casal constitui; os conselhos concernentes às relações sexuais não são mais do que um elemento para esta vida que o casamento não deve impedir de ser filosoficamente válida. *O pedagogo* fala pouco do casal, mas as relações sexuais entre os cônjuges são, para ele, um objeto importante e relativamente autônomo. Pode-se dizer que temos aqui o primeiro exemplo de um gênero, ou, principalmente, de uma prática que terá uma importância considerável na história das sociedades ocidentais: o exame e a análise das relações sexuais entre cônjuges.

Enfim, a questão do *kairós* das relações conjugais permite ver como Clemente de Alexandria integra um código que, com efeito, recebeu das filosofias helenísticas (e sem dúvida também de todo um movimento social), em uma concepção religiosa da natureza, do *Logos* e da salvação. Solução muito diferente, veremos, da proposta por santo Agostinho – e esta última é que será preservada pelas instituições e a doutrina da Igreja ocidental. Nesta reflexão de Clemente sobre o *kairós*, estaríamos errados em ver o simples enxerto, mais ou menos correto, de elementos tomados de empréstimo à moral corrente e apenas tornados um pouco mais exigentes ou austeros. O *kairós* da relação sexual se define pela ligação desta última ao *Logos*. Não esqueçamos que, para Clemente, o *Logos* é chamado de Salvador, porque inventou para os homens "os remédios que lhes dão um senso moral justo e os conduzem à salvação", e isso, agarrando a boa "ocasião".[37]

*

Clemente parte da proposição de que as relações sexuais têm por fim a procriação. Tese totalmente corrente. É encontrada entre os médicos.[38] Encontra-se entre os filósofos, seja sob a forma de uma ligação entre três termos – nada de relações sexuais fora do casamento, e nada de casamento que não deva encontar seu fim em sua progenitura[39] –, seja sob a forma de

37 "[...] *Epitêrôn men tên eukairian*", ibid., I, XII, 100, 1.

38 [Nota vazia.]

39 Musônio Rufo, *Reliquiae*, XII (p. 64): os *aphrodisia* não são justificados senão no casamento e quando têm por objetivo o nascimento de filhos.

uma condenação direta de toda relação sexual que não tenha por objeto a procriação.[40]

Neste sentido, portanto, nada de particular em Clemente de Alexandria. Como tampouco lhe é particular a distinção, nas relações de finalidade em geral, entre o "alvo" ou o "objetivo" (*skopos*) e o "fim" (*telos*). Por outro lado, parece que a aplicação dessa diferença ao domínio das relações sexuais, embora esteja no "espírito" dos Estoicos e na lógica de suas análises, não fora frequente – é o mínimo que podemos dizer a respeito. E, de fato, o uso dessa distinção, no texto do próprio Clemente, conduz a um resultado que, à primeira vista, pode parecer sem significação fecunda. O "objetivo" seria a "*paidopoiia*", a fabricação de filhos, a progenitura no sentido estrito. O "fim", por outro lado, seria a "*euteknia*", que às vezes se traduz por "belos filhos" ou por "família numerosa". É preciso, de fato, dar ao termo um sentido mais amplo: refere-se ao fato de encontrar, na descendência, em sua vida e seu destino feliz, uma plenitude, uma satisfação.[41] O objetivo (*skopos*) da relação sexual estaria, portanto, na existência da progenitura; o fim (*telos*), na relação positiva com tal progenitura, na realização que ela constitui. Duas considerações logo acrescentadas por Clemente, e que constituem a introdução do capítulo, permitem elucidar o valor desta distinção.

---

40 Ocelo Lucano: nós não temos relações para o prazer, mas para ter filhos (*De Universi natura*, IV, 2).

41 Em *Éthique à Nicomaque*, I, 8, 16, Aristóteles diz que a felicidade da existência é marcada por três coisas: o "bom nascimento", a "beleza" e a "*euteknia*", que é simétrica, pelo lado da descendência e do futuro, do que é a boa família, o bom nascimento, do lado da origem. Eurípides, em *Ion*, utiliza a palavra neste sentido: "Intercedei [...] a fim de que a antiga casa de Areteu receba enfim por um límpido oráculo, uma rica posteridade" (versos 468-470).

Clemente compara primeiramente o ato sexual com as semeaduras. Metáfora tradicional. Encontra-se em Atenágoras e nos Apologistas; era corrente, ao que parece, nas diatribes filosóficas, em que servia para ilustrar a regra de que a semente deve ser depositada no sulco onde possa ser fecunda. Mas Clemente também a utiliza para assinalar melhor a diferença entre o que deve ser o "alvo" das relações sexuais e o que deve ser seu "fim". Alvo do cultivador, quando faz as semeaduras: proporcionar a si próprio o que comer; sua finalidade: "ter uma colheita", diz simplesmente o texto de Clemente, isto é, sem dúvida, levar os grãos ao ponto de sua realização natural, que produz uma abundância de frutos. Esta comparação com as semeaduras permanece bastante elíptica; mas pode-se supor que permite pôr na conta do "alvo" esta procriação de filhos que os filósofos frequentemente mostraram ser útil aos pais, seja para assegurar seu estatuto, seja para garantir-lhes um apoio quando velhos, e a colocar, por outro lado, na conta dos "fins" qualquer coisa de mais geral e de menos utilitária – a saber, a realização que constitui, para um ser humano, o fato de ter uma descendência.[42] E como é esse fim o que Clemente quer fazer aparecer nesse capítulo, analisando o *kairós* das relações sexuais, compreende-se que deixe de lado as utilidades pessoais e os benefícios sociais que o fato de ter filhos pode proporcionar.[43]

Que este fim não utilitário seja aqui o tema de Clemente é o que mostra a consideração que ele imediatamente

---

42 Neste sentido, Clemente não faz mais do que tomar no sentido estrito a afirmação estoica de que o fato de ter filhos [constitui] "o acabamento", "a realização" (*teleiôtês*) para um indivíduo.

43 Clemente não ignora estas vantagens, menciona-as em *Os Estromatas*.

encadeia à metáfora do semeador. Este último não planta senão "por causa de si mesmo"; já o homem deve plantar "por causa de Deus". Por essa via, Clemente não visa a designar o fim que orienta a ação, mas antes, o princípio que a atravessa e a sustenta em todo o seu decurso.[44] O ato de [pro]criação deve ser feito "por causa de" Deus na medida em que é primeiro Deus quem o prescreve dizendo "multiplicai-vos", mas também porque, procriando, o homem é "imagem de Deus", e "colabora", por seu lado, "para o nascimento do homem".[45]

Esta proposição é importante para toda a análise de Clemente, porque estabelece, na procriação humana, uma relação a Deus simultaneamente próxima e complexa. Que o homem, ao procriar, seja "a imagem de Deus" não deve ser interpretado a partir de uma semelhança imediata entre a criação de Adão e a procriação entre seus descendentes. Sem dúvida, como Clemente explica em outro lugar,[46] Deus, que se contentara em dar uma ordem para fazer aparecerem os animais sobre a terra, havia moldado o primeiro homem com as próprias mãos, marcando assim uma diferença essencial e uma maior proximidade entre Ele e este ser criado à sua imagem. Mas isso não quer dizer, para Clemente, que a Criação tenha transmitido ao homem qualquer coisa da essência da natureza ou da potência de Deus: nada há em nós que "convenha" a

---

44 A expressão não é *heneka tou theou*, mas *dia ton theon*.

45 [Clemente de Alexandria, *Le Pédagogue*, I, X, 83,1.]

46 Ibid., I, III, 7, 1. Deus fez o homem com suas mãos: *ekheirourgêsen*. Esta diferença entre a criação na ordem dos animais e a fabricação manual do homem é um tema corrente à época, cf. Tertuliano.

Deus.[47] E, ainda assim, pode-se falar de uma "semelhança" a Deus – aquela abordada no relato do Gênesis: essa semelhança era aquela do homem antes da queda, e ela pode, ela deve, tornar-se de novo sua. Essa semelhança se dá não pelo corpo, mas pelo espírito e o raciocínio;[48] é assegurada pela obediência à lei: "A lei diz: [...]: 'Caminhai atrás do Senhor [...]'. A lei diz, com efeito, que a assimilação é um andar para trás; e este torna semelhante, na medida do possível".[49] Não é a procriação, portanto, que nela mesma e como processo natural se dá "à semelhança" da Criação, mas sim a procriação, na medida em que tenha sido realizada como convém e tenha "seguido" a lei. E se a lei prescreve a conformidade à natureza, é porque a natureza obedece a Deus.[50]

Neste caminho em direção à semelhança, uma "sinergia" entre o homem e Deus encontra então sua possibilidade. Deus, com efeito, criou o homem porque este era "digno de sua escolha", digno, consequentemente, de ser amado por ele. Se houve um motivo para a criação do homem, ele consiste em que, sem o homem, "o Demiurgo não teria podido se revelar bom".[51] A criação do homem é, portanto, a manifestação da bondade de Deus, bem como de sua presença. Em troca e por este mesmo fato, o homem, sendo digno de ser amado, oferece a possibilidade de Deus mostrar sua bondade. Ao

---

47 "Deus é rico em misericórdia por nós que não temos qualquer relação com ele, *têi ousia, ê phusei, ê dunamei*". Clemete de Alexandria, *Les Stromates*, II, XVI, 75, 2. Todo o capítulo está voltado contra os gnósticos.

48 "*Kata noun kai logismon*", ibid., II, XIX, 102, 6.

49 Ibid., II, XIX, 100, 4.

50 Erro dos estoicos que, falando da vida conforme à natureza, não viram que teria sido necessário falar de conformidade a Deus (ibid., II, XIX, 101, 1).

51 Clemente de Alexandria, *Le Pédagogue*, I, III, 7, 3.

procriar, pois, o homem faz muito mais e algo muito diferente de "imitar", segundo uma analogia natural, as capacidades do ato demiúrgico. Ele participa, como homem que é, da potência e da "filantropia" de Deus: com este, procria homens dignos de serem amados por um amor cuja manifestação foi a "causa" da criação, depois da Encarnação. A "sinergia" do homem com Deus no ato procriador[52] não consiste apenas no apoio de Deus à geração humana; trata-se de realizar o que dizia uma fórmula anterior de Clemente: "Deus recebe do homem o que ele havia criado, o homem".[53]

O Capítulo X do segundo livro do *Pedagogo*, portanto, situa a análise "de distinções a serem feitas a propósito da procriação" sob o signo de relações complexas e fundamentais entre Criador e criaturas. O conteúdo dos preceitos, muito "cotidianos", que Clemente vai dar a partir dali pode bem ser idêntico, com poucas exceções, ao ensino dos filósofos pagãos, mas nem por isso se trata de uma espécie de abandono da regulamentação das relações sexuais a uma sabedoria estoica ou platônica, aceita e autenticada por um consenso bastante amplo. Sem dúvida, Clemente coletou a codificação e as regras de conduta que, por outro lado, formulava a filosofia que lhe era contemporânea, mas as repensou e integrou a uma concepção que tem o cuidado de evocar, em poucas frases, no início desse capítulo, e que põe em jogo, na procriação, as relações do homem com seu Criador, de Deus com suas

52 Clemente emprega o verbo *sunergein* para designar a colaboração de Deus na procriação e *ekheirourgein* para seu papel na Criação.

53 Esta fórmula, encontrada no livro I, cap. III, 7, 3, não se aplica à geração em particular, mas contribui para definir as relações de Deus, na condição de Criador, com o homem, na condição de criatura pela qual Deus manifesta seu amor.

criaturas. Mas é preciso estar atento: Clemente de forma alguma, por este meio, dá um valor espiritual ao ato sexual (mesmo no quadro da instituição matrimonial, mesmo que se proponham exclusivamente fins procriativos). O que, segundo ele, tem um sentido para a relação entre o homem e Deus não é o ato sexual em si, mas o fato de que, realizando-o, segue-se o ensinamento, a "pedagogia" do próprio *Logos*. É a observação dos "mandamentos" que Deus prescreveu por meio da natureza, seus exemplos, suas formas e suas disposições, mediante a organização do corpo e as regras da razão humana, por meio do ensinamento dos filósofos e as palavras da Escritura. A obediência a estas diferentes lições pode dar ao relacionamento conjugal procriador o valor de uma "sinergia" com Deus.

Pode-se compreender melhor a distinção, aparentemente um pouco arbitrária, que Clemente introduz entre o fato da progenitura, que deve ser o "alvo" das relações sexuais, e o valor da descendência, que deve ser seu "fim". Este último constitui um acabamento – *teleiôtês* – para o procriador, como diziam os estoicos: ele assim finaliza aquilo para que a natureza o fez e que o liga, através do tempo, aos outros homens e à ordem do mundo. Mas esta "bela descendência" que, com a ajuda de Deus, o homem fez nascer, Clemente mostra que constitui, para Deus, um objeto digno de amor e uma oportunidade para mostrar sua bondade. Subordinadas ao "alvo" da "fabricação de filhos", depois, além disso, a uma finalidade que se une à da Criação inteira, as relações sexuais devem estar submetidas a uma "razão", a um *Logos* que, presente na natureza inteira e inclusive em sua organização material, é também a palavra de Deus. Colocadas no topo de sua análise, a distinção e a articulação entre alvo e finalidade permitem que Clemente inscreva firmemente a regra das relações sexuais em uma grande "lição da natureza": "Devemos nos colocar na escola da natureza e observar os sábios preceitos de sua pedagogia para o tempo oportuno da união."[54] Lição da natureza que está no próprio ensinamento do *Logos*. "Lógica", poder-se-ia dizer, de uma natureza que é preciso entender no sentido mais amplo, e sob seus diferentes aspectos: "lógica" da natureza animal, "lógica" da natureza humana e da relação entre a alma razoável e o corpo, "lógica" da Criação e da relação ao Criador. São estas três lógicas que Clemente, alternadamente, desenvolve.

*

1. Os exemplos que Clemente toma emprestados do livro animal são lições negativas.[55] A hiena e a lebre ensinam aquilo que não se deve fazer. A má reputação da hiena devia-se a uma velha crença – encontrada em Heródoro de Heracleia[56] – segundo a qual cada animal desta espécie tinha os dois sexos e, a cada ano, alternativamente, exercia o papel do macho e o da fêmea. Quanto à lebre, achava-se que adquiria um ânus suplementar a cada ano, para fazer destes orifícios assim

---

54 Ibid., II, X, 95, 3. Este tema da natureza "que ensina" é um tema estoico. Cf. por exemplo Hiérocles: "*dikaia de didaskalos hê phusis*" (Stobée, *Florilegium*, ed. Meineke, p. 8). Mas vê-se o deslocamento de sentido efetuado por Clemente.

55 Em várias retomadas, Clemente indica que lhe acontece de falar por exemplos negativos: *Le Pédagogue*, I, I, 2, 2, e I, III, 9, 1.

56 [Cf. infra, n. 64, p. 38. Foucault anota: IV, 192, sem que saibamos a que corresponde.]

multiplicados o pior uso.[57] Aristóteles havia rejeitado tais especulações e, desde então, poucos naturalistas ainda lhes davam crédito. O que não quer dizer que se tenha cessado de solicitar lições de moral à história natural destes animais. Com efeito, na época helenística e romana, a história natural era submetida a dois processos aparentemente contraditórios: uma filtragem do saber em função de regras de observação mais estritas; e a preocupação cada vez maior em decifrar um ensinamento nesta natureza à qual, segundo os filósofos, o indivíduo humano tem o dever de se integrar. Uma preocupação maior com a exatidão e a pesquisa da exemplaridade moral podiam caminhar juntas. Assim, o hermafroditismo alternado das hienas e as perfurações anuais da lebre tornaram-se lendas, mas, por meio dos costumes destes animais, os naturalistas podem, apesar de tudo, ler lições de conduta. Como dizia Eliano, a hiena "mostra", não pelo discurso, [mas] pelos fatos, "o quanto Tirésias era desprezível".[58]

O modo pelo qual Clemente, por sua vez, refuta a lenda, mas acolhe a lição moral, é interessante para sua concepção de relações da natureza e da contranatureza. A hiena, diz ele, não muda de sexo de um ano para o outro, porque uma vez que a natureza fixa o que é um animal, ela não poderia modificá-lo. Há, certamente, muitos animais cujos traços se alteram com o tempo. As estações quentes e frias modificam a voz dos pássaros ou o colorido das plumagens,[59] mas este é um efeito de ações físicas e exteriores. A natureza do animal

---

57 Esta crença, relatada por Arquelau, seria tomada de empréstimo ao Pseudo--Demócrito (*Geoponica*, XIX, 4; cf. Ovídio, *Métamorphoses*, XV, 408-410).

58 Eliano, *Natura animalium*, I, 25.

59 Clemente segue de perto Aristóteles, *Histoire des animaux*, IX, 632b.

não se transforma. Ora, e quanto ao sexo? Um indivíduo não pode mudar de sexo, nem ter dois, tampouco ser de um terceiro que seja intermediário entre o masculino e o feminino: estas são quimeras que os homens imaginam, mas às quais a natureza se recusa. Clemente se refere aí, de modo implícito mas suficientemente claro, a uma discussão "clássica" à época. Aos olhos dos epicuristas, a possibilidade das metamorfoses – do nascimento de vermes a partir dos cadáveres, da formação de abelhas numa carcaça de boi, ou de vermes na lama – constituía a prova de que estes corpos não eram de origem divina; estas transformações eram, a seus olhos, o efeito de mecanismos "autônomos".[60] Distinguindo com cuidado a "estabilidade" das espécies e as alterações mecânicas de certos caracteres, Clemente reúne a posição de todos aqueles – aristotélicos, estoicos, platônicos – que queriam manter a marca de uma razão criadora, ou a presença permanente em um *Logos*, nas especificações do mundo animal.[61] Mas é verossímil também que Clemente pense no problema que ele evoca no capítulo IV do primeiro livro do *Pedagogo*: a saber, o estatuto da diferença dos sexos a respeito da vida eterna e, ao mesmo tempo, do estatuto, na terra, dos homens e das mulheres. A solução proposta por Clemente é simples, ainda que não seja isenta de dificuldade: no outro mundo, não haverá diferença de sexo, "é somente aqui embaixo que o sexo feminino se distingue do sexo masculino". Diferença fundada, por conseguinte, no *Logos* que rege a ordem deste mundo,

---

60 Cf. por exemplo Lucrécio, *De rerum natura*, I, 871, 874, 898, 928; III, 719.

61 Orígenes evoca o mesmo problema em *Contra Celsum*, IV, 57. Ele afirma que, se há transformações (do boi em abelha, do asno em escaravelho, e do cavalo em maribondo), estas mudanças seguem "vias estabelecidas" (*hodoi tetagmenai*).

mas que não impede que possamos aplicar o nome de seres humanos aos homens e às mulheres; as mesmas prescrições valem, portanto, para ambos, assim como a mesma forma de vida: "uma assembleia, uma moral e um pudor; alimentação comum, laço conjugal comum; tudo é igual: a respiração, a vista, a audição, o conhecimento, a esperança, a obediência, o amor".[62] É a essa "vida comum", a esse gênero comum, que está para além da diferença dos sexos, mas não a anula, que se dirige a graça; é esse gênero humano que será salvo e se reencontrará na eternidade, todas as diferenças de sexo apagadas. Ao recusar a ideia de uma alternância de sexo na hiena, Clemente reitera esse princípio da "naturalidade" da diferença macho-fêmea no quadro das entidades específicas. O homem e a mulher são, e devem permanecer, segundo o *Logos* da natureza, distintos um do outro, o que não os impede de pertencer ao mesmo gênero humano nem de esperar que o outro mundo os libere da "dualidade de seu desejo".[63]

Contudo, na hiena existe uma singularidade não encontrada em nenhum outro animal. Clemente a descreve seguindo Aristóteles, quase palavra por palavra.[64] Trata-se de uma excrescência da carne que desenha abaixo da cauda uma forma muito próxima de um sexo feminino, mas o exame logo mostra que esta cavidade não se abre em nenhum conduto, seja em direção à matriz ou ao intestino. Esta particularidade anatômica, Clemente não a trata como Aristóteles. Este último a usa para explicar como observadores apressados

62 Clemente de Alexandria, *Le Pédagogue*, I, IV, 10, 2.

63 "*Epithumias dikhazousês*", ibid., I, IV, 10, 3.

64 Aristóteles, *Histoire des animaux*, VI, 579b. Cf. também *Génération des animaux*, III, 757a.

puderam se deixar enganar pelo equívoco da aparência: acreditaram ver dois sexos no mesmo animal; Aristóteles aí vê apenas a ocasião para um erro humano de interpretação. Clemente, por sua vez, vê nesta singularidade anatômica um elemento que apresenta uma relação ao mesmo tempo de efeito e de instrumento a respeito de uma falta moral. Se as hienas têm um corpo disposto de modo tão estranho, é por causa de um vício. Um vício "de natureza", entendendo por "natureza" os caracteres próprios a uma espécie, mas que não é menos semelhante à falta moral que podemos encontrar nos homens: a lascívia. E em função desta falta, "a natureza" dispôs uma cavidade suplementar nesses animais para que possam usá-la para os coitos, estes também suplementares. Em suma, à propensão "excessiva" para o prazer, que caracteriza naturalmente a hiena, a natureza respondeu com uma anatomia excessiva que permite relações "excessivas". Ao fazê-lo, porém, a natureza mostra que não é apenas em termos de quantidade que é preciso falar de excesso: como a bolsa excedente das hienas não é ligada por nenhum canal aos órgãos da geração, o excesso é "inútil", ou, mais exatamente, separado da finalidade que a natureza fixou para os órgãos da geração, para as relações sexuais, para a semente e sua emissão – a saber, a procriação. E, uma vez que esta finalidade se encontra assim subtraída, é então uma atividade de contranatureza que esta disposição ao transbordamento, simultaneamente natural e excessiva, permite e encoraja. Temos, portanto, todo um ciclo que vai da natureza à contranatureza, ou melhor, um entrecruzamento incessante de natureza e de contranatureza que confere às hienas um caráter censurável, inclinações excessivas, órgãos excedentários e os meios de deles se servir "para nada".[65]

Clemente analisa o exemplo da lebre do mesmo modo. Desta vez, porém, não se trata de um excesso da ordem da esterilidade, mas de um transbordamento na própria fecundação. Sempre seguindo Aristóteles, Clemente abandona a fábula do ânus anual da lebre e a substitui pela ideia da superfetação. São tão lúbricos estes animais que tendem a copular sem cessar, sem nem respeitar o tempo da gestação e do aleitamento. A natureza deu à fêmea uma matriz com duas ramificações, o que lhe permite conceber com mais de um macho e antes mesmo de ter parido. O ciclo natural da matriz que, segundo a lição dos médicos, atrai a fecundação quando está vazia e recusa a aproximação sexual quando está plena, encontra-se, assim, perturbado por uma disposição de natureza que permite justapor, por meio de um modelo totalmente "contranatural", gravidez e calor.

Esse longo desvio de Clemente pelas lições dos naturalis tas pode parecer enigmático, se comparado, por exemplo, à *Epístola* de Barnabé. Com efeito, esta evoca também os casos da lebre e da hiena – aos quais acrescenta outros animais como o milhano, o corvo, a moreia, o pólipo, a vaca, a doninha, mas somente em relação aos interditos alimentares do Levítico. E faz uma exegese imediata destes interditos, corrente à época.[66] Quanto ao consumo desses animais, o

---

65 Em relação a esta contranatureza que se manifesta naturalmente no "em demasia" (*peritton*), Clemente caracteriza a vida virtuosa pelo *aperittotês* (*Le Pédagogue*, I, XII, 98, 4).

66 Cf. a nota 53 da edição do *Épître du Pseudo-Barnabé*, por S. Suzanne Dominique e Fr. Louvel (Paris, 1979).

que é de fato condenado é a conduta que manifestam ou simbolizam: as aves de rapina significam a avidez por esfolar os outros, a lebre significa a corrupção de crianças, a hiena, o adultério, a doninha, as relações orais. Clemente também lembra as interdições do Levítico; também quer ver nessas prescrições alimentares o símbolo de leis que dizem respeito à conduta. Contudo, ele não se atém a tal exegese, e a retoma somente no início e no final do longo caminho que percorre ao longo da história natural.[67] Mas, primeiramente, toma o cuidado de recusar a explicação que ele mesmo chama de "simbólica",[68] substituindo-a por uma análise anatômica séria. E, no final do desenvolvimento, ressalta que somente estas considerações de história natural podem dar conta dos interditos "enigmáticos" do profeta.[69] Em suma, trata-se, para Clemente, de mostrar que o mesmo *Logos* que Moisés transmitiu de modo breve como lei, a natureza o manifesta, em detalhe, em figuras que podemos analisar. Ao oferecer o exemplo de todos esses animais condenáveis, a natureza mostra ao homem que, na condição de indivíduo racional, não deve ter como modelo seres que apenas têm uma alma animal. Mostra-lhe também a que ponto de contranatureza qualquer excesso pode conduzir, segundo uma lei que é a da própria natureza. Enfim, permite fundar as interdições globais, que encontramos nos filósofos pagãos, assim como nos cristãos – nada de adultério, fornicação, corrupção de

---

67 *Le Pédagogue*, II, X, 83, 4-5; e II, X, 94, 1-4.

68 Encontramos estas explicações em *Épître du Pseudo-Barnabé*: "Tu não comerás lebre." Por quê? Isto quer dizer: tu não serás corruptor de crianças, e não incitarás as pessoas deste tipo, pois a lebre adquire a cada ano um ânus a mais" (X, 6).

69 Clemente de Alexandria, *Le Pédagogue*, II, x, 88, 3.

crianças –, em considerações de natureza. Pois, eis, sem dúvida, um dos traços mais notáveis de todo esse capítulo de Clemente, e dessa passagem sobre a lebre e a hiena em particular. Os filósofos lembravam sem cessar que a lei, que devia presidir o uso dos *aphrodisia*, era a lei da natureza. Porém, a maioria das considerações que eles desenvolviam concernia à natureza do homem como ser racional e como ser social (necessidade de ter filhos para os dias em que seremos velhos, utilidade de uma família para o estatuto pessoal, obrigação de fornecer cidadãos ao Estado, homens à humanidade). Clemente, neste texto, elimina tudo aquilo concernente ao ser social do homem; ele desenvolve considerações de naturalista a partir das quais pode fazer aparecer aquilo que é, sem dúvida, o essencial de seu propósito:

a. A natureza indica que deve haver coextensão exata entre a intenção procriadora e o ato sexual.
b. Pelos jogos da contranatureza que ela própria organiza, a natureza mostra que este princípio de coextensão é um fato que podemos ler na anatomia dos animais e uma exigência que condena aqueles que dela escapam.
c. Este princípio interdita, portanto, por um lado, todo ato que se realizaria fora dos órgãos da fecundação – "princípio da hiena" –, e, por outro lado, todo ato que viesse a ser acrescentado à fecundação realizada – "princípio da lebre".

Jamais os filósofos, que haviam, contudo, desejado colocar os *aphrodisia* sob a lei da natureza e tentado dela afastar o que era contranatureza, tinham situado a tal ponto sua análise sob o signo da natureza – entendida como aquela que os naturalistas leem no mundo animal.

2. É também sob o signo da natureza, mas desta vez da natureza do homem como ser racional, que Clemente situa o desenvolvimento que se seguirá. E, desta vez, ele vai entrelaçar, à voz de Moisés[70] e ao exemplo de Sodoma,[71] o ensinamento dos mestres da sabedoria pagã, todos aqueles que tentaram regular as relações da alma e do corpo – os filósofos estoicos, os médicos, e sobretudo Platão: supõe-se que este leu Jeremias e suas imprecações contra os homens "semelhantes aos cavalos no cio", pois também ele fala dos corcéis renitentes da alma.[72]

O que Clemente faz valer aqui é o princípio, familiar aos filósofos, da "temperança", com seus dois aspectos correlatos: por um lado, a mestria da alma sobre o corpo, que é uma prescrição natural, pois é da natureza da alma ser superior e da natureza do corpo ser inferior, como o indica o lugar do ventre, que é como o corpo do corpo ("é preciso dominar os prazeres bem como comandar como mestre o ventre e o que fica embaixo"[73]); por outro lado, a reserva, a moderação

---

70 De fato, Clemente toma de Moisés a tripla interdição da fornicação, do adultério e da corrupção de crianças que compõe de fato a trilogia tradicional dos filósofos.

71 Temos aí um dos primeiros exemplos da interpretação "sexual" da história de Sodoma.

72 "Eles são muitos na casa da prostituída, iguais a cavalos bem nutridos que correm aqui e acolá; cada um deles relincha pela mulher do seu próximo", Jeremias, 5, 7-8.

73 Clemente de Alexandria, *Le Pédagogue*, II, x, 90, 1. Sobre este princípio, Clemente afirma que, soberano, comanda todos os outros (*arkhikôtaton*).

com a qual é preciso satisfazer os apetites uma vez que nos tornamos seus mestres. Ele relaciona, muito logicamente, o adjetivo *aidoios*, vergonhoso, aplicado aos órgãos sexuais, ao substantivo *aidôs*, ao qual confere o sentido de reserva e de justa medida: "parece-me que, se esse órgão foi chamado de partes vergonhosas (*aidoion*), é sobretudo porque é preciso se servir desta parte do corpo com reserva (*aidôs*)."[74] Tal reserva é, portanto, a regra que deve presidir o exercício da mestria da alma sobre o corpo. Ora, em que ela consiste? "Fazer na ordem das uniões legítimas somente aquilo que convém, que é útil, e que é decente."[75] O primeiro dos adjetivos empregados remete àquilo que pertence por natureza a este gênero de relação, o segundo, a seu resultado, o terceiro, enfim, a uma qualidade ao mesmo tempo moral e estética. E aquilo que se encontra assim designado é o que é recomendado pela própria natureza. Ela dá aqui, pois, exatamente a mesma lição que a das figuras animais: positivamente, "desejar" a procriação, negativamente, evitar as semeaduras vãs.[76] Clemente retoma então, exatamente, as proposições fundamentais que havia escolhido, e, depois, justificado em termos da história natural. Mas desta vez, tendo a espiral do desenvolvimento dado uma volta sobre si mesma, ele as retoma no nível da ordem humana. Ele as repete mais ou menos termo a termo, mas num contexto em que são utilizados os termos *Nomos* (lei),

---

74 [Ibid., II, X, 90, 2.]

75 Ibid., II, X, 90, 3. Sobre *aidôs* (reserva respeitosa) distinta de *aiskhunê* (vergonha), e sobre o fato de que as partes sexuais remetem à primeira e não à segunda, cf. *Le Pédagogue*, II, VI, 52, 2.

76 Ibid., II, X, 90, 3-4. Quanto a este ponto, Clemente mistura o ensinamento de Platão e a lei de Moisés.

Nominos (legítimo), *Paranominos* (ilegítimo), *Themis* (justiça) *Dikaios* (justo) e *Adikos* (injusto).[77] Não que se tratasse, assim, de opor a ordem humana à da natureza, mas, antes, de mostrar como nela se manifesta. "Toda nossa vida pode se passar observando as leis da natureza, se dominamos nossos desejos."[78] A mestria que prescreve a razão e que define as formas legítimas do comportamento é ainda um modo de escutar o *Logos* que rege a natureza.

A esta reserva, que manifesta a domínio da razão sobre os apetites do corpo, Clemente atribui quatro formas principais.

a. A primeira delimita as relações sexuais com a mulher à qual se está ligado pelo matrimônio. Platão o disse ("não laborar em nenhum campo feminino"), tomando-o de empréstimo, afirma Clemente, ao Levítico ("Tu não terás comércio com a mulher de teu vizinho para te sujares com ela", 18, 20). Mas *O pedagogo* dá uma justificativa da regra muito diferente de Platão: na regra monogâmica, *As leis* encontravam um meio de limitar o ardor das paixões e a servidão humilhante em que podiam manter os homens;[79] quanto a Clemente, ele aí vê a segurança de que a semente – sobre a qual afirmara anteriormente que continha as "ideias da natureza"[80] e cuja fecundação, lembra ainda, inscreve-se nas relações entre Deus

77 Cf. ibid., II, X, 90, 4; 91, 1; 92, 2; 92, 3; 95, 3. Sobre este tema antignóstico segundo o qual as ordens de Deus são boas e justas, cf. ibid., I, os capítulos VIII e IX.

78 Ibid., II, x, 96, 1.

79 Os textos que Clemente cita encontram-se no livro VIII de *Les Lois* (819a-841e).

80 [Clement de Alexandria, *Le Pédagogue*, II, X, 83, 3.]

e suas criaturas – [não] vá se perder[81] em algum lugar sem honra. É certo valor da própria semente, com aquilo que ela contém e promete, com aquilo que ela convoca de sinergia entre Deus e o homem para chegar a seu fim natural, que torna ilegítimo e "injusto" confiá-la a qualquer outra que não à esposa à qual alguém se uniu.

b. Outro princípio de restrição: a abstinência de relações sexuais durante as regras. "Não é conforme à razão sujar com as impurezas do corpo a parte mais fecunda do esperma, que pode logo se tornar um ser humano, afogá-lo no escoamento turvo e impuro da matéria: é o germe possível de um nascimento feliz que assim é roubado dos sulcos da matriz."[82] Trata-se aí de uma prescrição de origem hebraica. Clemente, porém, retoma o interdito da impureza, ao mesmo tempo, num jogo de referências médicas implícitas e em sua concepção geral da semente. Para ele, as menstruações são, com efeito, uma substância impura.[83] Além do mais, como dizia o médico Sorano, "a semente é diluída no sangue e por ele rejeitada".[84] Ele carrega, então, a semente nele misturada, arrancando-a assim de seu objetivo que é a matriz, e de seu fim que é a procriação. Como a semente constitui, pelas "razões da natureza", um receptáculo material, e como detém as potências que, desenvolvidas em sua ordem racional, farão nascer um ser humano, ela não merece ser exposta ao contato com sujeiras nem liberada a uma expulsão brutal.

---

81 [Manuscrito: "vá se perder".]

82 *Le Pédagogue*, II, x, 92, 1. Cf. também Fílon, *De specialibus legibus*, III, 32-33.

83 Clemente emprega a palavra *apokatharma* [ibid., II, X, 92, 1].

84 Sorano, *Traité des maladies des femmes*, I, x.

c. A interdição das relações durante a gravidez constitui a recíproca do princípio precedente. Pois se é preciso guardar a semente de qualquer evacuação impura, é preciso igualmente proteger a matriz uma vez que acolheu a semente e que empreendeu seu labor. É preciso respeitar o ritmo espontâneo que Clemente assim evoca: vazia, a matriz deseja procriar, ela busca acolher a semente e a cópula não pode, então, ser considerada uma falta, pois responde a esse desejo legítimo.[85] Aí, ainda, Clemente faz ecoar um ensinamento médico muito corrente: "nem todo momento é favorável à semente projetada no útero pelas aproximações sexuais"; é no momento em que cessa o fluxo menstrual e em que a matriz se encontra vazia que "as mulheres são levadas ao ato venéreo e o desejam".[86] Esta alternância nas disposições do corpo mostra bem, segundo Clemente, a razão que preside a sua natureza e define os justos limites de uma conduta temperante. Mas *O pedagogo* desloca a significação tanto deste ritmo quanto da regra de temperança que dele deriva. Os médicos desaconselhavam durante a gravidez as relações sexuais "porque imprimem movimento em todo o corpo", e, devido às sacudidelas que provocam no útero, "são perigosas durante todo o tempo da gravidez" – principalmente, nos últimos meses.[87] Clemente evoca o fato de que, se a matriz se fecha durante a gravidez, é porque ela "trabalha na fabricação da criança", é porque

---

85 Clemente utiliza a palavra *horexis*, que, no vocabulário estoico, designa o desejo como movimento natural (por oposição a *epithumia*).

86 Sorano, loc. cit., cap. X. É também uma ideia médica a de que a mulher não pode efetivamente conceber a não ser que deseje a relação sexual. Tirava-se, daí, a conclusão de que, se uma mulher concebia após um estupro, é porque ela o tinha de certa forma desejado.

87 Ibid.

ela realiza este trabalho "em sinergia com o Demiurgo".[88] Enquanto dura esta elaboração e colaboração, qualquer novo aporte de semente parecerá excessivo: "violência", portanto, que não será "justo" querer impor. Durante a gravidez, tudo o que vem a mais é "demasiado".

d. Mas se a "natureza" da mulher dita uma economia tão rigorosa, o que acontece pelo lado do homem? É sem dúvida seguindo o fio desta questão que Clemente evoca um tema médico totalmente tradicional: a longa série de males, doenças e fraquezas que o uso demasiado frequente dos prazeres do amor pode acarretar. Desta, Clemente evoca as provas diretas geralmente oferecidas e as provas indiretas, não menos habituais: vigor de todos aqueles, homens ou animais, que se abstêm o máximo possível de relações sexuais. Clemente correlaciona esta ideia banal à proposição, também famosa, de Demócrito: a de que a união sexual é "uma pequena epilepsia".[89] Embora não tenha sido retomada por todos os médicos, é reencontrada com bastante frequência na literatura médica: seja sob sua forma estrita, como em Galeno,[90] seja de uma forma mais ampla, como em Rufo de Éfeso, que situa "na família do espasmo" os "movimentos violentos" que acompanham o coito.[91]Ora, a esta aproximação entre a epilepsia e o ato sexual, Clemente dá uma significação precisa,

---

88 Clemente deAlexandria, *Le Pédagogue*, II, X, 93, 1. A frase remete explicitamente aos primeiros capítulos sobre a cooperação da criatura e do Criador no nascimento dos homens.

89 Demócrito, *Fragment* B 32, ed. H. Diels.

90 Galeno, *Commentaire aux Épidémies d'Hippocrate*, III, 3, em que ele cita Demócrito; cf. também *De utilitate partium*, XIV, 10.

91 Rufo de Éfeso, *OEuvres*, ed. Daremberg, p. 370.

que ele apoia, aliás, [numa] dupla referência que lhe permite entrecruzar um texto de Demócrito – "um homem nasce de um homem e é dele arrancado" [(fr. 32 Diels)] – com um versículo do Gênesis – "Este é o osso de meus ossos e a carne de minha carne" (2, 23). Se o corpo é tão violentamente sacudido na emissão de semente, é que dele se vê separada e projetada uma substância que contém, nela mesma, as razões materiais que permitirão fazer um outro homem parecido com aquele do qual ela vem. Percebe-se aí a tendência, frequente na Antiguidade, de fazer da ejaculação o simétrico do parto. Mas, citando Adão, de quem Deus acaba de arrancar uma costela, durante o sono, para fazer sua companheira, Clemente evoca nitidamente a "colaboração" de Deus nesta obra de carne puramente masculina. A prescrição de não abusar dela, portanto, não diz respeito apenas à prudência dos corpos. O abalo necessariamente custoso da emissão de semente remete à indispensável gravidade desta sinergia.

Destes grandes princípios de restrição nas relações sexuais, pode-se deduzir toda uma série de prescrições diversas, que Clemente acumula sem muita ordem aparente. Umas interditam o aborto, outras recomendam não ter relações sexuais durante o dia, ao sair da igreja ou de uma reunião, na hora da oração, mas somente à noite; outras prescrevem não tratar a esposa como "prostituída"; outras excluem o casamento de jovens e de velhos. Tudo isso define bem um código da temperança cujas conclusões, mesmo se acontece de serem mais severas, são do mesmo tipo das que se pode encontrar entre os filósofos pagãos. E são justamente os princípios dessa regra de temperança aqueles muitas vezes retomados por Clemente:

o homem deve permanecer mestre de seus desejos, não se deixar levar por sua violência, não se entregar, sem controle da razão, aos impulsos do corpo.[92] Este é o ideal do que ele chama, alhures, de "casamento temperante".[93] Mas não parece ser este o princípio último para Clemente. Se é preciso que se permaneça "mestre de si", não é tanto para manter o justo equilíbrio e a necessária hierarquia entre as faculdades, mas para assegurar o respeito, o pudor, a reserva que reclama uma semente que forma o receptáculo de "razões" imanentes à natureza, e que é a ocasião de uma cooperação entre Deus e o homem. União na qual o ser racional respeita a alma que deve prevalecer sobre o corpo e a consciência que deve controlar os movimentos involuntários? Sim, sem dúvida. Mas o "casamento temperante" de Clemente é sobretudo respeitoso daquilo que, passando através dele, vai do Criador eterno à multiplicidade de criaturas futuras, e encontra na semente e na fecundação um importante momento material. É a "economia" deste movimento, mais do que a estrutura do composto humano, que define o *kairós* das relações sexuais.

3. O último movimento do texto é de longe o mais curto; delineia-se com as últimas recomendações relativas ao casamento temperante, aquelas mais tênues, mais exigentes, que cercam as grandes proibições. Não ter propósitos obscenos, evitar gestos licenciosos, não ter relações com *as prostituídas*, e lembrar igualmente – aqui Clemente repete quase palavra por palavra um aforismo já encontrado entre

---

92 Clemente de Alexandria, *Le Pédagogue*, II, X, 89, 2; 90, 2-4; 93, 2; 96, 1.

93 O "*sôphrôn gamos*". Não esquecer que o objetivo do *Pedagogo* é introduzir a uma vida temperante ("*sôphrôn bios*", I, I, 1, 4).

os filósofos – que se comete adultério quando se age com a própria mulher como se ela fosse uma cortesã. Com estas prescrições, entra-se no domínio das faltas que escapam ao olhar dos outros e que são cometidas, sobretudo, aos olhos da própria consciência. Pecados da sombra. É preciso notar que não se trata de faltas de intenção, de maus pensamentos, de concupiscências e de tentações que serão, em um cristianismo um pouco posterior, o elemento-chave dos pecados da carne. Clemente fala somente de pecados sem caráter público. A noite e o silêncio os envolvem: não têm, aparentemente, por testemunha e juiz mais do que a consciência de quem os comete – a consciência do parceiro não parece aqui ter importância. O problema do pecado sem outra testemunha que a consciência ainda é um tema muito frequente na literatura filosófica, e Clemente o trata mediante uma argumentação também muito clássica. Ao procurar enterrar um pecado na sombra e na solidão, não se atenua sua gravidade, mostra-se o quanto somos conscientes de sua importância. O segredo manifesta a vergonha, e esta constitui um julgamento da própria consciência. E se um pecado como esse não faz mal a ninguém, a consciência ainda está lá, como acusador e como juiz: a si mesmo se fez mal, e em favor de si mesmo é preciso condenar-se. Encontramos estes raciocínios tanto em Musônio[94] quanto em Sêneca.[95] Clemente os retoma brevemente.

E, no entanto, sua análise caminha em outra direção – ou principalmente os temas que ele faz variar, de uma forma muito livre, em torno da questão da falta secreta. Primeiramente,

---

94 Musônio Rufo, *Reliquiae*, XII, 1-2 e 7, p. 65.

95 Sêneca, *Lettres à Lucilius*, 82, 8 e 16.

evoca o tema da noite e da luz. Por profundas que sejam as trevas que envolvem a falta, há sempre uma luz que as habita e elucida o que escondem. Olhar de Deus, ao qual nada escapa, e que constitui, sempre presente no mundo, uma luz espiritual? Sim, sem dúvida, e os filósofos pagãos reconheceram sua evidência.

Mas também se trata da luz que habita em nós e constitui nossa consciência. Fragmento do *Logos* que rege o mundo, que deposita em nós um elemento de pureza. Em relação a ele, a falta que se comete não constitui apenas uma desobediência, um ataque aos princípios da razão, mas também uma mácula. E a temperança não é simplesmente conformidade a uma ordem universal, mas parcela pura desta luz: não procuremos "nos dissimular nas trevas, porque o pensamento habita em nós; [...] a noite ilumina os pensamentos castos; e aos pensamentos dos homens de bem a Escritura deu o nome de lamparinas que nunca se extinguem".[96]

Não podendo o puro ter contato senão com o puro, se maculamos em nós a pureza de seu *Logos*, Deus só pode se afastar de nós. Ele nos abandona então à nossa vida de "corrupção". E Clemente entende por isso, ao mesmo tempo, a vida do pecado, no sentido metafórico, e, no sentido estrito, uma vida que está consagrada à morte. A intemperança corrompe: não porque alcance a luz, que em si mesma é inacessível e não pode ser obscurecida, mas porque obriga a luz a abandonar o corpo a seu destino mortal. O corpo intemperante apodrecerá porque Deus, abandonando-o, o deixa no estado de cadáver,[97]

---

96 Clemente de Alexandria, *Le Pédagogue*, II, X, 99, 6.

97 Ibid., II, X, 100, 1.

ao passo que aquele que permanece temperante se revestirá de uma "incorruptibilidade", a do *Logos* que nele habita, e que o fará aceder à vida eterna.

Há nesta concepção da "temperança" em Clemente mais do que somente a exigência de um equilíbrio bem administrado entre o corpo e a razão. Mas tampouco se trata, à maneira dualista, de uma recusa radical do corpo como princípio substancial do mal. Não se trata de um aprisionamento, mas de uma habitação do *Logos* no corpo, e a "temperança" consiste em fazer de modo a que este corpo se torne ou permaneça o "templo de Deus", e que seus membros sejam e permaneçam os "membros de Cristo". A temperança não é desprendimento quanto ao corpo, mas movimento do *Logos* incorruptível no próprio corpo, movimento que o conduz até esta outra vida em que, e apenas lá, poder-se-á levar a vida angelical, na qual a carne inteiramente purificada não mais conhecerá a diferença entre os sexos e as relações que os unem. É deste modo que Clemente interpreta a passagem do Evangelho de Lucas sobre o recasamento das viúvas,[98] que seria objeto de tantas controvérsias: ele não vê ali, como alguns outros, a ideia de uma distinção entre "os filhos do século" que teriam marido ou mulher, e aqueles que, não tendo marido nem mulher, fariam parte da ressurreição; e sim, a ideia de que, a partir do casamento, que é a lei deste mundo, o abandono das obras da carne e a incorruptibilidade de que assim nos revestimos nos permitem "perseguir uma vida na medida daquela dos

---

98 Lucas, 20, 27-37.

anjos".[99] Assim podem "se realizar as obras do Pedagogo" e se realizar a Palavra: "segundo a imagem e a semelhança".[100]

É certo que, por esses temas da luz interior, do puro e do impuro, do corpo como templo de Cristo, e desta ascensão à incorruptibilidade e à vida eterna, Clemente toca em temas que no século III e especialmente no IV ganharão uma enorme importância – em particular sob a influência do ascetismo monástico: tema da pureza rigorosa do pensamento e tema da virgindade de coração como condições da vida angelical. Mas é preciso notar de imediato que a exigência de uma pureza do pensamento, com uma renúncia que atinge os próprios desejos, não é evocada senão no extremo final do capítulo, em uma só frase. É preciso notar que Clemente não evoca ali, como será feito mais tarde, o desprendimento vigilante, constante e prévio quanto a todos os menores desejos que possam se formar no coração, mas a vontade de não se deixar vencer por eles.[101] Deve-se notar que, logo após esta última recomendação, opõe à condenação de tal derrota o princípio

---

99 Clemente de Alexandria, *Le Pédagogue*, II, X, 100, 3. "O abandono das obras da carne" (*katargêsantes ta tês sarkos erga*) não significa, aqui, o abandono da procriação; parece que se trata de uma referência à Epístola aos Gálatas, na qual as obras da carne são enumeradas, como a impudicícia, a impureza, a dissolução, a idolatria, a magia, as inimizades, as querelas – em suma, os principais pecados em geral (São Paulo, Épître aux Galates, 5, 19-21).

100 Clemente de Alexandria, *Le Pédagogue*, I, III, 9, 1.

101 "Não se tem o direito de abandonar-se à volúpia nem de lá permanecer estupidamente a aguardar os desejos sensuais, tampouco de se deixar impressionar excessivamente pelas cobiças contrárias à razão, nem, enfim, de desejar a polução" (ibid., II, X, 102, 1). No entanto, em *Les Stromates*, III, VII, Clemente exprimirá uma concepção muito mais exigente da relação aos desejos. A *egkrateia* dos pagãos consiste em não se submeter aos desejos; a dos cristãos reside no *mê epithumein*: vencer não só os desejos, mas o fato de desejar.

da boa conduta, que evocara no início do capítulo, e ao qual finalmente retorna: necessidade de não semear senão no bom momento, quando o *kairós* o indica. Ele não opõe à obra da carne uma renúncia absoluta, mas, à derrota que se sofre ante os *aphrodisia*, o princípio de semeaduras boas e eficazes. A própria estrutura deste último parágrafo confronta o fato de ser "submetido aos *aphrodisia*" e o fato de não consentir senão em plantar as sementes.[102] Enfim, e sobretudo, deve-se notar que a palavra empregada por Clemente, não apenas no início do texto, quando define a razão natural que preside as boas relações sexuais, como também neste final de capítulo, em que se trata do corpo como templo de Deus, e da vestimenta da incorruptibilidade, é sempre aquela pela qual os filósofos designavam a temperança: *sôphrosunê*. Sem dúvida, ele dá a este termo uma significação diferente do mero controle de si mesmo, de suas paixões e de seu corpo. Mas não lhe dá o sentido de uma renúncia às relações sexuais – para a qual regularmente emprega (como no terceiro *Estromata*) o termo *eunoukhia*. Nessa "temperança", trata-se de uma economia da procriação. Esta deve ser determinada pela razão natural das "semeaduras humanas", mas também constitui, e ao mesmo tempo, a forma de uma colaboração entre Deus e o homem. A "coroa de vida" e o manto de imortalidade não poderiam ser o preço de uma ruptura desta economia – pode-se mesmo dizer que o celibato é um ato ímpio, na medida em que

---

102 *"Oukoun aphrodisiôn hêttasthai* [...]. *Speirein de monon..."*, Clemente de Alexandria, *Le Pédagogue*, II, X, 102, 1.

suprime essa "geração".[103] Serão o preço de uma fidelidade exata ao que o *Logos* exige para que esta economia atinja os fins que lhe são fixados: a saber, fazer filhos segundo uma "vontade santa e sábia".[104]

Em uma passagem do terceiro *Estromata*, Clemente comenta o texto do Gênesis sobre a queda do primeiro casal humano: a falta cometida consistiu no ato sexual? Questão longamente debatida,[105] à qual Clemente dá uma resposta sutil: não foi o fato da relação sexual que constituiu o pecado, mas o de não a haver realizado no bom momento, "quando convinha". Contra as ordens que lhes tinham sido dadas, Adão e Eva se uniram demasiado jovens.[106] Em suma, infringiram a economia do *kairós* e ignoraram a lei do tempo. Crianças precoces e indóceis, escaparam a essa razão que *O pedagogo* deve justamente ensinar agora a uma humanidade que não pode ser regenerada senão na condição de se saber "criança". Eis como foi a queda, conforme *O protréptico* a explica: a criança Adão, "sucumbindo à voluptuosidade", deixando-se "seduzir por seus desejos", perdeu seu estado de infância; sua

---

103 Clemente de Alexandria, *Les Stromates*, II, XXIII, 141, 5. Esta posição, para Clemente, não é absoluta. Cf. a passagem sobre a possibilidade de se casar ou não se casar.

104 "*Semnôi kai sôphroni paidopoioumenos thelêmati*", ibid., III, VII (P. G., t. 8, col. 1.161).

105 Em *De carne Christi*, por exemplo, Tertuliano vê a origem da queda no fato de a serpente ter se insinuado no corpo da mulher ainda virgem. Caim seria a descendência (XVII, 5).

106 "*Thatton ê prosêkon ên, eti neoi pephukotes*", Clemente de Alexandria, *Les Stromates*, III, XVII (P. G., t. 8, col. 1.205). Sobre o perigo, em geral, que correm os jovens que o desejo inflama muito cedo, cf. Clemente de Alexandria, *Le Pédagogue*, I, II, 20, 3-4.

desobediência fez dele "homem", privado de todo o apoio do *logos* pedagógico.[107] Esta queda por precocidade mostra que a geração não é nela mesma má, mas que somente o podem ser as condições em que se produz. Ela é inocente da falta de Adão, e por isso é não apenas absolvida, mas celebrada nesta mesma passagem do terceiro *Estromata*; Clemente joga com a palavra *genesis*, que se refere tanto à Criação quanto à procriação. Mesmo depois do primeiro pecado, "santa permanece a gênese", por meio da qual "foram constituídos o mundo, as essências, os seres naturais, os anjos, as potências e as almas, os mandamentos, as leis e o Evangelho, bem como a gnose de Deus".[108]

O ato da procriação humana, portanto, remete à potência da Criação, no interior da qual se inscreve e à qual deve seu próprio poder. Mas Clemente o pensa também em função daquilo que, na história do mundo, constitui a réplica da Criação pelo Pai: a regeneração por Cristo, por sua Encarnação, seu sacrifício e seu ensinamento. No longo capítulo VI do primeiro livro, consagrado ao uso da palavra "crianças", *O pedagogo* desenvolve o tema do ensinamento de Cristo como leite nutritivo.[109] Esboça toda uma "fisiologia" do sangue em suas metamorfoses, substância que contém nela mesma todas as potências do corpo, o sangue-*Logos* também aparece sob duas outras formas: aquecido, agitado, ele espuma e se

---

107 "*Pais andrizomenos apeitheia*", Clemente de Alexandria, *Le Protreptique*, XI, 111, 1.

108 Clemente de Alexandria, *Les Stromates*, III, XVII (P. G., t. 8, col. 1205). Clemente lembra que seria uma blasfêmia condenar o *genesis* do qual Deus toma parte.

109 Sobretudo a partir de 34, 3 (*Le Pédagogue*, I, VI), em que ele comenta a primeira Epístola aos Coríntios, 3, 2: "Eu vos dei leite, não alimento sólido."

torna esperma, transmitindo assim à umidade da matriz os princípios dos quais poderá nascer, por desenvolvimento, um outro corpo; porém refrescado e penetrado pelo ar, o sangue torna-se leite na mãe e, sob esta forma, continua a transmitir à criança as potências que habitam o corpo dos pais. O aleitamento é a continuação do ato pelo qual a vida foi dada à criança pela fecundação; o mesmo sangue e os mesmos poderes, sob um outro aspecto, lhe são transmitidos. Assim, depois de ter ofertado seu sangue, Cristo dá aos homens-crianças o leite de seu *Logos*. Ele lhes ensina, é seu pedagogo. Entre o sangue outrora derramado na Paixão e o leite que jorra indefinidamente de sua Palavra, a procriação suscita este povo de "pequeninos" que o *Logos* engendra e regenera.

Esta passagem do *Pedagogo*, na qual Clemente faz a teoria do ensinamento que oferecerá nos livros seguintes, não menciona o esperma, entre sangue e leite, senão de maneira bastante passageira. O essencial do texto versa sobre a regeneração, e não sobre a gênese. Ele indica com nitidez o lugar da procriação na grande "fisiologia" do *Logos*. Sublinha o parentesco e, portanto, a semelhança que nos liga assim a Deus: o "parentesco" pelo sangue, a "simpatia" pela educação[110] de que fala esta passagem se completarão pela sinergia na procriação de que fala o capítulo X do livro seguinte. O ciclo do sangue, do esperma e do leite com o *Logos* que os habita e que eles transmitem nos liga fortemente ao parentesco de Deus.

E quando *O pedagogo*, como ensinamento de Cristo, como leite com o qual ele nutre nossa infância, nos diz qual é o

---

110 "*Sungeneia dia to haima* [...]. *Sumpatheia dia tên anatrophên*", Clemente de Alexandria, *Le Pédagogue*, I, VI, 49, 4.

kairós, o momento da procriação conveniente, fixa a economia da geração no grande movimento da Criação à Redenção, da Gênese à Regeneração.

*

O pedagogo, como já foi dito com frequência, é testemunha, pois, de uma grande continuidade com os textos da filosofia e da moral pagãs da mesma época, ou de um período imediatamente anterior. Trata-se da mesma forma de prescrição: um "regime" de vida que define o valor dos atos em função de seus fins racionais e das "ocasiões" que permitem efetuá-los legitimamente. Trata-se também de uma codificação "clássica", pois nele reencontramos os mesmos interditos (o adultério, o excesso, a corrupção das crianças, as relações entre homens), as mesmas obrigações (ter em vista a procriação quando nos casamos e quando temos relações sexuais), com a mesma referência à natureza e a suas lições.

Mas essa continuidade visível não nos deve levar a acreditar que Clemente tenha simplesmente inserido um fragmento de moral tradicional, completado por acréscimos de origem hebraica, no interior de suas concepções religiosas. Por um lado, ele reuniu em um único conjunto prescritivo uma ética do casamento e uma economia detalhada das relações sexuais, definiu um regime sexual do próprio casamento – ao passo que os moralistas "pagãos", mesmo quando não aceitavam as relações sexuais senão no casamento e para fins de procriação, analisavam separadamente a economia dos prazeres necessária ao sábio e as regras de prudência e de conveniência próprias às relações matrimoniais. E, por outro lado, ele deu uma significação religiosa a este conjunto de prescrições, repensando-o de uma maneira global em sua concepção do *Logos*. Não introduziu, em seu cristianismo, uma moral que lhe era estrangeira. Sobre um código já formado, constituiu um pensamento e uma moral cristãos das relações sexuais, mostrando com isso que havia mais do que um(a) possível e, portanto, que seria totalmente abusivo imaginar que "o" cristianismo, por si só e pela força de suas exigências internas, teria imposto necessariamente esse estranho e singular conjunto de práticas, de noções e de regras que denominamos "a" moral sexual cristã.

De qualquer forma, esta análise de Clemente está muito afastada dos temas que encontraremos mais tarde em santo Agostinho e que terão um papel muito mais determinante para a cristalização "desta" moral. De Clemente a Agostinho há, evidentemente, toda a diferença entre um cristianismo helenizante, estoicizante, voltado a "naturalizar" a ética das relações sexuais, e um cristianismo mais austero, mais pessimista, que não pensa a natureza humana senão por meio da queda, e afetando as relações sexuais, consequentemente, de um índice negativo. Mas não podemos nos limitar à constatação desta diferença. E, sobretudo, não é em termos de "severidade", de austeridade, de maior rigor no interdito que se pode estimar a mudança que se produziu. Porque considerando não mais do que o código propriamente dito e o sistema de interditos, a moral de Clemente não é mais "tolerante" do que a que se encontrará depois: o *kairós* que legitima o ato sexual unicamente no casamento, tendo em vista exclusivamente a fecundação, nunca durante as regras ou a gravidez, e em nenhuma outra hora do dia a não ser a noite, não abre possibilidades amplas.[111] E, de todo modo, as grandes linhas de divisão entre o permitido e o proibido, no essencial e em seu delineamento geral, permaneceram as mesmas entre os séculos II e V.[112] Por outro lado, neste mesmo lapso de tempo, produziram-se transformações capitais: no sistema geral de valores, com a preeminência ética e religiosa da virgindade e da castidade absoluta; no jogo de noções utilizadas, com a importância crescente da "tentação", da "concupiscência", da carne e dos "movimentos primeiros", que mostram não somente uma certa modificação do aparelho conceitual, mas um deslocamento do domínio de análise. Não foi tanto o código que foi reforçado, nem as relações sexuais mais estritamente reprimidas; o que pouco a pouco se forma é um outro tipo de experiência.

Esta mudança deve, evidentemente, ser ligada a toda a evolução, muito complexa, das Igrejas cristãs, que levou à constituição do Império cristão. Mais precisamente, contudo, deve ser relacionada à instauração, no cristianismo, de dois elementos novos: a disciplina penitencial, a partir da segunda metade do século II, e a ascese monástica, a partir do fim do século III. Estes dois tipos de prática não produziram um simples reforço dos interditos, ou convocaram um rigor maior nos costumes. Definiram e desenvolveram um certo modo de relação de si para consigo e uma certa relação entre o mal e o verdadeiro – mais precisamente, digamos, entre a remissão

111 "É preciso reconhecer que ela [a moral sexual de Clemente] é extremamente rigorosa: seus preceitos frequentemente ultrapassam em severidade as posições que se tornarão tradicionais na Grande Igreja". J.– P. Broudéhoux. *Mariage et famille chez Clément d'Alexandrie*. Paris: s.n., 1970, p. 136.

112 Um dos principais interditos "novos", o regime complexo e extensivo do incesto, quase não será desenvolvido antes da alta Idade Média.

dos pecados, a purificação do coração e a manifestação das faltas escondidas, dos segredos e dos arcanos do indivíduo no exame de si, na confissão, na direção de consciência ou nas diferentes formas de "confissão" penitencial.

A prática da penitência e os exercícios da vida ascética organizam relações entre o "malfazer" e o "dizer verdadeiro", a primeira liga em feixe as relações a si, ao mal e ao verdadeiro, de uma forma que, sem dúvida, é muito mais nova e muito mais determinante do que tal ou qual grau de severidade adicionado ou suprimido ao código. Trata-se, com efeito, da forma da subjetividade: exercício de si sobre si, conhecimento de si por si, constituição de si mesmo como objeto de investigação e de discurso, liberação, purificação de si e salvação por meio de operações que levam a luz até o fundo de si e conduzem os segredos mais profundos à luz da manifestação redentora. Foi uma forma de experiência – entendida ao mesmo tempo como modo de presença a si e esquema de transformação de si – que então se elaborou. Foi ela que, pouco a pouco, colocou no centro de seu dispositivo o problema da "carne". E em lugar de um regime de relações sexuais, ou dos *aphrodisia*, que se integra à regra geral de uma vida reta, teremos uma relação fundamental à carne que atravessa a vida inteira e subjaz às regras que se lhe impõem.

A "carne" deve ser compreendida como um modo de experiência, isto é, como um modo de conhecimento e de transformação de si por si, em função de uma certa relação entre anulação do mal e manifestação da verdade. Com o cristianismo, não se passou de um código tolerante aos atos sexuais a um código severo, restritivo e repressivo. É necessário conceber diferentemente os processos e suas articulações: a constituição de um código sexual, organizado em torno do casamento e da procriação, foi amplamente encetado antes do cristianismo, fora dele, ao lado dele. Ele o retomou por sua conta, no essencial. E foi no curso de seus desenvolvimentos ulteriores e mediante a formação de certas tecnologias do indivíduo – disciplina penitencial, ascese monástica – que se constituiu uma forma de experiência que fez o código atuar de um modo novo e o fez tomar corpo de uma maneira inteiramente diferente na conduta dos indivíduos.[113]

E para fazer a história desta formação, é preciso analisar as práticas que a asseguraram. Não que se pretenda aqui retraçar a gênese destas instituições altamente complexas. Trata-se somente de tentar fazer aparecer as relações que se armam entre a remissão do mal, a manifestação do verdadeiro e a "descoberta" de si.

[2 – O batismo laborioso]

"Que cada um de vós seja batizado para obter o perdão."[114] O batismo, até o século II, é "o único ato eclesiástico que pode assegurar a remissão das faltas".[115]

---

113 [Passagem riscada por Foucault no texto datilografado: "Em suma, o esquema do código, da repressão e da interiorização dos interditos não é capaz de dar conta destes processos que permitem precisamente aos códigos se tornarem condutas ou às condutas delinear códigos – a saber, os processos de "subjetivação". A carne é um modo de subjetivação."]

114 *Actes des Apôtres*, II, 38.

115 A. Benoît, *Le Baptême chrétien au second siècle*, Paris, 1953, p. 188.

Os autores do século II em geral associam esta remissão a quatro efeitos produzidos pelo próprio ato do batismo. Este *lava*, apaga, purifica: a imersão tira as manchas. "Nós descemos na água, cheios de sujeira, e dela saímos carregados de frutos."[116] Ele impõe também uma *marca*: "a água do batismo" é "o sinal do filho de Deus";[117] aqueles que o recebem são assim consagrados a Deus; trazem neles o signo de sua pertença e do engajamento assumido: como um lacre sob um ato, a marca sobre os animais do rebanho, ou a tatuagem no braço dos soldados.[118] Além disso, o batismo constitui um *novo nascimento*: ele restitui a vida. Esta palingenesia é representada muitas vezes como um segundo nascimento. Após o primeiro – aquele que, segundo Justino, se faz por "necessidade" e na "ignorância", a partir de uma "semente úmida", na "conjunção de nossos pais" –, o batismo nos "rejuvenesce" fazendo-nos nascer de novo, mas, desta vez, segundo a "livre escolha" e o "conhecimento": tornamo-nos assim os filhos de um Pai que é "Pai e Senhor de todas as coisas".[119] No mesmo sentido, santo Irineu falava da "nova geração" que Deus nos concede e que, por meio da fé, nos faz nascer da Virgem.[120] Este renascimento é igualmente descrito como acesso à vida além da morte. Em nossa primeira existência, diz Hermas,

---

116 *Épître du Pseudo-Barnabé*, XI, 11.

117 Hermas, *Le Pasteur*, *Similitude IX*, 16, pp. 2-4.

118 Sobre as diferentes significações do sinal, cf. F.J. DÖLGER, *Sphragis*, Paderborn, 1911. Segundo Hermas, ele aparece como a senha da qual nos servimos para poder entrar num lugar reservado: "*hina eiselthôsin eis tên basileian toutheou*" (*Similitude XIX*, 16, 4).

119 Justino, *Première apologie*, 61. Note-se que este segundo nascimento é descrito com o vocabulário que caracteriza o ato virtuoso e a sabedoria.

120 Irineu, *Adversus haereses*, IV, 33, 4.

havíamos recebido apenas uma natureza mortal; o homem não vivia senão na morte e como morto: da água ritual em que desce, ele emergirá vivo.[121] Enfim, o batismo *ilumina*: ele verte sobre a alma uma clareza que vem de Deus e a preenche totalmente; as sombras são dissipadas e, ao mesmo tempo, a alma abre-se à luz e nela penetra: "Esta ablução se chama iluminação porque aqueles que recebem esta doutrina têm o espírito preenchido de luz."[122]

Sob estes diferentes aspectos, a remissão batismal está ligada ao acesso à verdade. Primeiramente, porque o batismo é dado ao termo de um ensinamento: neste aprendemos a doutrina e o conjunto das regras que definem a "via da vida" por oposição à da morte.[123] O batismo só será dado àqueles que "creem verdadeiras as coisas que lhes foram ensinadas". [124] Porém, há mais: cada um dos efeitos atribuídos ao batismo é ao mesmo tempo um mecanismo de remissão e um procedimento de acesso à verdade. Purificação, ele elimina as sujeiras e faz desaparecer as manchas que obscurecem a alma, impedindo a chegada da luz. Sinal, ele marca o engajamento e a pertença, mas grava também o nome de Cristo – seu nome, quer dizer, sua imagem, de agora em diante presente na alma.[125] Regeneração, ele faz aceder a uma vida da qual o mal

121 Hermas, *Le Pasteur, Similitude IX*, 16, 3-5.

122 Justino, *Première apologie*, 61.

123 *Didakhê*, I-IV. Sobre o conteúdo e a forma desta catequese, ao longo do século II, cf. A. Turck, *Évangélisation et catéchèse aux deux premiers siècles*, Paris, 1962.

124 [Justino, *Première apologie*, 61, 2.]

125 Assim em *Excerpta ex Theodoto* (86) [de Clemente de Alexandria]: "A alma fiel que recebeu o 'sinal' da Verdade 'traz em si mesma as marcas do Cristo.'" Sobre esta relação sinal-imagem-verdade, cf. F.-J. Poschmann, *Paenitentia secunda*, Bonn, 1940.

está ausente e que é ao mesmo tempo a "verdadeira" vida e a vida da verdade. Iluminação, enfim, ele dissipa as trevas que são as do mal assim como as da ignorância: enquanto o ensino recebido na catequese preparava o espírito transmitindo-lhe estas verdades que devem ser aceitas, o batismo propriamente coincide com a vinda da luz.

A ligação, no batismo, entre remissão das faltas e acesso à verdade é então muito fortemente marcada na época dos Padres apostólicos e dos Apologistas. Ligação direta, uma vez que são os próprios efeitos do batismo que apagam as faltas e trazem a luz. Ligação imediata, pois não é porque, uma vez perdoadas as faltas, como um suplemento, a luz seja proporcionada; nem porque depois de a fé ser completamente formada e a verdade adquirida, as faltas sejam perdoadas, como recompensa. Seria esta, além disso, uma ligação "não refletida", tal que perdão das faltas e conhecimento da verdade se produzam na alma sem que esta tenha de conhecer a verdade das faltas que cometeu e pelas quais pede perdão? Estariam a remissão das faltas e o acesso à verdade ligados, de uma forma ou de outra, ao conhecimento das próprias faltas e pelo próprio sujeito?

A resposta deve ser nuançada. Depende do sentido que é preciso dar ao termo *metanoia*, que os autores latinos traduzem por *paenitentia*, e que é regularmente utilizado a propósito do batismo. "Aqueles, diz Justino, que creem na verdade de nosso ensinamento e de nossa doutrina, prometem viver desse modo. Durante o jejum, lhes ensinamos a rezar e a pedir a Deus a remissão de seus pecados, e nós mesmos rezamos e jejuamos com eles"; depois, quando chega o momento do batismo, "sobre aquele que aspira à regeneração e se arrepende de suas faltas passadas, pronunciamos na água o nome do Pai – e isto para que eles não permaneçam filhos da ignorância e da necessidade, mas da escolha e da ciência".[126] O texto é claro: aquele que recebe o batismo, que se torna filho da escolha e da ciência, e cujas faltas são perdoadas, é aquele que não somente recebeu o ensinamento e deseja a regeneração, mas que também se arrepende. *Metanoia* ou *paenitentia* são centrais no batismo.

Mas esta *metanoia* não se organiza como uma prática penitencial desenvolvida e regulada – quer dizer, como um conjunto de atos que obrigam o sujeito a ter um conhecimento tão exato quanto possível das faltas que pode ter cometido; a explorar, no fundo de sua alma, as raízes do mal, suas formas escondidas, suas faltas esquecidas; a se dedicar, para se corrigir, a um longo trabalho em que se misturariam vigilância contínua e renúncia progressiva; e a se infligir rigores punitivos, proporcionais à gravidade das ofensas para tentar apaziguar a cólera de Deus. A penitência requerida no batismo – pelo menos aquela que é descrita na época dos Padres apostólicos e Apologistas – não apresenta o caráter de uma longa disciplina, de um exercício de si sobre si nem de uma tomada de conhecimento de si por si. Uma passagem de Hermas sobre este ponto é significativa. O anjo da penitência fala: "A todos aqueles que se arrependem eu dou a inteligência. Não te parece que o fato de se arrepender é ele próprio inteligência? [...] Pois o pecador compreende que fez o mal diante do Senhor e o ato que cometeu remonta ao coração, ele se arrepende e não comete mais o vício; ao contrário, dedica todo seu zelo a

---

126 Justino, *Première apologie*, 61, 10.

fazer o bem, humilha sua alma e lhe impõe provações, pois ela pecou. Tu vês então que o arrepender-se é um ato de grande inteligência."[127] A penitência está muito ligada a um ato de conhecimento, a *sunesis*; mas ela não é conhecimento no sentido de saber aprendido, de verdade descoberta; trata-se de uma compreensão, de uma apreensão que permite "dar-se conta".[128] Esta apreensão comporta três aspectos: é preciso, deixando as ações outrora praticadas remontarem à superfície do coração, convencer-se de que elas eram más – más "perante" Deus,[129] quer dizer, ao mesmo tempo em relação a ele, contra ele e sob seu olhar; é preciso compreender que agora se deve dar as costas ao mal e, ao contrário, ligar-se ao bem; é preciso, enfim, autentificar a mudança, "humilhar" a alma que pecou, "impor-lhe provações" agora que foi renovada, quer dizer, dar a si mesmo e a Deus os signos que atestam esta mudança.[130] Em torno da ruptura de vida e da renúncia-promessa que o postulante deve fazer no momento do batismo, em torno desta *metanoia*, O *Pastor* de Hermas dá lugar a atos de verdade. Eles são mais da ordem do reconhecimento do que do conhecimento: deixando-o remontar até o coração, reconhecer que se fez o mal e, finalmente, dar os signos que permitem reconhecer que não se é mais o que se era, que realmente mudamos de vida – que

127 Hermas, *Le Pasteur*. *Mandatum IV*, 2, 2. A palavra *sunesis* é traduzida por inteligência.

128 Em *Crátilo*, Platão explica que, na *sunesis*, a alma acompanha as coisas em sua marcha (*sumporeuesthai*, 412a-b).

129 Hermas, *Le Pasteur*, *Mandatum IV*, 2, 2: "*Emprosthen tou kuriou*."

130 [Ibid.] A palavra empregada por Hermas é *basanizein*, utilizada para designar a prova da pedra ou os meios utilizados para verificar se o testemunho é um dizer verdadeiro.

nos lavamos, nos marcamos com o sinal, nos regeneramos, nos enchemos de luz.

Parece, pois, que nesta concepção do batismo, a relação entre remissão dos pecados e acesso à verdade, por forte, direta e imediata que seja, não consiste simplesmente numa conversão da alma, girando sobre si mesma, desviando-se da sombra, do mal, da morte, para se orientar em direção à luz, que a inunda, e abrir-se a ela. Não se trata simplesmente de uma ruptura, de uma passagem ou de um movimento da alma em que esta seria simultaneamente ator de sua própria conversão e trabalhada pela bondade de Deus, que apaga as faltas das quais nos afastamos e concede a luz da qual [ela] se desvia. A remissão dos pecados e o acesso à verdade exigem um terceiro elemento: a *metanoia*, a penitência. Mas esta não deve ser compreendida como o exercício calculado de uma disciplina. Ela não está ligada a uma objetivação de si, mas, antes, a uma manifestação de si. Manifestação que é ao mesmo tempo consciência e atestação daquilo que se está deixando de ser e da existência regenerada segundo a qual já se vive. É a consciência-atestação de uma passagem que não é simplesmente uma transformação, mas uma renúncia e um engajamento. A *metanoia* não desdobra a alma em um elemento que conhece e outro que deve ser conhecido. Ela mantém juntos, na ordem do tempo, aquilo que não somos mais e aquilo que já somos; na ordem do ser, a morte e a vida, a morte que está morta e a vida que é a nova vida; na ordem da vontade, o desligamento do mal e o engajamento ao bem; na ordem da verdade, a consciência de que realmente pecamos e a atestação de que verdadeiramente nos convertemos. O papel da *metanoia* no batismo não é o de procurar, no fundo da alma, aquilo que ela é para trazer seus segredos até o olhar da consciência ou aos olhos dos outros. É o de manifestar a "passagem" – o desprendimento, o movimento, a transformação, o acesso – e o de manifestá-la ao mesmo tempo como processo real na alma e como engajamento efetivo da alma. A *metanoia* constitui, assim, um ato complexo, que é movimento da alma acedendo à verdade e verdade manifesta deste movimento.

*

Os textos que Tertuliano consagrou ao batismo, na passagem dos séculos II e III, testemunham um certo número de mudanças notáveis. Tanto no que concerne à preparação para o batismo quanto à significação a ser atribuída ao rito e à sua eficácia.

A. *A preparação para o batismo*[131]

O capítulo VI do *De paenitentia* parece conferir a este tempo de preparação uma importância e um valor operatório bem maiores do que aqueles que lhe eram atribuídos no passado. "Somos purificados por sermos absolvidos? Certamente não. Nós o somos quando com a proximidade do perdão, a dívida da pena é quitada [...], quando, enfim, Deus ameaça, e não quando perdoa." E, um pouco adiante, ele acrescenta: "Nós não somos lavados para cessar de pecar, mas porque

131 [Este "A" não será seguido de "B" no manuscrito.]

[...] já estamos lavados no fundo do coração."[132] Com relação ao tema de um ato batismal que seria ao mesmo tempo purificação e remissão, Tertuliano parece efetuar um triplo deslocamento: no tempo, pois o procedimento de purificação parece agora dever preceder tanto o perdão quanto o próprio rito de imersão; na operação purificadora cujo agente parece ser, doravante, o próprio homem agindo sobre si mesmo; na própria natureza desta operação, na qual o papel do exercício moral parece prevalecer sobre a força da iluminação. Em suma, a purificação, em vez de ser integrada ao próprio movimento que faz passar a alma à luz e lhe assegura a remissão, toma a forma de uma condição prévia. Não teria, aliás, dito Tertuliano, no início desta mesma passagem, que o homem deve "pagar" por sua salvação com o preço da penitência, e que é esta que Deus recebe em troca do perdão?

Este texto merece explicação. Tertuliano – e ele volta a este ponto frequentemente[133] – não pretende contestar a eficácia do rito, nem transferir o essencial da operação para o homem que se purifica. *De baptismo* é dirigido explicitamente contra uma seita de cainitas que se recusavam a aceitar que "um pouco de água pudesse lavar a morte".[134] Tertuliano lhes responde com um elogio da água", cujos valores espirituais, manifestados na Escritura, ele lembra: água, que foi sede do Espírito antes da Criação; água à qual Deus precisou misturar o barro para modelar o homem à sua imagem; água, que purificou a Terra no Dilúvio, liberou os hebreus de seus

132 *"Non ideo abluimur, ut delinquere desinamus, sed quia desiimus, quoniam jam corde loti sumus"*, Tertuliano, *De paenitentia*, VI.

133 [Nota vazia]

134 [Tertuliano, *De baptismo*, II, 2.]

perseguidores egípcios, deu de beber ao povo eleito, curou as doenças na fonte de Betsaida.[135] Esta água, dotada de tais poderes na antiga lei, como seria deles desprovida, agora que o Espírito Santo, inaugurando uma outra lei, nela desceu para batizar o Cristo?[136] A água do batismo retoma todas as funções que a Escritura havia prefigurado: ela cura, nutre, libera, purifica, permite remodelar o homem, e faz da alma daquele que é batizado o trono de Deus. Mas estas funções são agora integradas na economia da salvação. Tertuliano pode, então, lembrar desde as primeiras linhas de *De baptismo* o princípio de que a água batismal lava os pecados, numa fórmula muito próxima daquela encontrada no século II: "Feliz sacramento aquele de nossa água que, lavando as sujeiras de nossa cegueira de antigamente, nos libera para a vida eterna."[137]

O problema então é saber qual é o lugar e qual é o sentido desta purificação prévia, da qual fala *De paenitentia*, se é verdade, como diz *De baptismo*, que é a água do batismo que tem o poder de lavar nossas sujeiras.

Uma reprovação que Tertuliano dirige a alguns daqueles que pedem o batismo pode ser um bom caminho. Com efeito, ele critica os postulantes ao batismo que se contentam em se arrepender de algumas faltas que cometeram – considerando que isto é o suficiente para que Deus perdoe todas as outras – e correm então para pedir o batismo. Outros, ao contrário, tentam retardá-lo o mais possível: sabendo que não terão mais

---

135 Os poderes espirituais da água são lembrados por Tertuliano em *De baptismo* [III, 2; III, 5; VIII, 74; IX, 1; V, 5].

136 Sobre o batismo de Cristo como fim da antiga lei e começo da nova, cf. Tertuliano, *Adversus Marcionem*.

137 Tertulaino, *De baptismo*, I, 1.

o direito de pecar depois de ter recebido o sacramento, mas sabendo que este sacramento apagará todas as suas faltas, quaisquer que sejam, retardam o momento do batismo para poder pecar.[138] Ora, há nestas duas atitudes ao mesmo tempo presunção e orgulho. E, por trás disto, dois erros graves.

A presunção consiste em imaginar que, pelo sacramento, podemos constranger Deus; que o homem tem assim influência sobre ele, e lhe é suficiente recorrer ao batismo para obter de forma certa o perdão total e definitivo. Isso seria fazer da liberalidade de Deus "uma servidão". Tertuliano não supõe que aqueles que vêm ao batismo com estas disposições insuficientes ou más não obtenham efetivamente o perdão, ele não questiona a eficácia do rito. Mas supõe que aqueles que vemos, em seguida, recair, romper o engajamento que tinham estabelecido e retornar às faltas que haviam sido redimidas, são precisamente aqueles que assim se "introduziram no batismo". Eles puderam "enganar os homens", mas não escapam daquele que tudo vê: cairão novamente. É preciso considerar o perdão que o homem obtém no batismo como o efeito da *liberalitas* de Deus – ao mesmo tempo generosidade que perdoa e liberdade de perdoar. Logo no início de *De paenitentia*, Tertuliano dá uma interpretação da queda e do perdão muito significativa: Deus, depois de ter visto todos os crimes da temeridade humana da qual Adão dera o exemplo, havia levado a condenação ao homem, o havia cassado do paraíso e submetido à morte. Mas tinha voltado à misericórdia e ele próprio estava arrependido.[139] O perdão que Deus dá aos homens deve ser compreendido como uma espécie de *metanoia*

---

138 Tertuliano, *De paenitentia*, VI.

139 "[...] *Cum rursus ad suam misericordiam* [...] *irarum pristinarum*", ibid., II.

em que Deus decide, livremente, suspender os efeitos de sua cólera. Tomar este perdão como o efeito necessário de um rito ao qual o homem decidiria submeter-se – tal é a presunção.

Quanto ao orgulho, ele consiste para o pecador que solicita o batismo em dar crédito a si mesmo. Ele não percebe que pode, sem cessar, cair e recair – antes do batismo ou depois. Aquele que vai em direção à luz não segue um caminho reto e fácil. Ele é como esses animais que acabam de nascer, quase cegos, tremendo sem parar e se arrastando no chão.[140] Ele deve lembrar também que Satã, que se apoderou da alma dos homens após a queda e que faz de cada uma delas sua Igreja,[141] não vê sem cólera que vai, pelo batismo, ser despossuído. Ele redobra então os esforços, seja para impedir esta derrota, seja para, mais tarde, reconquistar este lugar perdido.[142] O período que precede o batismo não deve então ser o da confiança arrogante em si mesmo. Ao contrário, é o tempo "do perigo e do medo".[143] A esta necessidade do "medo" no caminho que conduz ao batismo e na própria vida do cristão, Tertuliano atribui uma importância muito grande. Certamente, ele retoma um tema que lhe é anterior, emprestando-lhe, contudo, uma modulação particular. Não se trata mais simplesmente do medo de Deus, no sentido de que, como no antigo Testamento, seria preciso temer a cólera de Deus se suas ordens não fossem respeitadas. Pela necessidade da *metus* como dimensão constante da existência cristã, ele compreende tanto o temor a Deus quanto a si

140 Ibid., VI.

141 [Ibid., VII.]

142 Ibid.

143 Ibid., VI.

mesmo – o medo da própria fraqueza, das falhas das quais se é capaz, das insinuações do Inimigo na alma, da cegueira ou da complacência que nos deixará ser surpreendidos por ele. Aquele que deve ser batizado deve ter confiança, porém não em si mesmo, mas em Deus. A incerteza, não quanto ao poder de Deus, mas quanto à sua própria natureza, à sua fraqueza, à sua impotência, não deve deixá-lo.

Pode-se compreender, então, a importância de um tempo de preparação para o batismo, que não é simplesmente a iniciação às verdades ou ao ensinamento das regras de vida. Trata-se de um tempo que permite ao postulante não esperar, no orgulho e na presunção, um perdão total que Deus fosse constrangido a dar. A preparação para o batismo é o tempo em que se aprende o respeito pela *liberalitas* de Deus graças à consciência que se adquire da gravidade das faltas cometidas e do fato de que Deus teria podido não perdoar, e que, se Ele redime as faltas, é apenas porque Ele o quer. Mas é também o tempo em que se adquire o sentimento de "temor", a *metus*, quer dizer, a consciência de que não se é jamais inteiramente mestre de si, de que jamais alguém se conhece inteiramente e de que, na impossibilidade em que nos encontramos de saber de que queda se é capaz, o engajamento que se tem é bem mais difícil, bem mais perigoso. Ao insistir sobre a necessidade da preparação para o batismo, e ao evocar a purificação que aí deve se produzir, Tertuliano não desautoriza o princípio fundamental da remissão pelo próprio sacramento, mas reestrutura uma relação com Deus e consigo mesmo neste procedimento de redenção. Deus é ao mesmo tempo todo-poderoso e inteiramente livre quando perdoa; o homem que se submete ao procedimento da redenção não deve jamais estar inteiramente seguro de si mesmo. A preparação para o batismo purifica: não no sentido de que possa por si só assegurar a redenção, mas no sentido de que ela conduz, ao contrário, a tudo esperar da livre generosidade de Deus para apagar os pecados dos quais nos afastamos não apenas pelo arrependimento quanto àqueles que cometemos, mas por uma relação de temor de si a si que estabelecemos permanentemente. Tal preparação não se limita a romper com aquilo que se era, ela deve ensinar a se desligar, de alguma forma, continuamente de si.

Compreende-se, desde logo, a concepção, em parte nova, que Tertuliano tem da preparação para o batismo. Ele duplica a catequese e o ensinamento das verdades e das regras com um trabalho de purificação moral. E, inversamente, tende a organizar o movimento da *metanoia* numa forma regulada desde o início da preparação. É preciso pensar este período como um tempo em que se aprendem não apenas as verdades nas quais é preciso acreditar, mas a penitência que é preciso praticar. "O pecador deve chorar suas faltas antes do momento do perdão, pois o tempo da penitência é aquele do perigo e do temor. Não contesto a eficácia da benção de Deus àqueles que vão entrar na água. Mas, para alcançá-la, é preciso se esforçar". *Elaborandum est.*[144] Labor que tem sua forma, suas regras, suas ferramentas, sua *ratio.*[145] É isto o que Tertuliano chama de *disciplina da penitência*, à qual se deve submeter o postulante ao batismo, antes de mergulhar na água: "Senhor,

144 Ibid., VI, 9.

145 *"Ceterum ratio ejus, quam cognito Domino discimus, certam formam tenet"* ["No mais, a regra da penitência, que nós conhecemos ao mesmo tempo que o Senhor, está submetida a fórmulas determinadas", trad. E.-A. de Genoude], ibid., II.

permiti a vossos servidores conhecer ou aprender pela minha boca a disciplina da penitência, no sentido de que é proibido aos próprios Auditores pecar."[146]

Desta disciplina, naquilo que ela tem de necessário, de regulado, mas de simplesmente prévio, Tertuliano encontra o modelo no batismo joanino. Sabemos os problemas extremamente difíceis – e as inumeráveis discussões – que levantava a existência deste batismo anterior ao Salvador (e que, consequentemente, não podia assegurar a salvação), mas ao qual o próprio Salvador se submeteu. Batismo puramente humano, porque não faz o Espírito Santo descer na alma dos que o recebem, batismo dado por um Precursor cujo papel é o de anunciar Aquele que se aproxima segundo a promessa, é preciso compreendê-lo como "o batismo da penitência".[147] E se Cristo o recebe, não é porque ele mesmo tenha de praticar a penitência: é para mostrar que, de agora em diante, no novo tempo, o batismo marcará a vinda do Espírito Santo, logo, a luz e a salvação; mas é também para mostrar que o batismo do Espírito deve ser precedido pelo batismo da penitência, como o sacramento dos cristãos o foi pela missão de João. O Precursor "recomendava a penitência, que tem por fim purificar os espíritos, a fim de que a penitência, transformando, apagando e banindo no coração do homem todas as sujeiras do velho erro [...], preparasse para o Espírito Santo que iria descer o Santuário de um coração puro".[148] Logo, aquilo que, em uma

146 Ibid., VII.

147 Ibid., II.

148 Ibid.

palavra, nos ensina o batismo de João, é, diz *De baptismo*, que a "penitência precede; em seguida, vem a remissão".[149]

Sobre esta disciplina penitencial prévia ao batismo, Tertuliano dá poucos detalhes. Algumas regras negativas: não batizar muito cedo, porque sempre há mais perigo em precipitá-lo do que em retardá-lo; não o oferecer a qualquer um, o que redunda em oferecer coisas santas aos cães, pérolas aos porcos; não o dar às crianças, nem às pessoas solteiras cuja continência não está assegurada. Algumas prescrições globais: "o pecador deve chorar suas faltas antes do tempo do perdão"[150]; e quando o momento do batismo se aproxima, aqueles que a ele vão aceder "devem invocar Deus com preces fervorosas, jejuns, genuflexões, vigílias".[151] Mas o que é significativo são os dois tipos de efeitos que Tertuliano espera desta disciplina, além da purificação da alma propriamente dita. Se ela é rigorosa e exigente, é porque deve constituir, para aquele que aspira à vida cristã, um "exercício". Contra o cristão, o Inimigo não se desarma, ao contrário: ele se encarniçará para vencê-lo, e o batizado deverá ter-se habituado a seus assaltos, suas ciladas, suas seduções, para poder a eles resistir. É preciso que tenha aprendido a conhecê-lo e tenha adestrado sua alma para a ele resistir. Sendo tão grave recair depois de ter sido absolvido uma primeira vez, o batizado deve estar pronto para a luta e armado para triunfar sobre o Inimigo. A penitência é esta preparação – treino das forças e aquisição da vigilância – que permitirá não mais recair. Se a penitência, se a *metanoia* deve incorporar-se, desde o começo, à preparação ao batismo, é

149 [Tertuliano, *De baptismo*, X, 6.]

150 Tertuliano, *De paenitentia*, VI.

151 Tertuliano, *De baptismo*, XX, 1.

porque não é somente uma purificação, mas um exercício, e um exercício que, se é indispensável para ser resgatado, deve ser útil após o resgate, e ao longo de toda a vida cristã. Desde suas formas pré-batismais, a penitência aparece como esta forma de exercício de si sobre si que deve ser coextensiva à vida inteira do cristão.

Mas ela também tem outro sentido, que já encontramos antes: é o preço que se paga pela remissão. "Que cálculo, tão insensato quanto injusto, este de não cumprir a penitência e esperar a remissão das faltas, quer dizer, de não pagar o preço e estender a mão para receber a mercadoria! O Senhor deu o perdão a esse preço: ele nos oferece a impunidade em troca da penitência".[152] Pode parecer que Tertuliano, nesta passagem, retorna à ideia de uma troca igual, logo, de um mecanismo constrangedor: tendo o homem pago o preço devido, Deus nada poderia fazer senão conceder-lhe o perdão. Esse não é, contudo, o sentido do texto. Aquilo que damos na penitência jamais valerá o que Deus concede em troca: a vida eterna. E, portanto, a generosidade de Deus nunca será constrangimento. A moeda da penitência não mede o valor da remissão obtida, ela atesta a autenticidade daquilo que é dado em pagamento. Ela não é considerada como unidade contábil, mas como elemento de prova, melhor dizendo, de provação. A sequência do texto o mostra com nitidez: o vendedor, quando compramos algo, "começa examinando o dinheiro que lhe é dado, para ver se este não foi cortado, arranhado, alterado; é assim que o Senhor começa a avaliar a penitência". Ao falar da penitência-retribuição, Tertuliano não

152 Tertuliano, *De paenitentia*, VI.

visa uma compra que faríamos a Deus, mas uma provação à qual, diante dele, nos submetemos. *Probati paenitentiae*. Trata-se de dar as provas sólidas, tangíveis, autênticas, da mudança que se produz na alma, do trabalho que se opera sobre si, do engajamento que se assume, da fé que se forma. Como é dito em outro momento, em uma fórmula estrita, "a fé começa e se apoia na fé da penitência". A palavra penitência designa, assim, duas coisas: a mudança da alma e a manifestação de tal mudança nos atos que permitem autenticá-la. Ela deve ser prova de si mesma.

Estas análises de Tertuliano não são isoladas nem premonitórias, mesmo se têm uma tonalidade diversa daquelas de seu contemporâneo Clemente de Alexandria, e mesmo se são mais elaboradas que as de Justino.

Na própria época em que Tertuliano escrevia, desenvolvia-se uma instituição nova que tinha por papel organizar, regulamentar e controlar esta purificação anterior ao batismo de que falava *De paenitentia*. Sem dúvida, trata-se menos de uma inovação radical do que de uma institucionalização segundo um modelo que tende a dar uma forma geral às práticas de catequese e de preparação para o batismo. Para esta instauração de um catecumenato que, no curso do século III, cada vez mais tomou o ar de uma "ordem", ao lado daquela dos batizados, os historiadores reconhecem muitas razões: o afluxo dos postulantes, com o que isso podia comportar de enfraquecimento da intensidade da vida religiosa; a existência de perseguições, acarretando o abandono de sua fé por aqueles que não estavam suficientemente preparados; a luta contra as heresias, implicando uma formação mais rigorosa, tanto do ponto de vista das regras de vida quanto dos conteúdos doutrinais. É preciso talvez adicionar aqui o modelo das religiões de mistério, com o cuidado, delas característico, de formar os iniciados.[153] O catecumenato constitui um tempo de preparação, bem longo (pode durar três anos), no qual a catequese e o ensinamento de verdades e de regras são associados a um conjunto de prescrições morais, de obrigações rituais e práticas, e de deveres. Além do mais – e é isso que se deve reter aqui –, esta preparação é escandida por procedimentos destinados a "pôr à prova" o postulante; ou seja, a manifestar o que ele é, atestar o "labor" que ele efetua, dar testemunho de sua transformação e da autenticidade de sua purificação. Estes procedimentos correspondem àquela "*probatio*" da qual Tertuliano fazia uma das significações da disciplina de penitência, indispensável, segundo ele, para a preparação batismal. E mostram que a *metanoia* não deve ser compreendida somente como o movimento pelo qual a alma se volta para a verdade, separando-se do mundo, dos erros e dos pecados, mas também [como] um exercício em que a alma deve se revelar com suas qualidades e sua vontade. Trata-se, em suma, da face institucional do princípio de que o acesso da alma à verdade não se pode realizar sem que a alma manifeste sua própria verdade: este é, por assim dizer, "o preço", para retomar a metáfora de Tertuliano, com seu sentido bem particular, que a alma deve pagar para aceder à luz que finalmente a preencherá.

A tradição apostólica de Hipólito contém o testemunho mais detalhado acerca do que poderiam ser estes procedimentos de

---

153 São essas, em todo caso, as quatro razões evocadas por [A. Turck. Aux origines du catéchuménat. *Revue des sciences philosophiques et théologiques*, t. 48, 1964, pp. 20-31].

provação, tal como tiveram curso, ao menos, no catecumenato ocidental.[154] Descreve-os muito antes do momento terminal da "profissão de fé", quando o batizado afirmava solenemente, em resposta a uma tripla interrogação, que acreditava no Pai, no Filho e no Espírito Santo. Neste ponto, o catecúmeno manifestava, ele próprio, a autenticidade de sua crença em uma proclamação à qual ia responder, pela epiclese de nomes e a imposição das mãos, a vinda do Espírito e a Iluminação. O acesso à verdade e a manifestação da alma em sua verdade se reuniam, assim, no próprio ato do batismo. Mas *A tradição apostólica* indica e descreve, com inúmeros detalhes, outros atos de provação, que se escalonarão ao longo da preparação do batismo. Podemos reagrupá-los sob três grandes formas.

1. A investigação por interrogatório. Trata-se de um procedimento relativamente simples, que se desenvolve segundo um jogo de perguntas e respostas. Tinha lugar, se não em segredo, ao menos com uma participação restrita: os "doutores", encarregados do catecumenato, o próprio postulante e aqueles que o "tinham conduzido", desempenhando o papel de testemunhas e de fiadores.[155] A investigação parece ter-se voltado para dados exteriores: estatuto do postulante, profissão exercida – por causa de um certo número de incompatibilidades –, maneiras de viver. Mas voltava-se também para elementos interiores – essencialmente sobre a relação do postulante com sua antiga religião e as razões que o teriam dirigido à crença cristã. "Que eles sejam primeiramente

154 [Nota vazia.]

155 Sobre este ponto, cf. M. Dujarier, *Le Parrainage des adultes aux trois premiers siècles de l'Église*, Paris, 1962.

conduzidos aos doutores, antes que o povo chegue. Que se lhes pergunte a razão pela qual procuram a fé. Que aqueles que os conduzem deem testemunho quanto a isso, a fim de que se saiba se são capazes de escutar. Que se examine também sua maneira de viver: ele tem uma mulher, ela é escrava? [...] Que nos informemos dos ofícios e profissões daqueles que conduzimos para os instruir."[156] Depois de terem sido recebidos como ouvintes, os catecúmenos deviam levar, durante um período que podia durar até três anos, uma vida em que o ensinamento das verdades fundamentais estava associado a obrigações religiosas, mas também a regras de conduta, tarefas e obras. Ao final deste período, tinha lugar um segundo inquérito, em formas, ao que parece, bastante semelhantes ao primeiro. As testemunhas-fiadores são também questionadas. Mas o exame se volta, desta vez, para o próprio período do catecumenato: "Quando se escolhe os que vão receber o batismo, examina-se sua vida: Viveram honestamente enquanto eram catecúmenos? Honraram as viúvas? Visitaram os doentes? Fizeram todas as espécies de boas obras? Se aqueles que os conduziram dão testemunho por cada um: ele agiu assim, eles entenderão o evangelho."[157] É então que os catecúmenos são aceitos para o batismo. Ficavam submetidos então, durante algumas semanas – em geral as que precediam a Páscoa –, a uma preparação mais

---

156 Hipólito, *La Tradition apostolique*, 15-16. Os *Cânones* atribuídos a Hipólito insistem no exame dos motivos de abraçar o cristianismo, de modo a afastar aqueles que quereriam enganar: "*examinentur omni cum perseverantia, et quam ob causam suum cultu respuant ne forte intrent illudendi causa*" ["que aqueles que vêm à igreja para se tornarem cristãos sejam examinados com todo o rigor [...] por receio de que entrem por zombaria", trad. R.-G. Coquin] (cânone 10).

157 Hipólito, *La Tradition apostolique*, 20.

intensa: preces, jejuns, vigílias, cujo rigor devia testemunhar sua fé. A esse período, Crisóstomo viria a chamar "o tempo da palestra".[158]

2. As provas de exorcismo. A imposição das mãos e o sopro sobre o rosto são ritos antigos destinados a espantar os espíritos que se apoderaram do corpo e da alma de um homem. Muito remotamente, foram associados ao batismo.[159] Mas nem sempre tiveram a extensão e a multiplicidade que conheceram no século IV, quando foram empregados desde a entrada do postulante na ordem dos catecúmenos,[160] e quando a eles se recorria por várias vezes durante o tempo em que se permanecia ouvinte. Em compensação, *A tradição apostólica* indica, já no fim do século II, a exigência de um exorcismo solene pouco antes do batismo: "Quando o dia em que devem ser batizados se aproxima, o bispo exorciza cada um deles a fim de saber se são puros (*ut possit cognoscere si mundi sunt*). Caso se encontre algum que não é puro, que seja afastado: ele não se aplicou o bastante à palavra da doutrina da fé."[161] À época de santo Agostinho, um rito do mesmo tipo tem lugar justamente antes do batismo.[162] O postulante retira o cilício e coloca em cima dos pés – num gesto que manifesta que nos despojamos do velho homem, e que faz parte das práticas tradicionais de exorcismo. O bispo

158 São João Crisóstomo, *Huit catéchèses baptismales*. Catéchèse III, 8.

159 F. J. Dölger, *Der Exorzismus im altchristlichen Taufritual: eine religionsgeschichtliche Studie*, Paderborn, 1909.

160 Cf. R. F. Refoulé, introdução a *De baptismo*, de Tertullien (Paris, 1976).

161 Hipólito, *La Tradition apostolique*, [20].

162 Santo Agostinho, Sermão 216. *Ad competentes*, XI.

pronuncia as imprecações e, ao escutá-las sem claudicar, o catecúmeno mostra que está liberto de espíritos impuros. O bispo pronuncia então as palavras: "*Vos nunc immunes esse probavimus.*"

Estes exorcismos, sem dúvida, não se referem a uma forma de possessão semelhante àquela dos energúmenos.[163] A imposição das mãos significaria uma transferência de poder: a substituição do poder do Espírito mau, que reina sobre a alma do homem desde a queda, pelo poder do Espírito Santo. O primeiro é destronado, despossuído, afastado desta alma e deste corpo em que estabeleceu sua sede, e isto pelo poder daquele que é mais forte do que ele, mas não pode com ele coexistir, nem descer, consequentemente, em uma alma da qual o outro já não tenha sido expulso.[164] Mas o exorcismo é também uma prova de verdade: expulsando o Espírito do mal, ele opera na alma a divisão do puro e do impuro, ele a submete a um procedimento de autenticação, como aquele a que se expõe um metal quando se o faz passar pelo fogo:[165] afastamos os elementos que o alteram, medimos seu grau de pureza. As expressões empregadas pela tradição e a fórmula citada por santo Agostinho indicam que o exorcismo "prova", "mostra" e permite "reconhecer". À sua maneira, ele constitui um exame da alma.

---

163 É a opinião de A. Dondeyne, La discipline des scrutins dans l'Église latine avant Charlemagne. *Revue d'histoire ecclésiastique*, t. 28, 1932.

164 Sobre esta impossibilidade de coexistência, em uma mesma alma, do Espírito mau e do Espírito Santo, cf. Orígenes, *Homélies sur les Nombres*, VI, 3.

165 Esta aproximação é muito frequente. Ver Cirilo de Jerusalém, *Procatéchèse*, § 9.

Daí as expressões regularmente empregadas, no século IV e seguintes, para designar essas práticas de exorcismo. Em *Explanatio symboli*, em que Ambrósio explica aos que vêm receber o batismo o sentido dos ritos aos quais foram submetidos, o autor situa o exorcismo entre os "*mysteria scrutaminum*": "Procuramos saber se há qualquer impureza no corpo do homem; pelo exorcismo, indagamos da santificação não somente do corpo, mas da alma".[166] E o bispo Quodvultdeus, dirigindo-se àqueles que vão receber o sacramento, confere o mesmo sentido ao exorcismo: "Celebramos sobre vós o exame e o diabo é extirpado de vosso corpo, ao passo que Cristo, ao mesmo tempo humilde e altíssimo, é invocado. Demandareis, então: submete-me à prova, Senhor, e conhece meu coração."[167]

3. Enfim, a confissão dos pecados, que nem a *Didakhê* nem a *Apologia* de Justino evocavam como exigência prévia ao batismo, é, ao contrário, regularmente mencionada desde *De baptismo*, de Tertuliano. "Aqueles que vão aceder ao batismo devem invocar Deus por preces fervorosas, jejuns, genuflexões e vigílias. Eles se prepararão também pela confissão de todos os seus pecados de outrora. E isso em memória do batismo de João, acerca do qual se diz que o recebia *confessando seus pecados*."[168] Esta "confissão", portanto, é inteiramente diferente do interrogatório que abria e encerrava o tempo no qual o catecúmeno era ouvinte. Não é uma informação que os responsáveis demandam sobre a vida e a conduta passadas

166 [Santo Ambrósio, *Explanatio symboli*, 1.]

167 [Quodvultdeus, *Sermones*, 1-3, "*De symbolo ad cathechumenos*".]

168 Tertuliano, *De baptismo*, XX, 1.

de um postulante, é um ato que este faz por si próprio, entre os outros exercícios de piedade e de ascetismo. Trata-se de uma confissão detalhada e feita a um padre de "todas as faltas" cometidas no passado? Tertuliano menciona somente que os cristãos de hoje devem se regozijar por não precisarem fazer, como no tempo de João, "uma confissão pública de nossas iniquidades e de nossas vergonhas".[169] É preciso compreender, então, que o catecúmeno devia fazer o exame de sua vida passada, recordar suas faltas, e relatar a confidência seja ao bispo, seja àquele que tinha o encargo de guiá-lo? É possível. E os textos mais tardios se prestam ao entendimento de que nessa época, antes do batismo, aquele que o solicitava tinha de fazer, junto ao bispo ou ao padre,[170] um ato particular no qual "confessava" seus pecados.

Em todo caso, é preciso lembrar que o termo *confessio* tem, então, uma significação muito ampla – equivalente à palavra grega exomologese:[171] ato global pelo qual alguém se reconhece pecador. E a "*confessio peccatorum*" à qual se convoca aquele que deseja tornar-se cristão não deve, sem dúvida, ser comparada à rememoração e à confidência detalhada e exaustiva de todas as faltas, segundo suas categorias, suas circunstâncias e sua gravidade respectivas; mas [é preciso] de preferência [pensar em] um ato[172] – ou vários atos – pelo qual alguém se reconhece pecador, diante de Deus e eventualmente diante de um padre. Trata-se, no essencial, de manifestar a consciência que se tem de haver pecado, de ser pecador,

169 [Ibid.]

170 *Canons* de Hipólito (cânone 3).

171 Cf. infra.

172 [Manuscrito: "mas sobretudo um ato".]

e a vontade de se desligar desse estado. Testemunho de si mesmo sobre si mesmo, atestação da passagem, mais do que reminiscência, pela memória e o relato, de "todas as faltas" efetivamente cometidas.

É o sentido que parece se destacar de uma passagem do *De sacramentis* de santo Ambrósio: "Quando tu te inscreveste [para ser batizado], o padre tomou da lama e a espalhou sobre teus olhos. O que isto significa? Que tu tinhas de confessar teu pecado (*fatereris*), reconhecer tua consciência (*conscientiam recognoscere*), fazer penitência de tuas faltas (*paenitentiam gerere*), isto é, reconhecer (*agnoscere*) o destino da raça humana. Porque aquele que vem se batizar se esforça em vão para não confessar o pecado; entretanto, ele realiza, por isso mesmo, a confissão de todos os seus pecados, porque ele demanda o batismo para ser inocentado, isto é, para passar da falta à graça [...]. Não há homem sem pecado; reconhece-se homem (*agnoscit se hominem*) aquele que procura refúgio no batismo de Cristo."[173]

Texto importante. Inicialmente porque permite perceber a amplitude do sentido que toma a palavra *confessio*: desde o ato pelo qual alguém confessa efetivamente uma falta determinada até o reconhecimento do fato de que, a título de homem, não é possível não ser pecador. Mas também pela insistência em mostrar que a passagem da falta à graça – que é o próprio do batismo – não pode se realizar sem um certo "ato de verdade". Ato "refletido" no sentido de ser o catecúmeno chamado a manifestar explicitamente, sob a forma de uma atestação, a consciência que tem de ser pecador. Não há remissão, não há acesso salvador à luz, sem um ato no qual

173 Santo Ambrósio, *De sacramentis*, III, 12-14.

se afirme a verdade da alma pecadora, que vale ao mesmo tempo como marca verídica da vontade de não mais o ser. O "dizer verdadeiro sobre si mesmo" é essencial neste jogo da purificação e da salvação.

De uma maneira geral, desde o fim do século II, vê-se o lugar crescente que ocupa, na economia da salvação de cada alma, a manifestação de sua própria verdade: sob a forma de um "inquérito" em que o indivíduo é o interlocutor de um questionário ou o objeto de um testemunho; sob a forma de uma provação purificadora em que ele é o alvo de um rito de exorcismo; sob a forma, enfim, de uma "confissão", em que ele é ao mesmo tempo o sujeito que fala e o objeto do qual fala, mas na qual se trata de atestar que alguém se sente pecador mais do que de fazer a reconstrução exata dos pecados a serem redimidos. Mas é claro que a prática da confissão batismal não pode ser compreendida em sua forma e em sua evolução senão em relação ao desenvolvimento, tão importante, da "segunda penitência" – a partir deste mesmo fim do século II.

A instituição do catecumenato, a vontade de submeter os postulantes a regras de vida rigorosas, a colocação em jogo de procedimentos de verificação e de autenticação não podem ser separadas dos novos desenvolvimentos da teologia do batismo tal como se os pode observar a partir do século III: há aí todo um conjunto em que a liturgia, as instituições, a prática pastoral e os elementos teóricos remetem e reforçam uns aos outros. Contudo, não se trata de uma nova teologia batismal, mas de uma acentuação nova, sensível a dois pontos específicos: o tema da morte e o do combate espiritual.

A partir do momento em que o batismo foi concebido como regeneração e segundo nascimento, comportava uma relação com a morte – no sentido, ao menos, de que após uma primeira geração votada à morte, ele fazia "renascer" para uma vida que era a verdadeira vida. O batismo era referido à morte, na medida em que dela se livrava. Assim, conforme Hermas, a propósito das almas-pedras com as quais se constrói a torre da Igreja: "Elas precisavam sair da água para receber a vida: elas só podiam entrar no reino de Deus rejeitando a morte que era sua vida anterior."[174] Mas a partir do final do século II, vemos se desenvolver o tema de que se o batismo abre o acesso à vida, ele próprio deve ser uma morte; e se Cristo, por sua ressurreição, anunciou este "novo nascimento", ele mostrou, com sua própria morte, o que era o batismo. Esta é uma maneira de morrer com e em Cristo. Assim se produz, na teologia batismal, a partir dessa época um retorno à Epístola aos Romanos e à concepção paulina do batismo como morte: "Nós fomos sepultados com Cristo pelo batismo a fim de que, assim como ele ressuscitou dos mortos [...] caminhássemos para uma nova vida."[175]

Em *De resurrectione carnis*, Tertuliano se referia ao texto de são Paulo: afirmava o princípio de que morremos no batismo *per simulacrum*, mas *per veritatem* ressuscitamos na carne,

---

174 Hermas, *Le Pasteur, Similitude IX*, 16, 2. Como nota A. Benoît, a morte, para Hermas, não tem lugar no batismo: "o homem já está morto antes do batismo que se segue a seu pecado, e, pelo batismo, acede à vida." *Le Baptême chrétien au second siècle*, p. 133.

175 São Paulo, Épître aux Romains, 6, 4.

"como Cristo".[176] Mas é sobretudo depois de Tertuliano, que não lhe faz alusão nem no tratado sobre a penitência nem no do batismo, que esta relação do batismo com a morte por meio da paixão de Cristo será desenvolvida. Faz-se valer toda uma série de analogias: entre a imersão e o sepultamento,[177] entre a piscina e a "forma do túmulo",[178] entre o triplo mergulho que segue a tripla profissão de fé e os três dias que se passam da crucifixão à Ressurreição.[179] Vários temas aparecem por meio destas analogias. Em primeiro lugar, encontra-se a ideia de que o batismo deve ser acompanhado pela disposição do velho homem à morte: deve-se, segundo a Epístola aos Romanos, "crucificá-lo para que o corpo do pecador seja destruído".[180]

Batismo "salobre e amargo", cuja prefiguração Orígenes vê na travessia do deserto que precedeu o retorno à Terra prometida.[181] Mas, como a antiga vida da qual nos despojamos crucificando-a era apenas a própria morte, deve-se conceber o batismo como morte da morte. Santo Ambrósio o explica numa passagem importante do *De sacramentis*: após a falta de Adão, Deus havia condenado o homem a morrer. Castigo temível e sem remédio? Não, e por duas razões: porque Deus

176 Tertuliano, *De resurrectione carnis*, XLVII (P. L., t. 2, col. 862).

177 Sobre as relações entre a água e a morte, no batismo, cf. P. Lundberg. *La Typologie baptismale dans l'ancienne Église*. Leipzig, 1942. Cf. Santo Ambrósio, *De sacramentis*, III, 2: "quando tu te banhas e que tu te levantas, há uma imagem da ressurreição."

178 São João Crisóstomo, XXVe *Homélie* sur l'Évangile de saint Jean (3, 5), (P. G., t. 59, col. 151).

179 Gregório de Nissa, *Oratio catechetica magna* XXXV, 4-6 e 10.

180 São Paulo, Épître aux Romains, 6, 6.

181 Orígenes, *Commentaire sur saint Jean*, VI, 44.

permitiu ao homem ressuscitar; mas também porque a morte, como termo da vida mortal, é também o termo do pecado. "Quando morremos, cessamos de pecar." Assim, a morte, instrumento do castigo, torna-se um instrumento de salvação, quando associada à ressurreição: "a condenação serve de bênção"; "as duas coisas estão a nosso favor: a morte é o fim dos pecados e a ressurreição é a reparação da natureza".[182] O batismo constitui então uma inversão do sentido da morte: uma morte que faz morrer para o pecado e para a morte, e que, portanto, a este título, deve ser ardorosamente desejada.

Porém, ainda há mais: esta morte no batismo não deve apenas enterrar de uma vez por todas o despojo da vida que o cristão abandonou; ela deve marcá-lo para sempre e ao longo de toda sua vida de cristão. Com efeito, com o selo do batismo, ele recebeu o signo da crucifixão. Tal é então a "semelhança" à qual deve subordinar sua vida. O *homoiôsis tô theô*, que prometia uma vida de luz e de eternidade àquele que era capaz, tende a ser substituído pelo princípio de uma semelhança ao Cristo em sua paixão e, portanto, uma vida cristã situada sob o signo da mortificação.

1. Esta centralização da concepção do batismo em torno da morte, ou pelo menos da relação morte-ressurreição, tem três consequências no que concerne à ideia da *metanoia* indispensável ao batismo. A primeira é que esta conversão da alma, este desligamento pelo qual renunciamos ao mundo do pecado e nos desviamos da via da morte, toma cada vez mais a forma de um exercício de si sobre si que consiste numa

182 Santo Ambrósio, *De sacramentis*, II, 17.

mortificação – numa disposição voluntária à morte, aplicada, contínua em relação a tudo o que pode ligar ao pecado, na alma ou no corpo. A segunda é que esta mortificação não deve se localizar apenas no momento do batismo, mas exige uma longa e lenta preparação. Ela não deve sequer terminar com a imersão redentora, será preciso prosseguir numa vida de mortificação que só terá fim na própria morte. O batismo, como morte e ressurreição, não marca simplesmente a entrada na vida cristã: ele é uma matriz permanente para esta vida. Enfim, outra consequência, a exigência de uma "*probatio*", a se verificar, bem como o desejo e a capacidade do postulante de aceder à verdade, tal exigência tenderá, embora conservando este papel, a tomar um lugar cada vez maior num conjunto de "provas" que são ao mesmo tempo exercícios de mortificação e autenticação desta morte ao pecado – desta morte "à morte do pecado". A relação de si a si, entendida como labor de si sobre si e como conhecimento de si por si, ocupa assim um lugar cada vez mais bem marcado no processo global da conversão-penitência que a palavra *metanoia* designa.

2. Mas um outro fator intervém, com efeitos convergentes. É o desenvolvimento, na teologia da falta e do batismo, do tema do Inimigo presente na alma e reinando sobre ela. Com efeito, não devemos nos enganar. A explicitação das práticas de exorcismo e sua multiplicação no período do catecumenato, assim como nos ritos que precedem imediatamente o batismo, não traduzem o triunfo de uma concepção demonológica do mal. Assistimos, antes, a toda uma série de esforços para articular, sobre a nova ideia de pecado original, a onipotência de um Deus que aceite salvar e o princípio de que cada um

é responsável por sua salvação. A concepção de Tertuliano respondia a esta exigência: ele via o efeito da queda não somente no fato de que o homem estava votado à morte, que sua alma era corrompida e sua vida, abandonada ao mal, porém mais precisamente no fato de que Satã tenha podido estabelecer seu império sobre os homens, e até no fundo do seu coração. Como jurista, ele pensava mais, parece, numa possessão entendida como jurisdição e exercício de um poder do que como insinuação de entidades estranhas. O batismo tinha, então, como efeito, produzir uma "despossessão" que tinha dois aspectos: o Espírito Santo podia encontrar sua sede na alma liberta pela purificação; e o homem adquiria uma força mais forte do que a dos demônios – ele podia a ela resistir, podia comandá-la. Da queda à salvação, era toda uma relação de forças que estava em jogo e se revertia: o homem não estava absolutamente constrangido ao mal antes da vinda do Salvador, e ninguém era incondicionalmente remido após seu sacrifício. Tudo era combate. Mas este combate não confrontava Deus ao princípio do mal; desenrolava-se entre o homem e aquele que se revoltara contra Deus, quisera apossar-se de sua alma e não podia suportar "sem gemer" que dele a arrancássemos.

É este tema do combate espiritual que, a partir do século III, vai conferir um sentido particular tanto à preparação do batismo quanto aos efeitos que dele se espera. A preparação deve ser luta contra o Inimigo, esforço ininterruptamente renovado para vencê-lo, apelo a Cristo para que ele traga seu socorro e recurso à fraqueza do homem. Mas o batismo não dará nem a segurança nem o repouso: quanto mais o inimigo se sente despossuído, mais encarniçado ficará: e como já não reina na alma, tentará nela se introduzir. O cristão, se não se preparar como deve para ser cristão, cairá.

Vejamos: do mesmo modo que o tema da morte, implicado pelo da regeneração, do segundo nascimento, da ressurreição, faz uma inflexão em direção ao da mortificação, o tema da purificação, que desliga a alma de suas impurezas, faz uma inflexão em direção à ideia de um combate espiritual. E cada uma dessas inflexões confere ao sujeito um papel cada vez mais importante: o batismo deve ser preparado, acompanhado e prolongado por operações que o sujeito exerce sobre si mesmo na forma da mortificação, ou no interior de si mesmo sob as espécies do combate espiritual. Ele estabelece de si para si uma relação complexa, árdua, cambiante. Sem dúvida, a doutrina não admite absolutamente que a onipotência de Deus tenha por isso início ou limite (mesmo que tenha sido muito difícil construir teoricamente o sistema desta onipotência em face da liberdade humana). Mas, no que tange ao presente propósito, vê-se o quanto estas relações de si a si se tornaram indispensáveis na caminhada do sujeito à luz e à salvação.

3. Ora, tudo isto se inclina para uma outra mudança de ênfase na doutrina do batismo: aquela que concerne ao efeito do sacramento. Serei bem breve a este respeito, limitando-me a lembrar, para o início do século III, as indicações de Orígenes e, para o fim do século IV, as teses de santo Agostinho.[183]

---

183 [Aqui, Foucault rabisca: " – O batismo liberta / mas é preciso a *remissio cordis* / Cf. Histoire des dogmes / – Tudo isto convergindo para o problema do conhecimento de si."]

[3 – A segunda penitência]

Conhecemos o quarto Preceito de *Pastor* de Hermas: "Ouvi alguns doutores dizer que não há outra penitência senão aquela do dia em que descemos na água." Ao que o anjo da penitência responde: "O que ouviste está certo. Assim é. Aquele que recebeu o perdão de seus pecados não deveria mais pecar, mas permanecer em santidade. Porém, como necessitas de todas as especificações, indicar-te-ei isto também, sem dar àqueles que crerão ou àqueles que começam agora a acreditar no Senhor pretexto para pecar, pois tanto uns quanto outros não precisam fazer penitência de seus pecados: eles têm a absolvição de todos os seus pecados anteriores. Unicamente para aqueles que foram chamados antes destes últimos dias o Senhor instituiu uma penitência. Porque o Senhor conhece os corações, e tudo sabendo antes, conheceu a fraqueza dos homens e as múltiplas intrigas do diabo, que fará tudo de ruim aos servidores de Deus e exercerá contra eles sua malícia. Em sua grande misericórdia, o Senhor emocionou-se com sua criatura, instituiu esta penitência e me outorgou dirigi-la. Porém, eu o digo, continuou ele: se, após este chamado importante e solene, alguém, seduzido pelo diabo, comete um pecado, dispõe de uma única penitência; mas se peca ininterruptamente, mesmo que se arrependa, a penitência é inútil para tal homem."[184]

Por muito tempo este texto passou como a prova de que, no cristianismo primitivo, não existira outra penitência a não ser o batismo, e como testemunha de que, em meados do

---

184 Hermas, *Le Pasteur*, *Mandatum IV*, 31, 1-6.

século II, havia sido instaurado um segundo recurso para os pecadores já batizados: único recurso, solene, não repetível, do qual teria resultado, por meio de sucessivas transformações, a instituição penitencial. Meu propósito não é evocar, nem de longe, as discussões que esta passagem de Hermas suscitou: ela manifestaria a primeira atenuação importante de um rigorismo primitivo? Constituiria uma crítica contra a lição demasiadamente estrita de "alguns doutores" que precisaríamos saber quem são? Repousaria sobre a distinção entre dois ensinamentos: aquele dado antes do batismo e aquele reservado aos batizados aos quais se pode anunciar a possibilidade de uma segunda penitência? Seria esta última, na perspectiva de Hermas, um Jubileu que só deveria ocorrer uma vez, ou um recurso que a próxima parúsia de Cristo tornava urgente, indispensável e necessariamente única?[185]

Retenhamos somente que a obrigação de uma *metanoia*, de um arrependimento-penitência, é incessantemente lembrada aos cristãos nos textos do período apostólico. Sem dúvida, é dito na Epístola aos Hebreus que "é impossível, para aqueles que foram uma vez iluminados, que experimentaram o dom celeste, que se tornaram participantes do Espírito Santo, que saborearam a bela palavra de Deus e as forças do mundo por vir e que, não obstante, caíram, renová-los uma segunda vez conduzindo-os à penitência".[186] Mas o texto se refere à unicidade do batismo como ato de "renovação" total do

185 A tese do Jubileu, admitida no início do século xx, tinha sido criticada por A. d'Alès (*L'Édit de Calliste. Étude sur les origines de la pénitence chrétienne*, Paris, 1914), e, depois, por B. Poschmann (*Paenitentia secunda*, Bonn, 1940); ela foi retomada e reelaborada por R. Joly, em particular em sua edição de *Pasteur* (1958).

186 São Paulo, Épître aux Hébreux, 6, 4-6.

indivíduo. Não exclui nem detesta as faltas nem a demanda por perdão por parte daqueles que receberam o batismo: "Por todas as nossas quedas e todas as faltas que cometemos sob a instigação de um destes sequazes do Inimigo, imploremos o perdão."[187] Suplicação que toma formas rituais e coletivas: "Na assembleia, tu confessarás tuas faltas, e não irás às preces com uma consciência impura";[188] do mesmo modo quando nos reunimos no dia dominical, cortamos o pão, damos graças "depois de ter confessado os pecados, a fim de que o sacrifício seja puro".[189] Toda a comunidade é chamada a tomar parte deste arrependimento que cada um deve provar e manifestar. Seja sob a forma de uma correção recíproca: "A reprimenda que nós nos dirigimos mutuamente é boa e muito útil: ela nos une à vontade de Deus."[190] Seja sob a forma de uma intercessão de uns pelos outros, junto àqueles que perdoa.[191] Seja sob a forma de jejuns e de suplicações que precisamos fazer com aqueles que pecaram.[192] E é papel dos presbíteros o de se mostrarem "compassivos, misericordiosos com todos" e "reconduzir os extraviados".[193]

O arrependimento e o pedido de perdão eram, portanto, parte intrínseca da existência dos fiéis e da vida da

---

187 Clemente de Roma, *Première épître*, LI, 1.

188 *Didakhê*, IV, 14. A *Épître du Pseudo-Barnabé*, XIX, 12, retoma a expressão e acrescenta: "tal é a via da luz".

189 *Didakhê*, XIV, 1.

190 Clemente de Roma, *Première épître*, LVI, 2. Cf. também *Didakhê*, XV, 3: "Corrijam-se uns aos outros."

191 Clemente de Roma, *Première épître*, LVI, 1.

192 Ibid., II, 4-6.

193 Policarpo, *Épître aux Philippiens*, VI, 1.

comunidade, antes que Hermas tivesse mandado anunciar pelo anjo a quem havia sido confiado a instauração de uma outra penitência. Não podemos esquecer que a *metanoia* não é uma simples mudança de atitude necessária ao batismo, ela não é apenas conversão da alma que o Espírito produz no momento em que nela desce. Por meio do batismo, somos chamados "à *metanoia*"[194] que é ao mesmo tempo ponto de partida e forma geral da vida cristã. O arrependimento ao qual os textos da *Didakhé*, aqueles de Clemente ou de Barnabé, chamam os cristãos, é aquele mesmo que havia acompanhado o batismo: seu prolongamento, seu movimento continuado. O problema que *O pastor* levanta não é, portanto, o da passagem de uma Igreja de perfeitos a uma comunidade que reconhece em si mesma a existência de pecadores e que deve conviver com eles. Não é sequer, sem dúvida, a passagem de um rigorismo que só admite a penitência batismal a uma prática mais indulgente. Trata-se, antes, do modo de institucionalização deste arrependimento posterior ao batismo e da possibilidade de reiterar – total ou parcialmente – o procedimento de purificação (e mesmo de remissão) que o batismo havia originado uma primeira vez. Com efeito, não se trata nem mais nem menos do que do problema da repetição, numa economia da salvação, da iluminação, do acesso à verdadeira vida, que por definição só conhece um eixo do tempo irreversível escandido por um acontecimento decisivo e único.

---

194 Cf. as expressões como: "Deus deu a todos *metanoias topon*", "*metanoias metaskhein*" (Clemente de Roma, *Première épître*, VII, 5; VIII, 5).

Deixarei de lado a própria história desta institucionalização e os debates de ordem teológica ou pastoral aos quais deu origem. Limitar-me-ei a abordar as formas tomadas, a partir do século III, pela penitência "canônica", quer dizer, pelos recursos rituais dispostos sob a autoridade das Igrejas para aqueles que cometeram pecados graves e cujo perdão não poderia ser obtido somente pelo arrependimento e pelas preces. Como pode um batizado obter novamente seu perdão se infringiu os compromissos que havia assumido e se desviou da graça que tinha recebido?

Esta reconciliação era definida com relação ao batismo. Não que tenha sido sua repetição, pois ele não pode ser reiterado. A graça, então dada, foi concedida de uma vez por todas, e as faltas redimidas o foram definitivamente, nós só podemos renascer uma vez.[195] Porém, a "penitência" que acompanha o batismo e à qual ele introduz, o movimento pelo qual o espírito se separa de seus pecados e morre para esta morte, e o perdão que Deus concede em sua benevolência podem ser renovados. Por conseguinte, não o segundo batismo:[196] e, contudo, como já dizia Tertuliano, uma "segunda esperança", uma "outra porta" à qual o pecador pode bater depois que Deus fechou a do batismo, "benefício repetido" ou antes "majorado", pois

195 Esta ideia que tinha sido discutida a propósito dos relapsos e a propósito do batismo para os heréticos fora nitidamente rejeitada: "*iterandi baptismatis opinio vana*". Santo Ambrósio, *De paenitentia* II, ii, 7.

196 Note-se que às vezes encontramos a expressão, mas num sentido metafórico e não ritual: Clemente de Alexandria, *Quis dives salvetur*, XLII, 14 (P. G., t. 9, col. 649).

"devolver é mais do que dar" – *paenitentia secunda*.[197] Contra os novacianos, se fará valer que ela é necessária para não desesperar aqueles que já caíram e para não levar aqueles que ainda não são cristãos a retardar o momento do batismo[198].

A relação da segunda penitência com o batismo é assinalada de diferentes maneiras. Inicialmente, pelo princípio de que, aqui e lá, é o Espírito Santo que opera e perdoa as faltas: "Os homens pedem e a Divindade perdoa, [...] é a Potência soberana que concede seus favores."[199] Mesmo mistério e mesmo ministério, a autoridade exercida pelos padres é a mesma quando eles batizam ou quando reconciliam: "Que diferença faz que seja pelo viés da penitência ou do batismo que os padres reivindiquem este direito que lhes foi concedido?"[200] Assim como a água do batismo tinha por papel lavar as faltas anteriores, pede-se às lágrimas da penitência que lavem as que tiveram lugar desde o batismo.[201] E malgrado a preocupação de reservar a este último o poder de fazer re-nascer, de re-generar, encontra-se o tema[202] de que a penitência faz passar [da morte à vida].[203] *De paenitentia*, de santo Ambrósio é, quanto a isso, significativo. Inicialmente, a penitência é reportada ao episódio do Samaritano no Evangelho de Lucas: assim como

---

197 Tertuliano, *De paenitentia*, VII.

198 De acordo com santo Ambrósio, *De paenitentia*, II, II.

199 Santo Ambrósio, *De Spiritu Sancto*, III, 13.

200 Santo Ambrósio, *De paenitentia*, I, VIII, 36.

201 Analogia muito frequentemente evocada. Como por santo Ambrósio na carta XLI, 12; ou em *Enarratio in Psalmum 37*, 10-11.

202 São Cipriano, carta XV, 2.

203 [Manuscrito: "da vida à morte".]

o homem ferido na estrada de Jericó, o pecador pode ser salvo porque está ainda "meio vivo"; se estivesse definitivamente morto, o que se poderia fazer por ele? Será preciso mandar aqueles que não podem mais ser curados fazer penitência?[204] Porém, no livro II do mesmo texto, a penitência é reportada à ressurreição de Lázaro: "Se, ao chamado de Cristo, tu fazes tua confissão, as barreiras serão rompidas, e todos os grilhões serão desfeitos, mesmo se é forte o fedor do corpo em via de decomposição [...]. Vós vedes que os mortos retornam à vida na Igreja e que ressuscitam quando o perdão dos pecados lhes é concedido."[205]

Em suma, a salvação, que somente pode ser obtida pelo batismo quando ainda não se é cristão, apenas a penitência poderá permitir aos cristãos que recaíram depois do batismo.[206] Dois caminhos, portanto, para ser salvo, é o que repetirá o papa Leão depois de Ambrósio.[207]

Esta analogia com o batismo, tão fortemente assinalada, explica o paradoxo de que, embora sendo, de uma certa maneira, a "repetição" do batismo (ou pelo menos de alguns de seus efeitos), a penitência não seja passível de repetição. Como ele, ela é única: "Não há senão um batismo, do mesmo modo que não há senão uma penitência."[208] Nada há, pois, de surpreendente no fato de que ela seja organizada, ao menos

204 Santo Ambrósio, *De paenitentia*, I, XI, 52; cf. notação do mesmo tipo na carta LV de são Cipriano, cap. 16 e 20.

205 Santo Ambrósio, *De paenitentia*, II, VII, 58-59.

206 Santo Ambrósio, carta XXV.

207 São Leão, carta [108].

208 Santo Ambrósio, *De paenitentia*, II, X, [95].

em certa medida, segundo o modelo do batismo e de sua preparação.

A penitência canônica tomou, pouco a pouco, a forma de um "segundo noviciado".[209] A expressão "*paenitentiam agere*", que se emprega para designar, de uma maneira muito geral, qualquer forma (mesmo interior) de se arrepender a que um pecador se dedica para obter o perdão de faltas (ainda que leves), é também utilizada para designar a forma regular segundo a qual se deve desenvolver o procedimento penitencial: sob a autoridade dos padres, com um certo número de práticas definidas, em um momento em que é necessário e durante um tempo determinado.[210] A penitência assim praticada não é simplesmente um ato, ou uma série de ações, é um estatuto.[211] Alguém "se torna" penitente, segundo regras às quais se devem submeter não apenas os pecadores, mas os padres que regulam tal penitência.[212]

A penitência eclesiástica "se demanda", "se concede", "se recebe". O cristão que cometeu um pecado grave – e, decerto, o relapso que fez sacrifício ou assinou um certificado de sacrifício – solicita ao bispo a possibilidade de se tornar penitente; ou é instado a tanto pela exortação do padre que está a par de

209 [Nota vazia.]

210 "*Sacerdotibus Dei obtemperans*", "*operibus justis*". São Cipriano, carta XIX, 1; "*justo tempore*", carta IV, 4. Sobre o sentido geral e o sentido preciso de "*paenitentiam agere*", cf. J. Grotz, *Die Entwicklung des Busstufenwesens in der vornicänischen Kirche*, Friburgo, 1955, pp. 75-77.

211 Paciano distingue os catecúmenos, os penitentes e os cristãos de exercício pleno.

212 Cf., por exemplo, são Cipriano, cartas XV e XVI.

sua falta.[213] É em resposta a esta demanda que o bispo "concede" a penitência, que é preciso conceber, portanto, em seu sentido fundamental, menos como uma punição imposta do que como um recurso cujo acesso e desenvolvimento são cuidadosamente regulados. A penitência começa por um ritual que comporta a imposição das mãos, num gesto que se refere ao exorcismo e que implora a bênção de Deus para os exercícios penitenciais. Estes duram muito: meses, anos. E, quando acabam, o penitente é admitido à reconciliação, no curso de uma cerimônia que constitui como que a réplica da primeira: o bispo impõe de novo as mãos e o penitente é readmitido à "*communicatio*". Enquanto dura, este estatuto implica práticas de ascese (jejuns, vigílias, preces numerosas) e obras (esmola, ajuda aos doentes); também comporta interdições (tais como as relações sexuais entre esposos) e uma exclusão parcial das cerimônias da comunidade (em particular, da eucaristia).[214] Contudo, mesmo depois da reconciliação, o antigo penitente não recobra o estatuto que possuía anteriormente. De alguma forma, permanece marcado: é impossível, para ele, tornar-se padre, os cargos públicos lhe são interditados, bem como certas profissões; ser-lhe-á recomendado evitar os litígios.[215]

Penitência "segunda" em relação ao batismo, esta prática cuidadosamente regulada não é menos exigente. Ao contrário.

---

213 Sobre o papel do bispo nas incitações à penitência, cf. Paciano [carta III, 16]: o bispo "*ad paenitentiam cogit, objurgat, crimen ostendit, vulnera aperit, supplicia aeterna commemorat*" ["constrange à penitência, reprimenda, mostra o crime, desnuda as feridas, recorda os suplícios eternos", trad. C. Épitalon e M. Lestienne].

214 Sobre todos estes pontos, cf. R. Gryson, introdução a *De paenitentia*, de santo Ambrósio (Paris, 1971, p. 37ss) e *Le Prêtre selon saint Ambroise* (Louvain, 1968). Cf. são Leão, carta 167.

215 Cf. são Leão, carta 167.

Porque se trata de solicitar aquilo que já havia sido acordado uma vez e de obter, por exceção, o efeito que uma graça já ofertara a todos os batizados. A penitência é mais estrita do que o batismo. Deus oferece este último a todo homem que o reconhece e oferece então a remissão das faltas como uma "*gratuita donatio*"; em compensação, o perdão, ele o concede ao penitente como fruto do longo labor que este terá exercido sobre si mesmo.[216] O princípio de que a preparação para o batismo não dispensa uma disciplina não é retificado pelos autores dos séculos III a V; estes ressaltam, em compensação, que, na penitência, o pecador, que já recebeu a graça, deve se responsabilizar por seus próprios pecados. É o princípio de Orígenes: *apolambanein tas hamartias*.[217] E a despeito do princípio de que não há segundo batismo, se chegará a falar da penitência como "batismo laborioso".[218]

Sem entrar nos problemas da teologia sacramentária e de sua história, pode-se dizer que, a partir do século III, uma diferença de ênfase se torna sensível na maneira pela qual é descrita a *metanoia* ligada ao batismo e aquela que é

---

216 Paciano, carta III, 18: "*Baptismus enim sacramentum est dominicae passionis: paenitentium venia meritum confitentis. Illud omnes adipisci possunt, quia gratiae Dei donum est; id est, gratuita donatio; labor vero iste paucorum est qui post casum resurgunt, qui post vulnera convalescunt, qui lacrymosis vocibus adjuvantur, qui carnis interitu reviviscunt*" ["O batismo, com efeito, é o sacramento da paixão do Senhor: o perdão dos penitentes, o salário da confissão. Todos o podem obter, porque é um dom gratuito de Deus, isto é, um perdão gratuito; mas é o fruto do esforço do pequeno número daqueles que se levantam depois da queda, que recobram a força depois das feridas, que se fazem ajudar pelos gritos plenos de lágrimas, que revivem pela destruição da carne", trad. C. Épitalon e M. Lestienne.]

217 Sobre este ponto, cf. K. Rahner [La doctrine d'Origène sur la penitence], *Recherches de Science Religieuse* (t. 38, 1950), p. 86.

218 [Gregório de Nazianzo, discurso XXXIX, 17 (P. G., t. 36, col. 356a).]

indispensável à penitência eclesiástica. Trata-se sempre, sem dúvida, nos dois casos, de um arrependimento pelo qual a alma se desprende dos pecados pelos quais se sujou. Mas, a propósito do batismo, é sobretudo a liberação, a *aphesis*, que é sublinhada; para a *metanoia* necessária à reconciliação, é sobretudo o trabalho que a alma exerce sobre ela mesma e sobre as faltas que cometeu.

★

No desenvolvimento da penitência canônica, são numerosos os procedimentos destinados a manifestar a verdade da alma penitente. E eles apresentam diferenças notáveis quanto àqueles empregados para o batismo e sua preparação.

– A –

Pode-se pôr à parte o recurso aos testemunhos ou às inquirições que permitem assegurar-se do arrependimento e das boas disposições daqueles que pedem sua reconciliação. As cartas de são Cipriano atestam, para o período que se segue às grandes perseguições, a importância do problema, a dificuldade em encontrar o equilíbrio entre rigor e indulgência, o encarniçamento de certos *lapsi* para recobrar a paz da Igreja, e a obstinação com que, por vezes, se a recusava – de todo modo, o tom áspero das discussões. São Cipriano volta a isso inúmeras vezes: entre o perigo de reconciliar demasiado rápido e aquele de privar os pecadores de uma esperança, a decisão sempre será, de certa maneira, cega: "Na medida em que nos é dado ver e julgar, vemos o exterior de cada um; quanto a sondar o coração e penetrar na alma, não o podemos."[219] Argumento que o inclina, mais do que à severidade, a uma indulgência da qual ele por vezes se censura.[220] Mas se, como todos, ele receia que "espíritos incorrigíveis", "homens conspurcados por adultérios ou por sacrifícios" venham a corromper as almas honestas, pensa, no entanto, que a tarefa não é tanto a de excluir aqueles cuja sinceridade não é certa, mas a de trabalhar para sua cura.[221] Além do mais, a reconciliação concedida aqui embaixo não implica Deus. Aquele que tudo vê, até mesmo os segredos do coração que nos escapam, não está comprometido em perdoar quando se quis enganá-lo abusando da indulgência dos seus: "O próprio Deus julgará o que não percebemos bem, e o Senhor reformará a sentença de seus servidores."[222]

Disso não decorre que se possa acolher todo mundo sem precaução; é preciso refletir e examinar. As atestações daqueles que tinham aceitado enfrentar o martírio, a favor daqueles "caídos" – seja porque haviam praticado sacrifício, seja porque haviam assinado um certificado de sacrifício –, não deveriam ser suficientes, sobretudo quando tomam a forma de uma espécie de recomendação coletiva, valendo para toda uma família ou uma casa. Mais ou menos espontaneamente, porém mantendo sua posição de indulgência de princípio, Cipriano adere à prática que se impôs e que parece ter sido codificada, na forma de regulamento, em

---

219 *"Cor scrutari et mentem perspicere non possumus"*. São Cipriano, Carta LVII, 3.

220 Ibid., carta LIX, 15 e 16.

221 Ibid.

222 Ibid., carta LV, 18; cf. também LVII, 3.

um opúsculo que fixava, para os responsáveis, a conduta a adotar:[223] examinar uma a uma a situação daqueles que pediam para ser acolhidos como penitentes para poderem ser finalmente reconciliados; considerar as intenções e as circunstâncias do ato (*causae*, *voluntates*, *necessitates*); distinguir entre "aquele que, de imediato, por sua própria vontade se entregou ao sacrifício abominável, e aquele que depois de ter resistido e lutado por muito tempo apenas por necessidade chegou ao ato deplorável; aquele que entregou tanto a si mesmo quanto aos seus e aquele que, enfrentando sozinho o perigo por todos, preservou sua mulher, seus filhos e toda a sua casa".[224] Parece que um outro exame foi previsto, incidindo desta vez não sobre as circunstâncias da falta, mas sobre a conduta do pecador desde aquele momento,[225] isto é, no período em que, seja espontaneamente, seja segundo as formas canônicas, ele faz sua penitência, manifesta seu remorso e mostra sua vontade de viver como crente: "À porta do campo de Deus, que eles montem guarda, mas armados de modéstia, mostrando que têm consciência de terem sido desertores";[226] a quem não professe sua desolação ("*nec dolorem* [...] *manifesta lamentationis suae professione testantes*"), é preciso recusar a esperança da comunhão e da paz.[227]

---

223 "[*Libellus*] *ubi singula placitorum capita conscripta sunt*", ibid., carta LV, 6.

224 Ibid., carta LV, 13.

225 Na carta XXVII, Cipriano se refere a uma correspondência de Luciano acerca "daqueles cuja conduta desde a falta terá sido examinada". É também a este exame que se refere a carta LXVI, 5: "*communicatio mostra examinatione concessa*".

226 Ibid., carta XXX, 6, dirigida pelos padres de Roma a Cipriano.

227 Ibid., carta LV, 23.

Tendo em conta a dificuldade de um exame como este, as resistências que as comunidades opunham ao retorno dos *lapsi* e a hostilidade que podiam suscitar as decisões pessoais, estas deviam ser amiúde tomadas coletivamente, sob a direção do bispo e em presença dos fiéis. Dá testemunho disso uma carta dos Padres romanos a Cipriano: é "uma carga facilmente impopular e um penoso fardo ter que, sem ser numerosos, examinar a falta de um grande número, e estar sós para pronunciar a sentença [...]; uma decisão não pode ter grande força, a não ser que pareça ter reunido os sufrágios de um grande número de deliberantes".[228]

A importância destas práticas de exame estava ligada a uma conjuntura particular, o que explica a amplitude que tomaram num momento dado. Elas não desapareceram, sem dúvida, com o fim das perseguições. Mas o controle externo dos penitentes – que não deixa de se assemelhar àquele que, por interrogatório, inquérito e testemunho, se exercia sobre os catecúmenos – desempenhou um papel relativamente acessório quando comparado a um outro procedimento de verdade, muito mais central na penitência: aquele por meio do qual o pecador reconhecia, ele mesmo, seus próprios pecados.

– B –

A estes procedimentos "refletidos" se relacionam os termos *confessio* e *exomologesis* – correntemente empregados em latim,

228 Ibid., carta XXX, 5, dirigida a Cipriano.

do século II ao IV,[229] com um significado equivalente. De todo modo, o que um e outro designam precisamente está sujeito a discussão. Segundo as referências escolhidas, alguns historiadores insistem na existência de um ato definido pelo qual o penitente faria a confissão das faltas cometidas;[230] outros sublinham que com frequência estes termos, e particularmente o termo exomologese, são uma maneira de designar o conjunto de atos penitenciais aos quais o pecador está ligado.[231] Parece que, de fato, poderíamos distinguir três elementos.

1. Inicialmente devia ter lugar a exposição da demanda. O pecador que solicitava a penitência confiava ao bispo ou ao presbítero que deviam acolhê-la sua vontade de se tornar penitente e as razões para tanto. Exposição detalhada? Vimos, a propósito das apostasias e da prática de *examinatio*, que às vezes este era o caso. Podia-se mesmo apelar a testemunhos e a espécies de inquéritos: é a esta maneira de proceder que se aplica a expressão de

---

229 *"Is actus, qui magis graeco vocabulo exprimitur et frequentatur, exomologesis est"* ["Este ato, que nomeamos ordinariamente por uma palavra grega, *é a exomologese*", trad. E.-A. de Genoude]. Tertuliano, *De paenitentia*, IX, 2. O termo, que já se encontrava em santo Irineu (seis vezes sob forma verbal em *Adversus haereses*), é muito frequente em são Cipriano; nós o encontramos ainda em Paciano no fim do século IV.

230 Como A. D'Alès, *L'Édit de Calliste*, p. 440 ss.

231 E. Amman, verbete "Pénitence" do *Dictionnaire de théologie catholique*, t. XII (1933): sob a palavra exomologese, colocamos "o conjunto dos exercícios penitenciais preparatórios à reconciliação eclesiástica"; B. Poschmann, *Paenitentia secunda*, Bonn, 1940): "[...] *den ganzen Komplex der vom Sünder und von der Kirche zu erfüllenden Bussakte*" ["[...] todo o complexo dos atos de penitência que devem realizar o pecador e a Igreja"] (p. 419). Era a interpretação de J. Morinus: *"exomologesis est actio exterior paenitentiae"* (*Commentarius historicus de disciplina in administratione sacramenti paenitentiae*, 1682).

tipo jurídico que encontramos em são Cipriano: *exposita causa apud episcopum*.[232] Mas, salvo nessas conjunturas particulares, a demanda de penitência devia ser muito mais discreta. Tratava-se somente de uma confissão oral expressa em termos gerais, e talvez por meio da mera recitação de um salmo de penitência?[233] Pode-se pensar que uma exposição sucinta era necessária para indicar a natureza da falta, permitir a avaliação de sua gravidade e talvez fixar o tempo, o "*justum tempus*", que devia decorrer antes que a reconciliação pudesse ser projetada.[234] Sem dúvida, era então que se decidia se a falta merecia o recurso à penitência, ou se podia obter o perdão por vias menos rigorosas. A esta prática se refere provavelmente Cipriano em *De lapsis* quando distingue entre aqueles que devem "fazer penitência", porque fizeram sacrifício ou assinaram as notas, e aqueles que nada mais fizeram do que pensar nisso: estes deverão "confessar-se com dor e franqueza aos padres de Deus".[235] [É] nela também que pensa o biógrafo de santo Ambrósio quando o louva pela indulgência com a qual ouvia os pecadores: frequentemente, mais do que desempenhar o papel de acusador público, ele preferia, "sem dizer nada a ninguém", chorar com o culpável sobre suas faltas

---

232 São Cipriano, carta XXII, 2. Cf. J. Grotz. *Die Entwicklung des Busstufenwesens in der vornicänischen Kirche*, p. 82.

233 É, em linhas gerais, a tese de E. Göller, Analekten zur Bussgeschichte des 4. Jahrhunderts, *Römische Quartalschrift*, t. XXXVI, 1928. Cf. o que diz a respeito R. Gryson para a prática penitencial em Milão no século IV, em *Le Prêtre selon saint Ambroise*, p. 277 ss.

234 [São Cipriano, carta IV, 4.]

235 São Cipriano, *De lapsis*, XXVII-XXVIII; sobre o sentido a dar a esta passagem, cf. J. Grotz, [p. 59].

e interceder junto a Deus para que concedesse seu perdão.[236] Entre o pecador e aquele que concedia a penitência, havia lugar, pois, para uma entrevista privada – o que não quer dizer que ela tivesse lugar a cada vez e necessariamente. Procedimento verbal, com certas características da confissão jurídica, na medida em que se tratava de apreciar a gravidade de uma falta. É certo que nos aproximamos aqui, até certo ponto, da forma da *confessio oris* tal como a encontraremos mais tarde no coração do rito penitencial e como um de seus elementos principais. Mas com a diferença fundamental de que a confissão verbal das faltas é aqui uma simples preliminar à penitência, e que não é sequer absolutamente necessária. Não constitui parte integrante nem essencial da mesma.

2. Na outra extremidade do procedimento penitencial, quando chegou o momento da reconciliação, parece que tem lugar um episódio, bem definido, de exomologese. Ao menos é o que parecem indicar muitas passagens da correspondência de são Cipriano em que, evocando o que é necessário para a reconciliação dos *lapsi*, ele indica regularmente a série: *paenitentiam agere, exomologesim facere et impositio manus*.[237]

---

236 Paulino, *Vita Ambrosii*, [P. L., t. 14, col. 27-50].

237 São Cipriano, carta XV, 1: "*Ante actam paenitentiam, ante exomologesim gravissimi atque extremi delicti factam ante manum ab episcopo et clero in paenitentiam impositam*" ["Antes de qualquer penitência, antes da confissão da maior e da mais grave das faltas, antes da imposição das mãos pelo bispo e o clérigo", trad. cônego Bayard]; XVI, 2: "*Cum in minoribus peccatis agant peccatores paenitentiam justo tempore, et secundum disciplinae ordinem ad exomologesim veniant, et per manus impositionem episcopi et cleri jus communicationis accipiant*" ["Quando se trata das menores faltas, os pecadores fazem penitência pelo tempo prescrito e, seguindo a ordem da disciplina, são admitidos à confissão, depois, pela imposição das mãos do bispo e do clérigo, entram em comunhão", trad. cônego Bayard]. Cf. também cartas IV, 4; XVII, 2.

Depois de ter levado, durante o tempo necessário, a vida de penitente, e antes que o rito de imposição das mãos tenha marcado sua reconciliação, o pecador deveria, portanto, fazer a exomologese. Trata-se de uma confissão verbal das faltas? Não parece. É verdade que são Cipriano não dá informação sobre este episódio do rito penitencial: no máximo evoca, quanto ao tema, e de uma maneira sem dúvida em parte simbólica, o penitente na soleira, batendo à porta e pedindo para entrar. Porém, outros textos, anteriores ou mais tardios, permitem fazer uma ideia mais precisa desta exomologese.

Em *De pudicitia*, agora montanista, Tertuliano descreve de forma positiva o pecador que leva ao limite sua vida de penitente sem jamais ser reconciliado: ele está "de pé diante das portas; sua infâmia serve de exemplo aos outros; ele chama em seu socorro as lágrimas de seus irmãos".[238] Em compensação, evoca, de modo crítico, o penitente conduzido na igreja para receber a reconciliação: ele carrega o cilício e a cinza; veste roupas miseráveis; é tomado pela mão, introduzido na igreja; prostra-se publicamente diante das viúvas e dos padres, aferra-se aos panos de suas vestes, beija o traço de seus passos; abraça seus joelhos.[239] Temos aí, sem dúvida, um resumo desta fase de exomologese que conclui a vida de penitente e precede o retorno à comunhão. Descrição cuja ênfase poderia ser explicada pela hostilidade de Tertuliano. Mas esta hostilidade recai sobre o fato da reconciliação, não sobre a abjeção em que é mantido o penitente. E textos bem mais recentes não dão uma imagem muito diferente deste

---

238 Tertuliano, *De pudicitia*, III, 5.

239 Ibid., XIII, 7.

momento em que o pecador, antes de ser reconciliado, é chamado a reconhecer publicamente sua falta. "Sob os olhos da cidade de Roma", conta são Jerônimo a propósito de Fabíola, que, divorciada, casara-se de novo antes da morte do primeiro esposo, "durante os dias que precediam a Páscoa, ela se mantinha nas fileiras dos penitentes, o bispo, os padres e o povo chorando com ela, os cabelos revoltos, o rosto lívido, as mãos sujas, a cabeça coberta de cinzas e humildemente inclinada [...]. Seu peito desfeito e o rosto com o qual tinha seduzido seu segundo marido, ela os machucava, ela mostrava a todos sua ferida e, sobre seu corpo pálido, Roma em lágrimas contemplava suas cicatrizes".[240] De uma maneira muito menos explícita, e sem empregar o termo *exomologesis*, santo Ambrósio provavelmente se refere a este tipo de ritual quando evoca a necessidade, para o penitente, de suplicar a Deus, na igreja e em presença dos fiéis, segundo formas que lembram a súplica antiga: "Recusas tu que as testemunhas e as pessoas a par se associem à tua prece quando se trata de apaziguar um homem e é preciso ir encontrar muita gente e suplicar-lhes para intervir, quando é preciso que te aferres aos joelhos deste homem, que lhe beijes os pés, que lhe apresentes teus filhos ainda ignorantes da falta, para que também eles implorem o perdão de seu pai? E te repugna pois, fazê-lo dentro da igreja?"[241] Ou ainda quando ele evoca, segundo o Evangelho de Lucas, a mulher pecadora que beijava os pés de Cristo e os enxugava com seus cabelos: "Que significam

---

240 São Jerônimo, carta 77, 4-5.

241 Santo Ambrósio, *De paenitentia* II, X (91).

os cabelos, senão que sabes que é renunciando a toda dignidade manifestada pelos indignos deste mundo que é preciso implorar o perdão: tu te deves prosternar no chão chorando; tu deves, ali deitada, provocar a misericórdia."[242]

3. Mas os termos exomologese ou *confessio* não designam apenas esse episódio terminal da penitência. Frequentemente também se relacionam com o desenrolar inteiro do procedimento penitencial. É neste sentido que santo Irineu falava de uma mulher que, após ter esposado ideias gnósticas, tinha retornado à Igreja e havia passado o resto de seus dias a "fazer exomologese", ou de um herético que ora professava seus erros, ora fazia exomologese.[243] É também pensando na ação penitencial inteira que Tertuliano evoca a instituição por Deus "da exomologese para restabelecer o pecador na graça", e certo rei da Babilônia que, durante sete anos, havia feito exomologese.[244]

Se a penitência inteira pode ser chamada exomologese, é porque as expressões públicas e ostentatórias de arrependimento requeridas de uma maneira particularmente solene e com uma intensidade muito marcada nos momentos que precedem a reconciliação fazem igualmente parte da ação penitencial durante todo o tempo em que esta se desenrola. A penitência, e este é um de seus aspectos essenciais, deve constituir uma espécie de manifestação, de "confissão" renovada, atestando que cometemos um pecado, que nos

242 Ibid., II, VIII (69).

243 São Irineu, *Adversus haereses*, [I, 6, 3; III, 4, 3].

244 Tertuliano, *De paenitentia*, XII.

reconhecemos pecadores e que nos arrependemos. Este é o sentido que Tertuliano, nos capítulos IX e X do *De paenitentia*, dá à exomologese na condição de dimensão permanente da penitência. Com efeito, não se deve implementá-la "apenas na consciência", "um ato também deve efetuá-la". É a este ato, que não é tanto um episódio da penitência mas sua vertente externa, sua face visível e manifesta, que deve ser aplicada a palavra exomologese. E assim encontram-se designados uma "disciplina", uma maneira de ser e de viver, um regime que envolve "*habitus atque victus*": "É preciso deitar sob o saco e as cinzas, envolver o corpo com trapos escuros, abandonar a alma à tristeza, corrigir com tratamentos rudes os membros culpáveis. [...] Normalmente, o penitente alimenta as orações com jejuns. Ele geme, ele chora, ele muge dia e noite ao Senhor, seu Deus. Ele se prostra aos pés dos padres. Ajoelha-se diante daqueles que são caros a Deus, encarrega todos os irmãos de serem intercessores para obter o seu perdão. Tudo isso, a exomologese faz para dar crédito à penitência."[245]

A obrigação de fazer penitência e o estatuto no qual ela toma forma implicam, ao longo de seu desenvolvimento, estes atos de exomologese que a manifestam e a atestam: textos mais recentes do que *De paenitentia* ou *De pudicitia*, de Tertuliano, o mostram. E insistem sobre o valor demonstrativo dessas práticas. Por meio delas, trata-se não apenas de efetuar a penitência, mas de prová-la. Um clérigo da Igreja de Roma escrevia a são Cipriano, a propósito dos apóstatas: "Para eles, é tempo de fazer penitência (*paenitentiam agere*),

---

245 Ibid., IX, 3-6.

mostrar a dor que sentem por terem caído, que exprimam sua vergonha, que manifestem sua humildade, que exibam sua modéstia."[246] O próprio são Cipriano, chamando os relapsos à penitência, convida-os a essas manifestações em que os gemidos daqueles que pecaram devem se misturar às lágrimas dos fiéis.[247] E, no final do século IV, a prática da vida penitente é sempre caracterizada por esses atos destinados a experimentá-la e prová-la: gemidos e lágrimas, diz santo Ambrósio no início do *De paetientia*;[248] gemidos, lamúrias, lágrimas, acrescenta ele mais adiante, sublinhando que se trata de uma expressão livremente consentida, de uma espécie de confissão voluntária, mas no sentido de profissão de fé, por meio dos quais os apóstatas procuram fazer com que lhes seja perdoada a negação involuntária à qual a tortura pode tê-los constrangido.[249] E em sua *Parênese*, Paciano assinala que a verdadeira vida de penitência, aquela que não se completa apenas de modo nominal, encontra seus instrumentos no saco, nas

---

246 "[...] *ut probent lapsus sui dolorem, ut ostendant verecundiam, ut monstrent humilitatem, ut exhibeant modestiam*", carta a Cipriano, XXXVI, 3.

247 "*Quaeso vos, fratres, aequiescite salubribus remediis, consiliis obedite melioribus; cum lacrymis nostris vestras lacrymas jungite, cum nostro gemitu vestros gemitus copulate*" ["Eu vos rogo, irmãos, sigam nossos conselhos, aproveitem o remédio salutar. Uni vossas lágrimas às nossas lágrimas, vossos gemidos a nossos gemidos", trad. abade Thibaut], são Cipriano, *De lapsis*, XXXII, 2. Santo Ambrósio, *De paenitentia*, I, v, 22. "*Confitentur gemitibus, confitentur ejulationibus, confitentur fletibus, confitentur liberis, non coactis vocibus*", ibid., I, v, 24.

248 Santo Ambrósio, *De paenitentia*, I, v, 22.

249 "*Confitentur gemitibus, confitentur ejulationibus, confitentur fletibus, confitentur liberis, non coactis vocibus*", ibid., I, v, 24.

cinzas, no jejum, na aflição e na participação de muitos nas orações que pedem o perdão do pecador.[250]

Os historiadores que contestaram a existência de um ritual definido de exomologese, entre os atos de penitência e a reconciliação, sem dúvida erraram, tendo em vista testemunhos como os de são Cipriano. Mas não se enganavam quando sublinhavam que a vida inteira do penitente devia ter também, por meio das diferentes obrigações às quais era submetida, um papel de confissão. O penitente deve fazer "profissão" de sua penitência. Nada de penitência sem atos que têm a dupla função de constituir penas que se infligem a si mesmo e de manifestar a verdade dessa penitência. Tertuliano empregava uma expressão significativa para designar esta exomologese inerente ao desenrolar penitencial: *publicatio sui*. [251]

Vemos então que o perdão das faltas graves cometidas após o batismo e o retorno à comunhão daqueles que caíram não podem ser obtidos sem a execução de todo um conjunto de procedimentos de verdade. Procedimentos mais numerosos e mais complexos do que aqueles prescritos para o batismo. Seu leque é amplo, pois vão das declarações que o pecador pode fazer no momento de solicitar a penitência até as grandes expressões de humildade e de súplica que se realizam no pórtico da Igreja, antes da reconciliação final.

---

250 "*Sacco corpus involvere, cinere perfundere, macerare jejunio, moerore conficere, multorum precibus adjuvari*" ["envolver o corpo com um saco, cobri-lo com cinza, consumi-lo pelo jejum, oprimi-lo com tristeza, e se fazer ajudar pelas orações de muitos", trad. C. Épitalon e M. Lestienne], Paciano, *Parenèse*, XXIV.

251 [Tertuliano, *De paenitentia*, X, 1.]

Todos estes procedimentos podem ser distribuídos ao longo de diferentes eixos.

– O eixo do privado e do público: do lado do privado, é necessário colocar a confidência que aquele que pecou quer fazer ao bispo ou ao padre quando lhe pede para conceder o estatuto de penitente; do lado do público, todos os atos pelos quais o penitente deve se mostrar aos outros sob o saco e as cinzas, prosternado, em lágrimas, suplicando que se interceda por ele, e chamando os fiéis, os clérigos, os padres a chorar e a gemer com ele. A penitência assim entendida é um rito público e coletivo.

– O eixo do verbal e do não verbal: de um lado, há a exposição necessariamente oral que o futuro penitente deve fazer àquele que o receberá na penitência; e, do outro lado, a série dos gestos, das atitudes, dos choros, das vestimentas, dos gritos pelos quais aquele que pecou manifesta sua penitência. Talvez ele proclame qual foi seu pecado: mas esta enunciação mesma faz parte de todo um conjunto de expressões cujo elemento principal é o corpo inteiro.

– O eixo do jurídico e do dramático: de um lado, a penitência deve começar pela exposição, ainda que sucinta, da falta, daquilo que a caracteriza e das circunstâncias que podem modificar sua gravidade: assim pode-se determinar se ela dá lugar à penitência e quanto esta deve durar antes da reconciliação. Mas no outro polo, há manifestações dramáticas e intensas que não obedecem a nenhum cálculo de economia e não buscam se ajustar, da maneira mais estrita possível, à importância da falta cometida; ao contrário, obedecem a um princípio de ênfase, devem ser tão vigorosas quanto possível.

– O eixo do objetivo e do subjetivo: de um lado, encontramos a designação da falta, ao menos em seus elementos essenciais; do outro, aquilo que as grandes práticas de exomologese devem manifestar não é tanto a falta naquilo que tem de particular, mas o estado do próprio pecador, ou antes, os estados que nele se sobrepõem, se entrecruzam e entram em concorrência. Com efeito, ele tem de se mostrar como pecador, simbolicamente coberto da sujeira e da impureza da falta, mergulhado nessa vida do pecado que é a via da morte. Mas a intensidade visível dos atos penitenciais tem também por objetivo autenticar que ele já se desliga dessa vida e que renuncia a ela; as lágrimas que derrama sobre seu pecado o lavam; ele se purifica pelas impurezas com as quais se cobre; humilhando-se, mostra que se levanta e que é digno de ser levantado.[252] As manifestações da exomologese não buscam fazer aparecer [a falta] tal qual foi verdadeiramente cometida: visam a fazer surgir em plena luz o penitente ele mesmo e tal qual ele é: verdadeiramente pecador, e já não o sendo mais verdadeiramente.

Podemos então dizer que os procedimentos de verdade, na penitência eclesiástica dos primeiros séculos, se agrupam em torno de dois polos: um é o da formulação verbal e privada – tem o papel de definir a falta com os caracteres que permitem apreciá-la e definir como seu perdão pode ser concedido; o

252 Sobre o duplo sentido da manifestação penitencial, cf. Tertuliano: "Ao prosternar o homem na terra, a penitência o eleva; acusando-o, ela o perdoa; condenando-o, ela o absolve", *De paenitentia*, IX, 6; são Cipriano: "que estes mesmos olhos, que erraram ao olhar as estátuas profanas, vertam lágrimas que satisfaçam a Deus, e apaguem seu crime", carta XXXI, 7; são Jerônimo: "Que pecados não se apagariam com tais choros? Quais manchas, ainda que inveteradas, não lavariam tais lamentações?", carta 77, 4.

outro é o da expressão global e pública, com o papel de manifestar, na dramaticidade mais intensa possível, ao mesmo tempo o ser pecador do penitente e o movimento que o liberta de sua falta. Certamente, trata-se aí de dois polos entre os quais se dividem as diferentes maneiras de manifestar, na penitência, a verdade do pecador e de seu pecado. Não são duas instituições independentes, nem duas práticas absolutamente estranhas uma à outra; elas se avizinham, interferem umas nas outras, e às vezes se misturam: havia muitas macerações secretas e exomologeses praticadas privadamente;[253] temos também o testemunho de enunciações públicas e verbais das faltas cometidas por tal ou tal membro da comunidade.[254] No entanto, permanece a possibilidade de reconhecer a implementação de [dois] tipos de práticas, duas maneiras de fazer aparecer a verdade: dizer a verdade da falta e manifestar o ser verdadeiro do pecador.

E entre estas duas modalidades a repartição não é igual: a enunciação verbal da falta só é requerida quando se trata de determinar a penitência, de examinar se o pecador pode ser admitido e merece ser reconciliado. "Dizer a falta", fazer funcionar, no elemento verbal, a confissão e o exame, exigir do pecador uma "veridicção" de seus pecados só se faz necessário antes do procedimento penitencial, e, portanto, de

253 Quando são Cipriano fala daqueles que simplesmente "pensaram" em fazer sacrifícios, evoca, para estes, a necessidade de confessar ao padre, depois de fazer uma "*exomologesis conscientiae*" (*De lapsis*, XXVIII). Parece que se trata de uma confissão e de uma manifestação de arrependimento dirigidas, privadamente e em segredo, diretamente a Deus.

254 São Leão condena, no meio do século V, o costume de ler em público a lista dos pecados cometidos pelos fiéis (carta 168).

certo modo, fora dele. Em troca, a demonstração, ostentatória, gestual, corporal, expressiva, daquilo que é o pecador faz parte intrínseca da penitência. Forma uma dimensão essencial e constante desta última. O penitente tem menos que "dizer o verdadeiro" sobre o que fez, do que "fazer o verdadeiro" manifestando o que é.

A necessidade de a prática penitencial só se efetuar por meio das manifestações destinadas a revelar, em plena luz, a verdade do penitente coloca um problema: por que é preciso, quando pecamos, não apenas nos arrependermos, não apenas nos impormos rigores e macerações, mas mostrá-lo e nos mostrarmos tal como somos? Por que a manifestação da verdade faz parte intrinsecamente do procedimento que permite redimir a falta? Por que, quando se "fez mal", é preciso fazer explodir a verdade, não somente daquilo que fizemos, mas do que somos? A resposta é evidente: desde quando a religião cristã se organizou em Igreja dotada de uma forte estrutura comunitária e de uma organização hierárquica, nenhuma infração grave podia ser perdoada sem certo número de provas e de garantias. Assim como não se podia admitir um postulante ao batismo sem ter sido previamente provado pelo catecumenato, *probatio animae*, não se pode reconciliar aqueles que não manifestaram inequivocamente seu arrependimento por meio de uma disciplina e dos exercícios que valem como castigo em relação ao passado e como engajamento em relação ao futuro. É preciso que eles pratiquem a *publicatio sui*.

Mas, do ponto de vista da história da experiência de si, o mais enigmático foi o modo como se refletiu e justificou a obrigação para o pecador do dizer verdadeiro – ou melhor, de se manifestar, ele próprio, em sua verdade – para poder obter o perdão de seus pecados. Com efeito, esta obrigação é afirmada sem cessar. Não há perdão se não há exomologese, reconhecimento pelo pecador de sua falta, manifestação externa, explícita, visível deste reconhecimento: "Aquele que se confessa ao Senhor escapa da servidão. [...] Não somente é livre, mas é justo; ora, a justiça reside na liberdade, e a liberdade, na confissão; aquele que confessa logo é absolvido."[255] E são João Crisóstomo, com uma palavra: "Enuncia tua falta: tu destruirás tua falta."[256] É este princípio geral que subjaz às exegeses que fazem santo Ambrósio e são João Crisóstomo da maldição de Caim. Sua falta, por mais grave que tenha sido, não era irremissível. Quando Deus [lhe pergunta] o que ele fez com seu irmão, não é, certamente, porque o ignora, era para lhe dar a possibilidade de confessar. E aquilo que torna Caim imperdoável é ter respondido: não sei. Eis o princípio da condenação eterna. Mais grave do que o parricídio foi essa mentira, sobre a qual santo Ambrósio diz que era um "sacrilégio".[257] O "Eu não sei" do criminoso, a recusa da verdade é, da parte do pecador, a mais grave ofensa possível: ela não pode ser reparada. Ao contrário de Caim, Davi, que confessa espontaneamente seus pecados, ele, que era justo, é a imagem do penitente: a verdade que professa o salva.[258] E se Adão e Eva não são malditos na eternidade é porque também eles confessaram; confessaram seus crimes até mesmo duas

---

255 [Santo Ambrósio, Carta XXXVII, 44.]

256 São João Crisóstomo, [II *Homélie* sobre a penitência, 1].

257 Santo Ambrósio, *De paradiso*, XIV, 71: "*non tam majori crimine parricidi* [...] *quam sacrilegii*". Cf. também são João Crisóstomo, XIX e *Homélie* sobre o Gênesis.

258 Santo Ambrósio, *Apologia de propheta David*, [VIII, 36-39].

vezes, segundo Crisóstomo: verbalmente, ao responder a Deus; em seus gestos e seus corpos, ao esconder sua nudez.[259]

Bem antes da instituição da penitência sacramental e da organização da confissão auricular, a Igreja cristã instaurou o caráter fundamental da obrigação de verdade para quem pecou e como condição de uma remissão possível. O dizer verdadeiro sobre sua falta, ou antes, manifestar em sua verdade seu estado de pecador é indispensável para que o pecado cometido seja perdoado. A manifestação daquilo que é verdadeiro é uma condição para que aquilo que é verdadeiro se apague. Para pensar esta relação e explicar esta necessidade, o cristianismo antigo recorreu a vários modelos.

1. O modelo médico é utilizado com grande frequência: os pecados são representados como machucados ou feridas, a penitência, como um remédio. Tema tão corrente que podia se apoiar tanto na tradição hebraica da falta-ferida quanto na concepção grega das doenças da alma. A ideia de uma medicação penitencial é lugar comum na pastoral cristã desde os primeiros séculos,[260] e assim continuará em seguida. É necessário, contudo, notar uma diferença. Quando a instituição penitencial tiver tomado a forma de sacramento que lhe será definitivamente reconhecida no século XII, o padre, na medida em que detém o poder de absolver, ocupará o lugar

---

259 São João Crisóstomo, XVII *Homélie* sobre o Gênesis.

260 Cf. a título de exemplo: Hermas, *Le Pasteur*, *Vision I*, 1, 9 e 3, 1; *Précepte IV*, 1, 11; *Précepte XII*, 6, 2; *Similitude V*, 7, 4; *Similitude VIII*, 11, 3; *Similitude IX*, 23, 5 e 28, 5; Tertuliano, *De paenitentia*, VII, X, 12; são Cipriano, cartas XXX, 7; XXXI; XXXVI; LV, 7 e 15-17; *De lapsis*, [XXVIII]; santo Ambrósio, *Expositio Evangelii secundum Lucam*, V, 2; X, 66; *Enarratio in Psalmum 36*, 14; *De paradiso*, XIV, 70. Para *De paenitentia*, cf. o índice da edition Gryson (Sources chrétiennes).

do médico. A necessidade da confissão sob a forma de uma confissão individual, secreta e detalhada das faltas será então justificada pelo princípio de que todo doente deve revelar bem, àquele que o cura, as enfermidades que esconde, as dores que sente, as doenças das quais sofreu. A manifestação daquilo que o pecador é em sua verdade e dos segredos de sua alma constitui, portanto, deste ponto de vista, uma necessidade técnica.[261] Mas, no cristianismo primitivo, não é o padre que cura as feridas. O único médico reconhecido na penitência é o Cristo, quer dizer, o próprio Deus: "quanto ao pecado anterior, há alguém que pode trazer o remédio: aquele que tem o poder de fazer tudo."[262] Ora, a este médico é preciso que o pecador mostre suas feridas e revele seus males escondidos? O que temos necessidade de revelar àquele que sabe tudo? Não podemos dissimular nem mesmo as faltas que pudemos cometer secretamente no fundo do coração.[263] Tal é então o paradoxo desta cura pela penitência: ela quer que manifestemos, por uma exomologese explícita e rigorosa, pecados que são, contudo, conhecidos por aquele que deve curá-los. É preciso expor diante dele aquilo que, de todo modo, jamais pode dele ser escondido. A verdade lhe é devida, não como uma necessidade para que ele possa exercer seu poder e escolher os remédios apropriados, mas como uma obrigação pelo lado daquele que quer se curar. Trata-se, para o doente, não de tornar possível a terapêutica informando o médico, mas de merecer a cura, ao preço da verdade.

---

261 Esta não é, evidentemente, a única justificativa da confissão penitencial, mas é constantemente evocada.

262 Hermas, *Le Pasteur*, *Mandatum IV*, 1, 11.

263 Tema repetido sem cessar. Assim em Tertuliano, *De paenitentia*, X.

2. O recurso ao modelo judiciário, também muito frequente,[264] revela no fundo o mesmo paradoxo. Quando a penitência sacramental tiver sido clara e nitidamente definida como um tribunal em que o padre deve desempenhar o papel de juiz (de um juiz que representa Deus mas cujas sentenças têm seus efeitos no céu), a confissão exata, pelo pecador, das faltas cometidas torna-se uma peça essencial do procedimento: é a partir dela – e sob a ameaça de que uma mentira ou uma omissão voluntária invalidem o sacramento – que o confessor poderá fazer seu julgamento e determinar a satisfação a ser cumprida. No cristianismo antigo, o padre não tem o papel de juiz: é diretamente com Deus que o penitente tem que lidar – portanto, com um juiz ao qual nada ensinaríamos, pois ele tudo vê.[265] No entanto, é preciso lhe mostrar as faltas cometidas sem nada esconder.[266] Para esta obrigação, os autores dos séculos III e IV dão várias justificativas. Uma delas é totalmente tradicional: a confissão espontânea e sincera favoreceria o acusado no espírito do juiz.[267] Outra se refere à ideia de que o diabo será um dia, diante de Deus, o acusador do homem; este estará numa posição mais vantajosa caso se antecipe à denúncia de seu inimigo, fale antes dele e exponha

264 Presente em Tertuliano, tem grande amplitude em santo Ambrósio e em santo Agostinho.

265 *"Frustra autem velis occulere quem nihil fallas: et sine periculo prodas, quod scias esse jam cognitum"* ["seria vão querer dissimular Àquele que vós não enganaríeis acerca de nada; e vós nada arriscais ao denunciar aquilo que sabeis já ser conhecido", trad. Dom G. Tissot], santo Ambrósio, *Expositio Evangelii secundum Lucam*, VII, 225.

266 *"Mora ergo absolutionis in confitendo est, confessionem sequitur peccatorum Remissio"*, santo Ambrósio, carta XXXVII, 45.

267 *"In judiciis saecularibus* [...] *quaedam tangit judicem miseratio confitentis"*, santo Ambrósio, *De Caïn et Abel*, II, 9.

ele próprio os crimes que lhe possam ser reprovados.[268] Além disso, sendo o Cristo o advogado do homem junto a Deus e devendo servir de intercessor, coloca-se como regra que o pecador lhe deve confiar sua causa confessando-lhe seus pecados.[269] Enfim, outro argumento, talvez mais estranho para nós: aquele que confessa suas faltas não apenas se justifica diante de Deus, mas justifica o próprio Deus e sua cólera contra a fraqueza dos homens; negar seus próprios pecados seria querer fazer Deus mentir.[270]

3. Mas, para dizer a verdade, estes dois modelos – o da medicina e o do tribunal –, que em seguida se tornarão tão importantes para organizar a confissão penitencial e lhe dar sua forma, desempenham apenas, parece, com relação à obrigação da exomologese, um papel adjacente. A obrigação para o penitente de se manifestar, na verdade de seu estado de pecador e na autenticidade de sua penitência, se funda muito mais profundamente na relação com o martírio. Há duas razões para que a penitência seja relacionada ao martírio. Primeiramente, promete-se ao mártir o perdão de seus pecados: o sangue que derrama lava suas faltas. E se esta crença, que confessou uma primeira vez no batismo, ele aceita confessar uma segunda vez nos suplícios, estes constituirão um segundo

---

268 Santo Ambrósio, *De paenitentia*, II, vii, 53: "*Si te ipse accusaveris, accusatorem nullum timebis*". Cf. também *De paradiso*, XIV, 71.

269 Santo Ambrósio, *Expositio Evangelii secundum Lucam*, VII, 225: "*Confitere magis, ut interveniat pro te Christus, quem advocatum habemus aput Patrem*"; cf. santo Agostinho, *Discours sur le Psaume 66*, 7.

270 Santo Ambrósio, *Apologia de propheta David*, X, 53: "*si autem dixerimus quia non peccavimus, mendacem facimus Deum*".

batismo, com os [mesmos] efeitos de remissão das faltas do primeiro.[271] Por outro lado, o socorro da penitência – este outro "segundo batismo" – foi, não sem graves discussões, concedido àqueles que haviam caído, escolhendo renunciar a afirmar sua fé em lugar de se submeter ao suplício: a penitência, para estes, é uma maneira de infligir a si mesmos, para reafirmar sua fé, o martírio ao qual quiseram escapar por fraqueza. Este tema que aparece após as grandes perseguições se prolonga até mais tarde. A penitência aparece então como o substituto do martírio para a geração que não encontra mais neste perigo a ocasião de provar sua fé. "Os mártires foram mortos", e, pergunta santo Agostinho, "quais são os filhos daqueles que foram mortos senão nós mesmos? E como nos livramos senão dizendo ao senhor: vós rompestes meus laços, eu vos oferecerei em sacrifício uma vítima em seu louvor?".[272]

Ora, o martírio, sabemos, é uma conduta de verdade: testemunho da crença pela qual se morre, manifestação de que a vida aqui em baixo não é nada mais do que uma morte, mas que a morte, esta, dá acesso à verdadeira vida, atestado de que esta verdade permite afrontar o sofrimento sem falhar. O mártir, sem mesmo ter que falar, e por sua

271 Orígenes fala do "batismo do martírio" que é dado na perseguição. (*Exhortatio ad martyrium*, 30); ele diz no mesmo texto (39) que o sangue do martírio lava o pecado. Tertuliano fala do martírio como de um *secundum lavacrum* (*De baptismo*, 16) ou de *aliud baptisma* (*De pudicitia*, 22). Cf., sobre este tema, E. E. Malone. *Martyrdom and Monastic Profession as a Second Baptism*, Düsseldorf, 1951.

272 Santo Agostinho, *Discours sur la seconde partie du Psaume 101*, 3. Mais tarde, são Gregório dirá: "Embora não mais estejamos expostos às perseguições, podemos ainda encontrar na paz o mérito do martírio; pois se não curvamos a cabeça à espada dos carrascos, trazemos a espada espiritual em nossa alma", *Homélie* sobre o Evangelho, III, 4 (P. L., t. 76, col. 1089).

própria conduta, faz explodir em plena luz uma verdade que, destruindo a vida, faz viver além da morte. Na complexa economia da conduta do mártir, a verdade se afirma numa crença, se mostra aos olhos de todos como uma força, e inverte os valores da vida e da morte. Constitui uma "prova" num triplo sentido: exprime a sinceridade da crença de um homem; autentifica a força todo-poderosa daquilo em que crê, e dissipa as aparências enganosas deste mundo para fazer aparecer a realidade do além. Se a exomologese é tão importante na penitência, se faz corpo com ela nos ritos públicos e ostentatórios, é porque o penitente deve testemunhar como o mártir: exprimir seu arrependimento, mostrar a força que sua fé lhe dá, e tornar manifesto que este corpo que ele humilha não passa de poeira e morte, e que a verdadeira vida está alhures. Ao reproduzir o martírio a que ele não teve a coragem (ou a ocasião) de enfrentar, o penitente se coloca no limiar de uma morte que se esconde sob as aparências enganosas da vida, e de uma vida verdadeira que é prometida pela morte. Este limiar é o da *metanoia*, ou da conversão, quando a alma se volta inteiramente sobre si mesma, inverte todos os seus valores e muda totalmente. A exomologese como manifestação pelo próprio penitente desta morte, que foi sua vida e da vida à qual ele acederá pela morte, constitui a expressão autenticadora e exemplar, a prova de sua *metanoia*.

Pode-se dizer que, na prática da penitência antiga, a parte da "confissão" é ao mesmo tempo difusa e essencial. Difusa, porque não se trata de um rito preciso, localizado no conjunto do procedimento, mesmo que em certos momentos a enunciação verbal da falta seja, sem dúvida, requerida (como quando se solicita do bispo o estatuto de penitente). Essencial, porque se trata de uma dimensão constante do exercício penitencial. Este deve, durante seu desenrolar, manifestar a verdade. Mais tarde, na penitência medieval, a confissão tomará a forma de um "dizer verdadeiro" que será a enumeração dos pecados cometidos: aqui, é a penitência inteira que deve constituir um "dizer verdadeiro" – ou, antes, uma vez que o papel da enunciação é singularmente limitado em proveito dos gestos, dos comportamentos, das maneiras de viver, um "fazer verdadeiro": fazer verdadeira a *metanoia* – o arrependimento, a mortificação, a ressurreição à verdadeira vida. Mas este "fazer verdadeiro" essencial à penitência não tem o papel de reconstituir pela memória as faltas cometidas. Não busca estabelecer a identidade do sujeito nem fixar sua responsabilidade, não constitui um modo de conhecimento de si e de seu passado, mas a manifestação de uma ruptura: corte do tempo, renúncia ao mundo, inversão da vida e da morte. O penitente, diz santo Ambrósio, deve ser como o jovem que volta para casa após uma longa ausência: aquela que ele havia amado se apresenta e lhe diz: eis-me aqui, *ego sum*. E ele responde: *Sed ego non sum ego*. Virá um dia, na história da prática penitencial, em que o pecador terá de se apresentar ao padre e detalhar verbalmente suas faltas: *ego sum*. Mas, em sua forma primitiva, a penitência, exercício e manifestação ao mesmo tempo, mortificação e veridicção, é uma maneira de afirmar *ego non sum ego*. Os ritos de exomologese asseguram a ruptura de identidade.

[4 – A arte das artes]

A direção espiritual, o exame de si mesmo, o controle atento, pelo sujeito, de seus atos e de seus pensamentos, a exposição que deles faz a um outro, a demanda de conselhos a um guia, e a aceitação de regras de conduta que este propõe: tudo isto é uma tradição muito antiga. Os autores cristãos não esconderam esta anterioridade nem renegaram o parentesco entre estas práticas e os exercícios que eles próprios prescreviam. São João Crisóstomo recomenda o exame de consciência referindo-se ao exemplo dos filósofos pagãos e citando Pitágoras.[273] O *Manual* de Epicteto foi reproduzido por são Nilo como se se tratasse de um texto cristão, oferecendo uma regra de existência suscetível de formar, como é preciso, a alma dos fiéis e de conduzi-los à salvação. Dos mestres de conduta da Antiguidade aos guias da vida ascética – chamada, ademais, vida filosófica – há uma certa continuidade. Entretanto, as diferenças não devem ser negligenciadas.

A prática da direção de vida cobriu, entre os gregos e romanos, um leque bastante amplo de procedimentos diferentes. É encontrada sob a forma de relações descontínuas e circunstanciais: Antifonte, o sofista, abriu um gabinete de consultas em que vendia, aos que desejassem, conselhos de conduta para enfrentar situações difíceis;[274] e os médicos respondiam à demanda daqueles que a eles recorriam não só

273 Não sem um certo desprezo: "'Vá ver a formiga, preguiçoso! Observe seus costumes e torne-se sábio' (Prov., 6)", são João Crisóstomo, XVII *Homélie* sobre são Mateus, 7 (P. G., t. 57, col. 263).

274 Cf. J. Hani, Introduction, in: Plutarco, *Consolation à Apollonios*, Paris, 1972.

para os males físicos, como também para os males morais: os regimes que prescreviam constituíam, além de métodos preventivos ou preceitos de higiene, regras de vida que deviam assegurar o domínio das paixões, o controle de si, a economia dos prazeres, a equidade das relações com o outro.[275] Mas as consultas também podiam ser atos de amizade e de benevolência, sem retribuição: conversas, trocas de cartas, redação de um pequeno tratado endereçado a um amigo em dificuldades. Estas formas episódicas de direção respondiam, geralmente, a uma situação determinada: um revés do destino, o exílio, um luto podiam ser delas a ocasião, mas também uma crise, uma passagem difícil, um momento de incerteza. Era o caso de Sereno quando expunha seu estado a Sêneca, pedindo-lhe a ajuda de seu diagnóstico e de seus conselhos.[276] Tinha o sentimento de não mais progredir no caminho da sabedoria estoica; movimentos opostos agitavam sua alma, não a ponto de provocar "uma tempestade", mas com força suficiente para lhe dar "como que uma náusea".[277]

Mas havia também formas muito mais contínuas e muito mais institucionalizadas da direção: tinham lugar, em particular, nas escolas de filosofia. Ali, a disciplina de vida coletiva imposta a cada um se completava por relações muito mais

275 "É preciso remeter aos outros o discernimento das doenças da alma, e não a nós mesmos; não é preciso encarregar os primeiros a chegar como vigilantes [...]. É preciso chamar os outros: que eles observem, que eles nos assinalem nossos desvios", Galeno, *Traité des passions de l'âme*, VI, 23.

276 "*Dicam quae accidant mihi; tu morbo nomen invenies* [...]. *Rogo itaque, si quod habes remedium*" ["Vou te indicar o que experimento: tu encontrarás o nome da doença [...]. Assim eu te conjuro, se tu conheces um remédio...", trad. R. Waltz], Sêneca, *De tranquillitate animae*, I, 4 et 18.

277 "*Non tempestate vexor sed nausea*", ibid.

individualizadas. O mestre era um guia permanente para o discípulo: ao mesmo tempo, lhe ensinava paulatinamente a verdade, ajudava-o a progredir no caminho da virtude, do domínio de si e da tranquilidade da alma, punha à prova seu avanço e lhe dava cotidianamente conselhos de vida. Assim, entre os epicuristas, eram organizadas entrevistas individuais, uma regra de franqueza era imposta aos membros da Escola, incitando cada um a desvelar sua alma e a nada esconder para que se os pudesse guiar eficazmente; apenas os mestres mais sábios podiam se encarregar desta direção individual dos alunos, enquanto os outros tinham a responsabilidade coletiva de um grupo.[278]

Para se exercer, a direção recorria a todo um conjunto de práticas diversas.[279] Uma das mais importantes era o exame de consciência. Desde os pitagóricos ele figura, como peça capital, em um grande número de regras de vida. Mas nem sempre teve a mesma forma, nem sempre se voltou sobre os mesmos objetos, e nem sempre dele se esperaram os mesmos efeitos.[280] Pouco se sabe acerca do exame pitagórico, afora os versos célebres do *Carmen aureum*, em que apenas os dois primeiros representariam a tradição mais antiga: "Não permitas que o doce sono se introduza sob teus olhos antes de teres

---

278 Cf. I. Hadot, *Seneca und die griechisch-römische Tradition der Seelenleitung*, Berlim, 1969, p. 64 ss.

279 Sobre estes exercícios múltiplos, cf. P. Rabbow, *Seelenführung. Methodik der Exerzitien in der Antike*, Munique, 1954.

280 Exemplo: a discussão entre estoicos e epicuristas sobre o problema de saber se é preciso pensar nas infelicidades que poderiam advir (*praemeditatio malorum*) para examinar a maneira como a elas se reagiria.

examinado cada uma das ações de teu dia."[281] Além de seu papel de prova quanto ao progresso moral, este exame era talvez um dos exercícios de mnemotécnica cultivados pelos pitagóricos; sem dúvida valia também como ritual purificador para induzir sonhos favoráveis e preparar um sono no qual a Escola via uma prefiguração da morte.[282]

No grande desenvolvimento da filosofia helenística como direção de consciência, o exame da alma desempenha um papel considerável e constitui uma espécie de permutador: relé entre o dirigido e o diretor, articulação entre o período em que se é dirigido e o momento no qual não se será mais. É pelo exame que o discípulo ou o consulente pode se colocar na condição de revelar o estado de sua alma a seu diretor, a fim de que este possa produzir um julgamento e determinar o remédio apropriado. Assim começa o exame de Sereno quando ele vem pedir a ajuda de Sêneca: "Para mim, é menos fácil te fazer conhecer em resumo do que em detalhe esta enfermidade de minha alma [...]. Eu te direi os acidentes que experimento: a ti cabe nomear a doença."[283] É também pelo exame que o dirigido pode ele próprio estimar a maneira pela qual os conselhos de seu diretor agem sobre sua alma e lhe permitem aperfeiçoar-se; é por meio dele que pode controlar permanentemente se os segue como se deve e se é capaz assim de adquirir sua autonomia. É ainda o exame que, uma vez

281 Os versos seguintes seriam mais tardios: "Começa pela primeira de todas a percorrer. E em seguida se achas que cometeste faltas, repreende-te; mas, se agiste bem, regozija-te."

282 Sobre o valor mnemotécnico desta prática e seu sentido como preparação para o sono e os sonhos, cf. H. Jaeger, "L'examen de conscience dans les religions non chrétiennes et avant le christianisme", *Numen*, t. VI, 1959, pp. 191-194.

283 Sêneca, *De tranquillitate animae*, I, 4.

terminado o tempo da direção, permite prolongar os efeitos e exercer sobre a própria alma uma atividade permanente de direção. Este quádruplo papel do exame como abertura da alma a outro, interiorização de regras de direção, prova de seu sucesso e exercício de controle de si quando a autonomia está adquirida, aparece nitidamente no tratado que Galeno consagrou às *Paixões da alma*: "É preciso remeter o discernimento aos outros, não a nós mesmos; em seguida, não é preciso encarregar como vigilantes os primeiros a chegar, mas os velhos unanimemente julgados sábios, experimentados por nós mesmos, em muitas ocasiões, como isentos destas doenças [...]. É preciso repensar isso todo dia, tanto quanto possível várias vezes, ao menos desde a aurora, antes do começo de nossas ações, e à noite antes de dormir. Quanto a mim, adquiri o hábito de meditar primeiro, em seguida, de pronunciar em voz alta, duas vezes por dia, os conselhos que nos são transmitidos como de Pitágoras, porque não basta obter a igualdade da alma, mas cumpre realizar também a cura da gula e do abuso [...]. Entre aqueles que são seus próprios guias, é preciso apelar aos outros: que eles observem, que nos assinalem nossos desvios; mais tarde, observemos nós, sem pedagogo."[284]

Neste papel de relé e de permutador, o exame de consciência está orientado para um objetivo e levanta, de forma privilegiada, uma questão: o domínio de si. Se o dirigido se examina, se resgata cada uma de suas fraquezas, é para que um dia possa se tornar plenamente mestre de si mesmo e não mais precise recorrer, em uma situação difícil, à ajuda de um outro. Esta finalidade do exame de si aparece com nitidez

284 Galeno, *Traité des passions de l'âme*, VI, 22-24.

mediante a comparação entre dois textos, ambos decorrentes da prática estoica: o primeiro mostra o que pode ser o exame no interior de uma relação de direção, e o segundo, o que ele é para aquele que atingiu a autonomia filosófica.

De início, trata-se da carta de Sereno a Sêneca. Avançando passo a passo na filosofia estoica, Sereno pede a ajuda do filósofo em um momento em que experimenta como que um mal-estar: sensação de não mais avançar, temor de que o apego ao que é mal e ao que é bem não esteja incrustado de maneira definitiva, sentimento de estar imobilizado em um estado que não é inteiramente a liberação nem inteiramente a escravidão. Em suma, ele não está nem doente nem em boa saúde.[285] O exame ao qual Sereno então se consagra para que Sêneca possa intervir, diagnosticar e propor remédios, consiste em estabelecer uma espécie de balanço de forças: quais são aquelas que asseguram a estabilidade da alma, sua calma, sua independência? Quais são aquelas, ao contrário, que a expõem à perturbação exterior e a põem na dependência do que não depende dela? O exame se volta sucessivamente para o problema da riqueza, dos deveres públicos, e da preocupação com a glória póstuma. Quanto a estes três pontos, ele faz a partilha: de um lado, o que marca a capacidade da alma de se satisfazer com o que está à sua disposição (um cotidiano doméstico suficiente, uma alimentação simples, os móveis herdados), de realizar exatamente o que faz parte do dever do homem público (servir os amigos, os concidadãos, a humanidade), de levar em consideração, ao falar, coisas reais e presentes; mas, do outro lado, há o prazer que experimenta com o espetáculo da exibição do luxo, o entusiasmo que por

285 *"Nec aegroto nec valeo"*, Sêneca, *De tranquillitate animae*, I, 2.

vezes o toma, as palavras que se inflam como se ele quisesse sobretudo que a posteridade fale dele.

O exame de Sereno não incide nem sobre atos definidos, nem sobre um passado mais ou menos longínquo; não se trata nem de fixar o quadro do que foi feito de bem ou de mal, nem de resgatar as faltas cometidas para delas se arrepender. O olhar da consciência está dirigido para o presente, um presente divisado como um "estado",[286] o jogo do que o impele seja a permanecer em casa satisfeito com sua sorte, seja a correr ao fórum e lá falar com uma voz que não lhe pertence mais. Porém, o exame não tenta pesquisar as causas deste estado: não desce às raízes ocultas do mal, tenta restituí-lo tal como se apresenta à consciência, sob a forma das satisfações que ela experimenta ou dos movimentos que sente nela mesma. É significativa a repetição sistemática da palavra *placet*: o que constitui o objeto específico do exame é o sentimento que a alma experimenta a propósito do que ela faz ou do que ela vê. Ele constitui, com efeito, a maneira pela qual se manifestam à alma os movimentos que a agitam – e que, no caso particular de Sereno, a puxam simultaneamente em direções opostas, imobilizando-a no caminho do progresso e fazendo-a oscilar ao ponto de nele provocar náusea. Temos assim o quadro da "*infirmitas*" da alma mediante a consciência que ela toma permanentemente dela mesma.

No livro III de *De ira*, Sêneca propõe o exemplo de um outro tipo de exame: o que ele exerce todas as noites, antes de dormir, uma vez que todas as luzes se apagaram. Trata-se, desta vez, de fazer o inquérito do dia "escrutando" o encadeamento

---

286 "*Illum tamen habitum in me maxime deprehendo*" ["Entretanto, a disposição em que me surpreendo mais frequentemente", trad. R. Waltz], ibid.

dos fatos. Ele retoma seus atos e suas palavras e os avalia: lembra-se de que perdeu seu tempo ao querer instruir ignorantes, ou que, desejando repreender um de seus próximos, falou-lhe com tanta vivacidade que o outro foi mais ferido que corrigido. Eis, no caso, um exame nitidamente retrospectivo: está orientado para ações definidas e tem por objetivo, delas "recuperando a medida",[287] separar as que foram más das que foram boas. Cada uma deve, assim, receber "sua parte de elogio e de censura". Aqui, está presente o modelo judiciário (e não mais o médico), as palavras o dizem sem ambiguidade: *cognoscit de moribus suis; apud me causam dico*. Mas é preciso ressaltar que este inquérito não conduz a uma condenação e a uma pena. Nem castigo nem mesmo remorso. Consequentemente, nem temor nem desejo de dissimular para si mesmo o que quer que seja. Pois aquele que se examina diz-se somente: "Eu te perdoo agora"; "Acautela-te de não recomeçar". Talvez o modelo seja mais administrativo do que realmente judiciário: a imagem latente no texto faz pensar menos em um tribunal do que em uma inspeção. Escrutina-se, examina-se, detecta-se, recuperam-se as medidas.[288]

Ora, os dois exemplos dados por Sêneca indicam bem quais são as ações de que é preciso censurar-se: ter querido instruir pessoas que não eram capazes de ouvir, ter ferido aquele que se desejava corrigir. Logo, não ter atingido o objetivo que se propunha. Segundo um princípio característico deste estoicismo, é em função dos fins ou dos objetivos que se pode qualificar uma

---

287 *"Facta ac dicta mea remetior"*, Sêneca, *De ira*, III, 36.

288 Notar [em *De ira*, III] expressões como: *excutere diem, speculator, remetiri acta, scrutari totum diem*.

ação e declará-la boa ou má.[289] E é por ter ignorado princípios racionais de ação – inútil instruir aqueles que jamais puderam aprender nada; ou ainda: quando se fala, é preciso ter em conta a capacidade do interlocutor de receber a verdade – que Sêneca cometeu "faltas" quanto aos objetivos que visava. "Erros", consequentemente.[290] E o papel do exame é o de permitir corrigi-los no futuro, fazendo aparecer as regras de conduta que foram ignoradas. Não se trata de se censurar pelo que se fez, mas de constituir esquemas de comportamento racional para as circunstâncias futuras, e de assegurar assim sua autonomia de maneira a que ela coincida com a ordem do mundo, fazendo vigorar os princípios da razão universal. Pode-se dizer que o exame de *De ira*, por mais que retrospectivo e centrado sobre faltas passadas, tem uma função de "programação": reconhecer, por meio dos "erros" e dos objetivos frustrados, as regras que permitirão assegurar o domínio das ações empreendidas, e, portanto, de si mesmo.

Estas práticas não foram imediatamente acolhidas no cristianismo. Somente pouco antes do século IV se viram definidas a obrigação e as regras do exame de consciência,[291] ou desenvolvidas as técnicas de uma direção das almas. Os temas da filosofia antiga impregnaram o pensamento cristão bem antes que penetrassem nos procedimentos próprios à vida filosófica.

Decerto, desde os séculos II e III, são numerosos os textos que sublinham a importância de conhecer-se a si mesmo ou

---

289 Cf. Epicteto.

290 Sêneca, *De ira*, III, 36.

291 Cf. J.-C. GUY, verbete "Examen de conscience (chez les Pères de l'Église)" do *Dictionnaire de Spiritualité*, t. IV.

de refletir sobre os atos a empreender ou sobre os já cometidos. Clemente de Alexandria, no início do terceiro livro do *Pedagogo*, lembra que "o maior dos conhecimentos é o conhecimento de si (*to gnônai hauton*)". Mas não se trata no caso de uma investigação de si mesmo, de uma retrospecção do passado ou da reatualização na memória das faltas de que se pode considerar culpado. Trata-se de reconhecer em si o elemento pelo qual se pode conhecer Deus, aquele do qual Deus é o guia, aquele que, consequentemente, pode a ele conduzir e, separando o homem do mundo exterior, com seus ornamentos materiais, o reveste de uma beleza pura que o faz assemelhar-se ao próprio Deus.[292] O conhecimento de si não é aqui, de maneira alguma, um exame de consciência, nem um mergulho nas profundezas de si mesmo; trata-se de uma ascensão a Deus a partir da instância da alma que pode elevar-se até ele. Em um espírito muito diferente, santo Hilário recomenda ao cristão refletir com cuidado sobre seus atos,[293] mas se preocupa sobretudo com uma vigilância que permita não se engajar de forma leviana em uma ação, dela prever os perigos, e não a realizar antes que tenha atingido o ponto necessário de maturidade; reflexão prospectiva, consequentemente, bastante conforme ao que exigiam a filosofia corrente e muito particularmente os estoicos[294], mas que não toma a forma de um exame sistemático de si mesmo.

---

292 Clemente de Alexandria, *Le Pédagogue* III, I, 1. Esta passagem se refere ao tema platônico das três partes da alma, cuja primeira, o *logistikon*, é o homem interior guiado por Deus.

293 Santo Hilário, P. L., t. 9, col. 556a-b. Cf. no mesmo sentido: santo Ambrósio, *In Psalmum David CXVIII Expositio*, P. L., t. 15, col. 1308c.

294 Cf. Epicteto.

Pode-se dizer a mesma coisa sobre a direção. O tema do pastor que deve guiar, para as pradarias da salvação, ao mesmo tempo o rebanho e cada uma das ovelhas, está presente nas formas mais antigas do cristianismo. Mas ele não coincide com a ideia de uma "direção" que se encarregaria da vida de um indivíduo, a guiaria passo a passo, lhe prescreveria um regime específico, lhe daria conselhos de conduta cotidiana, permanentemente tomaria conhecimento de seus progressos, e exigiria uma obediência contínua e sem falha. Um texto de Clemente de Alexandria é significativo acerca deste ponto:[295] sublinha a necessidade, para aquele que é rico e poderoso (para quem, consequentemente, a entrada no paraíso é singularmente difícil), de ter alguém que venha em seu auxílio, e emprega as metáforas tradicionais da direção (um "piloto", um "mestre de ginástica"); este guia falará com franqueza e rudeza, e ainda maiores serão o temor e o respeito com que será preciso escutá-lo. Mas esta atividade de conselho não é senão um aspecto de um papel mais complexo, no qual aquele que "dirige" deve rezar, jejuar, dedicar-se a vigílias, submeter-se a macerações, em favor do dirigido. Ele é, assim, junto a Deus, seu intercessor, seu representante, seu fiador, do mesmo modo que é, junto ao pecador, um anjo enviado por Deus. Trata-se no caso de uma substituição ou ao menos de uma participação sacrificial que ultrapassa amplamente a técnica de direção. O exemplo citado por Clemente o confirma: nele se vê o apóstolo João batizar um jovem, depois confiá-lo, durante sua ausência, ao bispo do lugar; e quando, ao retornar, encontra o neófito caído em pecado,

---

295 Clemente de Alexandria, *Quis dives salvetur*, XLI.

reprova o bispo pela má guarda exercida[296] e vai procurar o faltoso: "Eu te defenderei junto a Cristo; se necessário, morrerei em teu lugar, e de boa vontade, a exemplo do Senhor. Imolarei minha vida à tua."[297] Assim ele o reconduz à Igreja, vertendo com ele lágrimas e partilhando seus jejuns. Vê-se que o modelo não é o do mestre ensinando a seu aluno como viver e conduzir-se: é o de Cristo que se sacrifica pelos homens depois que caíram e que intercede por eles junto a Deus. A troca do sacrifício pela remissão é, no caso, mais importante do que os procedimentos que permitem conduzir uma alma e fazê-la progredir pouco a pouco.[298]

De fato, as práticas de direção e de exame de consciência que a filosofia antiga havia elaborado quase não foram acolhidas no cristianismo, e nele não tiveram um desenvolvimento, formas e efeitos novos senão com o monaquismo: no interior de suas instituições e a partir delas. Nada há de surpreendente em que estes procedimentos da vida filosófica tenham então sido empregados. Destinado a conduzir à vida perfeita – isto é, a "uma existência em que a pureza da conduta está associada ao conhecimento verdadeiro daquilo que é"[299] –, o monaquismo pôde apresentar-se como a vida filosófica por excelência:

---

296 "Que belo guardião dei eu à alma de meu irmão!", [ibid., XLI, 10].

297 [Ibid., XLI, 13.]

298 É preciso notar que, mesmo quando as técnicas da direção cristã forem desenvolvidas, o modelo do sacrifício crístico não será por isso apagado. Nós o reencontraremos constantemente, porém, com um lugar mais restrito.

299 Cf. são Nilo: "[*Philosophia gar estin*] *êthôn katorthôsis meta doxês tês peri tou ontos gnôseôs alêthous*", [*Logos askêtikos*, III, P. G., t. 79, col. 721].

filosofia segundo Cristo,[300] filosofia pelas obras.[301] E os mosteiros puderam ser definidos como escolas de filosofia.[302] É, pois, neles – seja na semianacorese tal como a praticada no Baixo Egito, por exemplo, onde alguns discípulos vinham se iniciar à vida do deserto junto a ascetas renomados, seja nos cenóbios onde a vida comunitária era ordenada segundo regras gerais e estritas – que a conduta dos indivíduos vai ser organizada segundo procedimentos complexos. Eles deram lugar à reflexão e à elaboração, e à constituição de uma arte, a respeito da qual Gregório de Nazianzo dirá, retomando a expressão comumente utilizada para designar a filosofia, que é *tekhnê* [*tekhnôn*[303]], arte das artes: "Não sei em que ciência ou em que potência poderia ter a ousadia de assumir tal prelatura. Na realidade, parece-me ser a arte das artes e a ciência das ciências de guiar o homem, o mais diverso e o mais variável dos animais."[304] Constantemente, e até a época contemporânea, a direção dos indivíduos, a condução de sua alma, a orientação, passo a passo, de seu progresso, a exploração, em

---

300 [São Basílio, *Constitutions monastiques*, P. G., t. 31, col. 1.321a.]

301 ["*Di'ergôn philosophia*", Gregório de Nazianzo, Discurso VI (P. G., t. 35, col. 721), citado por I. Hausherr, *Direction spirituelle en Orient autrefois*, Roma, 1955, p. 57.]

302 [Nota vazia.]

303 [Manuscrito: *tekhnê tekhnês*, mas o texto de Gregório de Nazianzo contém: "*tô onti gar autê moi phainetai tekhnê tis einai tekhnôn kai epistêmê epistêmôn, to polutropôtaton tôn zôôn kai poikilôtaton*".]

304 [Gregório de Nazianzo, Discurso II, 16, citado por I. Hausherr, *Direction spirituelle en Orient autrefois*, p. 57.]

comum com eles, dos movimentos secretos de seu coração serão colocadas sob o signo desta *ars artium*.[305]

Quanto a estas práticas de direção e de exame, de forma não exclusiva mas privilegiada, seguirei as informações dadas por Cassiano. Ele não representa, sem dúvida, as formas mais elevadas do pensamento ascético, mas, por um lado, foi, juntamente com são Jerônimo, um dos principais veículos das experiências orientais no Ocidente, e, por outro, seja nas *Instituições* seja nas *Conferências*, não se contenta em citar as proezas dos monges mais célebres ou em transmitir suas regras de existência. Segundo sua própria experiência, ele expõe "a vida simples dos santos"; ao esquema das instituições e das regras, acrescenta a exposição "das causas dos principais vícios", bem como "a maneira de curá-los". Menos do que "as maravilhas de Deus", trata-se, para ele, de fazer conhecer "a correção dos costumes e a maneira de levar a vida perfeita".[306]

Portanto, é um testemunho que, entre as regras institucionais e os exemplos mais edificantes, procura dar a conhecer uma maneira de fazer, uma prática com seus métodos e suas razões. Em suma, para retomar uma expressão que ele desenvolve no começo das *Conferências*, a vida dos monges é tratada como "arte" e estudada como relação entre os meios, os objetivos particulares e um fim que lhe é próprio.[307]

---

305 A título de exemplos: [nota incompleta].

306 João Cassiano, *Institutions*, Prefácio, 7-8.

307 João Cassiano, *Conférences*, I, 2. Cf. também em *Conférences*, II, 11, e II, 26, a caracterização da vida monástica como *arte* e *disciplina*. Do mesmo modo: *Conférences*, XIV, 1; XVIII, 2; X, 8.

"Aqueles que não são dirigidos caem como folhas mortas." Este texto dos Provérbios[308] foi regularmente citado na literatura monástica como apoio ao princípio de que a vida do monge não poderia prescindir de uma "direção". Não poderia dispensá-la se se pretende levar, na solidão, a existência do anacoreta. E tampouco deve eximir-se dela se tal vida se desenrola em um monastério sob a férula de uma regra comum. Tanto em um caso quanto no outro, é exigida esta relação singular que liga um discípulo a um mestre, o situa sob seu controle contínuo, obriga-o a seguir a menor de suas ordens e a confiar-lhe sua alma, sem reticência alguma. A direção é indispensável a quem deseja caminhar para a vida perfeita: nem o ardor individual da ascese nem a generalidade da regra podem substituí-la.

Na décima-oitava conferência, Cassiano apresenta, com base no abade Piamun, a distinção dos monges em três ou quatro categorias.[309] Às duas que condena – os sarabaítas e os falsos anacoretas surgidos pouco depois –, essencialmente reprova o fato de recusarem a prática da direção. Os sarabaítas "não se preocupam com a disciplina cenobítica", e recusam "sujeitar-se à autoridade dos anciãos"; "nenhuma formação regular, nem regra ditada por uma sábia discrição", "seu menor desejo é o de serem governados", eles insistem em "permanecer livres do jugo dos anciãos a fim de manter toda

308 [Prov., 11, 14 (Septuaginta).]

309 A conferência anuncia três espécies de monges: cenobitas, anacoretas e sarabaítas; mas uma quarta é adicionada no § 8.

a licença de realizar seus caprichos".[310] Os falsos anacoretas, do mesmo modo, porque são sem humildade e sem paciência, não suportam ser "adestrados" (*lacessiti*) por quem quer que seja.[311] O mau monge é aquele que não é dirigido: é porque vem para o monaquismo com más intenções – quer dar-se a aparência, mas não a realidade da vida monástica – que recusa se deixar dirigir; e porque recusa esta direção, nele os vícios não fazem senão progredir.[312]

Portanto, é pelo fato da direção que se entra na realidade da existência monástica. Àqueles que escolham os "altos lugares da anacorese", Cassiano aconselha que antes experimentem eles próprios viver na comunidade regular de um cenóbio,[313] e, depois, procurem um mestre com o qual aprendam a solidão. Ele relembra um conselho de santo Antônio: para uma aprendizagem tão difícil, não basta um único mestre, é preciso, junto a muitos, seguir o exemplo das virtudes que cada um possui – "o monge, desejando fazer provisão de mel espiritual, deve, como uma abelha muito prudente, colher cada virtude junto àquele que com ela mostrou familiaridade, e recolhê-la cuidadosamente no vaso de seu coração".[314]

Aquele que quer entrar no cenóbio é de início submetido à grande prova do limite: faz-se com que espere à porta do

---

310 [João Cassiano, *Conférences*], XVIII, 7.

311 Ibid., 8.

312 "Não basta dizer que seus vícios não se corrigem de forma alguma; eles pioram, pelo simples fato de que ninguém os provoca (*a nemine provocata*)", ibid.

313 Tal foi o caso de Pafnucio, cuja vida e a lição são evocadas na III *Conferência*.

314 João Cassiano, *Institutions*, V, 4, 2. Um pouco acima, em compensação, Cassiano estima, segundo o abade Pinúfio, que os cenobitas devem, no meio da comunidade, ligar-se a um só mestre, e não apoiar-se em muitos (IV, 40).

convento onde suplica entrar; mas, fingindo não ver nele senão interesses pessoais, os monges, durante dez dias, o repelem, "cumulam-no de injúrias e de censuras", a fim de pôr à prova sua intenção e sua constância. Se ele é aceito, sua formação se desenrola então em duas fases. Em um primeiro tempo é confiado a um ancião, que, "permanecendo à parte, não longe da entrada do monastério, tem a seu cargo estrangeiros e hóspedes": ali, é adestrado ao serviço – *famulatus* –, à humildade e à paciência. Após um ano inteiro, e caso não se tenham queixado dele, é integrado à comunidade, e confiado a um outro ancião, encarregado de instruir e de governar – *instituere et gubernare* – um grupo de dez jovens. Cassiano não fornece indicações sobre a duração deste noviciado, dependendo sem dúvida sua extensão das aptidões e progressos de cada um. Cassiano tampouco fala da existência de uma relação de direção entre os anciãos.[315] Por um lado, nada indica de maneira precisa que os anciãos tenham sido obrigados a recorrer, regularmente ou episodicamente, a um diretor. Por outro lado, contudo, como todos os autores de sua época, Cassiano insiste no princípio de que toda alma, qualquer que seja ela, precisa de direção;[316] que mesmo depois de longos exercícios e quando já se tem uma

315 Sobre este ponto, cf. O. Chadwick, *John Cassien. A Study in Primitive Monasticism*, Cambridge, 1950.

316 Pacômio, morrendo, professa ter aceitado as advertências, inclusive dos menores (*Fragments captés de la vie de Pacôme*, traduzidos por R. Draguet em *Les Pères du Désert*, Paris, 1949, pp. 116-117).

grande reputação de santidade, acontece que se recaia;[317] e que os monges, mesmo os mais rigorosos, experimentam, até o fim de sua vida, a necessidade de ser dirigidos. Por duas vezes – nas *Instituições* e nas *Conferências* –, Cassiano recorda a grande santidade de Pinúfio: o respeito de que era cercado em seu convento lhe tirava "a possibilidade de progredir na virtude de submissão à qual aspirava"; por duas vezes foge secretamente para retomar alhures a vida de noviço, ficando desolado ao ser descoberto, e chorando por não poder terminar sua vida na submissão que tinha adquirido.[318] Para Cassiano, não apenas só pode ser chamado a comandar aquele que aprendeu a obedecer, e adquiriu "pela formação recebida dos anciãos o que deverá transmitir aos mais jovens", como também a mais alta sabedoria, melhor dizendo, "o dom mais elevado" do Espírito Santo consiste na possibilidade de, ao mesmo tempo, "dirigir bem os outros" e "fazer-se dirigir".[319] O que caracteriza a santidade de um ancião não é a substituição, nele, da necessidade de ser dirigido pela aptidão a dirigir, mas o fato de que o poder de dirigir os outros permaneça ligado, fundamentalmente, à aceitação de estar pronto para acatar uma direção. O santo

---

317 "Conheci monges que depois de grandes trabalhos caíram e ficaram loucos, por terem contado com suas obras e terem eludido por falsos raciocínios a ordem d'Aquele que disse: Interroga teu pai e ele te esclarecerá", santo Antônio, P. G., t. 65, col. 88b [trad. in: I. Hausherr, *Direction spirituelle...*, p. 16]. A II *Conférence*, consagrada à *discretio*, cita uma série de exemplos de monges cuja obstinação em se dirigirem sozinhos conduziu à queda. Significativo entre todos é o exemplo do monge que, acreditando-se livre de toda tentação, dirige com demasiada aspereza um discípulo e, a título de punição, cai em uma tentação da qual somente o socorro do abade Apolônio pôde salvá-lo (§ 13).

318 *Institutions*, IV, 30-31; *Conférences*, XX, 1.

319 *Conférences*, II, 3.

não é aquele que "se dirige" a si mesmo: é aquele que se deixa dirigir por Deus.

Universalidade, portanto, da relação de direção. Mesmo havendo uma fase de iniciação à vida monástica em que a direção deve tomar uma forma densa, institucional, organizada por regras comuns a todos os noviços, a vontade de aceitar uma direção, a disposição a se deixar dirigir é uma constante que deve caracterizar a existência monástica inteira.[320] Desta direção, e da maneira como ela deve se exercer, Cassiano indica os dois principais aspectos.

– A direção consiste em um adestramento à obediência, entendido como renúncia às vontades próprias por submissão à de outro: "A preocupação e o objeto principal de seu ensinamento [trata-se do mestre dos noviços], que tornará o jovem monge capaz de elevar-se em seguida aos mais altos cumes da perfeição, será o de lhe ensinar primeiramente a vencer suas vontades. Adestrando-o nisso com aplicação e diligência, ele cuidará de sempre lhe ordenar, propositalmente, o que tiver percebido ser contrário a seu temperamento."[321]

– E para chegar a esta obediência perfeita e exaustiva, para que se possa operar este jogo de anulação-substituição (anulação da vontade própria, substituição pela vontade de um outro), um exercício é indispensável: o exame permanente de si e a confissão perpétua: "Para aí chegar facilmente [à obediência perfeita e à humildade de coração], ensina-se aos debutantes a não esconder, por falsa vergonha, quaisquer dos

---

320 Na *Règle* de são Bento, é dito dos monges: *"ambulant alieno judicio et império"* (cap. 5).

321 João Cassiano, *Institutions*, IV, 8.

pensamentos que lhes corroam o coração, mas, desde que estes nasçam, a manifestá-los ao ancião e, para julgá-los, a não se fiarem em sua opinião pessoal, mas a crer mau ou bom o que o ancião, depois do exame, tenha assim declarado."[322]

ii. a regra de obediência

Que a direção supõe a obediência exata do discípulo ao mestre não é evidentemente um princípio próprio ao monaquismo cristão. Na vida filosófica da Antiguidade, o mestre devia ser escutado com fidelidade. Mas esta obediência era ao mesmo tempo finalizada, instrumental e limitada. Tinha com efeito um objeto definido: devia permitir libertar-se de uma paixão, ultrapassar um luto ou uma tristeza, sair de uma fase de incerteza (era o caso de Sereno ao consultar Sêneca) ou alcançar certo estado (de tranquilidade, de domínio de si, de independência a respeito dos acontecimentos exteriores). Para alcançar este fim, o diretor utilizava meios adequados, e a obediência requerida do discípulo levava apenas a formas necessárias de obediência. Era, enfim, uma submissão provisória que devia cessar logo que atingido o objetivo visado pela direção. Não era nada além de um dos instrumentos por ela postos em prática, segundo uma economia estrita que a limitava apenas ao momento e aos objetivos para os quais seria útil.

A obediência monástica é de outro tipo.

a) Primeiramente ela é global: não se trata de obedecer só na medida em que essa submissão poderia permitir atingir um resultado, deve-se obedecer em tudo. Nenhum aspecto

---

322 Ibid., IV. 9.

da vida, nenhum momento da existência deveria escapar à forma da obediência. Aquele que é dirigido deve fazer com que a menor de suas ações, mesmo aquela que mais parece escapar de sua própria vontade, seja submetida à vontade daquele que dirige. A relação de obediência deve atravessar a existência até suas menores partes. É a *subditio*, cujo efeito é que em todas as condutas o monge deve agir de modo a ser conduzido. Conduzido pela regra, conduzido pelas ordens do abade, pelas ordens de seu diretor, eventualmente até pelas vontades de seus irmãos,[323] pois se é verdade que estas não emanam de um superior ou de um ancião, têm o privilégio de serem vontades de um outro. Não devemos então distinguir o que se faz por si mesmo e o que se faz de acordo com o conselho de um outro. Tudo deve ser feito sob ordem.

O *officium* do monge, diz são Jerônimo, é obedecer [324]. Será preciso, portanto, que se façam todas as coisas sob um comando expresso, ou pelo menos segundo uma permissão dada – "Todo ato que se faz sem a ordem ou a permissão do superior é um roubo e um sacrilégio que conduz à morte, e não ao proveito mesmo se te parece bom.[325]" "Os jovens não só não ousam deixar a cela sem que seu preposto o saiba e o consinta, nem mesmo dispensam sua autorização para satisfazer suas necessidades naturais."[326] E mais tarde, Doroteu

---

323 [Ibid., IV, 30.]

324 [*"Nec de majorum sententia judices, cujus officium est obedire"*, são Jerônimo, carta 125 ao monge Rústico (P. L., t. 22, col. 1081).]

325 [São Basílio, *De renuntiatione saeculi*, 4 (P. G., t. 31, col. 363b), citado por I. Hausherr, *Direction spirituelle...*, pp. 190-191.]

326 João Cassiano, *Institutions*, IV, 10.

de Gaza contará o feito de um discípulo de Barsanufe que, esgotado pela doença, evitou, contudo, morrer até que seu mestre lhe desse a autorização.[327]

b) Além disso, o valor desta obediência não está no conteúdo do ato prescrito ou permitido. Reside, antes de tudo, na sua forma – no fato de que somos submetidos à vontade de um outro e que nos dobramos, sem dar importância ao que é de nós requerido, mas unicamente ao fato de que é um outro que quer. O essencial é nada opor a esta vontade outra: nem sua própria vontade, nem sua razão, nem algum interesse, mesmo que pareça legítimo, nem a mínima inércia. Devemos aceitar "sofrer" inteiramente esta vontade, ser, com relação a ela, dúctil e transparente. É o princípio da *patientia* que faz aceitar tudo aquilo que o diretor quer e dele tudo suportar. Cassiano, como outras testemunhas da vida monástica, relata as mais célebres provas desta paciência. Prova do *absurdo*. Mesmo desprovida de significação, uma ordem deve ser executada exaustivamente: assim fez o abade João, herói da obediência, quando seu mestre o enviou para regar durante um ano inteiro uma vara seca plantada em pleno deserto.[328] Prova da *imediatez*. Uma ordem dada deve ser cumprida, logo, sem o menor retardo: assim que enunciada ela sobrepuja qualquer outra obrigação, seja qual for, não há nada que não deva ceder diante da atualidade do comando. Assim sucede com o monge ocupado copiando as Escrituras mais santas, que se interrompe logo que é chamado à oração; seu estilete se ergue imediatamente, e a letra que ele estava escrevendo fica inacabada.[329] Prova da *não revolta*:

327 Doroteu de Gaza, ["Vie de Dosithée", in: *OEuvres spirituelles*, Paris, S. C., 1964, pp. 122-145].

328 João Cassiano, *Institutions*, IV, 24.

329 Ibid., IV, 12.

a injustiça de um comando, aquilo que pode ter de contrário, seja à verdade, seja à natureza, não deve jamais impedi-lo de ser executado. Ao contrário, é aí que a obediência alcança seu mais alto valor. Acusado injustamente de um erro que outro cometera contra ele, Pafnucio aceita sua condenação e se apressa em cumprir a penitência que lhe é imposta.[330] Patermuto, que entrara no convento com seu filho pequeno, suporta com paciência ver os maus-tratos a que submetem à criança diante dele, e quando lhe dão a ordem, se precipita para jogá-la no rio.[331] Compreendida como não resistência a tudo aquilo que o outro quer e impõe, a *patientia* torna o monge uma espécie de matéria inerte nas mãos daquele que o dirige. "Não diferir em nada de um corpo inanimado ou da matéria empregada por um artista [...], como o artista dá provas de seu *savoir-faire* sem que a matéria o impeça de perseguir seu objetivo no que quer que seja."[332]

c) Enfim, a obediência monástica não tem outra finalidade senão ela mesma. Ela não constitui a dependência de um momento, uma etapa a ser coroada enfim pelo direito de se libertar. Se o monge deve obedecer, é para alcançar o estado de obediência. Por que, na direção, insiste-se tanto em adestrar o noviço para que ele obedeça a alguém? Para levá-lo a "ser obediente" em absoluto. A obediência nao é somente uma relação a tal ou tal, é uma estrutura geral e permanente da existência. Portanto, uma forma de relação a si. Mas esta relação não consiste em interiorizar de algum modo o mecanismo da direção, tornar-se para si mesmo seu próprio diretor e agir de modo que nada de nós mesmos escape à nossa vontade

---

330 *Conférences*, XVIII, 15.

331 *Institutions*, IV, 27.

332 São Nilo, *Logos askêtikos*, ap. XLI (P. G., t. 79, col. 769d-772a) [trad. in: I. Hausherr, *Direction spirituelle...*, p. 190].

soberana. O estado de obediência, ao contrário, encontra sua expressão na *humilitas*. Esta, em vez de ser uma estrutura fechada, como naquele que, ao obedecer aprendeu a se tornar seu próprio mestre, é uma "figura aberta": ela age de modo que o sujeito dê prioridade aos outros sobre si mesmo. Na humildade, tenho consciência de ser tão baixo que não apenas me reconheço inferior a qualquer um – e, por conseguinte, me sinto obrigado a preferir sua vontade em vez da minha, e pronto a lhe obedecer em tudo, por pequeno que seja –, como tampouco atribuo à minha própria vontade legitimidade alguma, qualquer justificação para querer. A obediência imposta aos monges não lhes promete nenhuma realeza sobre si mesmos, mas uma humildade que outra coisa não é senão a obediência transformada em estado definitivo, disponibilidade permanente com relação a todo outro, e relação incessante de si a si. Ela é ao mesmo tempo efeito do longo exercício da obediência e a raiz, mesmo no mais solitário, de toda a obediência possível. Não surpreende que Cassiano, ao enumerar a lista das marcas da humildade, só ressalte as formas do "ser obediente": mortificar sua própria vontade, nada esconder a seu ancião, não se apoiar sobre seu próprio discernimento, obedecer sem azedume e praticar a paciência, não se afligir com as injúrias sofridas, só fazer o que a regra e os exemplos determinam, se contentar com coisas mais vis e se olhar como sem mérito algum, proclamar-se o último de todos no fundo do coração, e jamais elevar a voz.[333]

---

333 João Cassiano, *Institutions*, IV, 39. Cf. também *Conférences*, II, 10: "A primeira prova de humildade será deixar aos anciãos o julgamento de todas as suas ações e dos próprios pensamentos, a tal ponto que não se confie em nada em seu sentido próprio; mas que em todas as coisas se aquiesça às suas decisões, e que só se queira conhecer através de sua boca aquilo que é preciso considerar bom, e o que é preciso ver como mau."

Sob estes três aspectos, a obediência constitui, portanto, um exercício da vontade sobre si mesma e contra si mesma. Querer o que os outros querem em virtude do privilégio intrínseco e formal que detém a vontade do outro, pois ela vem do outro: é a *subditio*. Querer não querer, querer não se opor nem resistir, querer que a vontade própria não seja obstáculo à vontade do outro: é a *patientia*. Não querer querer, renunciar à menor das vontades próprias: é a *humilitas*. E este exercício da obediência, no lugar de ser um simples instrumento para a direção, constitui com esta um círculo indissociável. A obediência é a condição inicial para que a direção possa realizar seu trabalho – daí as provas de submissão às quais o postulante é exposto antes mesmo que tenha atravessado a porta do monastério; ela é o instrumento essencial da ação do diretor; ela é a forma geral da relação entre este e o dirigido; ela é, enfim, o resultado ao qual a direção conduz, resultado que coloca o dirigido em posição de aceitar indefinidamente, em vez da sua e no lugar desta, uma vontade outra. Ela toma, então, a posição de primeira das virtudes. Primeira, porque é por ela que deve começar a instituição monástica e a formação dos noviços. Primeira, também, porque está no princípio de todas aquelas que a direção pode fazer florescer naquele que quer se encaminhar para a perfeição. Os monges a preferem, diz Cassiano, "não somente ao trabalho manual, à leitura ou ao silêncio e ao repouso na cela, como também a todas as virtudes, a tal ponto que estimam que tudo deve ser adiado, e que ficam mais felizes por sofrerem não importa qual pena do que parecerem tê-la de algum modo transgredido".[334]

Compreende-se o lugar que Cassiano, no caminho para a perfeição, confere à humildade, entendida como estado

334 João Cassiano, *Institutions*, IV, 12.

permanente de obediência, aceitação de toda submissão, vontade de não querer, e renúncia a toda vontade. Este caminho tem por ponto de partida um sentimento negativo: o "medo de Deus", o medo de seus castigos, o medo, ao ofendê-lo, de provocar sua cólera. O ponto de chegada é a "caridade", é a possibilidade de agir "por amor ao próprio bem e a alegria que a virtude dá".[335] Ora, a passagem do medo à caridade se efetua por meio da humildade na medida em que esta, ao renunciar a toda vontade própria (e consequentemente à vontade de escapar ao castigo), conduz a aceitar a vontade do outro como princípio de toda ação (e, na caridade, é a vontade de Deus que é o princípio da ação).[336] A substituição do medo pela caridade supõe, como preparação e intermediário, o exercício da obediência e da prática da virtude da humildade. Certamente a ascese exigida ao monge não se resume ao fato de obedecer: os jejuns, as vigílias, as orações, o trabalho, as obras de caridade são igualmente requeridos. Mas para poder conduzir a uma humildade em que a vontade própria terá desaparecido, toda ascese deve ser feita na forma geral da obediência.

Pode-se assim medir a distância que separa a direção cristã daquela que se passava, por exemplo, entre os estoicos. A perspectiva desta última era essencialmente estabelecer as condições de um exercício soberano da vontade sobre si mesma. Tratava-se de conduzir o dirigido ao ponto de virada em que ele se tornaria mestre de si mesmo e de tudo aquilo que pudesse

335 [Ibid., IV, 39.]

336 Cf. o itinerário de Pafnucio narrado na *Conférence* III, 1. No cenóbio, tão "assíduo à humildade e à obediência", ele havia aprendido a mortificar todas as próprias vontades; ele tinha se refugiado então na solidão absoluta em que passava a "experimentar cotidianamente a delícia da companhia dos anjos".

dele depender. O que implicava que aprendesse a distinguir o que dependia de sua vontade e aquilo que não era de seu domínio; e que armasse essa vontade com uma razão que tinha o triplo papel de fixar esta divisão, definir a conformidade à ordem do mundo, e dissipar os erros da opinião que conduzem à desordem das paixões ou ao excesso dos desejos.[337]

Em contrapartida, a direção cristã tem por alvo a renúncia à vontade. Ela repousa sobre o paradoxo de uma tenacidade em não querer. A submissão ao mestre que é seu instrumento indispensável jamais conduz ao ponto em que pode se estabelecer a soberania sobre si mesmo, mas ao ponto em que, despojado de todo domínio, o asceta só pode querer o que Deus quer. E a tranquilidade da alma, que constitui, no vocabulário de Cassiano, o equivalente da *apatheia* grega, não consiste no fato de que se possa estabelecer, sobre os movimentos involuntários, uma dominação tão perfeita que nada mais pode abalar se não o consentirmos. Consiste naquilo que, tendo renunciado a seu próprio querer, não deve sua força senão à de Deus, estamos em presença dela. A vida contemplativa pode então começar.

iii. o recurso a deus

Para justificar a necessidade de uma direção e a obrigação de obedecer, Cassiano dá uma razão que não traz nada de novo

---

337 Sobre o sentido dos exercícios estoicos, sobretudo em Marco Aurélio, cf. P. Hadot, "Théologies et mystiques de la Grèce hellénistique et de la fin de l'Antiquité", *Annuaire de l'École pratique des hautes études*, 5ª seção, t. LXXXV, pp. 297-309.

nem de inesperado. Ao longo de sua existência monástica, aquele que aspira à perfeição deve evitar dois perigos: de um lado, o relaxamento a respeito das tarefas da vida ascética, as pequenas complacências apenas perceptíveis que conduzem a alma às maiores fraquezas; e, por outro lado, um excesso de zelo que, por caminhos diferentes, conduz frequentemente aos mesmos efeitos que o relaxamento. "Os extremos se tocam. O excesso de jejum e a voracidade têm o mesmo resultado; as vigílias imoderadas não são menos desastrosas para o monge do que o peso de um sono prolongado. As privações excessivas, com efeito, debilitam e conduzem ao estado em que a negligência e a apatia degradam."[338] Tema banal do perigo dos dois excessos e do princípio de que o homem, em sua conduta, deve evitar o demasiado e o demasiado pouco. A sabedoria antiga o havia frequentemente desenvolvido. Para designar a capacidade de encontrar sua via entre dois extremos, Cassiano emprega o termo *discretio*, como equivalente do grego *diakrisis* (ao mesmo tempo, capacidade de distinguir as diferenças, aptidão para decidir entre dois partidos, e ato comedido de julgamento). "Afastando-se igualmente dos dois excessos contrários, a discrição ensina o monge a caminhar sempre por uma via real, e não lhe permite se afastar nem à direita, numa virtude tolamente presunçosa e num fervor exagerado, que passam dos limites da justa temperança, nem à esquerda, em direção ao relaxamento e ao vício."[339]

---

338 João Cassiano, *Conférences*, II, 16.

339 Ibid., II, 2.

A esta noção clássica, Cassiano, assim como os teóricos da vida monástica da mesma época, dá uma importância fundamental. Ele lhe consagra a segunda de suas *Conferências*, logo após ter explicado, na primeira, o objetivo e o fim da vida monástica, e antes de enfocar, nas seguintes, os diferentes aspectos desta existência, seus combates e seus deveres. Ela aparece, portanto, como o instrumento primeiro do caminho em direção à perfeição. "Lamparina do corpo", sol que não deve jamais se pôr sobre nossa cólera, conselho ao qual devemos nos submeter mesmo quando bebemos o vinho do espírito – nela "jaz a sabedoria, a inteligência também e o julgamento, sem os quais não nos será possível construir nosso edifício interior, nem acumular as riquezas espirituais".[340] Ora, este elogio da discrição, ao qual fazem eco muitas outras passagens das *Conferências*, tem uma coloração particular. É mais contra o excesso de zelo do que contra a moleza que ele se dirige. O exagero aparece aí como o maior perigo.[341] Todos os exemplos invocados são aqueles de monges que contam com suas forças e, excessivamente confiantes no próprio julgamento, caíram no momento em que o ardor de seu zelo os levou longe demais.[342] Cassiano coloca sob a autoridade de santo Antônio esta advertência quanto ao ascetismo imoderado:

---

340 Ibid., II, 4.

341 Essa tônica é mais nítida nas *Conférences*, consagradas ao encaminhamento à contemplação, do que em *Institutions*, em que se trata sobretudo da entrada do debutante no cenóbio.

342 Héron [que] depois de cinquenta anos no deserto e de abstinência imagina que pode se jogar num poço e que seus méritos o protegerão de todo perigo; os dois monges que queriam atravessar o deserto sem provisões; aquele que quis imitar o sacrifício de Abraão; ou aquele outro célebre monge da Mesopotâmia que "caiu lamentavelmente no judaísmo e na circuncisão", ou, ainda, o mestre rigoroso demais, atingido pela tentação de seu discípulo [(ibid., II, 5-8)].

"Quantos não vimos consagrar-se aos jejuns e às vigílias mais rigorosos, provocar a admiração por seu amor pela solidão, se lançar num despojamento tão absoluto, que teriam sofrido de se reservarem um só dia de víveres [...]. Depois, repentinamente caíram na ilusão; à obra empreendida, não souberam dar seu coroamento; terminaram o mais belo fervor e uma vida digna de elogio por um fim abominável."[343] Cassiano apresenta o combate contra o excesso de ascetismo como mais rude e mais perigoso do que o outro. Difícil batalha: "Vi, muitas vezes, pessoas que permaneceram surdas às seduções da gula, e, em seguida, decaíram em jejuns imoderados; a paixão que tinham vencido ganhou força em decorrência de seu enfraquecimento."[344] E derrota particularmente temível: "Uma e outra guerra vêm do demônio; mas a queda é mais grave por um jejum imoderado do que por um apetite satisfeito. Do último, pode-se, ao intervir um remorso salutar, elevar-se à medida da austeridade; do outro, é impossível."[345]

Há uma razão histórica bem conhecida para este ponto antiascético que anima todo o elogio da discrição: no século IV, a disciplina da vida monástica, as regras de cenóbio que são formuladas, mas também as prescrições e conselhos com os quais são rodeadas a solidão do deserto ou a semianacorese – sobretudo no Baixo Egito, de onde Cassiano tirou o essencial de suas lições e de seus exemplos – foram elaborados numa reação contra as formas selvagens, anárquicas, individuais e competitivas do ascetismo. Face aos eremitas isolados ou aos

343 Ibid., II, 2.

344 Ibid., II, 16.

345 Ibid., II, 17.

monges vagabundos, rivalizando em disputas ascéticas e em maravilhas taumatúrgicas, confrontando as proezas de sua maceração, a regulação da vida monástica tinha por objetivo fixar uma via média, acessível à maioria dos monges e passível de ser integrada a instituições comunitárias. O que se solicitava à discrição era determinar essa via média e fazer a divisão entre o demasiado e o demasiado pouco; mas era, também, de modo particular, perceber o que poderia haver de excesso perigoso no impulso ascético, no ardor para a perfeição; distinguir o poderia se misturar de fraqueza, de complacência, de ligação a si mesmo na sede de ir ao extremo dos exercícios; reconhecer os elementos de seu contrário sob as aparências enganosas da maior santidade. Na preocupação com uma justa medida, com um *modus* convenientemente regrado da vida monástica, havia a preocupação em evitar a fraqueza e o excesso de rigor, como também e, talvez, sobretudo, em detectar o que há de fraqueza escondida em todo excesso de maceração.

Esta mesma situação histórica explica outra inflexão do tema da discrição. Na concepção antiga, a capacidade de fazer a divisão entre o muito e o muito pouco e a aptidão a manter a medida na maneira de se conduzir estavam ligadas ao uso por cada um de sua própria razão. Para um teórico da vida monástica como Cassiano,[346] o princípio da medida não poderia vir do próprio homem. Se o monge deve se observar sem cessar e lançar sobre si mesmo o mais atento dos olhares, não é na esperança de descobrir um princípio de justo equilíbrio: é, antes, para descobrir todas as razões para procurar o ponto de apoio fora de sua própria consciência. O monge cristão nunca pode ser medida de si mesmo, por mais avançado que esteja no

346 Cf. são Jerônimo.

caminho da santidade. Um relato de Cassiano o testemunha a propósito da recitação dos salmos.[347] Nos altos tempos do primeiro cristianismo, o zelo impulsionava cada um a cantar tantos salmos quanto suas forças permitissem. Mas logo se compreendeu que "a dissonância" e mesmo apenas a variedade podem fazer germinar no futuro "o erro, a rivalidade e o cisma". Os Padres veneráveis se reuniram então para fixar a boa medida: mas foi um frei desconhecido, introduzido entre eles, que, cantando doze salmos e repentinamente desparecendo, mostrou ao mesmo tempo qual era o limite conveniente e ter sido o próprio Deus a fixá-lo.

Narrativa banal a da instauração divina e miraculosa das regras. Mas toma aqui um significado preciso. A heteronomia do homem é fundamental, e nunca é a ele mesmo que deve recorrer para definir as medidas de sua conduta. Há para isto uma razão: desde a queda, o espírito do mal estabeleceu seu império sobre o homem. Não exatamente porque tenha penetrado em sua alma e porque suas duas substâncias se misturaram e confundiram, o que tiraria do homem sua liberdade. Mas, com a alma humana, o espírito do mal tem, ao mesmo tempo, parentesco de origem e semelhança; ele pode então tomar um lugar em seu corpo, ocupá-lo em concorrência com a alma e, aproveitando esta similitude, agitar o corpo, lhe imprimir movimentos, perturbar sua economia; assim, ele enfraquece a alma, lhe envia sugestões, imagens, pensamentos, cuja origem é difícil discernir; a alma enganada pode acolhê-los sem reconhecer que são inspirados pelo Outro que coabita com ela no corpo. Assim, este último está em posição de disfarçar os pensamentos que dele

347 João Cassiano, *Institutions*, II, 5.

vêm, de fazê-los ser tomados como inspirações divinas e de esconder, sob as aparências do bem, o mal que trazem. Satã é então princípio da ilusão no interior do pensamento.[348] E enquanto o antigo sábio podia apoiar-se sobre sua própria razão contra o movimento involuntário de suas paixões, o monge cristão não pode encontrar nas ideias que lhe parecem as mais verdadeiras ou as mais santas um recurso que seja certo. Na própria trama de seu pensamento, ele sempre corre o risco de ser enganado. E a discrição, que deve lhe permitir encontrar a via reta entre os dois perigos, não deve consistir no exercício de uma razão guiando as paixões que agitam o corpo, mas num trabalho do pensamento sobre si mesmo esforçando-se para escapar das ilusões e enganos que o atravessam.

Isto significa que a *discretio*, indispensável para manter a via reta da conduta, não pode ser exigida do próprio indivíduo. Contra as armadilhas que assombram seu pensamento, mascaram a origem e o fim de suas ideias, lhe é necessário um recurso exterior. Este recurso é primeiramente a graça divina. Sem a intervenção de Deus, o homem não é capaz de discrição: esta "não é uma virtude medíocre que a indústria humana possa alcançar casualmente; nós não podemos obtê-la senão da generosidade divina. [...] Vós o veis, o dom da discrição não tem nada de terrestre nem de pequeno, mas é um presente muito alto da graça divina. Se o monge não empenha todos os seus cuidados para consegui-la [...] será a vítima designada das armadilhas e dos precipícios, e, mesmo nos caminhos unidos e retos, tropeçará mais de

348 Sobre o modo [de ação] do espírito do mal sobre a alma do homem, cf. VII *Conférence*, cap. 7-20.

uma vez".[349] Mas se a discrição é graça, ela deve também ser virtude: uma virtude que se aprende. E Cassiano define este aprendizado necessário por dois exercícios ou, antes, por uma ligação permanente de dois exercícios. Por um lado, é preciso operar sobre si mesmo um exame constante, é preciso observar com cuidado todos os movimentos que se desenvolvem no pensamento: é preciso nunca fechar "o olho interior" pelo qual exploramos o que se passa em nós.[351] Mas, por outro lado e simultaneamente, é preciso abrir sua alma a um outro – ao diretor, ao ancião a quem fomos confiados –, é necessário agir de modo a que nada lhe fique escondido.

Rasgando o véu com que a falsa vergonha queria cobri-los, manifestemos nossos anciãos todos os segredos de nossa alma, e, com toda confiança, vamos buscar junto a eles o remédio para nossas feridas e exemplos de vida santa."[352]

Esta discrição que, como arte do discernimento e da medida, é indispensável para avançar em direção à santidade, e que, contudo, nos falta, não apenas devido a nossas paixões, mas devido à potência de ilusão que ameaça perpetuamente nosso pensamento, só a graça divina nos dará. Mas o que nos ensinará é a combinação da observação e da abertura da alma, é o exercício indissociável do exame e da confissão. Em suma, o que justifica a permanência de uma relação de direção é a necessidade de permanecer na via mediana entre os extremos que sempre ameaçam

349 João Cassiano, *Conférences*, II, 1.

350 *"Discretionis gratiam atque virtutem"*, ibid., II, 26.

351 Ibid., II, 2.

352 Ibid., II, 13.

atrair e seduzir. Esta caminhada justa só pode ser assegurada pelo uso de uma discrição cujo princípio não se encontra naturalmente no homem. Ele deverá recebê-la de Deus, mas também conquistá-la por meio do exercício constante do olhar e do dizer verdadeiro sobre si mesmo. Na forma geral da obediência e da renúncia à vontade própria, a direção tem como instrumento maior a prática permanente do "exame-confissão", o que, no cristianismo oriental, se chama *exagoreusis*: "Cada um dos subordinados deve, por um lado, evitar manter escondido em seu foro interior qualquer movimento de sua alma; por outro lado, se guardar de lançar uma palavra qualquer sem controle e desvelar os segredos do coração àqueles irmãos que receberam a missão de curar os doentes com simpatia e compreensão."[353]

iv. o exame-confissão

Apesar de certo número de traços comuns, esta técnica difere profundamente da memorização dos atos passados tal como encontramos em *De ira*, de Sêneca. Não que esta recapitulação da jornada no momento do sono tenha sido desconhecida pela espiritualidade cristã. É aconselhada por são João Crisóstomo, em termos um pouco parecidos aos dos filósofos antigos: "É pela manhã que nos damos conta de nossas despesas pecuniárias; é à noite, após a refeição, quando nos deitamos, e que ninguém nos perturba e nos inquieta, que precisamos pedir

---

353 São Basílio, P. G., t. 31, col. 985 [trad. I. Hausherr]. Sobre a *exagoreusis* na espiritualidade oriental, cf. I. Hausherr, *Direction spirituelle*..., p. 155ss.

contas a nós mesmos de nossa conduta."[354] Mas é preciso notar que Cassiano nunca menciona tal contabilidade da noite entre as obrigações da vida monástica. E é verossímil que esta prática tenha permanecido menor com relação à *exagoreusis* propriamente dita.

O caráter mais manifesto desta última é não se dirigir aos atos passados, mas ao movimento dos pensamentos – que podem ser, ademais, a lembrança de um ato cometido ou a ideia de um ato a ser executado.[355] Mas é o pensamento em si mesmo, *cogitatio*, o alvo do exame. Que a prática do exame na vida monástica seja assim centrada no movimento do pensamento mais do que no passado dos atos, não há nisso nada de surpreendente. De um lado, o estrito sistema de obediência implica que nada seja feito, que nada seja empreendido sem a ordem ou pelo menos a permissão do diretor; trata-se, portanto, de levá-la em conta e de examiná-la para a ela submeter o pensamento do ato, antes que este tenha lugar. E, mais fundamentalmente, uma vez que o objetivo da existência monástica é uma vida contemplativa em que Deus deverá ser acessível graças à pureza do coração,[356] e uma vez que a este fim nos encaminhamos pela oração, pela meditação, pelo recolhimento, pela fixação do espírito em direção a Deus, a "*cogitatio*" constitui o problema principal. Ela forma de certa maneira a matéria primeira do trabalho do monge sobre si mesmo. E se

354 [São João Crisóstomo, *Qu'il est dangereux pour l' orateur et pour l'auditeur de parler pour plaire*, 4.]

355 O caráter "gestionário' desse exame é, como em Sêneca, muito apoiado: "Examinemos o que nos favorece e o que nos prejudica [...]. Cessemos de fazer despesas inúteis a esse respeito e tratemos de investir em fundos úteis no lugar de despesas prejudiciais" (ibid.).

356 João Cassiano, *Conférences*, I, 2-4.

é verdade que as macerações do corpo, com um regime muito estrito da alimentação, do sono, do trabalho manual têm um papel capital, é na medida em que se trata de assim obter as condições para que o fluxo das *cogitationes* seja o mais possível ordenado e puro. Como dizia Evágrio, "com os seculares, os demônios lutam e utilizam de preferência os objetos. Mas com os monges, é mais frequente utilizarem os pensamentos".[357] O termo *logismoi*, que os gregos espirituais utilizam, é traduzido em Cassiano por *cogitationes*, mantendo os mesmos valores negativos encontrados em Evágrio. A *cogitatio* de Cassiano não é simplesmente um "pensamento" entre outros, é aquilo que ameaça, na alma voltada à contemplação, levar a cada instante à perturbação. Assim compreendida, é menos o ato de uma alma que pensa do que a perturbação numa alma que busca alcançar Deus. É o perigo interior. Contra ela deve ser erguida uma incessante desconfiança que a considera suspeita e a examina.

1. *O combate interior*

O transtorno que ela pode introduzir assume dois aspectos principais. Em primeiro lugar, o da multiplicidade, da mobilidade, da desordem, ali onde a alma tem necessidade de ordem, de estabilidade, de unidade sem movimento. Atingir a contemplação única do ser único supõe que o pensamento se apegue a este fim exclusivo e jamais se desvie dele. Tarefa extremamente difícil. "Quem poderíamos acreditar, seja ele de todos os justos e santos o mais eminente, que tenha conseguido, nos grilhões deste corpo mortal, possuir imutavelmente o

357 Evágrio Pôntico, *Traité pratique*, 48. Sobre os *logismoi* em Evágrio, cf. A. Guillaumont, "Introdução" ao *Traité pratique* (Paris, 1971, pp. 5663).

bem soberano, sem jamais se afastar da contemplação divina, não se deixando de modo algum distrair por um instante pelos pensamentos terrestres."[358] O espírito é agitado sem descanso, nunca é de bom grado que se imobiliza sobre um objeto único, "está sujeito a uma perpétua e extrema mobilidade".[[359]] Ao núncio Germano que perguntava por que, no esforço por elevar-se à contemplação, "os pensamentos supérfluos deslizam em nós apesar de nós e, de mais a mais, à nossa revelia", Moisés, o velho, dá como resposta a repetição da própria pergunta: "É impossível, reconheço, que o espírito não seja atravessado por pensamentos múltiplos."[360] E, no começo da conferência que Sereno consagra à mobilidade do pensamento, o tema do movimento perpétuo do espírito retorna sem cessar: o *nous* [espírito] é sempre, e sob formas variadas, "cinético".[361]

Mas há outro perigo que vem se misturar ao da instabilidade, e que é a consequência desta última: em proveito desta desordem e na rapidez do fluxo, apresentam-se pensamentos aos quais quase não se tem tempo de dar atenção, e que se acolhe sem desconfiança. Ora, sob seu aspecto inocente, estes pensamentos, sem que o percebamos, podem ser perigosos,

---

358 João Cassiano, *Conférences*, XXIII, 5. Do mesmo autor, *Conférence* VII, 3: "Por vezes, sentimos que o olhar de nosso coração se dirige a seu objeto; mas nosso espírito desliza insensivelmente destas alturas para se precipitar com uma impetuosidade mais violenta a suas divagações primeiras."

359 [Ibid., VII, 4.]

360 Ibid., I, 16-17.

361 *Aeikinêtos kai polukinêtos*. Utilizando estas palavras gregas (ibid., VII, 4), Cassiano mostra que toma a ideia emprestada à espiritualidade oriental. Encontramos em Evágrio a caracterização do espírito como *planômenos* e *eukinêtos* (cap. 15 e cap. 48 do *Traité pratique*).

trazer à alma sugestões nocivas ou mesmo introduzir impurezas. Os pensamentos esvoaçam no espírito como uma penugem agitada pelo vento, mas alguns são impuros e, como uma pluma molhada, são mais pesados do que os outros, e tendem para baixo.[362]

A partir disso, pode-se compreender o papel que Cassiano atribui ao exercício do exame. Ele o explica, ou, antes, o faz explicar pelos Padres cujas conferências relata, por três metáforas. A do moinho:[363] assim como a água faz mover o moinho, sem que o moleiro possa fazer algo, a alma é agitada por "uma onda contínua de pensamentos fervilhantes"; ela não pode interromper este movimento que a acomete; mas assim como o moleiro pode fazer moer um bom ou um mau grão, o trigo, a cevada ou o joio, a alma deve, pelo exame, fazer a triagem entre os pensamentos úteis e aqueles que são "culpáveis". O centurião do Evangelho é também uma boa comparação:[364] o oficial vigia o movimento dos soldados, diz a uns para ir, a outros para voltar; da mesma maneira, o exame deve controlar o movimento dos pensamentos, dispensar aqueles que não queremos, guardar, ao contrário, e dispor conforme necessário, aqueles que podem combater o inimigo. Enfim, a comparação com o cambista que inspeciona as moedas antes de aceitá-las é ainda uma maneira de mostrar a função do exame.[365] Como se vê: ela consiste em uma vigilância permanente sobre o fluxo permanente e incoercível de todos os pensamentos que se acotovelam apresentando-se à alma, e

---

362 [João Cassiano, *Conférences*, IX, 4.]

363 Ibid., I, 18.

364 Ibid., VII, 5.

365 Ibid., I, 20.

em um mecanismo de seleção que permite triar aqueles que se pode acolher e aqueles que se deve rejeitar.

Para entender a tarefa específica do exame, os desenvolvimentos que Cassiano oferece à metáfora do cambista são significativos. Quando lhe apresentamos as moedas, o banqueiro tem, por tarefa, "verificar": ele verifica a efígie e o metal. Na ordem das ideias, muitos casos podem se apresentar. Elas brilham como se fossem de ouro (caso das máximas filosóficas, por exemplo), mas isso é uma ilusão, o metal não é aquele que se acredita ser. Acontece, ao contrário, que o metal seja puro – como uma máxima da Escritura –, mas o sedutor em nós lhe sobrepôs uma interpretação falsa, como se um usurpador tivesse cunhado moeda e imposto ao metal uma efígie sem legitimidade nem valor. Também pode acontecer que a peça seja de bom metal e a efígie conforme, mas de fato provenha de uma oficina ruim. É este o caso quando Satã nos sugere um princípio de ação que é bom em si mesmo, mas o utiliza para um fim que nos é nocivo: ele pode nos sugerir o jejum, não para aperfeiçoar nossa alma, mas para enfraquecer nosso corpo.[366] Enfim, uma peça pode ser inteiramente legítima por seu metal, sua efígie, sua origem; mas o tempo a desgastou ou a ferrugem a alterou: algum mau sentimento pôde se incorporar a uma ideia válida e, assim, alterar-lhe o valor (a vaidade pode misturar-se ao desejo de fazer uma boa obra).

Portanto, é uma questão de verdade que se coloca, pelo exame, às *cogitationes* que agitam a alma em seu fluxo ininterrupto. Mas não se trata de saber se temos uma ideia verdadeira ou falsa, se emitimos um julgamento exato ou não – o que era

366 Ibid.

a tarefa do exame estoico.[367] Em suma, não se trata de saber se nos enganamos ou não, trata-se de fazer a partição entre as ideias verdadeiras e as ideias falsas, entre aquelas que são o que parecem ser e aquelas que produzem ilusão. O problema é saber se somos enganados. O exame não consiste em refletir para determinar se o jejum é bom ou não. O monge sabe que ele é bom. Mas ele não sabe se a vinda dessa ideia no momento em que se apresenta não é o efeito do Embusteiro que, escondendo-se sob este princípio salutar, prepara em segredo sua queda.

O exame, portanto, tem por efeito operar uma *discretio*, uma diferenciação que permite seguir o caminho reto. Mas ele não separa as opiniões verdadeiras das falsas. Ele procura a origem da ideia, sua marca, o que poderia alterar-lhe o valor. Trata-se de testar "a qualidade dos pensamentos" – *qualitas cogitationum*[368] – interrogando-se sobre as profundezas secretas de onde são oriundos, os ardis de que podem ser os instrumentos e as ilusões que fazem com que nos enganemos, não tanto e não apenas sobre as coisas de que são a ideia – sobre sua realidade objetiva, como se dirá mais tarde –, como também sobre eles mesmos: sua natureza, sua substância, seu autor. Examinando os pensamentos com cuidado, operando sem cessar a triagem entre aqueles que é preciso acolher e aqueles que se deve rejeitar, o monge obediente e bem dirigido não visa ao que é pensado nessas ideias, mas o movimento do pensamento naquele que o pensa. É isso que Cassiano chama *arcana conscientiae*. Problema do sujeito do pensamento e da relação do sujeito com

---

367 Sêneca se perguntava, do mesmo modo, se havia razão para crer que se podia educar todo mundo; ou que toda verdade era boa para não importa quem (*De ira*, III, 36).

368 A expressão se encontra, entre outros, em João Cassiano, *Institutions*, VI, 11.

seu próprio pensamento (quem pensa em meu pensamento?; não sou de certa maneira enganado?), e não mais questão do objeto pensado ou da relação do pensamento com seu objeto. Quando se tem em conta o exame de tipo estoico, em que era preciso verificar a justeza das opiniões para melhor assegurar o domínio da razão sobre o movimento das paixões, mede-se a que distância dele está este questionamento do movimento do pensamento, de sua origem no sujeito e das ilusões de si sobre si que ele pode fazer nascer.

2. *A necessidade da confissão*

Se esta verificação dos pensamentos e esta triagem permanente tomassem somente a forma de um exame interior, haveria aí um paradoxo: com efeito, como aquele que se examina poderia reconhecer, com toda a certeza, a origem de seus pensamentos, como poderia estar certo de não se enganar quanto ao valor que lhes empresta, na medida em que o perigo de ser enganado – e de ser enganado sobre si próprio – não é conjurado? Como o pensamento que se forma no exame seria mais certo do que o pensamento que é examinado? É aí que se funda a necessidade da confissão – esta confissão que não se deve conceber como o resultado de um exame que se faria de início na forma da interioridade estrita, e que ofereceria a seguir seu balanço na forma da confidência. Trata-se de uma confissão que deve ser tão próxima quanto possível do exame, seria preciso que ela pudesse ser, dele, a vertente exterior, a face verbal voltada para o outro. O olhar sobre si mesmo e a colocação em discurso daquilo que ele apreende deveriam constituir uma só e mesma coisa. Ver e dizer em um ato único – tal é o ideal a que deve tender o noviço: "Ensina-se aos debutantes a não esconder por falsa vergonha qualquer dos pensamentos que lhes atormentam o coração, mas, desde que nascem, a manifestá-los ao ancião."[369]

Mas como a confissão pode dissipar as ilusões, ardis e enganos que assombram o pensamento? Como a verbalização pode desempenhar um papel de verificação? Sem dúvida isso acontece porque o ancião ao qual nos confessamos pode, usando de sua experiência, da discrição que adquiriu e da graça que recebeu, ver o que escapa ao próprio sujeito e lhe dar conselhos e remédios. O Inimigo, que pode ludibriar o inexperiente e o ignorante, malogrará diante do discernimento do ancião.[370] Cassiano atribui um grande papel a estes conselhos do diretor, e inclusive mostra a que efeitos negativos pode conduzir uma direção inábil.[371] No entanto, também atribui ao simples fato da exteriorização verbal um efeito de triagem e uma virtude de purificação. Formar palavras, pronunciá-las, endereçá-las a um outro – e, até certo ponto, a um outro qualquer, contanto que seja um outro –, tem o poder de dissipar as ilusões e de conjurar os logros do sedutor interior.[372] A este poder da confissão como operador de discriminação, Cassiano dá muitas razões.

Em primeiro lugar, a vergonha. Se nos é difícil confessar um pensamento, se este se recusa a ser dito, se procura

---

369 Ibid., IV, 9.

370 Ibid.

371 Cf. a anedota do ancião que, via reprimendas excessivas, leva um noviço ao desespero. Ele encontra sua punição no fato de que se torna, por sua vez, vítima da tentação que acometia o jovem (João Cassiano, *Conférences*, II, 13).

372 Significativo o conselho que santo Antonio teria dado aos solitários: anotar sobre uma plaqueta, como se devesse mostrá-los a qualquer um, suas ações e os movimentos de sua alma (santo Atanásio, *Vita Antonii*, 55, 9).

manter-se secreto, trata-se do signo de que é mau. "O diabo mais sutil não poderá enganar ou fazer tombar o jovem a não ser que o atraia, por orgulho ou por respeito humano, a esconder seus pensamentos. Os anciãos afirmam com efeito que um signo universal e evidente de um pensamento diabólico é o fato de que nos envergonhemos de manifestá-lo ao ancião."[373] Quanto mais um pensamento se esquiva, quanto mais ele tende a escapar às palavras que tentam apreendê-lo, mais, consequentemente, será preciso encarniçar-se em persegui-lo e em dele fazer a confissão exata. A vergonha, que deveria nos deter quando cometemos um ato, deve ser enfrentada quando se trata de manifestar em palavras o que se esconde no fundo do coração: ela é uma marca indubitável do mal.

Se a ideia que vem do espírito do mal procura sempre permanecer enterrada na consciência, é por uma razão cosmo-teológica. Anjo da luz, Satã foi condenado às trevas; o dia lhe foi interditado, e ele não pode mais sair das dobras do coração em que se escondeu. A confissão, que o traz à luz, arranca-o de seu reino e o torna impotente. Ele não pode reinar a não ser na noite. "Um mau pensamento produzido à luz do dia rapidamente perde seu veneno. Antes mesmo que a discrição tenha conseguido interrompê-lo, a horrível serpente que, por assim dizer, esta confissão arrancou de seu antro subterrâneo e tenebroso, para lançá-lo à luz e dar sua vergonha em espetáculo, apressa-se em bater em retirada."[374] A ideia má perde sua força de sedução e sua potência de engano pelo simples

373 João Cassiano, *Institutions*, IV, 9.

374 João Cassiano, *Conférences*, II, 10.

fato de ser dita, de ser pronunciada em voz alta e sair assim da interioridade secreta da consciência.

Cassiano vai mais longe ainda. A formulação seria, por vezes, expulsão material. Com a frase que confessa, é o próprio diabo que é cassado do corpo. Tal é a lição a tirar de uma recordação do abade Serapião. Quando criança, era habitado pelo espírito da gula, e todas as noites roubava um pão; mas "envergonhava-se de revelar" ao santo ancião que o dirigia seus "roubos clandestinos". Um dia, enfim, impressionado por uma exortação do abade Teon, não pôde impedir-se de explodir em soluços: "Ele tira de seu seio, cúmplice e receptador de seu furto, o pão que roubara [...], e o faz frente a todos os olhares. Prosternado no chão, confessa, pedindo perdão, o segredo de suas refeições cotidianas; implora, em lágrimas, as preces de todos, a fim de que o Senhor o livre de um cativeiro tão duro." E logo "uma lamparina acesa saiu de seu seio e encheu a cela de um odor de enxofre; a pestilência foi tal que tornou quase impossível permanecer". Ora, segundo o relato de Cassiano, as palavras pronunciadas pelo abade Teon durante esta cena são importantes. Elas sublinham inicialmente o fato de que a libertação não se deve diretamente às palavras que o diretor teria pronunciado.[375] Mas àquelas do faltoso que confessa: "Tua libertação está terminada; sem que eu tenha dito uma palavra, a confissão que acabas de fazer foi suficiente." Esta confissão tem por efeito fazer passar à plena luz aquilo que estava encerrado na sombra do segredo:

375 Há, no entanto, um efeito indireto, que o próprio Teon sublinha: o discípulo fora convencido pelo sermão do ancião sobre a gula e os pensamentos secretos [(ibid., II, 2)].

é um jogo de luz. E é, ao mesmo tempo, por isso mesmo, uma inversão de poder: "Teu adversário obtinha a vitória; tu triunfas hoje sobre ele; e tua confissão o aniquila mais completamente do que se ele próprio te tivesse abatido em favor de seu silêncio. [...] Denunciando-o, tu arrebataste ao espírito de malícia o poder de te inquietar doravante." E esta inversão de poder se traduz em uma expulsão material. Em sentido estrito, a confissão que traz à luz o espírito do mal o faz abandonar o lugar: "O Senhor [...] quis que visses com teus olhos o instigador desta paixão expulso de teu coração por tua confissão salutar, e que reconhecesses, nessa fuga manifesta, que o inimigo, uma vez descoberto, não mais terá, doravante, lugar em tua casa."[376]

Há, pois, na própria forma da confissão, no fato de que o segredo seja formulado em palavras e que estas palavras sejam endereçadas a um outro, um poder específico: aquele que, mediante uma palavra que reencontraremos constantemente no vocabulário da penitência e da direção das almas, Cassiano chama de *virtus confessionis*. A confissão tem uma força operatória que lhe é própria: ela diz, ela mostra, ela expulsa, ela liberta.

Assim se explica que a discrição – prática que permite deslindar as confusões, separar as misturas, dissipar as ilusões, diferenciar no sujeito o que vem dele próprio e o que lhe é inspirado pelo Outro – não pudesse ser operada somente pelo exame de si sobre si, mas que lhe fosse imprescindível, simultaneamente, uma confissão perpétua. É preciso que o exame tome forma, de imediato ("desde que os pensamentos nascem"), em um discurso efetivo e dirigido a um outro. Poderá este, em posição de exterioridade, ser um juiz melhor? Sem dúvida. Mas, sobretudo, o ato de fala que lhe é dirigido efetua, pela barreira da

---

376 [João Cassiano, *Conférences*, II, 11.]

vergonha, o jogo da sombra e da luz, e a expulsão material, a operação real da divisão. A indispensável *discretio* que permite traçar entre os dois perigos – o do demasiado e o do demasiado pouco – o reto caminho para a perfeição, esta *discretio* de que o homem, assombrado pelo poder de sedução do Inimigo, não é naturalmente dotado, não poderá se exercer com a graça de Deus senão por este jogo do exame-confissão: jogo em que o olhar de si sobre si deve sem cessar ser associado ao "dizer verdadeiro" a propósito de si mesmo. Depois desta discriminação que incide permanentemente sobre a origem, a qualidade e o grão das *cogitationes*, a alma acolherá unicamente pensamentos puros, conducentes apenas a Deus porque vêm somente dele. Tal é a *puritas cordis*, condição dessa contemplação que é a finalidade da vida monástica. No começo do livro V das *Instituições*, Cassiano se refere a um texto de Isaías, em que o Eterno promete a Ciro, seu servidor, "arrasar as nações diante dele", "romper as portas de bronze", "quebrar os ferrolhos" e dar-lhe "tesouros escondidos, riquezas enterradas" (45, 1-3). Mediante uma estranha inflexão do comentário, Cassiano interpreta estas portas derrubadas e estes ferrolhos quebrados como o trabalho que se deve fazer sobre as "negras trevas dos vícios" para "manifestá-los em plena luz". Sob o efeito desta investigação (*indagini*) e desta exposição (*expositioni*), os "segredos das trevas" serão revelados, tudo o que nos separa da verdadeira ciência será abatido, e "mereceremos, pela pureza do coração, ser conduzidos ao lugar do perfeito refrigério".[377]

A *exagoreusis* que se desenvolveu no monaquismo como prática de um exame de si ininterrupto ligado a uma confissão incessante ao outro está, portanto, muito afastada, a despeito de certos

377 João Cassiano, *Institutions*, V, 2.

traços comuns, da consulta que encontrávamos na prática antiga, e da confiança que o discípulo do filósofo devia dedicar ao mestre da verdade e da sabedoria. Em primeiro lugar, o exame-confissão está ligado permanentemente ao dever, também permanente, de obediência. Se tudo o que se passa na alma, incluindo seus menores movimentos, [deve ser revelado ao outro], é para permitir uma obediência perfeita. Tanto quanto o ato em aparência mais indiferente, o pensamento mais fugidio não deve escapar ao poder do outro. E, em troca, a obediência exata em todas as coisas têm por objetivo impedir que a interioridade se feche sobre ela mesma e possa, comprazendo-se em sua autonomia, deixar-se seduzir pelas potências enganadoras que a habitam. A forma geral da obediência e a obrigação permanente do exame-confissão vão necessariamente juntas.

Por outro lado, este exame-confissão não incide em uma categoria definida de elementos (como os atos, ou as infrações), tem diante de si uma tarefa indefinida: penetrar sempre mais à frente nos segredos da alma; apreender sempre, o mais cedo possível, os pensamentos, mesmo os mais tênues; apoderar-se dos segredos, e dos segredos que se escondem atrás dos segredos, ir tão profundamente quanto possível em direção à raiz. Neste labor nada é indiferente, e não há limite preestabelecido a respeitar. A prática do exame-confissão deve seguir uma tendência que o inclina indefinidamente em direção à parte quase imperceptível de si mesmo.

Trata-se, pois, de coisa distinta do reconhecimento verbal das faltas cometidas. A *exagoreusis* não é como uma confissão no tribunal. Não tem lugar em um mecanismo de jurisdição, não é, para aquele que infringiu uma lei, uma maneira de reconhecer a responsabilidade a fim de atenuar o castigo. É um trabalho para revelar não só ao outro como a si mesmo o que se passa nos mistérios do coração e em suas sombras indistintas. Trata-se de fazer explodir como verdade o que não era conhecido por ninguém. E isto de duas maneiras: trazendo à luz o que era tão obscuro que ninguém podia apreender; e dissipando as ilusões que faziam com que a falsa moeda fosse tomada pela autêntica, uma sugestão do diabo, por uma verdadeira inspiração de Deus. É desta passagem da obscuridade à luz, da mistura sedutora à divisão rigorosa, que se espera a própria libertação. Não estamos na ordem da jurisdição dos atos pelos quais nos reconhecemos responsáveis, mas da "veridicção" de segredos que ignoramos em nós mesmos.

Enfim, se a *exagoreusis* inclina ao exame de si mesmo sem descanso, não é para poder estabelecer-se na própria soberania, nem mesmo para poder reconhecer-se em sua identidade. Ela transcorre permanentemente na relação ao outro: na forma geral de uma direção que submete a vontade do sujeito à do outro; tendo como objetivo revelar no fundo de si mesmo a presença do Outro, do Inimigo; e, tendo por fim último aceder à contemplação de Deus, em toda a pureza de coração. Esta pureza, por sua vez, não deve ser compreendida como a restauração de si mesmo, ou como uma libertação do sujeito. Ao contrário, ela é o abandono definitivo de toda vontade própria: uma maneira de não ser si mesmo, sequer por alguma ligação consigo mesmo. Paradoxo essencial a estas práticas da espiritualidade cristã: a veridicção de si mesmo está fundamentalmente ligada à renúncia a si. O trabalho indefinido para ver e dizer o verdadeiro de si mesmo é um exercício de mortificação. Temos, portanto, na *exagoreusis* um dispositivo complexo, em que o dever de penetrar indefinidamente na interioridade da alma está ligado à obrigação de uma exteriorização permanente no discurso endereçado ao outro; e em que a pesquisa da verdade de si deve constituir uma certa maneira de morrer para si mesmo.

[II]

[Ser virgem]

Conhece-se a importância, no século IV, dos textos consagrados à virgindade. Entre os cristãos do Oriente, temos o tratado *Sobre a verdadeira integridade na virgindade*, de Basílio de Ancira, o de Gregório de Nissa, *Sobre a virgindade*, muitos textos de João Crisóstomo – *Da virgindade*, *Coabitações suspeitas*, *Como observar a virgindade* –, a sétima *Homilia* de Eusébio de Emesa, e a *Exortação* que Evágrio Pôntico dirige a uma virgem; a eles se pode acrescentar, entre inúmeros outros textos, um tratado atribuído a Atanásio, poemas de Gregório de Nazianzo, ou ainda uma *Homilia* endereçada ao pai de família, cujo autor permaneceu desconhecido.[1] Entre os latinos, é preciso incluir sobretudo santo Ambrósio (*De virginibus*, *De virginitate*, *De institutione virginis*, *De exhortatione virginitatis*, *De lapsu virginis consecratae*), são Jerônimo (*Adversus Helvidium*, *Adversus Jovinianum*, a carta a Eustóquio, e santo Agostinho (*De continentia*, *De sancta virginitate*).

Esta multiplicidade de textos não significa a aparição, nessa época, de um imperativo ou de uma prática de abstenção total e definitiva de relações sexuais. A valorização da virgindade, de fato, é atestada bem antes, segundo uma tradição que se refere ao famoso texto da primeira Epístola aos Coríntios

---

1 [Dom David Amand e M.-Ch. Moons, Une curieuse homélie grecque inédite sur la Virginité, *Revue bénédictine*, 63, pp. 18-69, 1953.]

(7, 1), que, por cerca de dois milênios, estará no centro de qualquer discussão: "É bom que o homem não toque a mulher." Desta renúncia voluntária, temos muitos testemunhos. Uns vêm dos próprios cristãos. Diz Atenágoras: "Que cada um de nós guarde a única mulher que desposou [...]. Mas encontrar-se-ão muitos dos nossos, homens e mulheres, que até a velhice extrema vivem fora do casamento na esperança de poderem, de preferência, unir-se a Deus. Se a virgindade aproxima de Deus, mas se ceder até mesmo aos pensamentos e aos desejos dele afasta, muito mais evitaremos as ações de que até mesmo em pensamento fugimos."[2] Tertuliano evoca seja "eunucos voluntários", seja "virgens casadas com Cristo",[3] ao ponto que santo [Ambrósio] poderá opor às sete infelizes vestais da Roma pagã "o povo da integridade", "a plebe do pudor", e toda "a assembleia da virgindade":[4] multidão que [diz são Cipriano] manifesta amplamente a fecundidade da Igreja-mãe.[5] Mas há também os testemunhos externos. O de Galeno é interessante na medida em que, atestando o fato, nele não vê qualquer coisa de novo; no máximo se surpreende com o fato de que um número tão grande de pessoas pudesse praticar uma abstinência que, até então, era principalmente própria de autênticos filósofos: "Os cristãos observam uma conduta digna dos verdadeiros filósofos: vemos, com efeito, que eles menosprezam a morte e que, movidos por certos pudores, têm horror dos atos da carne. Há entre eles homens e mulheres que, durante toda a vida, se abstêm do ato conjugal.

---

2 Atenágoras, *Legatio*, chap. XXXIII.

3 Tertuliano, *De resurrectione carnis*, LXI.

4 Santo [Ambrósio], carta 18 (*ad Valentianum*).

5 São Cipriano, *De habitu virginum*, 3.

Há também os que, no governo e no domínio da alma, foram tão longe quanto os verdadeiros filósofos."[6]

A virgindade ou a continência definitiva aparecem, pois, no século II como uma prática disseminada entre os cristãos, mas sem que tenha, em aparência, qualquer coisa de específico: a extensão, no máximo, de um tipo de comportamento já conhecido, ao menos em sua forma exterior, e já valorizado. Recordemos que os grandes interditos citados nos textos dos Padres apostólicos ou dos Apologetas são os mesmos que eram proibidos pela moral pagã: adultério, fornicação, corrupção de crianças.[7] Vê-se, portanto, que o cristianismo, ao longo de seu primeiro século de existência, parece veicular o mesmo sistema de moral sexual que a cultura antiga que o precede ou o cerca: mesmas faltas sexuais, condenáveis para todos, mesma recomendação "elitista" e, para alguns, a abstinência total.

A história da prática da virgindade, nos dois primeiros séculos do cristianismo, não consiste apenas na extensão de uma recomendação "filosófica" de abstinência. A prática cristã se distinguiu, de fato, de dois tipos de conduta. Com relação à sabedoria pagã, deu uma outra significação ao princípio de continência. Fixou outros efeitos ou outras promessas, deu-lhe também outra abrangência e, sobretudo, outros instrumentos. Mas foi preciso também se separar de uma tendência presente no próprio cristianismo, e que era

---

6 [Galeno, *Liber de sententiis politiae platonicae*], citado por Adolf von Harnack, *Die Mission und Ausbreitung des Christentums in den ersten drei Jahrhunderten*, Leipzig, 1906, [livro II, cap. v].

7 Em *Didakhê*: "Tu não matarás, não cometerás adultério, não corromperás crianças, não cometerás fornicação, não roubarás" (II, 2). *Épître du Pseudo-Barnabé*: "Não cometas nem fornicação nem adultério; não corrompas as crianças" (XIX, 4).

reativada sem cessar pela tentação dualista: o que chamamos de encratismo. Esta tendência a interditar toda relação sexual a todo cristão como condição indispensável à sua salvação esteve constantemente presente, com intensidades variáveis e sob formas diferentes, nos primeiros séculos cristãos. Com Taciano e Júlio Cassiano, tomou a aparência de uma seita; constituiu um dos traços fundamentais de certas heresias (como na gnose de Marcião ou nos maniqueus); marcou a prática de certas comunidades, como atestam a segunda Epístola, apócrifa, de Clemente aos Coríntios, ou ainda as reprovações feitas, segundo Eusébio, a Pinito, bispo de Cnossos, que, sem levar em conta "a fraqueza da maioria", queria impor "aos irmãos o pesado fardo da castidade";[8] ou constituiu, ainda, a linha de inclinação de pensamentos reconhecidamente ortodoxos: o escândalo e os debates suscitados por *Adversus Jovinianum*, de são Jerônimo, o testemunham. Ora, na crítica do encratismo, não se tratava de saber se a virgindade devia ser ou não uma lei imposta a quem quisesse alcançar sua salvação, mas, dado que a recusa de toda relação sexual não era uma lei incondicional, tratava-se de determinar qual experiência privilegiada, relativamente "rara" e positiva, devia ser a virgindade.

Deve-se notar, então, duas coisas importantes. Aquilo que o pensamento cristão vai elaborar, até os séculos V e VI, que vai ser o principal ponto da reflexão e o lugar das transformações, não é o quadro das grandes interdições, mas a questão da virgindade (e, veremos mais adiante, a economia interna do casamento). As proibições essenciais continuam o que elas

8 [Eusébio de Cesareia, *Histoire ecclésiastique*, IV, 23, 7.]

são: é bem mais tarde que veremos se redistribuir seu sistema, com a aparição de vastos domínios como o do incesto, da bestialidade, da "contranatureza". Mas, durante os primeiros séculos, o desafio teórico e a questão prática dirão respeito ao valor e ao sentido a dar a uma abstenção rigorosa e definitiva de toda relação sexual, seja qual for (e até aquilo que pode ser seu pensamento e seu desejo). Mas, por outro lado, esta questão da virgindade não deve ser considerada como um simples princípio de abstenção, que complementaria de algum modo os interditos particulares por uma recomendação geral de continência. Não se deve compreender o ardor ao exaltar e recomendar a virgindade como uma extensão dos antigos interditos ao domínio geral das relações sexuais: uma espécie de passagem ao limite que proibiria não apenas isto, aquilo e aquilo mais, porém, no fim das contas, tudo. A valorização da virgindade, entre a abstinência parcialmente recomendada por certos sábios antigos e a continência rigorosa dos encratistas, trouxe pouco a pouco a definição de toda uma relação do indivíduo consigo mesmo, com seu pensamento, sua alma e seu corpo. Em suma, a interdição do adultério ou da corrupção de crianças, por um lado, e, por outro, a recomendação da virgindade não estão no prolongamento um do outro. São dissimétricas e de naturezas diferentes. Ora, é na elaboração desta e não no esforço daquela que se formou a concepção cristã da carne.

Digamos, em uma palavra, que, ao lado de um código moral das interdições sexuais que permaneceu mais ou menos estável, desenvolveu-se, de um modo completamente diferente, uma *prática* singular: a da virgindade.

[1 – Virgindade e continência]

Sobre a forma e o conteúdo desta prática antes do século IV, conhece-se pouca coisa. Sabe-se sua extensão. Sabe-se também que ela não tinha uma forma institucional por votos, nem numa existência de tipo monástico. Em troca, havia, sobretudo entre as mulheres, círculos que se devotavam a uma vida religiosa particularmente intensa e recusavam qualquer casamento ou, no caso das viúvas, as segundas núpcias. Mas acontecia também que, mais ou menos impelidas por suas famílias,[9] moças levassem uma vida de virgindade na casa de seus pais. Sem dúvida, essa é a razão pela qual os documentos de que dispomos sobre o século III digam respeito sobretudo à virgindade das mulheres e apresentem duas situações: a jovem em sua casa e o círculo das virgens.

É sobre dois textos desse gênero que vou me deter. Um é latino e diz respeito à vida de uma virgem no seio de sua família; ele é breve e traz essencialmente recomendações práticas. O outro é grego e coloca em cena um grupo imaginário de mulheres que cantam entre elas louvores à sua virgindade. É o primeiro testemunho desenvolvido de uma mística cristã da virgindade. Enquanto o primeiro texto, escrito por são Cipriano, data da primeira metade do século III, estima-se que *O banquete*, de Método de Olimpo, tenha sido escrito em torno de 271. Veremos que, por seu conteúdo, ele se articula com os grandes textos do século IV.

O *De habitu virginum* de são Cipriano constitui, para a cristandade latina da primeira metade do século III, o tratado

9 Voltaremos mais adiante a esta ideia de que a virgindade das crianças tem um valor sacrificial para a remissão dos pecados dos pais.

mais amplo consagrado à prática da virgindade. Certamente, Tertuliano havia abordado várias vezes este tema da virgindade, porém seus diferentes textos tratam sempre de um aspecto particular: vestimentas costumeiras das jovens e das mulheres casadas no *De virginibus velandis*; problema do novo casamento das viúvas no Tratado *Ad uxorem*, e dos viúvos em *Exhortatio ad castitatem*; penitência e reintegração dos adúlteros em *De pudicitia*, escrito na época montanista. Poderemos constatar que boa parte das ideias desenvolvidas por Tertuliano será encontrada mais tarde: é o caso do tema das núpcias com Cristo, ou da virgindade como condição de aproximação de realidades espirituais.[10] Mas é preciso ressaltar sua reticência em atribuir à virgindade estrito senso um estatuto particular. O pequeno tratado sobre o *Véu das virgens* é, deste ponto de vista, significativo. A tese é a de que as virgens, bem como as mulheres casadas, devem portar o véu. Para tanto, três conjuntos de argumentos. Uns se apoiam na Escritura: Eva foi criada como mulher; o Salvador devia nascer no seio de uma mulher; como mulheres, as "filhas dos homens" seduziram os anjos. Outros argumentos, mais singulares, e que não encontraremos nos tratados ulteriores de virgindade, são tirados da natureza: após ter mostrado, de acordo com a Escritura, que a mulher é mulher antes de ser virgem, Tertuliano, com efeito, explica que toda virgem se torna mulher espontaneamente e antes mesmo do casamento. Ela se torna mulher pela consciência que toma de si mesma como mulher, pelo fato de que se torna um objeto para "a concupiscência dos homens", e que

---

10 Sobre o primeiro tema, cf. Tertuliano, *De virginibus velandis*, XVI. Sobre o segundo, *Exhortatio ad castitatem*, X.

pode "suportar o casamento": ela deixa de ser virgem "no momento em que não pode mais sê-lo"; pelo fato de que a corrupção entra nos olhos e no coração; "a pretensa virgem já é casada: seu espírito o é pela expectativa, sua carne, pela transformação"; enfim, pelo próprio movimento da natureza: desenvolvimento do corpo, mudança de voz, e tributo mensal "Negai então que seja mulher aquela que sofre os acidentes da mulher."[11] Enfim, a última série de argumentos é tirada, por Tertuliano, das exigências da disciplina: as mulheres casadas devem ser protegidas dos perigos que as cercam. O véu assegura e simboliza esta proteção. Mas não deveria a virgindade ser igualmente protegida dos ataques da tentação, dos dardos dos escândalos, das suspeitas, dos murmúrios, da inveja?[12]

A *Exortação à castidade*, texto dirigido por Tertuliano a um irmão após a viuvez, parece, ao contrário, reabsorver na virgindade um conjunto de condutas ou de estatutos diferentes. Mas, de fato, também aí, a virgindade no sentido estrito não é isolada como um modo de vida ou uma experiência particular. A virgindade em geral é definida como "santificação", esta santificação, como vontade de Deus, e o que esta vontade quer é que, criados à sua imagem, nós nos assemelhemos a ele. Há então três graus de virgindade: aquele de que se é dotado no nascimento e que, se o conservamos, nos permite ignorar aquilo de que desejaríamos mais tarde nos liberar; aquele que recebemos do segundo nascimento no batismo, e que praticamos seja no casamento, seja na viuvez; enfim, aquele que

11 Tertuliano, *De virginibus velandis*, XI.

12 Ibid., XIV-XV.

Tertuliano chama "monogamia" e que, após a interrupção do casamento, a partir de então renuncia ao sexo. A cada um destes três graus, Tertuliano atribui uma qualidade específica. *Felicitas*, ao primeiro; *virtus*, ao segundo; ao terceiro, é preciso acrescentar, a esta mesma *virtus*, a *modestia*.[13] Ora, o sentido a dar a estas três qualificações e a sua hierarquia se elucida por uma passagem de *Véu das virgens*.[14] Tertuliano ali pergunta se "a continência é superior à virgindade" – continência praticada na viuvez ou exercida de comum acordo no casamento. Do lado da virgindade, a graça que se recebe; do lado da continência, a virtude. Aqui, dificuldade do combate contra a concupiscência; lá, facilidade de não desejar o que se ignora.

Veem-se as duas tendências provenientes destes textos: por um lado, atribuir à abstenção das relações sexuais um valor geral, como meio para se aproximar de uma existência santificada, prelúdio ao momento em que a carne ressuscitada desconhecerá a diferença dos sexos;[15] e, no quadro geral desta abstenção, não atribuir à virgindade estrito senso o estatuto privilegiado ou de posição preeminente, mesmo se seu lugar e sua especificidade são indicados. É, de fato, muito mais uma moral rigorosa da continência do que uma valorização espiritual da virgindade que atravessa esses textos de Tertuliano. Pode-se até mesmo neles reconhecer a resistência

---

13 Tertuliano, *Exhortatio ad castitatem*, X.

14 Tertuliano, *De virginibus velandis*, X. Mesma ideia em *Ad uxorem*, I, 8: "Não cobiçar o que ignoramos, [...] nada mais fácil. A continência é mais gloriosa, pois [...] ela desdenha daquilo que ela conhece por experiência."

15 Tertuliano, *De cultu feminarum* [*De la toilette des femmes*], I, 2.

a toda prática que conferiria sentido e estatuto particular à virgindade das mulheres.[16]

Escrito no meio do século III, o *De habitu virginum* se dirige, em troca, às mulheres que têm e devem ter o estatuto e a conduta de virgens, sem que se trate de qualquer coisa [que se pareça] com uma instituição monástica. Trata-se de uma categoria de fiéis suficientemente especificadas para que a elas nos dirijamos enquanto tais,[17] e suficientemente avançadas na santidade para que Cipriano lhes peça que se lembrem dos outros (dentre os quais ele se situa) no momento em que a honra lhes sobrevenha.[18] Nem elogio da virgindade em geral, nem censura do que se passa, o texto se apresenta na forma de uma exortação, como um tratado prático: qual deve ser a "postura" das virgens? De uma maneira significativa, ele começa por um elogio da disciplina em geral, mais precisamente por uma fórmula que retoma aquela, tão frequentemente repetida, de Tito Lívio.[19] Entretanto, com uma variante. "Disciplina, guardiã da fraqueza", dizia o historiador romano; "disciplina, guardiã da esperança", responde Cipriano, que marca nitidamente a função positiva da disciplina na ascensão às recompensas divinas: "Guardiã da esperança, amarra da fé, guia do caminho salutar, alimento da boa disposição, mestra de coragem, é ela que faz permanecer em Cristo e viver ligado a Deus."[20]

---

16 Isto é particularmente sensível na passagem de *De virginibus velandis*, X, em que Tertuliano critica tudo aquilo que poderia marcar no exterior o estatuto das mulheres virgens, enquanto há "tantos homens virgens", tantos "eunucos voluntários", e Deus nada lhes proporcionou para honrá-los.

17 São Cipriano, *De habitu virginum*, 3.

18 Ibid., 24.

19 "*Disciplina custos infirmitatis*, Tito Lívio, *Histoire romaine*, XXXIV, 9.

20 São Cipriano, *De habitu virginum*, 1.

Cipriano define a virgindade em relação à purificação do batismo. Este faz de nós, de nosso corpo e seus membros, o templo de Deus. Nós somos obrigados, portanto, a velar para que nada de impuro, nem mesmo de profano, possa penetrar neste lugar santificado. Cabe a nós dele sermos, de certa forma, os padres: tarefa que se impõe a todos, "homens e mulheres, rapazes e moças, sem diferença de idade nem de sexo".[21] Ora, em relação a esta obrigação geral, a virgindade ocupa um lugar privilegiado. Muito mais nitidamente do que Tertuliano, Cipriano isola o estado de virgindade, rodeia-o de louvores singulares, e o faz ter um papel que lhe é próprio. "Flor do germe da Igreja, honra e ornamento da graça espiritual, feliz disposição, obra intacta e incorrupta..."[22] Se a virgindade ocupa, para Cipriano, um lugar tão eminente, é por duas razões. Ela mantém intacta a purificação efetuada pela água do batismo. Ela prolonga e completa o que se passou nesse momento, quando o neófito se despojou do velho homem. A renúncia da virgem foi mais total do que as outras, pois ela fez morrer em si "todos os desejos da carne".[23] Conservando esta pureza intacta ao longo de toda a sua vida, a virgem começa, desde aqui embaixo, a existência que será reservada, depois de sua morte, àqueles que serão salvos: a vida incorruptível. "Já começastes a ser o que seremos um dia. Possuís desde este mundo a glória da ressurreição, e passais pelo século sem vos sujar com a corrupção do século. Quando vós permaneceis

21 Ibid., 3.

22 Ibid.

23 Ibid., 23.

castas e virgens, vós sois iguais aos anjos de Deus."[24] Assim, do batismo à ressurreição, a virgindade passa ao longo da vida sem ser tocada pelas imundícies. Ela está, ao mesmo tempo, o mais próximo do estado de nascimento – aquele em que se encontra a alma até que nasça para a existência cristã – e o mais próximo daquilo que será a outra vida na glória da ressurreição. Seu privilégio de pureza é também um privilégio em relação ao mundo e ao tempo: ela já está, de certo modo, além. Na existência das virgens, a pureza inicial e a incorruptibilidade final se reúnem.[25]

Esta vida preciosa, Cipriano a representa ao mesmo tempo como frágil – exposta aos ataques do demônio[26] – e como difícil – rude ascensão, suor e pena: "A quem persevera, a imortalidade é dada, a vida perpétua, oferecida, e o Senhor promete seu reino."[27] Ela requer então ajuda, encorajamentos, advertências, exortações.[28] Cipriano não evoca nada como uma direção sistemática. Não é manifestamente uma regra de vida que ele propõe. Indica apenas que fala como um pai.[29] Mas ressalta também que a virgindade não poderia consistir apenas em uma integridade do corpo.[30] Ora, o conteúdo do texto pode surpreender. As recomendações dadas se apresentam em inúmeros conjuntos sucessivos: o primeiro concerne à riqueza (à única verdadeira riqueza que está em

24 Ibid., 22.

25 Ibid.

26 Ibid., 3.

27 Ibid., 21.

28 Ibid.

29 Ibid.

30 Ibid., 5.

Deus, não preferir a riqueza dos adereços, dos ornamentos, das vestimentas suntuosas); o segundo concerne aos cuidados do corpo e à coqueteria; o terceiro concerne aos banhos e aos lugares a não frequentar. É então, em suma, e o texto o diz expressamente, de "postura", de "cuidados", de "ornamentos" que se trata nesses preceitos.[31]

Mas a insistência quase exclusiva nesses temas se explica facilmente pela concepção geral que Cipriano tem do estado de virgindade. Se ele consiste, com efeito, na manutenção da pureza batismal até a incorruptibilidade do outro mundo, o princípio a seguir é conservar esse estado, fora de qualquer contato, tal como era na origem, tal como deverá ser até o fim dos tempos. Uma série de expressões disseminadas no texto exige atenção: "Não temas", diz Cipriano à virgem, ser tal qual és, por medo de que, no dia da ressurreição, teu criador (*artifex tuus*) não te reconheça;[32] ou ainda: "Sede tais quais Deus vosso criador vos fez; sede tais como a mão do Pai vos instituiu; que permaneça em vós o rosto incorruptível";[33] ou enfim: "Permanecei aquilo que vós começastes a ser, permanecei aquilo que sereis."[34] Trata-se, então, essencialmente para a virgem, de conservar essa semelhança que é a marca da Criação, que o pecado havia apagado e que o batismo restabeleceu. O estado de virgindade deve ser despojado de todos aqueles "ornamentos", "adereços", cuidados e embelezamentos pelos quais a

---

31 "*Continentia vero et pudicitia non in sola carnis integritate consistit, sed etiam in cultus et ornatus honore pariter ac pudore*" ["Mas o pudor não consiste apenas na integridade da carne; exige ainda a modéstia dos ornamentos e das vestes", trad. abade Thibaut], ibid.

32 Ibid., 17.

33 Ibid., 21.

34 Ibid., 22.

criatura, contrafazendo a obra de Deus, tenta mascará-la. Tal como saiu da mão que a modelou, tal como será "reconhecida" no dia final, assim deve viver a virgem. Ela deve ser, neste mundo, a manifestação e a afirmação desse estado. Daí esta recomendação de são Cipriano, que não diverge de modo algum do conjunto do texto, sendo sobretudo seu ponto central: "Uma virgem não deve sê-lo somente, é preciso que se compreenda e que se creia que ela o é. Ninguém vendo uma virgem deve duvidar de que ela o é."[35] Renunciando a todos os brilhos factícios que a riqueza, os ornamentos e os cuidados podem oferecer, a vida de virgindade deve fazer brilhar aos olhos de todos aquilo que ela é: a figura incorrupta que só sai da mão do Criador para a ela voltar, tal como é, quer dizer, tal como Ele a fez.

É preciso, pois, não se enganar: neste breve conjunto de conselhos dirigidos às virgens – conselhos à primeira vista bastante superficiais –, nestes simples preceitos de "postura", é preciso ver o testemunho da importância particular reconhecida à virgindade feminina; o sentido espiritual atribuído à virgindade entendida como integridade total da existência, e não simplesmente como continência rigorosa; enfim, o valor que se lhe atribui como forma absolutamente privilegiada em relação a Deus. Significações bastante implícitas, sem dúvida, mas que dão conta justamente do que pode haver de sucinto e de aparentemente inessencial nas recomendações práticas de são Cipriano.

O Banquete, de Método de Olimpo, não introduziu no pensamento cristão o tema da virgindade; tampouco foi ele

---

35 Ibid., 5.

que assinalou as primeiras diferenças entre esta virgindade e a continência pagã. Mas este diálogo constitui, no fim do século III, a primeira grande elaboração de uma concepção sistemática e desenvolvida da virgindade. Ele atesta, bem antes do desenvolvimento das instituições monásticas, a existência de uma prática coletiva, ao menos nos círculos de mulheres, e testemunha o valor espiritual muito alto que lhe era atribuído. Certamente, não se encontra neste texto a descrição destes métodos e procedimentos sobre os quais os autores do século IV – de Basílio de Ancira a João Crisóstomo, e de Ambrósio a Cassiano – insistirão para mostrar como se pode guardar uma rigorosa pureza do corpo e da alma, do pensamento e do coração, e que constituirão o que se pode chamar de uma tecnologia da virgindade. Mais na charneira da espiritualidade alexandrina e neoplatônica do século III, e das formas do ascetismo institucional do século IV, ele formula alguns dos temas fundamentais da prática positiva da virgindade. Como a forma literária do *Banquete* permite a justaposição de discursos diversos, mas também sua sucessão em um movimento contínuo e ascendente, e a indicação do momento decisivo pela designação de um "vencedor", pode-se balizar por meio da unidade flexível deste diálogo a diversidade de pontos de vista e a existência de uma linha de força. Pois, a despeito das repetições, trata-se de coisa distinta da simples sucessão de homilias, exortando uma após a outra, à castidade.

No primeiro discurso, pronunciado por Marcela, a virgindade está ligada a um triplo movimento de ascensão. Uma ascensão pessoal de início, descrita em estilo rigorosamente platônico: a virgindade faz ascender "às alturas" a carruagem das almas, "até que, escapando ao seu peso, elas saltem para além do mundo" e se icem "sobre a abóbada celeste";[36] ao termo desta ascensão, a contemplação do Incorruptível é dada à alma. Uma ascensão histórica que, desde a origem dos tempos, faz a humanidade aceder até mais perto dos céus: é a série dos usos e das leis; quando o mundo estava vazio e era necessário preenchê-lo, os homens "esposavam sua própria irmã" até Abraão ter "recebido a circuncisão", a qual mostra bem que é preciso proteger-se da própria carne; depois, os homens tiveram muitas mulheres, até que lhes foi dito que eles eram "garanhões no cio", e que "a fonte de sua água" só devia pertencer a cada um deles; depois, lhes foi ensinada a continência, e, enfim, a manutenção da virgindade, "ensinamento supremo e culminante" que os fez desprezar a carne e repousar no "porto sereno da incorruptibilidade".[37] Enfim, o discurso de Marcela evoca, na economia histórico-teológica da salvação, a ruptura que separa os dois últimos momentos da série precedentemente descrita. Antes de Cristo, Deus, um pouco como um pai que confia seus filhos a pedagogos cada vez mais severos, os conduzira à continência. Mas, para passar à virgindade, que nos permite, a nós que fomos criados à imagem de Deus, assemelharmo-nos a ele e levar esta semelhança a seu acabamento, foi necessária a Encarnação, foi preciso que o Verbo revestisse a carne humana, e que nos tenha sido assim proposto "um modelo de vida que seja divino".[38] O primeiro discurso do *Banquete* entrelaça, pois, em uma figura única

36 Método de Olimpo, *O banquete*, Primeiro discurso, I.

37 Ibid., II e III.

38 *"Theion ektupôma biou"*, [ibid., IV].

de ascensão, os três movimentos (graça da salvação, transformação progressiva da lei, esforço individual de ascensão) que situam a virgindade – e a virgindade cristã, bem distinta da continência – neste cume da perfeição em que o homem se aproxima ao máximo da semelhança com Deus.

O segundo e o terceiro discursos, de Teófila e de Taleia, dirigem-se um ao outro, e constituem uma discussão sobre o valor do casamento. Mas se está muito longe, na forma e no conteúdo, do debate antigo *ei gamêteon* [deve-se casar]. Teófila fala do valor do casamento, embora aceitando a ideia de que o homem se eleva gradativamente em direção à virgindade. Mas acontece que, para ela, ainda não chegou a hora "em que a luz terá sido definitivamente separada das trevas"; o número de homens ainda não foi atingido. Mesmo se é menos precioso do que a virgindade, o casamento é útil e ainda deve ser praticado. Mas, visto de perto, este direito do casamento não é somente uma concessão na falta de coisa melhor e como solução transitória. Os argumentos que Método põe na boca de Taleia dão um significado inteiramente positivo ao casamento: estamos ainda, diz ela, sob o signo do "Crescei e multiplicai-vos". Ora, nesta multiplicação, que faz nascer a carne da carne, é preciso ver um ato de criação, de demiurgia.[39] O texto de Método ressalta, cada um por sua vez, três aspectos desta demiurgia. Procriação do corpo pelo corpo: é de cada um dos membros do homem que se forma a semente "espumosa e grumosa" que vai fecundar o campo

39 *"To ek tôn osteôn ostoun kai hê ek tês sarkos sarx* [...] *hupo tou autou tekhnitou dêmiourgêthôsi"*, ibid., Segundo discurso, I.

feminino.[40] Mas também colaboração do homem com Deus, segundo o modelo de Adão "oferecendo sua costela ao divino criador para que ele a retire". Enfim, atividade de Deus no próprio corpo, como explica Teófila na longa comparação do corpo humano com a oficina no centro da qual trabalha o divino modelador, dando forma aos embriões, como se fosse cera, "a partir de algumas ínfimas gotas de semente", e elaborando, assim, "a imagem, totalmente razoável e dotada de alma, que d'Ele somos". Na formação do embrião, em sua gestação, bem como no desenvolvimento da criança depois do nascimento, Deus desempenha o papel de operário supremo. "*Ho aristotekhnas*".[41]

Reconhecem-se aí facilmente temas vizinhos dos que foram desenvolvidos em *O pedagogo*, de Clemente de Alexandria.[42] Na procriação, era descrita a conjunção da potência do Criador com o ato da criatura. Pode-se atribuir uma influência direta de Clemente sobre o autor do *Banquete*? Isto não está em questão no momento. De todo modo, estes temas que punham em jogo uma teologia da Criação, mediante considerações médicas inspiradas mais ou menos diretamente nos estoicos, sem dúvida eram correntes no século III. É interessante vê-los aparecer no começo do *Banquete*: no discurso de Teófila, que, decerto, não será mais desqualificado do que quaisquer daqueles que serão proferidos por

---

40 [Ibid., II.] É interessante notar que o prazer próprio à relação sexual é relacionado, no que tange a seu tipo, ao sono no qual Deus mergulhou Adão, quando, de uma de suas costelas, retirou Eva. Justificativa escriturária do gozo.

41 Ibid., VI.

42 Cf. supra, pp. 18-20.

este grupo de santas mulheres;[43] mas que é destinado a ser "ultrapassado" por um movimento ascendente que o discurso seguinte de Taleia esboça, propondo não permanecer no sentido imediato do discurso do Gênesis.

O discurso de Taleia defronta-se com o de Teófila, como a interpretação espiritual daquilo que é apenas literal. Não se trata de que esta seja considerada falsa,[44] mas ela não poderia ser suficiente, porque o texto da Bíblia apresenta algo diferente do simples "arquétipo do comércio entre os dois sexos";[45] e, sobretudo, porque, se há razão para ver no relato do Gênesis os "imutáveis decretos de Deus [que] asseguram harmoniosamente o perfeito governo do mundo" – e o asseguram ainda hoje –, não se deve esquecer que agora entramos em uma outra idade do mundo, em que as antigas leis da natureza foram substituídas por uma outra disposição.[46]

É o texto desta nova disposição que é preciso seguir. Método o encontra na primeira Epístola aos Coríntios. A partir dele, é preciso interpretar o Gênesis. Mas Método recusa-se a ver na relação entre Adão e Eva o simples anúncio ou mesmo modelo àquilo que é agora a união de Cristo com a Igreja.[47] Ele quer ver na Encarnação uma verdadeira re-Criação, uma remodelagem de Adão. Este não estava ainda "seco" nem

---

43 É, de resto, acolhido por um "vozerio elogioso", "todas as virgens aprovavam seu discurso" (Terceiro discurso, VII); e Taleia reconhece que "nada haveria a reprovar a sua exposição" (ibid., Terceiro discurso, I).

44 "Admito o plano sobre o qual tu situaste tua exposição, Teófila [...], seria imprudente desprezar totalmente o texto tal qual se apresenta", ibid., II.

45 Ibid, I.

46 "*Heterô diatagmati tous prôtous tês phuseôs analusê thesmous*", ibid., Terceiro discurso, II.

47 Era a interpretação de origem.

"duro" quando, saindo das mãos daquele que o havia modelado, encontrou o pecado que jorrou sobre ele e o fez perder sua forma. Deus o moldou pois, novamente, o depositou no seio de uma virgem e o uniu ao Verbo. Assim, Cristo retomou e assumiu Adão. Mas, por isso mesmo, a ordem da corrupção é abolida, a forma das uniões e das gerações renovadas: "O Senhor, que é a Incorruptibilidade vitoriosa da morte, fez ressoar para a carne o cântico da alegria da ressurreição, sem permitir que ela retornasse ao poder da corrupção."[48]

Método retoma então o texto do Gênesis do qual, no discurso precedente, ele havia proposto uma interpretação literal, e quase naturalista. E ele o faz atuar no campo das significações espirituais, inicialmente, no plano coletivo da Igreja com Cristo, depois, no plano individual de um justo entre os justos – são Paulo, que se encontra, desse modo, retomado na interpretação da qual ele era o fundador. Ele faz, pois, "ricochetear" sobre Cristo o que fora dito a propósito de Adão. Os termos da análise são importantes: marcam, não o apagamento do que a ordem da natureza tinha mostrado, mas sua transposição. O sono no qual foi mergulhado o primeiro homem – este êxtase que figurava, já o vimos, o gozo do prazer físico – tornou-se agora a morte voluntária de Cristo, sua Paixão (*Pathos*). A Igreja foi feita de sua carne e de seus ossos e esposa purificada pelo bem, recebe em seu seio "a semente bem-aventurada e espiritual".[49] O êxtase de Cristo se renova sem cessar: cada vez que ele desce dos céus para abraçar sua esposa, ele se esvazia e oferece sua costela

---

48 Ibid., VII.

49 *"To noêton kai makarion sperma"*, Terceiro discurso, VIII.

para que nasçam todos aqueles que venham ao batismo.[50] Mas o que se passa para a Igreja inteira também se passa para a alma dos mais perfeitos que é fecundada por Cristo, do qual ela é a esposa virgem. São Paulo recebeu, assim, "em seu seio, as sementes da vida", esteve "em trabalho de parto" e "engendrou" novos cristãos.[51]

Com relação a essas uniões e a essa fecundidade que são a forma espiritual da virgindade, o casamento não é mais, portanto, esta necessidade da natureza da qual o discurso precedente havia falado referindo-se à necessidade de povoar o mundo. O "Crescei e multiplicai-vos" teve a partir de então outra significação.[52] E se o casamento tem um lugar, é como uma concessão feita àqueles que são fracos demais: por exemplo, com os doentes, a quem seria preciso dar alimento mesmo no dia de jejum. Deixemo-lo então aos fracos. O que quer dizer, conclui Método, sempre de acordo com a Epístola aos Coríntios, que a virgindade não deveria ser obrigatória: "aquele que é capaz de 'guardar a sua' carne 'virgem', e nela coloca sua honra, 'faz melhor'; enquanto aquele que não o pode, e que se 'devota ao casamento' legítimo sem fraudes ignominiosas, 'faz' apenas 'bem'."[53]

Assim, os três primeiros discursos do *Banquete* fundam, numa perspectiva histórico-teológica, o tempo da virgindade: trata-se, nem mais nem menos, de uma idade aberta

---

50 Observar as expressões como: "*Ho Khristos kenôsas heauton*", ou "*proskollêtheis tê heautou gunaiki*".

51 Esta última expressão se encontra em São Paulo, Epístola aos Coríntios, 4, 15.

52 Método de Olimpo, *O banquete*, Terceiro discurso, VIII.

53 Ibid., XIV.

pela retomada do ato criador inicial na Encarnação. A virgindade assim compreendida é, portanto, muito diferente de uma interdição concernente a tal aspecto do comportamento humano. Figura fundamental na relação entre Deus e sua criatura, ela é constituída pela restauração salvadora de uma relação primeira que se encontra agora transposta à ordem dos atos, das procriações, dos parentescos e dos laços espirituais. Os quatro discursos seguintes podem, por sua vez, ser considerados como formando um conjunto: eles cantam essa nova idade – aquilo que diz respeito à existência humana (os discursos de Teópatra e de Talousa), depois, aquilo que diz respeito às recompensas divinas (sexto e sétimo discursos de Ágata e de Procila); seguem o caminho da virgindade, da alma que a pratica à salvação que a coroa. O que Método chama de retorno ao paraíso.[54]

A intervenção de Teópatra, a quarta oradora, introduz a noção importante de pureza, *hagneia*. Importante na medida em que é distinta daquela de virgindade. Com efeito, em relação ao sentido histórico-teológico da virgindade que foi fixado precedentemente, a pureza é sua forma humana: o modo de existência das criaturas que escolheram o caminho da salvação uma vez que veio com o Salvador o tempo da virgindade. Mas, com relação ao sentido tradicional da integridade física, a pureza tem uma significação evidentemente mais ampla. É preciso concebê-la, primeiramente, não como um simples resultado de uma abstinência voluntária: ela vem de cima. Ela é um dom de Deus, que oferece assim ao homem a possibilidade de se proteger contra a corrupção: "Deus teve piedade de nossa situação; vendo-nos incapazes de suportá-la

54 *"Hê eis ton paradeison apokatastasis"*, Quarto discurso, II.

e dela nos reerguermos, ele nos enviou do alto do céu o melhor e o mais glorioso dos socorros: a pureza."[55] Tesouro de pureza que o homem em troca deve cultivar e "exercer particularmente".[56] É preciso praticar esta pureza não numa época particular da vida, mas ao longo de toda a existência – da primeira à terceira vigília: "É bom baixar a cabeça desde a infância sob as direções divinas."[57] É preciso praticá-la também em todo o seu ser, no corpo como na alma, na ordem das relações sexuais como na de todas as outras aberrações.[58] É preciso, enfim, praticá-la não como uma simples abstenção do mal, mas como um vínculo positivo com Deus: uma maneira de a ele se consagrar.[59] Assim, Talousa descreve a virgindade como um selo colocado sobre o corpo e a alma: sobre a boca, que se proíbe toda palavra vã para só cantar hinos a Deus; sobre os olhares, que se desviam "dos encantos corporais" e "dos espetáculos indecentes" para se voltar às coisas do alto; sobre as mãos, que abandonam os tráficos baixos; sobre os pés, que não perambulam mas correm reto sob o comando. Enfim, sobre o pensamento: "Eu não abrigo nenhuma ideia vil, nenhum cálculo que seja deste mundo [...]. Eu medito dia e noite sobre a lei do Senhor."[60]

Chega então o momento da recompensa. Trata-se, nesta vida, da transformação das almas que se revestem "da Beleza

55 Ibid.

56 *"Diapherontôs askein"*, ibid., VI.

57 Ibid., Quinto discurso, III.

58 Ibid., IV.

59 Método emprega o termo *eukhê* (ibid.), mas não é certo que se refira a um voto institucional e ritualizado.

60 Ibid., IV.

não engendrada e incorporal [...], que é sem vicissitude, sem envelhecimento, sem falta".[61] Elas podem se tornar aqui embaixo o templo do Senhor; mas também estão prontas para o momento em que Cristo retornará: "nossas almas, com nossos corpos que elas terão recuperado, irão sobre as nuvens ao encontro de Cristo, segurando suas lamparinas [...], como estrelas totalmente cintilantes do brilho de um esplendor celeste".[62] E no céu, explica Procila comentando o Cântico dos Cânticos, Cristo receberá suas noivas: "Não deve a noiva ser inseparável daquele que a procurou, e portar seu nome? Mas não deve ela encontrar-se ainda intacta e imaculada, lacrada como um jardim de Deus, onde crescem todas as plantas perfumadas com as delícias fragrantes do céu, para que somente Cristo nele penetre a fim de colher estas flores nascidas de sementes incorporais?"[63]

Os três últimos discursos constituem o ápice da ascensão. O mais importante é o oitavo, o de Tecla – ele ganhará, aliás, o prêmio, malgrado a excelência de todos os outros. Com efeito, não se deve esquecer que Tecla era celebrada como a companheira de são Paulo, nem que os *Acta Pauli et Theclae* eram um texto ao qual se referiam regularmente os encratistas e todos aqueles, entre os discípulos de Taciano, que pregavam ao personagem de Tecla marca, em Método, a vontade de ressaltar o caráter paulino de seu propósito, e de retomar esta figura da primeira virgem-mártir em um elogio da virgindade que não seja um preceito de continência absoluta e incondicionada. Trata-se, em suma, de deixar à própria Tecla, modelo

61 [Ibid., Sexto discurso, I.]

62 Ibid., IV.

63 Ibid., Sétimo discurso, I.

das virgens cristãs invocado pelo encratismo, o cuidado de descobrir um outro sentido para a virgindade. Quanto ao fato de que este discurso "capital" no sentido estrito seja o oitavo, é fácil compreender a razão. Com efeito, a escatologia de Método dava uma significação muito particular ao número oito. Apoiado sobre os sete dias do Gênesis, e sobre o calendário do Levítico, com os sete dias de festa do sétimo mês, cuja observação é uma lei perpétua para todos os descendentes de Israel,[64] Método estimava que o mundo devia durar sete milênios: os cinco primeiros sendo aqueles da sombra e da Lei; o sexto, que corresponde à criação do homem, era o da vinda de Cristo; o sétimo, o do Repouso, da Ressurreição e da festa dos Tabernáculos. Quanto ao oitavo milênio, será o da eternidade.[65] Na oitava posição, o discurso de Tecla coroa todos os outros. Ele está como que no fim dos tempos: ele descobre a Eternidade. É a culminância e o fundamento de tudo o que foi dito.

Retoma, em termos mais platônicos do que nunca, a descrição já feita do movimento das almas que, se sabem guardar-se das sujeiras do mundo, sobem até as esferas do Incorruptível. Tecla evoca as asas das almas que, nutridas na seiva da pureza, "tornam-se mais possantes", e cujo impulso é tão mais leve "quanto mais obtiveram o hábito dia após

---

64 Esta passagem do Levítico, 23, 39-43, é citada no Nono discurso do *Banquete*

65 Encontramos em *O banquete* diversos outros elementos que lembram o valor da cifra oito. Por exemplo, no Hino Final, os sete exemplos de pureza que se encontram na Escritura, aos quais se acrescenta o martírio da própria Tecla.

dia de voar longe das preocupações humanas".[66] Ela evoca também "aqueles que perderam suas asas e tropeçaram nos prazeres" em que "se reviram",[67] incapazes de uma geração honrosa. Às almas que sobem, Tecla, como aquelas que falaram antes dela, promete o acesso à incorruptibilidade: elas chegam "ao além do outro mundo desta vida, veem de longe aquilo que ninguém mais contemplou, as próprias pradarias da imortalidade – deslumbrantes, as belezas das quais são ricas, as flores das quais são plenas!".[68] E nesse movimento elas efetuam essa semelhança a Deus que a filosofia de inspiração platônica não cessava de prometer às almas que se livram do mundo das aparências. Dando à virgindade esta significação muito ampla de uma existência purificada e "completamente altaneira",[69] Método nela vê um emparelhamento com Deus. *Parthenia* = *partheia*.

Nada de novo, portanto, até aqui, neste discurso de Tecla com relação às oradoras precedentes, mesmo considerando que a insistência reiterada sobre os temas platônicos toma, nessa intervenção mais decisiva que as outras, um valor bastante particular.[70] Uma expressão, contudo, deve ser ressaltada desde as primeiras linhas. Trata-se da comparação, que era corrente, mas que em seu uso filosófico era mais estoica do que platônica, da vida com um teatro. Mas enquanto essa metáfora

66 [Ibid., Oitavo discurso, I.]

67 [Ibid., II.]

68 [Ibid.]

69 "*Koruphaiotaton* [...] *epitêdeuma*", I.

70 De uma maneira geral, Método, em suas outras obras, reivindica um platonismo autêntico contra as tendências inspiradas em Platão (cf. J. Pargès, *Les Idées morales et religieuses de Méthode d'Olympe*, Paris, 1929).

banal servia para designar, sobretudo, as ilusões fugidias da existência ou o caráter de comédia de uma vida em que nós somos apenas um ator cujo papel está decidido de antemão,[71] enquanto Plotino evoca como um puro espetáculo de teatro como mudanças de cenas e de roupas, gritos e lamentações, os assassinatos e as guerras, enquanto ele fala do mundo como de uma cena múltipla em que "o homem exterior geme, se queixa e desempenha seu papel",[72] Método, por sua vez, fala do drama da verdade:[73] este se passa na ascensão à realidade incorruptível. Dele são cassados aqueles que permanecem presos ao prazer; dele participam até seu final aqueles que procuram, ao contrário, "os bens lá de cima". A virgindade é uma condição, ou melhor dizendo, é, como forma geral de existência, a condição para que este drama da verdade seja conduzido até a própria Verdade. Mais do que uma comédia, é uma liturgia na qual as almas que "viveram como virgens verdadeiramente fiéis a Cristo" desdobram seu cortejo para o céu, reúnem-se ao coro dos anjos que "vieram ao encontro" delas, cantam "as palavras de acolhimento", e as "conduzem" até as pradarias da imortalidade e lhes dão "o prêmio de sua vitória".[74] Então, tudo o que elas percebiam, como em sonho, sob a forma de sombras, veem agora, "belezas maravilhosas,

---

71 Cf. Epicteto, *Manuel*, 17: "Lembra-te que és ator de um drama que o autor deseja que assim seja"; Marco Aurélio, *Pensées*, XII, 36. Cf. também Cícero, *De finibus*, III, 20.

72 Plotino, *Ennéades*, III, 2, 15.

73 *"To drama tês alêtheias"*, Método de Olimpo, *O banquete*, Oitavo discurso, I. A expressão retorna nos capítulos seguintes do mesmo discurso.

74 Observar os termos: *parapempein, ta nikêtêria, tois anthesi stephtheisai* (ibid., II).

radiantes, bem-aventuradas":[75] a própria Justiça, a própria Continência, o próprio Amor, tal como a Verdade e a Sabedoria. Em suma, o oitavo discurso – discurso corifeu – reitera o movimento evocado pelos discursos precedentes. Mas, enquanto aqueles prometiam a incorruptibilidade, a imortalidade, a felicidade eterna, é a verdade que aqui se anuncia: as virgens penetram nos tesouros e Deus, em troca, as ilumina.

Neste sentido, o discurso de Tecla é a culminação de todos os outros. Mas ele os funda também no sentido de que o tesouro da verdade que vai agora descobrir concerne à própria virgindade. É assim que é preciso compreender, sem dúvida, os dois desenvolvimentos que constituem o corpo do discurso de Tecla, e cuja presença, neste ponto, pode surpreender: uma exegese do Apocalipse e considerações sobre o determinismo astral. Em um caso, trata-se de retomar a virgindade do ponto de vista do fim dos tempos e como forma de sua realização; no outro, de retomá-la do topo do mundo e vista de certo modo a partir das mais altas esferas celestes.

A passagem do Apocalipse, comentada por Tecla, é a que descreve "o grande signo surgido no céu": a mulher em trabalho de parto, envolta em sóis, e o dragão que precipita sobre a terra um terço das estrelas. Sem dúvida, uma interpretação tradicional deveria ver aí a representação da virgem, o nascimento de Cristo, o combate da serpente contra a mulher, e a promessa de sua derrota diante de Cristo.[76] Método se

75 Ibid., III.

76 Sobre a importância de não interpretar pelo passado as figuras que anunciam (como fazem os judeus), ver o primeiro e o segundo capítulos do Nono discurso.

opõe duramente[77] a esta exegese. Propõe, contra ela, uma impossibilidade textual: o Apocalipse fala da subida ao céu, portanto, longe das tentações da serpente, da criança que nasce da mulher. Ora, Cristo desceu do céu para combater o Inimigo. Faz valer também uma regra de método: o Apocalipse é um texto profético, não se deve relacioná-lo à Encarnação, a qual se produziu antes que ele fosse escrito. Ele não pode, portanto, dizer respeito senão "ao presente e ao futuro". Em suma, Método substitui a interpretação via descida passada do Espírito por uma interpretação via ascensão atual e futura para Deus. De fato, o que ele propõe pela boca de Tecla não é uma exegese original. Propõe, com efeito, ver na mulher, ornada como a noiva que vai ser conduzida ao leito do rei, uma imagem da Igreja – o que era um tema corrente no século III.[78] A criança que nasce dela é, então, a alma do cristão, que chega à vida espiritual pelo batismo. Mas por que esta criança é representada como um macho? Porque os cristãos formam "um povo de homens", porque eles renunciaram às "paixões efeminadas", porque eles se "virilizam pelo fervor". Eles trazem "a forma e a semelhança do Verbo", o cristão verdadeiro nasce enquanto Cristo. É preciso, pois, decifrar este personagem da gestante como uma imagem da fecundidade

---

77 Os termos "trapaceiro", "querelante", que ele emprega para designar os que sustentam a interpretação rejeitada, indicam a existência de uma discussão sobre o sentido deste texto do Apocalipse.

78 A exegese cristã tinha transposto o tema hebraico da Aliança de Deus com seu povo em uma relação entre o Cristo e a Igreja. Santo Hipólito e Orígenes também haviam feito da Igreja a esposa do Cristo.

virginal da Igreja gerando almas cuja virgindade é selada pelo signo de Cristo.[79]

Quanto ao dragão, é, evidentemente, Satanás que precisamos nele ver, não Satanás inimigo de Cristo, mas inimigo das almas, tentando surpreendê-las. As sete cabeças descritas no Apocalipse se opõem às sete virtudes e os dez chifres que atacam os dez mandamentos: chifres afiados do adultério, da mentira, da avareza, do roubo, indica Método, que aliás não prossegue com a enumeração. Nesta passagem do Apocalipse, não se pode portanto buscar a rememoração da vitória de Cristo, mas, segundo uma decifração parenética, uma exortação à luta: "Não vos amendronteis então diante dos embustes e das calúnias da Besta; equipai-vos valentemente para o combate, armadas com o 'elmo da salvação', com a couraça e as polainas: lhe causareis um pavor incalculável se vós atacardes com muita resolução e bravura, e ela baterá em retirada quando vir suas inimigas enfileiradas na batalha pelo mais Poderoso do que ela."[80]

Vista do milênio, a idade da virgindade é então aquela da ascensão das almas ao céu incorruptível. A virgindade propriamente assume aí dois aspectos: aquele de um parentesco espiritual no qual a Igreja tem um papel central – virgem fecundada pelo Senhor, ela eleva almas virgens, que sua virgindade eleva ao céu; e aquele de um combate espiritual no qual a alma deve lutar contra os incessantes

---

79 Orígenes via a esposa do Cristo ora na Igreja, ora na alma do cristão. Parece que Método deseja sublinhar, ao contrário, que a Igreja, noiva e templo de Deus, é uma "potência em si, distinta de seus filhos", e que a alma não pode nascer cristã senão pelo poder de sua mediação e de sua maternidade. Sobre estes debates eclesiológicos, cf. F.-X. Arnold.

80 Método de Olimpo, *O banquete*, Oitavo discurso, XII.

ataques do Inimigo. O último desenvolvimento do discurso de Tecla permite ver esta mesma idade do mundo numa perspectiva de certo modo espacial: do alto do mundo e de sua ordem. De fato, Método introduz aqui uma discussão cujas estruturas e cujos elementos são nitidamente filosóficos. Trata-se de refutar a opinião segundo a qual os astros fixariam o destino dos homens. Deixemos de lado o problema de saber o que fazia parte deste longo debate. Se ele tem lugar nesse *Banquete* consagrado à virgindade, é porque permite a Método sustentar que Deus não é responsável pelo mal, que ele e todos os seres celestes que vivem sob a lei do seu governo estão "fora de alcance, e bem longe, da perversidade e dos comportamentos terrestres", que a existência de leis que obrigam e interditam não é contraditória (o que seria o caso se o destino fosse selado de uma vez por todas), que existe uma diferença entre os justos e os injustos, "um fosso entre os desregrados e os temperantes", que "o bem é inimigo do mal, e o mal, diferente do bem"; que "a maldade é repreensível" e que "Deus ama e glorifica a virtude". Todos esses princípios são lembrados para que tenha lugar, no mundo em que estamos, a liberdade cuja ausência retiraria todo o valor da castidade: "depende de nós realizar o bem ou o mal, e não dos astros"; porque há em nós dois movimentos: o desejo natural de nossa carne e aquele da nossa alma. Eles são diferentes: daí os nomes que os designam: virtude por um lado, perversidade por outro."[81] O parentesco espiritual e o combate dos quais Tecla falava no desenvolvimento anterior podem muito bem marcar esse

81 Ibid., XVII.

tempo da virgindade, anunciado pela Escritura e definido pela sequência de milênios, mas não deixa de dar lugar à liberdade dos homens e à distinção em termos de mérito, entre aqueles que Deus salvará e aqueles que se perderão.

As duas últimas oradoras do *Banquete* constituem o acompanhamento de Tecla e de seu longo discurso. A nona tem a linguagem da parênese: exortação da alma a se preparar para a festa que o sétimo milênio lhe promete. Como "adornar-se com os frutos da virtude"? Como "cobrir sua fronte com os ramos da pureza"? Como "ornar seu tabernáculo"? Para responder a estas questões, Método se refere a um texto do Levítico.[82] Pegar primeiramente "belos frutos maduros"; trata-se daqueles que já cresciam no paraíso sobre a árvore da vida dos quais o homem se desviou, trata-se hoje daquele "que foi cultivado no pomar do Evangelho". Depois, "os penachos da palmeira": trata-se com efeito de purificar o espírito, de retirar da alma as poeiras da paixão. Depois, ramos do salgueiro, que significam a justiça. E, enfim, os galhos do agno-casto, que simbolizam certamente a castidade:[83] coroamento de todas as virtudes. Mas, indicação importante, essa castidade não deve ser identificada com o celibato, pois ela pode ser praticada "por aqueles que vivem castamente com suas mulheres", apesar de não atingirem o cume nem sequer as ramificações mestras da árvore, como aqueles que são adstritos a uma virgindade integral. Ela tampouco deve ser identificada com a recusa da fornicação, nem com a abstenção pura e simples das relações sexuais: a virgindade requer que

---

82 Levítico, 23, 39-43.

83 Em grego, o jogo de palavras é *agninos* – *hagneia*.

sejam erradicados até os desejos e as cobiças. Como virtude e ápice de todas as virtudes, como preparação à realização dos tempos, a virgindade deve ser não uma rejeição do corpo, mas um trabalho da alma sobre si.

Enfim, Dominina, a última que intervém, tem como tarefa distinguir esse trabalho da virgindade das obrigações antecedentes, que Deus havia imposto pouco a pouco aos homens. Lei do paraíso simbolizada pela figueira, da qual Adão se desviou. Lei de Noé, simbolizada pela vinha, que prometia ao homem o fim de suas infelicidades e o retorno da alegria. Lei de Moisés, simbolizada pela oliveira, cujo óleo acende as lamparinas. Ora, dessas leis sucessivas, se o homem se desviou, é porque Satanás pôde enredá-lo, essas árvores e seus frutos. Somente a virgindade não poderia ser imitada, e Satanás, por conseguinte, não pode servir-se dela para triunfar sobre o homem. Mas há neste último discurso um elemento importante: é que a virgindade não se distingue das leis de Adão, de Noé e de Moisés como uma lei entre outras. Ela não é uma lei. E é à Lei em geral, da qual a figueira, a vinha e a oliveira representam três formas, que ela se opõe. De um lado, a Lei, de outro, a virgindade que a sucede.[84] Ora, esta ideia de que a virgindade ganha a relevância da Lei é duplamente importante. De início, porque parece que, na mística de Método, a virgindade não é objeto de uma prescrição. Ela é um modo de relação entre Deus e o homem, ela marca este momento, na história do mundo

84 *"Hê parthenia diadexamenê ton nomon"* Método de Olimpo, *O banquete*, Décimo discurso, I.

e no movimento da salvação, em que Deus e sua criatura não se comunicam mais pela Lei e a obediência à Lei. Por outro lado, porque a virgindade não é simplesmente uma maneira de se submeter ao que foi ordenado: ela é um exercício da alma sobre si,[85] que a transporta até a imortalização do corpo.[86] Relação da alma a si em que se põe em jogo a vida sem fim do corpo.

[2 – Artes da virgindade]

Não seria preciso estabelecer um corte muito nítido entre os primeiros textos e o grande florescimento dos tratados de virgindade no século IV. Esses textos funcionaram como preparação destacando o princípio da virgindade das prescrições de continência, dando-lhe um estatuto particular bem como uma significação espiritual positiva e intensa, desenvolvendo um certo número de temas que os autores, de Gregório de Nissa a Agostinho, não farão mais do que retomar, enriquecer ou remodelar.

Contudo, a questão da virgindade no século IV se inscreve num contexto que, em grande parte, vai modificá-la: desenvolvimento da ascese, organização do monaquismo, implementação de técnicas para o governo de si mesmo e dos outros, organização de um regime complexo da verdade das almas. Pode-se esquematicamente caracterizar esta modificação lembrando uma passagem de Gregório de Nissa: "Do mesmo modo como algumas artes, entre as outras

85 *"Hê ergazomenê tên psukhên askêsis"*, ibid., VI.

86 *"Hê athanatopoios tôn sômatôn hêmôn hagneia"*, ibid.

profissões, foram inventadas para bem conduzir cada uma das tarefas visadas, do mesmo modo, parece-me que a profissão de virgindade é uma arte e uma ciência da vida divina."[87] A virgindade, já considerada estado privilegiado, carregado de valores espirituais particulares e capaz de conduzir a Deus, à imortalidade, a uma relação inalterável às realidades do alto, tende a transformar-se não apenas num modo de vida cuidadosamente regulado, mas num tipo de relação a si que tem seus procedimentos, suas técnicas, seus instrumentos. De Tertuliano à Método, vimos a virgindade-continência tornar-se um estado positivo de virgindade. Este é o estado que vai ser elaborado no século IV como "arte da virgindade".

– A –

Um primeiro ponto diz respeito à relação entre esta *tekhnê* da virgindade e a prática pagã da continência. Questão que poderíamos acreditar "ultrapassada" nesta época, mas que tem seu sentido e sua atualidade pelo fato de a própria existência ascética ser definida como a "vida filosófica". No preâmbulo de seu *Tratado da virgindade*, no qual explica o plano que vai seguir, Gregório de Nissa indica que, para seguir "o bom método", depois de ter ressaltado os inconvenientes da vida ordinária, descreveu "a vida filosófica".[88] Não é necessário se surpreender, portanto, ao se encontrar uma vontade explícita de separar tão nitidamente quanto possível a virgindade dos

87 *"To tês parthenias epitêdeuma tekhnê tis einai kai dunamis tês theioteras zôês"*, Gregório de Nissa, *De la virginité*, IV, 9.

88 Ibid., Preâmbulo, 1.

cristãos da continência pagã, e ao mesmo tempo a reutilização de certo número de temas pelos quais esta se justificava. De uma maneira geral, e salvo algumas modulações particulares, encontramos uma recusa da virgindade que estava ligada no mundo pagão a um estatuto ou a funções religiosas; uma referência, sob a forma de exemplo, às honras atribuídas à virtude das mulheres; e uma retomada dos debates sobre o casamento e a tranquilidade da alma.

Alguns autores cristãos simplesmente negam que os pagãos tenham algum dia honrado a virgindade. É o que afirma Atanásio: "só nós, os cristãos, a honramos".[89] De forma mais prudente, e em função de uma hierarquia histórico-religiosa, Crisóstomo reconhece que os gregos: "admiraram e veneraram" a virgindade. Desse modo, ele os coloca acima dos judeus, que dela se teriam desviado com desprezo – como o prova seu ódio pelo Cristo nascido de uma virgem –, mas abaixo da Igreja de Deus, que teria sido a única a por ela zelar.[90] Mas são os Padres latinos que, devido a seu meio,[91] têm maior tendência a levar em consideração essas práticas da continência pagã. São Jerônimo, em todo caso, consagra todo o fim do *Adversus Jovinianum* a referências pagãs: exemplo das virgens honradas na Grécia e em Roma; lembranças das viúvas heroicas que permanecem fiéis à memória de seus esposos e chegam a se imolar sobre sua tumba; celebridade de algumas nobres romanas

---

89 Atanásio, *Apologia ad Constantium*, 33 (P. G., t. 25, col. 640).

90 São João Crisóstomo, *De la virginité*, I, 1.

91 É a opinião de F. de B. Vizmanos, *Las vírgenes cristianas de la Iglesia primitiva*, Salamanca, 1949.

cuja castidade constituía a glória; reflexões de moralistas como Teofrasto, que recomendam abster-se do casamento. E, com mais ênfase do que precisão, são Jerônimo invoca sobre este tema a opinião de Aristóteles, de Plutarco e de "nosso Sêneca".[92]

É verdade que cumpre assinalar a diferença entre a virgindade cristã, que é associada a outras justificativas, e a continência dos pagãos, que não pode ter valor santificador: "O celibato sem as boas obras não é de qualquer utilidade, [...] porque, de outro modo, as virgens consagradas a Vesta e as sacerdotisas de Juno, que só deviam se casar uma vez, poderiam ser reunidas às santas."[93] Aliás, em geral, os autores cristãos são muito mais discretos do que são Jerônimo nesta evocação daquilo que os Antigos consideravam como virtudes ou valores. Preferem sublinhar o quanto permanecem distantes da santificação cristã. A maior parte dos autores situa o princípio desta diferença na forma de simples interdito (do casamento ou das relações sexuais) que os pagãos dão ao privilégio da virgindade. Proibição definitiva ou provisória, prescrição absoluta ou conselho de prudência, é essencialmente sob a forma de uma rejeição ou de uma abstenção que a virgindade pagã se apresenta aos olhos dos autores cristãos que não a reconhecem como a sua. No começo de *De virginibus*, santo Ambrósio o indica de modo bem nítido. Se a virgindade pagã não é a dos cristãos, é porque tem a forma de uma regra exterior para aqueles ou aquelas a quem é imposta.

---

92 São Jerônimo, *Adversus Jovinianum*, I, 41-49.

93 Ibid., I, 11.

A vestal deve permanecer imperativamente virgem, mas por um momento: questão de tempo que promete ao pudor dos primeiros anos o impudor da velhice.[94] De outro modo, se ela respeita seu engajamento, é devido ao gosto das honras, à esperança de vantagens, ao medo de ser desconsiderada e castigada. Nesse sentido, ela não oferece sua virgindade, ela a vende. Seria melhor ou coisa distinta de uma prostituição?[95] A mesma ideia, sob uma formulação aparentemente inversa, aparece em são João Crisóstomo. A virgindade dos pagãos não poderia esperar qualquer recompensa: "Para os gregos tal virtude é estéril."[96] Mas se as virgens do paganismo nada podem esperar do além, é porque aqui embaixo sua renúncia não é inspirada "pelo amor de Deus". Tratando-se de uma ordem ou de uma lei, aqueles que a observam "não podem obter privilégios".[97]

---

94 "*Aetate non perpetuitate praescribitur*", santo Ambrósio, *De virginibus*, I, iv, 15.

95 A mesma ideia aparece em santo Ambrósio, Carta 18 (*ad Valentianum*). Eis como ele descreve as vestais: "*Vix septem vestales capiuntur puellae. En totus numerus, quem infulae vittati capitis, purpuratarum vestium murices, pompa lecticae ministrorum circumfusa comitatu, privilegia maxima, lucra ingentia, praescripta denique pudicitiae tempora coegerunt*" ["Sete vestais, apenas sete jovens acorrentadas pela força a seu estado! Tal é o número daquelas que a sedução dos fitilhos de ouro sagrados, a explosão das vestes de púrpura, o fausto de uma liteira cercada de todo um cortejo de escravos, de imensos privilégios, ganhos consideráveis, e um termo legalmente atribuído a sua continência, recrutaram para suas fileiras", trad. Monsenhor Baunard].

96 São João Crisóstomo, *De la virginité*, IV, 2.

97 Ibid., II, 2. Observar, no entanto, que Crisóstomo insiste muito mais sobre a crítica da virgindade entre os heréticos inspirados pelo dualismo. Sua crítica é, então, dupla: se todo casamento é mau, a abstenção se torna obrigatória e não tem mérito; mas, abstendo-se em nome de um erro que insulta Deus, os heréticos cometem, em sua virgindade, um pecado que será severamente punido.

Contudo, e a despeito do cuidado em distinguir a continência pagã da virgindade cristã, os autores do século IV fizeram empréstimos, relativamente importantes, às regras de vida inspiradas pela moral dos filósofos. Chegaram mesmo a transpor diretamente certos elementos. Dois, sobretudo: a crítica da vida matrimonial e o elogio da vida independente.

A crítica do casamento é um lugar comum da moral antiga que os autores ascéticos do século IV reutilizaram sem introduzir muitas modificações. Os aborrecimentos do casamento – *molestiae nuptiarum* – eram incansavelmente descritos, e numa forma muito iterativa, por todos aqueles que discutiam a questão familiar em todas as escolas filosóficas: deve-se ou não se casar? Teofrasto, que cita longamente são Jerônimo, é um dos exemplos dessas banalidades das quais se veem emergir três ou quatro temas principais. Incompatibilidade entre a vida filosófica e a existência matrimonial: "não se pode amar simultaneamente uma mulher e os livros"; defeitos intrínsecos das mulheres – seu ciúme, sua avidez, sua inconstância; a perturbação que elas provocam na alma e na existência de seus esposos; preocupações com dinheiro ("mantê-las pobres é bem difícil; suportá-las ricas é um tormento") ou necessidade de uma vigilância; enfim, o pouco valor que é preciso conceder aos cuidados que elas podem fornecer ou mesmo aos descendentes que delas se pode esperar se comparados aos amigos dos quais saibamos nos cercar, ou aos herdeiros que se pode escolher com todo conhecimento de causa.[98]

A exposição sobre aborrecimentos do casamento é uma passagem quase obrigatória nos textos cristãos que tratam da

98 [Teofrasto, *Du mariage*, citado por são Jerônimo, *Adversus Jovinianum*, I, 47.]

virgindade. Nós a encontramos mais ou menos prolixamente no tratado *Peri parthenias*, de Gregório de Nissa (III, 2-7), no tratado de João Crisóstomo (em particular no capítulo XLIV e na longa série dos capítulos LI-LXII), em *Peri tês em parthenia alêthous aphtorias* [Da integridade da virgindade], de Basílio de Ancira (capítulo XXIII), em *Homilia* VII (15-16) em Eusébio de Emesa, em *De virginibus*, de santo Ambrósio (I, 6), em são Jerônimo, no *Adversus Helvidium* (capítulo XX), na carta 22, a Eustóquio, e em *Adversus Jovinianum*. Dentre todos estes textos, o de Gregório de Nissa pode servir de exemplo, na medida em que é construído segundo a exata retórica das diatribes pagãs concernentes às vantagens e inconvenientes do casamento para a vida. Sem o dizer explicitamente, Gregório de Nissa retoma os três principais argumentos nos quais se apoiavam os partidários da vida matrimonial: felicidade da vida de casal, satisfação de ter filhos, vantagem na hora da doença ou da velhice de ter ao seu redor uma família. Felicidade da vida partilhada? Ela é sem cessar ameaçada pela inveja, responde Gregório de Nissa, se é que existe, e a morte é a todo momento um risco de destruí-la. De todo modo, a idade, a velhice e o tempo a arruínam pouco a pouco: a beleza passando "como uma onda para chegar ao nada" não deixará atrás dela "nenhum traço, nenhuma lembrança, nenhum resto de sua flor presente". Minada do interior pelo medo da mudança, que impede de aproveitar realmente os bens presentes, a felicidade da vida comum não passa de uma aparência. Os filhos? Mas há os sofrimentos do parto e os acidentes que frequentemente o acompanham. Há as mortes precoces, e os descendentes que sobrevivem são para os seus pais uma fonte de preocupações permanentes. Entristecem-se aqueles que não têm filhos e aqueles que os têm. Aqueles que choram seus filhos mortos e os que lamentam os descendentes que sobrevivem. Quanto à velhice, em que os esposos devem ser um socorro um para o outro, pensemos sobretudo na viuvez que se dá por vezes desde a juventude, e deixa as mulheres sem apoio e sem recursos[99].

O elogio da vida fora do casamento é tão tradicional quanto o apelo às "*molestiae nuptiarum*" do qual ele é de algum modo a outra face. A existência livre dos laços matrimoniais é por vezes representada pelos autores cristãos com ênfases próximas daquela que empregavam os filósofos da Antiguidade, quando prometiam aos celibatários uma vida de tranquilidade e de calma. Crisóstomo, por exemplo, opõe à vida do casamento uma existência "sem perigos" e "sem afazeres",[100] uma vida na qual o homem só dependeria de si mesmo.[101] E a descreve, pelo menos sob certos aspectos, segundo os termos da sabedoria humana e da felicidade filosófica: "Nenhuma perturbação na modesta morada [daquela que não se casou], todos os gritos são banidos de sua presença; como um porto de paz, o silêncio reina em seu coração, e mais perfeita ainda do que o silêncio, a serenidade em sua alma [...]. Que linguagem poderia exprimir a felicidade da qual usufrui uma alma assim disposta [...]. Encontro-me aqui em um embaraço extremo, porque não posso compreender como quase todo gênero humano, quando a ele se oferece uma felicidade na quietude e no repouso de espírito, não vê aí um prazer, ao

---

99 [Gregório de Nissa, *De la virginité*, III, 2-7.]

100 São João Crisóstomo, *De la virginité*, XLIV, 2.

101 *"Kath' heauton ôn ho anêr"*, ibid.

passo que faz consistir na preocupação, nos sobressaltos e na inquietude o seu prazer maior!"[102]

Assim, o encorajamento à virgindade, pelo menos em um certo número de textos, passa pelo elogio de uma vida "independente", com as vantagens que os filósofos nela reconhecem. Sem constrangimentos exteriores, "os pés" são "leves e livres de entraves", eles não têm elos nos tornozelos.[103] Nada de preocupação acerca de todas as aparências que constituem o essencial daquilo que cremos ser os bens do casamento – o nascimento, o renome familiar, a glória, a situação de desataque.[104] Ademais, tampouco essas paixões que perturbam a alma quando ela está agitada por circunstâncias exteriores – "cólera, violência, juramentos, insultos, hipocrisia".[105] Enfim e sobretudo, possibilidade para a alma de permanecer consigo, permitindo assim ao pensamento recolher-se, afastando-se de todos os objetos exteriores: "O celibatário, vivendo em si mesmo, ou escapa a estas experiências [as do casamento], ou triunfa mais facilmente sobre a infelicidade, pois seu pensamento está recolhido sobre si mesmo e sem preocupação que o distraia com outra coisa."[106] É este gênero de vida que Gregório de Nissa pensa encontrar no profeta Elias ou em João Batista – mantendo-se um e outro "a distância da engrenagem da vida humana", e estabelecendo-se "numa calma e numa serenidade perfeita".[107]

---

102 Ibid., LXVIII, 1-2. Observar os termos: *apêllaktai tarakhês, ataraxia, hê euphrosunê tês outô diakeimenês psukhês, eukolia.*

103 Ibid., [XLIV, 2].

104 Gregório de Nissa, *De la virginité*, IV, 4.

105 São João Crisóstomo, *De la virginité*, XLIV, 2.

106 Gregório de Nissa, *De la virginité*, III, 9.

107 Ibid., VI, 1.

Esta descrição da virgindade como um estado de tranquilidade e o recurso ao vocabulário filosófico da existência serena têm algo de paradoxal. Parecem, à primeira vista, estar em contradição com que os mesmos autores podem dizer sobre os combates incessantes da virgindade e seu parentesco com o martírio.[108] Parecem, por outro lado, indicar que há mais perigos, logo, provas, logo, mérito, na existência das pessoas casadas. Objeção esta que o próprio Crisóstomo evoca: "Não teria direito a uma recompensa maior aquele que, malgrado tal constrangimento [o do casamento], segue o caminho reto? [...] Com o casamento ele se encarrega de uma prova mais rude."[109] Esta ideia conduzia Clemente de Alexandria a dar ao casamento um valor moral certo, fazendo-o rivalizar em mérito com a virgindade.[110] Já Crisóstomo afasta a objeção sublinhando que os perigos do casamento não poderiam ser computados para a salvação, porque é de maneira totalmente voluntária que alguém se expõe a eles.[111]

Essa referência ao tema da vida tranquila, que os filósofos tinham desenvolvido anteriormente, tem sua importância. Sem dúvida, deve-se levar em conta, nesse período de desenvolvimento do monaquismo e das instituições ascéticas, o poder da atração que a evocação desses valores tradicionalmente reconhecidos poderia ter. Ademais, o tema da vida tranquila ocupa uma posição duplamente privilegiada: situa-se no ponto de encontro entre uma concepção tradicional das condições necessárias ao conhecimento verdadeiro e à

---

108 Cf. infra, p. [215].

109 São João Crisóstomo, *De la virginité*, XLV, 1.

110 Clemente de Alexandria, *Les Stromates*, III.

111 São João Crisóstomo, [*De la virginité*, XLV].

verdadeira felicidade, e a concepção cristã do desligamento radical a respeito deste mundo; mas encontra-se também no cerne de um problema interno ao cristianismo, e que concerne ao estatuto da vida contemplativa, os métodos para alcançá-la e os méritos que lhe são próprios. De fato, com diferentes ênfases, os autores cristãos conservarão, quase todos eles, o princípio de que a vida de virgindade, alheia às preocupações cotidianas e afastada das preocupações do mundo, é uma vida "tranquila". Santo Agostinho, em *Comentário ao salmo 132*, evoca três gêneros de vida por meio de três personagens, Noé, Daniel e Jó; o primeiro simboliza a atividade daqueles que têm o encargo da Igreja e devem assegurar a colheita; o terceiro simboliza os fiéis que servem a Deus com zelo. Quanto ao segundo, é preciso relacioná-lo à existência daqueles que renunciaram a viver com uma mulher para levar uma existência monástica. A Noé é associada a figura de dois homens que estão no campo; a Jó, a de duas mulheres que trabalham no moinho. A Daniel, a de dois homens deitados num leito: assim são designados aqueles que "amaram o repouso", aqueles que "não se misturam às multidões" nem ao "tumulto do gênero humano", mas que "servem a Deus na tranquilidade".[112]

Mas santo Agostinho indica imediatamente que sentido é preciso dar a esta tranquilidade da vida fora do casamento. Daniel, figura da castidade, era "tranquilo", estava "em segurança", mas entre os leões. Estes são as figuras dos desejos que assolam o coração e das tentações que o assediam. Daniel era chamado "*vir desideriorum*". À tranquilidade de seu estado é preciso, portanto, dar um conteúdo bem diferente daquele

112 Santo Agostinho, *Discours sur le psaume 132*, 4 (P. L., t. 37, col. 1730).

que podia constituir a calma da vida filosófica no antigo sentido da expressão: esta tranquilidade é indissociável do confronto permanente com o Inimigo. E é preciso compreendê-la em dois sentidos: desligamento quanto a tudo o que poderia, vindo do mundo, ser causa de perturbação, e confiança neste combate em que é a graça de Deus que confere a vitória. A continuidade do tema da "*tranquillitas*", do "*otium*", marca de fato a passagem de uma economia negativa da abstenção e da continência a uma concepção da virgindade como experiência complexa, positiva e agonística.

– B –

O estado de virgindade concebido como arte é regularmente representado pelos autores do século IV como efeito de uma escolha livre e individual. No entanto, de uma escolha que se inscreve por seus sentidos e seus efeitos na história geral da salvação do gênero humano.

A virgindade é uma livre escolha em três sentidos. Primeiramente, não pode ser feita por todos. Apenas aqueles que são suficientemente fortes podem fazê-la: "a virgindade é para alguns", diz santo Ambrósio, "e o casamento para todos".[113] Não pode ser realizada sob ordem ou por algum constrangimento. Numa homilia consagrada à virgindade e dirigida aos pais de família, um autor desconhecido recomenda aos pais nada fazerem para contrariar seus filhos que querem se devotar à virgindade. Ele os encoraja a "persuadi-los a

113 Santo Ambrósio, *De virginibus*, I, 7, 35.

fazê-lo", mas não quer que [se] os constranja a tanto.[114] Este princípio de escolha sem constrangimento é tão importante que santo Agostinho dele encontrará a caução no exemplo de Maria: como se tratava, no seu caso, da Encarnação querida por Deus, "ela poderia ter recebido a ordem de permanecer virgem, para que o Filho de Deus pudesse tomar nela a forma do escravo", e, contudo, sua virgindade foi o resultado de um "voto", e não um "preceito", uma "escolha de amor", e não uma "necessidade de obedecer".[115] Livre escolha, enfim, nesse sentido de não ser prescrita por nenhuma lei, como pode ser aquela que obriga a honrar a Deus ou a não cometer o adultério: "O Senhor não impôs a virgindade nem na lei de natureza nem no Evangelho";[116] "o Salvador não dá à continência o caráter obrigatório de um preceito; ele deixa sua escolha a nossas almas."[117]

A insistência neste caráter não obrigatório da virgindade encontra nos textos muitas justificativas – além do argumento de que é necessário que alguns se casem para que as virgens possam nascer.[118] Tratava-se, sobretudo, de se opor a todas as formas de dualismo ou todas as correntes de inspiração gnóstica que faziam da abstenção da relação sexual uma obrigação rigorosa, não deixando lugar consequentemente nem ao casamento nem à procriação.[119] Tratava-se também

---

114 Esse texto foi publicado por Dom David Amand (*"Une curieuse homélie grecque inédite sur la Virginité"*, loc. cit.).

115 Santo Agostinho, *De la virginité*, IV, 4.

116 Basílio de Ancira, *De l'intégrité de la virginité*, 55 (P. G., t. 30, col. 780).

117 São João Crisóstomo, *De la virginité*, II, 17.

118 Santo Ambrósio, *De virginibus*, I, 7; Eusébio de Emesa, *Homélie* VI, 6.

119 Como todos os primeiros capítulos de *De virginitate* de são João Crisóstomo.

de fazer sobressair o valor positivo da virgindade. É uma tese que volta com frequência: se a virgindade fosse obrigatória, que mérito particular haveria em observá-la? Aquele que não rouba nem mata não merece honraria: "Abster-se do que é proibido não é ainda a marca de uma alma generosa e ardente; a virtude perfeita não consiste em evitar os atos que nos valeriam a reprovação universal, ela consiste em se distinguir por uma conduta da qual podemos nos abster sem por isso nos expormos à desonra."[120] A virgindade vale muito mais do que a simples observação de um interdito. Enfim, de uma maneira mais geral, tratava-se de sublinhar que a virgindade não pertence a uma economia da Lei – aquela que tinha caracterizado a Antiga Aliança –, mas a uma nova forma de relação entre Deus e os homens.

E com isso chega-se ao outro aspecto da virgindade: o que diz respeito à salvação da humanidade e ao tempo do mundo. Tal é, com efeito, o paradoxo: a virgindade só pode ser um ato livre e individual, mas neste ato se encontra engajado algo do drama que se desenvolveu entre os homens e Deus, e que ainda não se concluiu. A virgindade toma seu sentido deste passado, e colhe seus efeitos neste movimento ainda por vir. Escolha, e não lei; porém, tanto quanto a emancipação individual, figura do mundo ou, antes, aspecto de sua transfiguração. Já vimos se desenharem estes temas nos textos do século III. Cipriano e, sobretudo, Método de Olímpio tinham deles formulado nitidamente certos elementos fundamentais. Contudo, pode-se pensar que o desenvolvimento do monaquismo os reforçou e favoreceu a elaboração de muitos dentre eles, modificando algumas de [suas] ênfases. Em todo o caso,

120 São João Crisóstomo, *De la virginité*, VIII, 4.

a instituição monástica foi um lugar ou ao menos uma ocasião de reflexão sobre este triplo aspecto da virgindade: estado profundamente diferente daquele do casamento, assimilado à vida no mundo e demandando uma prática, uma arte, uma técnica particular para produzir seus efeitos positivos; objeto de uma livre escolha individual, que nenhum preceito poderia impor nem a todos sob a forma de uma lei, nem a alguns sob a forma de um mandamento; forma de vida em que o empreendimento da salvação individual está profundamente misturado à economia da remissão da humanidade.

O papel da virgindade na história da salvação é definido, pelos autores do século IV, inicialmente em função do que eram o estado paradisíaco e as relações entre o homem e a mulher antes e depois da queda. Não se trata, evidentemente, de percorrer aqui, em detalhe, as longas discussões exegéticas que, de Orígenes a Agostinho, incidiram sobre os dois primeiros capítulos do Gênesis – versículo 27, no caso do primeiro, e versículos 18-24, no do segundo. Gostaria de indicar somente como se colocava a questão das relações entre a virgindade paradisíaca e a diferenciação dos sexos na Criação.

Que a diferenciação dos sexos seja obra de Deus é o que negam muitos dos movimentos de inspiração dualista. É o que reconhecem, em troca, os autores reconhecidos pela Igreja: loucura, diz santo Agostinho, pretender-se cristão e ser tão cego à Escritura a ponto de pretender que "a diferença dos sexos é obra do diabo, e não de Deus".[121] Antes mesmo que seja contada a formação de Eva no segundo capítulo do Gênesis, o texto sagrado indicava, desde a primeira menção à criação do homem (I, 26-27), que Deus os havia criado "homem e

121 Santo Agostinho, *De continentia*, IX (23).

mulher". Esta passagem, sem equívoco, dava, portanto, autoridade à opinião de que a diferença dos sexos está presente desde a Criação. Porém, levanta também uma dificuldade, na medida em que se segue imediatamente à afirmação de que o homem foi criado à imagem e semelhança de Deus. Como Deus, único, pôde criar o homem à sua semelhança e ao mesmo tempo na dualidade dos sexos? A esta questão, Fílon respondera distinguindo na criatura humana o que seria a semelhança com o Criador e o que seria a marca da criatura: uno, o homem seria "semelhante por sua unicidade ao mundo e a Deus"; mas ele teria também "os caracteres das duas naturezas, não todas, mas aquelas que uma constituição mortal possa admitir".[122] Foi nesta direção que se orientou a exegese cristã. Assim, Orígenes vê na dualidade uma marca de tudo aquilo que é criado: "As obras de Deus se fazem por grupos e são unidas, como o céu e a terra, o sol e a lua; a Escritura quis mostrar que o homem é ao mesmo tempo uma obra de Deus, e que ele não foi realizado sem o complemento nem a união que lhe convinham."[123] Jerônimo assinalará, entre a semelhança a Deus e a dualidade dos sexos, maior distância ainda: ele ressalta que o número dois, na medida em que "rompe a unidade", não é bom; além disso, o único dia no fim do qual Deus não disse que sua obra era boa é precisamente o segundo; com isso, o relato do Gênesis destaca a significação desfavorável do número dois.[124] Em todo o caso, para Gregório de Nissa ou João Crisóstomo, como mais tarde para Agostinho, é na alma que é preciso procurar a imagem

---

122 Fílon de Alexandria, *De opificio mundi*, 151.

123 Orígenes, *Homélies sur la Genèse*, I, 14.

124 São Jerônimo, *Adversus Jovinianum*, I, 16.

de Deus no homem, e não na dualidade dos sexos.[125] Tese importante para toda a mística da virgindade: na medida em que esta é, com efeito, uma ascensão que torna semelhante a Deus, não é simplesmente, na sua significação espiritual, uma renúncia ao outro sexo. Além desta diferenciação, além mesmo do ato criador que a estabeleceu, ela é uma ascensão à unidade divina.

Contudo, se o estado paradisíaco já comporta esta dualidade dos sexos, quais são seu sentido e sua função? Seria preciso admitir que tenha havido relação sexual no paraíso antes da queda e, portanto, num estado de inocência perfeita? A resposta é universalmente negativa, seja se supusermos, conforme Orígenes seguindo os passos de Fílon, que foi a relação sexual que, não podendo ser em si mesma inocente, provocou a queda,[126] seja se supusermos que a primeira relação sexual tenha ocorrido depois da queda e como sua consequência.[127] Mas esta inexistência de relações sexuais no paraíso não tem, para todos, as mesmas razões nem a mesma significação. O jogo da exegese é circunscrito por dois textos: aquele do primeiro capítulo do Gênesis (I, 28), em que Deus, abençoando o homem e a mulher, lhes diz para crescer, multiplicar e povoar a terra; e aquele do segundo capítulo, em que Deus decide dar ao homem uma mulher para que seja uma ajuda semelhante a ele.

---

125 Santo Agostinho, *De Genesi ad litteram*, III, 22.

126 [Fílon de Alexandria, *De opificio mundi*, 151 et 167.]

127 Esta é a opinião de Gregório de Nissa, que, como nota M. Aubineau (Gregório de Nissa, Paris, 1966, *De la virginité*, p. 420, nota 1), vê na atração do prazer *(hêdonê)* a razão da queda, sem que este prazer seja especificamente o prazer sexual. Nem Crisóstomo, nem Jerônimo, nem Agostinho veem no primeiro pecado um ato sexual.

Esse tema da ajuda permite evidentemente apoiar a afirmação de que o papel de Eva era o de ser companheira, não esposa. Segundo Gregório de Nissa, esta "ajuda" deve ser compreendida como participação na contemplação do rosto de Deus, que era, antes da queda, o único desejo de Adão.[128] É também, parece, o que sugere uma passagem do tratado *Da virgindade* de Crisóstomo, explicando que a mulher é agora um obstáculo à vida espiritual do homem pela inversão do papel que era o dele antes da queda.[129] Mas se tal é a função paradisíaca da mulher, duas questões se colocam. O que poderia querer dizer o preceito "Crescei e multiplicai-vos"? Seria preciso, como certos adversários que Gregório de Nissa critica sem nomear,[130] supor que o gênero humano só poderia crescer depois da queda e que esta teve, portanto, alguma coisa de bom, pois, "sem ela, a raça humana teria permanecido no casal primitivo"? Gregório de Nissa afirma que não há casamento entre os anjos e que, no entanto, "seus exércitos constituem miríades infinitas": pois há, para esta natureza angelical, um modo de multiplicação que, para nós, os humanos, não pode ser nem pensado nem formulado. Entretanto, com certeza, ele existe, e tal deveria ser o poder de multiplicação dado ao homem na existência angelical que era a sua quando saiu das mãos do Criador.

Daí, logo advém a segunda questão: por que Deus, embora conferindo um modo angelical de reprodução ao casal primitivo, o dotou de uma diferenciação sexual que este modo não

---

128 Gregório de Nissa, *De la virginité*, XII, 4.

129 São João Crisóstomo, *De la virginité*, XLVI, 5. Na XV *Homélie* sobre o Gênesis, 4, ele evoca também esta ajuda, mas não lhe atribui função precisa.

130 Gregório de Nissa, *De la création de l'homme*, XVII, 188 a-b.

supõe? A resposta está na presciência de Deus: ele bem sabia que o homem se desviaria da via reta e perderia seu valor angelical. O mundo então nunca poderia ter sido povoado nem completado. Então, ele dispôs, de antemão, o meio de "transmitirmos a vida uns aos outros", mas segundo um modo que convém àquilo que nos tornamos, agora que perdemos a semelhança a Deus: uma reprodução semelhante à "dos brutos e dos seres sem inteligência".[131] Em suma, o homem, desde o paraíso, era indefinidamente reprodutível, mas de uma maneira muito diferente da união dos sexos; e, portanto, era marcado por uma diferenciação sexual que antecipava, sem determinar, uma queda por vir, e a partir da qual tomaria sua função reprodutiva.[132] Essas estranhas especulações sobre o sexo paradisíaco mostram então como, na espiritualidade desta época, é dissociada a distinção dos sexos (criada por Deus) e sua união (que só pode intervir após a queda e a separação de Deus), e como se desdobra a reprodução em uma multiplicação angelical e um nascimento animal.

Devemos agora nos voltar para a outra vertente da especulação: aquela que diz respeito não mais à origem e à queda, mas ao mundo de hoje e ao fim dos tempos. À primeira vista, a prática da virgindade se apresenta como um retorno, além da queda, ao estado paradisíaco, quando o homem saía das mãos de Deus, cuja imagem ainda trazia; assim, Gregório de Nissa fala da "restauração, em seu estado primitivo, da

131 Ibid., XVII, 189d.

132 Novamente, são João Crisóstomo, na XVII *Homélie* sobre o Gênesis, é menos preciso do que Gregório de Nissa; mas ele admite também uma existência angélica, do mesmo modo que a intervenção da reprodução sexual após a queda para evitar o despovoamento devido ao novo reino da morte.

imagem divina atualmente escondida pela sujeira da carne; tornemo-nos o que era o primeiro homem em sua primeira vida".[133] Aquele que pratica a virgindade de algum modo remonta o curso do tempo, e nele restabelece o estado de perfeição primitivo.[134] Ele o restabelece em sua alma, na qual reencontra, como um dracma perdido, a marca da divindade. Ele o restabelece também se desprendendo da corrupção daqui de baixo e, por conseguinte, escapando a esta morte que tinha sancionado a queda e que nossos primeiros [ancestrais] não conheciam – seja porque tinham sido criados imortais, seja porque Deus não permitira, antes da queda, que a morte transformasse em ato a mortalidade de que, em sua presciência, Ele os havia dotado. "Depois de nos afastamos da vida segundo a carne que segue necessariamente a morte, é preciso buscar um gênero de vida que não conduza mais à morte a seguir: ora, esta é a vida na virgindade."[[135]]

Assim, escolher o estado de virgindade e nele se manter rigorosamente deve ser considerado algo bem diferente de uma simples abstenção que ultrapassaria os problemas, as perturbações, as paixões, as preocupações e, de uma maneira geral, os males da existência quando ela se vota, ou simplesmente cede, aos prazeres. É muito mais do que a prática de uma virtude que merecerá, em seguida, sua recompensa – mesmo lhe sendo prometidas mais belas do que aos demais.[136] A virgindade é pensada como uma

---

133 Gregório de Nissa, *De la virginité*, XII, 4. O termo aqui empregado para designar o primeiro homem tal qual sai das mãos de Deus é *prôtoplastos*.

134 Gregório de Nissa emprega o verbo *palindromein*.

135 [Ibid., XIII, 3.]

136 [Nota vazia.]

mutação atual da existência. Ela opera no ser individual – corpo e alma – uma "revolução" que, ao restabelecer um estado de origem, o desprende de seus limites terrestres, da lei, da morte e do tempo, e o faz [aceder*] desde hoje à vida que não terá fim. A virgindade abre a existência angelical. Ela eleva até a incorrupção e imortalidade aqueles que permanecem ainda entre nós: "Ela faz subir ao céu", diz Eusébio de Emesa, "e viver desde aqui embaixo em companhia dos anjos".[137] Ou ainda, ela faz descer sobre a terra o princípio da existência celeste: "As virgens não podem ainda subir ao céu como anjos, porque a carne as retém, mas pelo menos têm desde aqui embaixo a grande consolação de receber o Mestre dos céus em pessoa, quando são santas de corpo e de espírito. Vês o alto valor da virgindade? Como dá àqueles que vivem na terra as mesmas condições de existência que aos habitantes dos céus? Não quer que os seres revestidos de um corpo sejam inferiores às potências incorporais e, por mais homens que sejam, os faz êmulos dos anjos."[138] E, opondo aos anjos decaídos, que, por causa de sua "intemperança", caíram no século, as virgens que, devido à sua castidade, passam do século ao céu, santo Ambrósio afirma que "aquele que conservou sua castidade é um anjo".[139]

Não é simplesmente em um sentido metafórico, nem para designar certa atitude da alma, que se invoca o angelismo

---

* Manuscrito: "suceder".

137 Eusébio de Emesa, *Homélie* VII, 5.

138 São João Crisóstomo, *De la virginité*, XI, 1-2.

139 "*Castitas enim angelos fecit*", santo Ambrósio, *De virginibus*, I, 8.

da virgindade. Ele é substancial, atravessa a matéria, opera através do mundo e transfigura as coisas. Não está somente aqui embaixo à espera de um outro mundo: ele realmente o efetua. Assim, Crisóstomo descreve a vida de Elias, de Eliseu e do Batista, "estes autênticos amantes da virgindade": "Se eles houvessem tido mulheres e filhos, não lhes teria sido tão fácil habitar o deserto [...]. Por estarem afastados de todos esses vínculos viviam sobre a terra como se estivessem nos céus, não tinham qualquer necessidade de paredes, de teto, de leito, de mesa e de outras coisas desta espécie; seu teto era o céu, seu leito, a terra, sua mesa, o deserto. E aquilo que parece condenar os homens à fome, a esterilidade do deserto, era para estes santos homens fonte de abundância [...], fontes, rios, lençóis d'água lhes forneciam uma beberagem suave e abundante; um anjo preparava para um deles uma mesa surpreendente [...]. Quanto a João [...], não era nem o trigo, nem o vinho, nem o azeite, mas gafanhotos e mel selvagem que mantinham sua vida corporal. Eis os anjos na terra! Eis a potência da virgindade!"[140]

Porém, há mais na virgindade do que esta interferência, espacial até certo ponto, do céu e da terra. A virgindade dos indivíduos tem seu lugar também na economia do tempo. Podemos resumir os muito numerosos e longos desenvolvimentos dessa ideia em alguns temas principais.

A história do mundo é dividida em duas fases. A do mundo ainda vazio e a do mundo pleno. Vazio era o mundo no dia seguinte à Criação, e era a proliferação, sexual para os animais, não sexual para os homens, que devia completá-lo e conduzi-lo ao seu ponto de acabamento. A queda teve

140 São João Crisóstomo, *De la virginité*, LXXIX, 1-2.

duas consequências negativas: impediu a multiplicação não carnal dos homens e os votou à morte. A reprodução sexual passa a ter com a morte uma relação ambígua. Como esta, é consequência da queda, mas repara sem cessar as tormentas da morte: "Depois que, pela desobediência, o pecado foi introduzido, e que Deus tornou os homens mortais, Deus todo-poderoso, velando de acordo com a sabedoria pela propagação do gênero humano, decidiu que o gênero humano crescesse pela conjunção sexual."[141] Eis porque o Antigo Testamento nos mostra os patriarcas casados e à frente de numerosas famílias; eis porque a virgindade – com exceção de algumas figuras singulares[142] – não é aí particularmente honrada. Sob a lei da morte, o casamento era um preceito. Mas, daí em diante, não é mais esta lei que reina sobre o mundo. Estamos agora na idade do mundo "pleno", "completo", na idade em que, como afirma Crisóstomo, o gênero humano, abandonando "a primeira infância", entra na idade adulta.[143] Pois tal foi a sabedoria de Deus. Enquanto os homens, ainda muito próximos de seu nascimento e de sua falta, eram indóceis, teria sido impossível para eles seguir uma prescrição como a da virgindade. O Senhor mandou-os então fazer "seu aprendizado" sob a lei do casamento. É chegado o tempo da perfeição, aquele em que a prática da virgindade deve se conjugar com o mundo que se completa. Conjugação possibilitada, agora necessária e paradoxalmente fecunda.

---

141 São João Crisóstomo, XVII *Homélie* sobre o Gênesis; cf., no mesmo sentido, Gregório de Nissa, *De hominis opificio*, XVII.

142 Como Míriam citada por Gregório de Nissa, Atanásio, Ambrósio; Elias citado por Método de Olimpo e Gregório de Nissa.

143 São João Crisóstomo, *De la virginité*, XVI-XVII, e [nota incompleta].

Ela se tornou possível porque o Cristo, encarnando-se no seio de uma virgem, levando ele mesmo uma existência de virgindade perfeita, e fazendo renascer os homens pela geração espiritual do batismo, não lhes propôs simplesmente um modelo de virtude, deu-lhes o poder de vencer as revoltas da carne e abriu as possibilidades para a própria carne ressuscitar na glória. Depois da Encarnação e para ela, a virgindade, como restituição da vida angelical no interior mesmo do mundo e na própria ligação da carne, tornou-se possível.[144]

Ela é necessária também porque "o tempo é curto".[145] O momento em que o Cristo retornará não está longe. Desta proximidade, cuja promessa foi um dos aspectos importantes da espiritualidade do século IV, tiravam-se consequências negativas. Por que se preocupar com o mundo se ele acaba? Por que velar pelas gerações futuras, a partir do momento em que o futuro se fecha? Por que não voltar imediatamente nosso pensamento para estas realidades que estão no além, mas tão próximas de nós? Nós nos preocupamos até aqui "com as coisas da infância"; chegou o momento agora de "abandonar todos os bens da terra que são realmente brinquedos infantis, e de voltar nossos pensamentos aos céus, ao esplendor e toda a glória da existência celeste".[146] À prática da virgindade alguns objetam que o gênero humano poderia desaparecer completamente, preocupação que hoje não faz sentido: no momento em que a apocatástase vai se produzir,

---

144 [São João Crisóstomo, *De la virginité*, XI.]

145 São Jerônimo, *Adversus Helvidium*, cap. 20 [citação de são Paulo, "Tempus breviatum est", 1 Cor., 7, 29].

146 São João Crisóstomo, *De la virginité*, LXXIII, 1.

lembremos que, quando da Criação do mundo, quando o homem levava uma existência bem-aventurada, "não havia nem cidades, nem profissões, nem casas".[147] Reencontramos aí a ideia de um papel positivo que a virgindade pode e deve ter no acabamento do mundo. Uma passagem de Gregório de Nissa é muito explícita sobre este ponto.[148] A virgindade é estéril. Mas esta esterilidade não incide [senão] sobre o nascimento carnal, o qual está ligado à morte de duas maneiras: inicialmente, porque dela é a consequência, e, em seguida, porque é o princípio de seres sucessivamente votados à morte. Como recusa da geração, a virgindade é, pois, uma recusa da morte, uma maneira de interromper este encadeamento indefinido, que começou no mundo quando a morte nele apareceu, e que prossegue hoje de geração em geração, isto é, de morte em morte. "Pela virgindade, um limite é fixado à morte, impedindo-a de avançar", aqueles que escolheram a virgindade "colocaram-se como uma fronteira entre a vida e a morte, e a contiveram sua mancha para adiante". A série que se abre após a queda encontra-se, assim, interrompida. A potência da morte não tem mais que exercer sua atividade, e não é preciso então ver nesta esterilidade física da virgindade um lento encaminhamento à morte, mas um triunfo sobre ela e a vinda de um mundo em que não terá mais lugar.

A virgindade é, então, ao mesmo tempo elemento de um mundo sem morte e germe desse mundo: fragmento desse mundo aqui embaixo e acesso à realidade celeste que ele constitui. Mas ela é concebida também, com relação a estas realidades, como uma maneira de travar e desenvolver

---

147 Ibid., XIV, 5.

148 Gregório de Nissa, *De la virginité*, XIV, 1.

relações espirituais: ela é forma de união, modo de parentesco, princípio de fecundidade e engendramento. Eis um dos traços mais característicos dessa mística cristã da virgindade, e que a conduz muito longe da antiga concepção da continência.

A virgem é noiva e esposa. Este tema é muito antigo no cristianismo. Tertuliano o formula várias vezes. Em *A ressurreição da carne*, evoca rapidamente os eunucos voluntários e as virgens "casadas com Cristo".[149] No tratado dirigido *À sua mulher*, louva as viúvas que "se alistaram nas milícias de Cristo" e que preferem, ao novo casamento, "viver com Deus, manter-se com ele, não o deixar nem de dia nem de noite, oferecer-lhe já o dote de suas orações [...]. Esposas de Deus aqui embaixo, elas se inscreveram na família dos anjos".[150] A ideia aparece também no penúltimo capítulo do *Véu das virgens*. Portar o véu, que era tradicionalmente a marca do casamento, Tertuliano não somente consente, mas quer que seja a regra mesmo entre as mulheres não casadas: será o signo dos esponsais com o Cristo. Signo que tem uma dupla função: esconder como devem ser escondidas aquelas que não pertencem senão ao seu marido; manifestar, como deve ser, o fato desta pertença: "Esconde qualquer coisa do teu interior, para não mostrar a verdade senão unicamente a Deus, se bem que tu não mentes ao te manifestares esposa; porque tu esposaste o Cristo; tu lhe ofereceste tua carne; tu te casaste com ele em tua maturidade. Anda como teu noivo quer. É o Cristo que quer o véu para as noivas e as esposas de

---

149 Tertuliano, *De resurrectione carnis*, LXI.

150 Tertuliano, *Ad uxorem*, I, 4.

outros: com mais forte razão para as suas."[151] Porém, em todo este texto, o propósito de Tertuliano, já o vimos, não é dar à virgindade um estatuto particular; trata-se, ao contrário, de fazê-la entrar numa disciplina geral entre as diferentes formas da continência e da castidade.[152]

Em compensação, mais tarde, o estatuto de esposa de Cristo será reservado à virgindade e apenas a ela, não somente como um privilégio, mas como uma experiência dotada de um conteúdo particular. Contudo, com duas significações possíveis: a virgem que é prometida a Cristo é a Igreja inteira, ou é a alma individual de quem renunciou para sempre ao mundo. Quanto a isso, o Hino que termina *O Banquete*, de Método, é significativo. As virgens reunidas cantam cada uma em seu próprio nome e por todas elas o refrão: "Para ti, eu me mantenho pura! / Com nossas lamparinas radiosas / Sustentadas com mão firme, / Esposo, venho a teu encontro!" Mas elas são também as seguidoras da Igreja-Virgem, seu canto anuncia a vinda de Cristo, que vai desposá-la: "A ti, ô bem-aventurada jovem Esposa / Nós honramos, nós, tuas aias, / Nós cantamos a ti, Igreja pura e virginal."[153]

Parece que o tema da alma individual, que, na experiência da virgindade, torna-se a esposa de Cristo, se desvincula do tema eclesiástico sem o qual esta desaparece – longe disso –, e sem que se apague absolutamente o jogo das remissões simbólicas entre um e outro. Em todo o caso, a virgem, como noiva do Senhor, está constantemente presente nos

151 Tertuliano, *De velandis virginibus*, XVI.

152 Cf. as linhas que precedem a passagem citada, em que Tertuliano conclama todas as mulheres a portar o véu.

153 Método de Olimpo, *O banquete*, "Refrain et couplet", XX.

autores do século IV, seja Gregório de Nissa – "ela vive com o Esposo incorruptível"[154] –, Basílio de Ancira,[155] Eusébio de Emesa – "as virgens não são as servas dos homens; elas são as esposas de Cristo"[156] –, Ambrósio – "dentre os candidatos ao reino celeste, tu avançastes como para desposar o rei..."[157] –, ou Crisóstomo – "não há esposo que se assemelhe ao da virgem, que seja igual ao seu, que dele se aproxime, por pouco que seja".[158] Sabe-se a amplitude que este tema ganhará ao longo da história da mística cristã e como dele dominará todo um aspecto.

Gostaria somente de destacar aqui, de modo extremamente esquemático, algumas das direções que ele tomará, e que já estão indicadas no vigésimo capítulo do tratado de Gregório de Nissa sobre os dois casamentos. Há duas uniões possíveis, mas absolutamente incompatíveis: uma é o casamento segundo a carne, a outra, o casamento espiritual. Pela primeira, é preciso entender a união física com outro ser humano, mas também, de uma maneira geral, a ligação ao mundo, da qual o casamento propriamente dito é ao mesmo tempo um elemento, uma causa e um símbolo. O casamento que dá acesso às realidades espirituais e com elas estabelece a ligação não pode realizar-se a não ser pela renúncia ao primeiro. Ao chamar "virgindade" esta renúncia sob suas duas formas, particular e geral, Gregório de Nissa pode dizer que

154 Gregório de Nissa, *De la virginité*, III, 8.

155 Basílio de Ancira, *De l'intégrité de la virginité*, 27.

156 Eusébio de Emesa, *Homélies*, VI, 16.

157 Santo Ambrósio, *De lapsu virginis consecratae*, V, 19.

158 São João Crisóstomo, *De la virginité*, LX.

ela é "colaboradora e provedora"[159] deste casamento espiritual. Basílio de Ancira dá à mesma ideia um aspecto mais figurado: a virgem prometida ao Senhor está frequentemente submetida às solicitações daqueles que são apenas servidores; mas ela só pode ser aceita se recusar todos os avanços, que chegam a ser insultos ao seu noivo.[160] Em suma, o casamento com o Cristo exclui qualquer outro, trate-se de um casamento no sentido estrito ou, simbolicamente, de laços com o mundo.

Essas núpcias espirituais não são assim designadas pelo simples fato de que se trata de uma união. Elas se inscrevem, como todo casamento, em um sistema de trocas que constituem para cada um dos dois esposos tanto a recompensa esperada quanto o sacrifício necessário. O que pode oferecer a alma quando ela se propõe como a Desposada? A juventude? Será então o rejuvenescimento, a "renovação do espírito", operada pela conversão. A riqueza? Não serão bens terrestres, mas "tesouros celestes". O bom nascimento? Não será aquele que a sorte reserva, mas aquele que se adquire pela virtude. Enfim, a força e a saúde? Tratar-se-á daquelas que se adquirem pela força do espírito e pelo enfraquecimento do corpo.[161]

É preciso compreender que essa união é sustentada por um ímpeto que, se não deve ter nada de físico, nem por isso deixa de ser desejo e amor; e que ela conduz a uma possessão e à presença real de um ser no outro: "Quando 'o Cristo é tudo e em todos' (Col., 3,11), é com razão que o amante da sabedoria possui o objetivo divino de seu desejo, que é a verdadeira sabedoria, e que a alma ligada ao esposo incorruptível possui o amor da verdadeira sabedoria, que é

---

159 [Gregório de Nissa, *De la virginité*, XX, 1.]

160 Basílio de Ancira, *De l'intégrité de la virginité*, 37.

161 Gregório de Nissa, *De la virginité*, XX, 4.

Deus."[162] Desse mesmo tema do desejo espiritual, que Gregório de Nissa evoca como princípio da ascensão da alma, Crisóstomo desenvolve o outro aspecto, o movimento que atrai o Esposo para a beleza da alma virgem: "Sim, o olhar da Virgem oferece tanta beleza e encanto que desperta o amor não dos homens, mas das Potências incorporais e de seu Soberano." E tão grande é tal beleza interior que transfigura o próprio corpo e o ilumina, provocando a forma inversa da cobiça física, o respeito: "Tal é a modéstia que envolve a virgem que mesmo os debochados, ruborizados e confusos, temperam seu próprio frenesi quando lançam sobre ela o olhar atento [...]. O doce perfume da alma virginal, ao penetrar nas atividades dos sentidos, revela a virtude escondida no interior."[163] Enfim, essa união, que é o conteúdo do estado de virgindade, é fecunda – de uma fecundidade sem dor, da qual uma outra passagem de Gregório de Nissa evoca a riqueza: "Com efeito, a concepção não se faz mais na iniquidade, nem a gestação no pecado; o nascimento depende não mais do sangue, nem do querer do homem, nem do querer da carne, mas somente de Deus. Isso acontece todas as vezes que se concebe, na fonte viva do coração, a incorruptibilidade do espírito."[164]

Sei que esse esboço pode parecer ainda excessivamente esquemático ou muito difuso. Trata-se, ao sublinhar alguns traços importantes da mística da virgindade no século IV, de mostrar que a valorização muito intensa de uma abstenção

---

162 [Ibid.]

163 São João Crisóstomo, *De la virginité*, LXIII, 2-3.

164 Gregório de Nissa, *De la virginité*, XIV, 3. Cf. também Ambroise, *De virginibus*, I, 6.

total, originária e definitiva das relações sexuais não tinha uma estrutura de interdição, não representa o simples prolongamento de uma economia restritiva dos prazeres do corpo. A virgindade cristã é bem diferente da forma radical ou exasperada de um preceito de continência que a moral filosófica bem conhecia na Antiguidade, e que os primeiros séculos cristãos herdaram.

É verdade que vemos o tema da virgindade, no sentido estrito, se separar pouco a pouco de uma prescrição de abstinência sexual recomendada a todos com mais ou menos intensidade, sem ser obrigatória para ninguém. Mas, se dela se separa, também dela se distingue. Pois o princípio de continência tem a forma negativa de uma regra ou pelo menos de um conselho geral, ao passo que a virgindade – o diálogo de Método de Olimpo já o testemunha – designa uma experiência positiva e complexa reservada a alguns e sob a forma de uma escolha. Escolha que não concerne simplesmente a tal aspecto da conduta, mas à vida toda, e que é capaz de transfigurá-la. Da continência à virgindade há a transformação de um conselho negativo e geral em uma experiência positiva e particular.

A mística da virgindade está ligada a uma concepção da história do mundo e da meta-história da salvação. Mudança importante com relação a uma antiga perspectiva: aquela que, com efeito, ligava as relações sexuais, o desejo, a procriação a um mundo natural do qual eram um elemento. Clemente de Alexandria a ela continuava ainda fiel ao estabelecer entre procriação e Criação todo um conjunto de relações estreitas. Mas, por meio do tema da virgindade paradisíaca, vemos produzir-se um corte entre Criação e procriação – corte a partir do qual a atividade sexual desempenha um papel na história do mundo: ela deve impedir a lei da morte de triunfar completamente; ela tem que povoar a terra, antes de desaparecer por sua vez quando, com a Encarnação, o tempo da redenção tiver chegado. A idade da virgindade, que é também aquela da realização do acabamento do mundo, fecha um tempo em que a Lei, a morte e a conjunção dos sexos estavam ligados uns aos outros. E a prática da virgindade ganha assim um sentido muito diferente daquele das relações entre uma abstenção individual e os mecanismos da natureza. Enfim, a mística da virgindade [introduz no domínio dos atos*] uma cesura que projeta na forma de figuras espirituais um conjunto de movimentos, de conjunções, de laços, de gerações que são o desdobramento, termo a termo, dos desejos, atos e relações sexuais.

A valorização da virgindade é coisa bem diferente e bem mais importante do que a desqualificação ou a proibição pura e simples de relações sexuais. Implica uma valorização considerável da relação do indivíduo com a sua própria conduta sexual, o que faz dessa relação uma experiência positiva que tem um sentido histórico, meta-histórico e espiritual. Que as coisas fiquem bem claras: não se trata de dizer que houve valorização positiva do ato sexual no cristianismo. Mas o valor negativo que visivelmente lhe atribuímos faz parte de um conjunto que dá à relação do sujeito com sua atividade

---

* [Manuscrito: estas palavras estão riscadas.]

sexual uma importância com a qual a moral grega ou romana jamais teria sonhado. O lugar central do sexo na subjetividade ocidental marca-se já nitidamente na formação desta mística da virgindade.

Nós o vemos: os temas da virgindade como experiência espiritual estão, no século IV, em autores como Gregório de Nissa, Crisóstomo ou Ambrósio, muito próximos daqueles que eram desenvolvidos por Método de Olimpo, mesmo que difiram destes ou divirjam uns dos outros em muitos pontos de exegese. Mas a diferença mais sensível, e a mais importante quanto ao que nos preocupa aqui, remete ao que Gregório de Nissa chamava "a arte e a ciência" [*Da virgindade*, IV, 9], isto é, a virgindade como forma, técnica, instauração refletida e aplicada da relação a si.

Que a prática da virgindade demande esforço, que não seja simplesmente uma abstenção decidida de uma vez por todas mas um labor constante, os autores do século IV não foram os primeiros a dizê-lo. Mas eles deram a este princípio um destino privilegiado, de três maneiras. Primeiramente, eles o desenvolveram amplamente. Basílio de Ancira lembra, quanto a isso, que "o reino dos céus pertence aos violentos".[165] Crisóstomo sublinha que muitos "recuam frente à ideia dos esforços extenuantes que exige";[166] reconhece "a dificuldade do empreendimento", "o rigor desses combates, o pesado fardo dessa guerra".[167] A partir disso, a oposição tradicional entre os inconvenientes do casamento e a tranquilidade do

165 Basílio de Ancira, *De l'intégrité de la virginité*, 4.

166 São João Crisóstomo, *De la virginité*, XXII, 2.

167 Ibid., XXVII, 1.

estado da virgindade é elaborada. Ao longo do tratado de Crisóstomo, podemos reencontrar uma oposição em quiasmo: o casamento é apresentado como causa de problemas e de preocupações, enquanto a virgindade assegura a limpidez calma da alma; mas a virgindade é uma luta penosa e incessante, ao passo que o casamento é uma via de facilidade – porto e repouso, que a virgem, sempre em alto mar, afastando as tempestades, não pode conhecer.[168] A rudeza do estado de virgindade é então comparada, segundo duas metáforas que não cessam de aparecer por toda a literatura ascética da época, aos combates dos soldados e aos exercícios do ginasta. A virgem é uma cidade sitiada: é-lhe preciso "um olho sempre aberto, uma paciência a toda prova, muralhas robustas, muros exteriores e ferrolhos, guardiães vigilantes e corajosos"; noite e dia, seus pensamentos "devem estar em pé de guerra"; por todos os lados, deve-se encontrá-la "fortificada".[169] Ou, ainda, ela é um atleta que precisa enfrentar um rival: "de agora em diante, de duas coisas uma", ela deixará o estádio "ou bem com a fronte coroada, ou bem depois de ter comido a poeira e a vergonha".[170]

Assim, nitidamente situada entre as práticas ascéticas, a virgindade deriva de um mesmo princípio que todas as outras: não pode ser levada a bom termo sem a intervenção de um diretor. Método de Olimpo evocava apenas um círculo de mulheres dentre as quais uma se destacava sobre as outras – todas excelentes, todavia – por sua doutrina e por seu exemplo. De sua parte, Cipriano exortava, dava conselhos,

168 Ibid., XXXIV, 1-2.

169 Ibid., XXVII, 1-2; cf. igualmente XXXVII, 4.

170 Ibid., XXXVIII, 1.

ajudava com suas opiniões aquelas que tinham escolhido este caminho, sublinhava a importância de uma disciplina por ele entendida como uma "observação" da Escritura em que a religião inteira encontrava seu fundamento. Diversas homilias insistem igualmente sobre o papel do pai e da mãe em relação àqueles de seus filhos que tinham abraçado o estado de virgindade.[171] Já Gregório de Nissa consagra todo o último capítulo de seu tratado *Da virgindade* à necessidade de aprender com o mestre as regras desse estado.

Para isso, dá inúmeras razões que se ordenam todas ao princípio geral de que, nesta arte, o erro é mais grave do que em qualquer outra: uma vez que o objeto a que ela se propõe somos nós mesmos, ao nos enganarmos a esse respeito, danificamos a alma e nos expomos a morrer.[172] Que não possamos nos remeter a nós mesmos explica-se primeiramente pelo fato de que o estado de virgindade e as regras a observar não estão inscritas na natureza. Trata-se, de algum modo, afirma Gregório, de aprender um "idioma estrangeiro". A virgindade, como gênero de vida (*diagôgê*), tem, com relação ao homem que segue a natureza, o caráter da "novidade".[173] Mas Gregório vai além: a virgindade não está simplesmente em posição de ruptura com a natureza, ela é como uma arte à maneira, por exemplo, da medicina. Esta seria impossível, inútil e perigosa de aprender por si só. Ela se revelou progressivamente pela experiência, e as observações dos predecessores servem como preceitos para

171 A homilia publicada por Dom David Amand de Mendieta, loc. cit.

172 Gregório de Nissa, *De la virginité*, XXIII, 2.

173 Ibid. Aqueles que praticam a virgindade são, comparados àqueles que não a praticam ainda, *alloglôssoi*.

o futuro. Mas, olhando-o mais de perto, vê-se que Gregório não se serve da medicina apenas como um termo de comparação. Ele lembra que a filosofia é uma arte de curar as almas – é uma cura de "toda paixão que atinge a alma". E como ele designou um pouco mais acima o estado de virgindade como uma maneira filosófica divina, é preciso então compreender que esta arte é, em seu sentido estrito, e pelo menos segundo alguns de seus aspectos, uma maneira de cuidar da própria alma.[174] Esta arte, uma alma jovem não a poderia praticar sozinha sem se expor aos erros: o efeito da ignorância, mas também da ausência de um princípio de moderação;[175] deixada a si mesma, a alma corre perigo pelo fato mesmo de seu ímpeto: "alguns se abandonaram ao ímpeto feliz que os conduz ao desejo desta vida nobre, mas, imaginando alcançar a perfeição, desde o instante em que a escolheram, pelo fato do seu louco orgulho, tropeçaram em outro erro, abusando em sua demência desta beleza à qual seu pensamento se inclinava."[176] Encontramos, então, nesta passagem que abre o último capítulo do tratado de Gregório sobre a virgindade, vários argumentos que vimos servirem para justificar a prática da direção em geral.

Quanto ao papel de diretor, Gregório de Nissa o opõe, com insistência, à lição escrita, fazendo valer que na arte da virgindade é preciso ser guiado pelos "atos".[177] Com efeito, sobre o ensino que permite aprender esse difícil estado, o texto é muito elíptico. Fala essencialmente do

---

174 Ibid., XXIII, 2.

175 *"Enkrateias metra"*, ibid., XXIII, 1.

176 Ibid., XXIII, 3.

177 *"Hê dia tôn ergôn huphêgêsis"*, ibid., XXIII, 1.

papel daquele que dá o exemplo.[178] Porém dele fala em dois sentidos alternados: por um lado, trata-se de um modelo, de um "cânone" para nossa vida – Gregório o apresenta como um corifeu cujos gestos os seguidores imitam; contudo, por outro lado, dele também fala como uma referência, um objetivo em direção ao qual mantemos os olhos fixos, pois é nele que podemos ver o que é o estado de virgindade quando, enfim, "atracou no porto da vontade divina": aqueles que lá chegaram "mantêm sua alma tranquila na calma e na serenidade". Mantêm-se impávidos longe da agitação das ondas, o esplendor de sua vida forma, portanto, como que sinais de fogo.[179] Encontramos então aí, magnificado e conduzido a seu ponto de realização, o tema da tranquilidade virginal. Todavia, o papel do diretor, no trabalho, os exercícios e os combates que atravessam este estado e o sustêm, não aparece com nitidez, tampouco as técnicas que ele emprega, as regras ou os conselhos que dá.

[3 – Virgindade e conhecimento de si]

Esta direção da vida virginal é, ao contrário, muito explícita em outros textos. Tomarei exemplos em dois textos. Um é oriental, independente das instituições monásticas, e dirigido às mulheres: é o tratado *Da integridade da virgindade*, que, por muito tempo, figurou entre as obras de Basílio de Cesareia, e que desde o começo do século XX é atribuído a

178 Ele dá exemplos como uma luz acende outras (ibid., XXIII, 5).

179 Ibid., XXIII, 6.

Basílio de Ancira. Quanto ao segundo exemplo, tomá-lo-ei de empréstimo aos capítulos que Cassiano, nas *Instituições* e nas *Conferências*, consagra aos problemas da pureza na existência monástica. Bem diferentes, pois, em seu contexto e sua inspiração, ambos, no entanto, dão testemunho do desenvolvimento ao longo do século IV das "técnicas de si" e do lugar que elas ocupam na prática do estado de virgindade.

– I –

O texto de Basílio de Ancira se situa em meados do século IV – antes de 358 em todo o caso. Ele evoca seu próprio contexto desde as primeiras linhas, referindo-se ao desenvolvimento de práticas ascéticas (abandono dos bens, jejuns, macerações como deitar-se no chão). Mas se distingue, como uma insistência aliás frequente à época, da literatura do elogio: apresenta-se como um texto prático. O que não quer dizer que seja estrangeiro aos temas encontrados na espiritualidade do século IV. Ao longo do texto volta a figura, indicada desde as primeiras palavras, do Cristo-Esposo:[180] a ideia do casamento, com a beleza da Desposada, o amor que ela tem por seu Senhor, a fidelidade à qual é obrigada, o desejo que deve ter de lhe agradar é longamente desenvolvido.[181] Encontra-se também a afirmação de que, pela virgindade, a alma tornou-se incorruptível, e, assim, pode levar desde este mundo a vida dos anjos;[182] referência igualmente é feita

---

180 Basílio de Ancira, *De l'intégrité de la virginité*, 1.

181 Ibid., 24-29; 36-39.

182 Ibid., 2; 51.

às duas idades, a do casamento, inaugurada por Adão, a do futuro século cuja semente foi jogada sob a forma da pureza virginal pelo Cristo.[183] O tratado de Basílio de Ancira está, deste ponto de vista, em continuidade direta com os grandes textos espirituais sobre a virgindade.

Mas nem por isso seu objetivo deixa de ser o de fixar meios em relação a um fim:[184] trata-se não de ensinar àqueles que já adquiriram o conhecimento do bem, mas de mostrar àqueles que experimentam o amor como atingir este bem que desejam. Livro de vida por conseguinte, sem que defina um *corpus* sistemático de regras: nenhuma referência é feita a instituições monásticas. Nas primeiras linhas, indica-se apenas que a obra é destinada àqueles que conceberam, graças ao bispo Letoio (ao qual Basílio se dirige), o amor do bem, mas nada sugere que se trate aí de uma comunidade instituída.[185] Apenas o desenvolvimento do texto mostra, sem que nenhuma justificação ou explicação suplementar seja dada, que ele constitui prescrições de vida para as mulheres. Deste ponto de vista está próximo das obras práticas escritas, na segunda metade do século, por Evágrio, por Pseudo-Atanásio, ou por Ambrósio. Delas se distingue, contudo, pelo fato de se apoiar sobre todo um conjunto de conhecimentos médicos que evoca com algum detalhe, e a partir daí elabora muito menos regras de conduta (apesar de a elas se referir) do que técnicas, procedimentos, maneiras de fazer ou maneiras de

---

183 Ibid., 54 e 55.

184 Ibid., 1.

185 De todo modo, ele indica também que seus conselhos podem valer para todos os leitores ocasionais.

ser que dizem respeito à alma e ao corpo nas suas relações. Mais do que as vestimentas ou as frequentações, as sensações, os desejos, as imagens, as lembranças constituem o objeto do livro. Trata-se muito mais da questão da relação a si do que da atitude quanto aos outros ou da conduta em meio a eles. E, quando Basílio ressalta a necessária renúncia a todos os ornamentos e a todas as formas de coqueteria, recorre ao lado do argumento que conhecemos (a mulher não pode agradar a Deus tal qual Deus a moldou[186]), [a um outro argumento]: todos estes cuidados do corpo induzem na alma não somente dos espectadores como daquela que a eles se presta, sensações, imagens, desejos.

A arte da virgindade, segundo Basílio de Ancira, apresenta dois aspectos. Comporta, em primeiro lugar, o que poderíamos chamar uma tecnologia da separação ou do corte.

Interrupção, de início, do desejo natural. Basílio explica a atração dos sexos por um princípio geral que vale do mesmo modo para os humanos e para os animais. Para povoar a terra, Deus se serviu de "germes prototípicos", aos quais deu a possibilidade de se reproduzir separando do corpo dos machos um "segmento"; este constitui a fêmea à qual o indivíduo masculino tenta se reunir. A esta tendência à reunificação, Basílio dá duas formas alternadas: a atração mútua, que parece colocar macho e fêmea em posição simétrica (ontologicamente, são as duas partes de um mesmo indivíduo); e a pulsão do macho em direção à fêmea que, por uma dissimetria "fisiológica", coloca de um lado o princípio da atração, e, de outro, a força do movimento. A fêmea é como o imã; o macho, como o metal.

---

186 *"Areskei de toiautê hoian autos autên plasai êthelêsen"*; ibid., 17. O mesmo argumento encontrava-se em Cipriano, cf. supra, pp. 154-155.

Passiva é a mulher, porque é em direção a ela que o macho se dirige; mas ela é também princípio de movimento porque é a sede do prazer que atrai – o que faz ademais que a maior força, que está do lado masculino, se encontre suavizada e mitigada pelo desejo de proteger. Em todo caso, nesta dinâmica natural (para descrevê-la, Basílio faz apenas uma alusão longínqua à Escritura, o plano de referência é tomado de empréstimo à história natural), vê-se que a parte feminina está numa posição "estratégica" privilegiada. Sede da atração, mas ela mesma imóvel, a mulher pode interromper este movimento inscrito desde a origem na natureza. Tal é o papel da virgem: ser o ponto de ruptura neste processo geral de atração.

Mas por que uma tal ruptura se imporia, visto que, se é preciso acreditar em Basílio, esta atração não é senão o efeito da vontade de Deus? Porque as almas que, em si mesmas, são iguais e de natureza idênticas, logo, sem diferenciação sexual,[187] são afetadas pelos movimentos do corpo ao qual estão ligadas. Elas recebem de algum modo a impregnação de seu sexo corporal, tornam-se masculinas ou femininos, e não podem aceder ao amor de Deus incorporal a não ser rompendo essas afecções. Basílio atribui a essa ruptura duas formas que, uma e outra, embora cada uma de maneira diferente, repousam sobre a ideia de uma certa equivalência entre o prazer como princípio de atração entre os sexos, e o prazer como forma geral de obscurecimento ou de entorpecimento da alma pelo corpo. Basílio explica de início que o prazer (*hêdonê*) é genericamente único, que é preciso, portanto, não apenas dominar aquele que nos impele à união dos sexos,

187 A questão da diferenciação sexual nas almas era uma velha questão. Ver Tertuliano [(*Du voile des vierges*, 7-8; *De l'âme*, 27 etc.)].

mas também todos os outros. E uma vez que por meio dos cinco sentidos dirigidos aos objetos sensíveis e, depois destes, em retorno, em direção à alma, o fluxo de prazer não cessa de ir e vir, de se agitar e de trazer sua perturbação, é preciso, pois – e esta será uma parte capital na arte da virgindade –, vigiar essas saídas e esses canais, manter-se vigilante à porta dos sentidos. Toda uma economia dos fluxos do prazer deve ser assegurada por uma atenção voltada, nos limites do corpo e no mundo exterior, para os órgãos da percepção e o que podem perceber. Economia do olhar, que não deve se dirigir ao acaso a tudo aquilo que pode ser tocado pelos olhos; economia da audição, que não deve ser voltada para qualquer palavra, mas para aquilo que é útil aprender. Trata-se, em suma, de um fechamento seletivo ao mundo exterior, em função de um perigo intrínseco aos movimentos do prazer que perturbam e, de certo modo, "sexualizam" a alma.

Ora, dentre todos os sentidos que se trata de fechar pelo menos parcialmente, há um ao qual Basílio confere um lugar central. É o tato. Este lugar, ele o explica por várias razões: o tato é mais potente que todos os outros para suscitar os prazeres do sexo. Ele é igualmente importante para o gosto (do qual parece que Basílio faz uma espécie de tato), pois o alimento e a bebida estão entre os fatores mais importantes para estimular os prazeres sexuais. Enfim e sobretudo, o tato funciona, para Basílio, como a forma geral de todos os sentidos: é ele que em cada um dos sentidos conduz até a alma a imagem das coisas exteriores cujas espécies vêm tocar o corpo; é ele que os faz atravessar o corpo e abalar a alma. O tato constitui, de qualquer modo, o suporte geral de toda a sensibilidade corporal. Em cada forma de sensação, está mais ou menos presente, mais ou menos ativo, mais ou menos determinante. Se então queremos controlar o movimento dos prazeres que corre ao longo dos canais dos sentidos, é ao tato que é preciso dar mais atenção. "Evitar os contatos": preceito que é preciso compreender no sentido preciso da palavra – Basílio dele cita algumas aplicações particulares: evitar os abraços, os contatos entre homens e mulheres, mesmo que sejam irmãos e irmãs, ao passo que aqueles que têm lugar entre duas pessoas do mesmo sexo são sem perigo[188]–, mas que também é preciso entender de uma maneira mais geral: diminuir a força do corpo, abrandar sua capacidade de ressonância, evitar que, demasiado rigorosos, seus movimentos abalem a alma com demasiada força. Enfim, mais geralmente ainda: evitar o contato do corpo inteiro (como lugar de todos os contatos) com a alma. Esse tema da separação entre alma e corpo, de seu isolamento recíproco, retorna ao longo de todo o texto sob diferentes formas: imagem da alma que deve fechar com cuidado suas janelas, em vez de ser como estas prostituídas que as mantêm totalmente abertas e não cessam de ali se mostrar;[189] do chefe da casa que mantém sua porta cuidadosamente fechada quando os soldados tentam penetrar para encontrar um alojamento;[190] da água e do óleo, que devem permanecer separados se não querem ser turvados.[191] Que a alma e o corpo permaneçam, portanto, separados um,

188 Basílio de Ancira, *De l'intégrité de la virginité*, 44-45.

189 Ibid., 15.

190 Ibid.

191 Ibid., 46.

do outro: mantendo todos dois "no seu lugar, na sua posição e conforme seu uso", far-se-á, entre eles, reinar a paz.[192]

Mas esses diversos procedimentos de separação – dos sentidos quanto às coisas sensíveis, do corpo quanto ao mundo, e da alma quanto ao corpo – são apenas para Basílio um lado da arte da virgindade. Todo um outro aspecto concerne à própria alma e ao trabalho que ela deve realizar sobre si. Que a pureza do corpo não seja nada sem a da alma, é um tema muito tradicional ao qual Basílio dá inúmeras formas. Aquela da dupla pureza: é preciso dar tanta atenção aos movimentos da alma quanto aos do corpo. Não se pode ser considerado virgem a não ser que se o seja de alma e de corpo: "Se nós reduzimos pelo jejum as paixões do corpo, mas deixamos a alma agitada por aquilo que lhe é próprio, a inveja, a hipocrisia e o movimento das outras paixões, não tornaremos a abstinência do corpo útil à virtude. E se purificamos as almas de suas paixões, mas deixamos o corpo abandonado aos prazeres do ventre e às outras delícias, mesmo sem a desordem da impudicícia, não podemos tornar nossa vida perfeita na virtude."[193] A da pureza principal da alma, que constitui o elemento primeiro e determinante com relação à integridade do corpo: "Pois se a alma é sem corrupção, o corpo também se conserva sem corrupção; no entanto, se a alma é corrompida pelos maus pensamentos, mesmo que o corpo pareça ficar incorrupto, não encontraremos pureza em sua ausência de corrupção, pois ele está corrompido por pensamentos sujos."[194] Enfim, com relação à castração física,

192 Ibid., 47.

193 Ibid.

194 Ibid., 43; cf. ibid., 13.

Basílio faz valer o princípio da intenção que constitui o pecado. Não apenas não há mérito em se tornar fisicamente eunuco voluntário, mas porque se alguém se recusa a assegurar, ele próprio, a virgindade de sua alma e, então, cede ao desejo sem se permitir o ato, é preciso considerá-lo pecador: "a ablação das partes denuncia o adultério daquele que se mutila", "ele então se desarmou suprimindo o instrumento do adultério, para que se pense que não fornica com seu corpo; entretanto, fornica em intenção."[195]

Um trabalho específico de purificação da alma é, pois, necessário, além de todas as abstenções, separações e fechamentos que a do corpo requer. Basílio evoca de início a questão da remanência das imagens: mesmo que os objetos que tocam os sentidos desapareçam, sua imagem permanece na alma. Fazem como estes dardos inflamados que incendeiam o alvo em que se cravam, ou imprimem como sobre a cera um traço que permanece. É preciso, portanto, porque não se pode manter sempre fechados os olhos do corpo, velar para que não se guardem tais imagens. De nada serviria jejuar e enfraquecer o corpo se continuássemos a cultivar esses pensamentos. Que alma poderia ser dita virgem se ela mantivesse abraçado aquele que ela ama "com as mãos incorporais do pensamento"? O corpo, que está sempre misturado à alma e que segue seus movimentos, se encontraria assim por ela corrompido, e a acompanharia em seus sonhos.[196] É preciso,

195 Ibid., 61. Contra o eunuquismo, Basílio também afirma, a partir de considerações fisiológicas, os restos do desejo que assombram o corpo e são tão mais violentos quanto menos saída podem encontrar.

196 Veremos, mais adiante, a importância dessa questão da imagem no sono, da sujeira que ela leva ao corpo, e da complacência que a provoca.

portanto, trabalhar sem cessar para apagar tais imagens e para substituí-las, sobre a cera da alma, pelas meditações, as figuras, os "caracteres" das coisas santas.[197]

Mas é preciso considerar também que atos podem ser cometidos na alma. Não é necessário, para que haja ato, que este seja efetuado pelo corpo. Basílio, entretanto, não se refere aqui a uma concepção jurídica que faria equivaler a intenção completa à execução do próprio projeto. Utiliza uma fisiologia da alma segundo a qual todos os pensamentos viriam a se inscrever sobre a "tábua" da alma como num quadro, do qual elas não se apagariam, mesmo se o esquecimento ou a desatenção os recobrisse. Todo pensamento é um ato e permanece um ato na alma, na medida em que seu traço nela subsiste. Basílio recorre neste ponto à comparação com os signos da escrita: aquele que os aprende inscreve-os em sua alma, e não tem necessidade de escrever realmente para que as letras sejam gravadas em sua alma. Sem esta inscrição, como poderia ele escrever quando desejasse? Da mesma maneira, os pensamentos se depositam como marcas na alma. E quando vier a morte e a alma for libertada, toda esta escrita miúda, dos pensamentos que tinham permanecido até então velados, aparecerá em plena luz. E nenhum dos atos de pensamento, mesmo os mais secretos, escapará ao olhar daquele que tudo vê. A alma que quer permanecer virgem deve, pois, velar continuamente sobre os movimentos, mesmo os mais secretos, de seu pensamento.

Enfim, a pureza da alma não pode ser assegurada sem uma vigilância constante sobre aquilo que, no interior dela

---

197 Ibid., 13.

mesma, pode iludi-la e enganá-la. Ela é sempre suscetível de se deixar surpreender. Pode sê-lo pelo jogo das semelhanças e das naturezas contrárias que se escondem sob espécies análogas. Retomando o dito grego de que os vícios são vizinhos próximos das virtudes, Basílio o reinterpreta a partir das astúcias do demônio: na porta de cada virtude, o demônio colocou aquela, muito semelhante, do vício; acredita-se bater à porta da primeira, e é a outra que se abre. Assim, aqueles que queriam ser corajosos se revelam temerários, e aqueles que queriam evitar a temeridade se revelam medrosos.[198] Mas pode também haver engano pela proximidade: a alma crê amar o Senhor e se enamora de seus servidores; ou começa por amar a beleza de uma alma, mas como esta se manifesta por meio dos corpos que se vê, as vozes que se escuta, vem "a amar, no lugar da alma que fala, aquilo por meio do qual ela fala"[199] – um pouco como se, em lugar de amar um músico, nos apaixonássemos por seu instrumento.

A uma tal vigilância sobre estes três pontos que vimos como eram importantes na direção de consciência – remanência de imagens, movimentos espontâneos do pensamento, ilusões e semelhanças –, Basílio dá uma justificação, um modelo e uma sanção, no princípio da inteira visibilidade da alma. Visibilidade que é materializada de algum modo pelo quadro em que se inscrevem, em marcas duráveis, todos os movimentos que nela se produzem, mas visibilidade que se atualiza de três maneiras: no futuro, a morte libertará a verdade da alma e a fará aparecer na limpidez da luz eterna; mas, permanentemente, Deus pode ver até o fundo de

198 Ibid., 36.

199 Ibid.

nossa alma, nenhum movimento, secreto que seja, poderia lhe escapar;[200] e é permanentemente também que o anjo da guarda vela sobre a alma: ele é para a [virgem*] o guia que a deve conduzir ao Esposo.[201] Além disso, é preciso pensar nos exércitos de todos os anjos e nos espíritos de todos os pais. Todos contemplam tudo e por toda a parte. Até em seus menores recônditos a alma é, portanto, não somente visível como também atualmente vista. Este olhar, ou antes, estes olhares indefinidamente numerosos não são os seus. Sua virgindade, a alma a assegurará se, tanto quanto possível, se esforçar para ver a si mesma e para velar sobre tudo o que se passa nela, à maneira de todos os outros olhares que percorrem, sem obstáculo, seus segredos.

À época em que Basílio de Ancira escreve, as instituições monásticas estão em pleno desenvolvimento; mas, de uma maneira mais geral, toda uma prática regulada, refletida e controlada do ascetismo se expandiu. É difícil precisar exatamente a quem é destinado o tratado que endereçou a Letoio. Mas os conselhos que dá e as prescrições, não sistemáticas, que propõe incidem nos mesmos pontos essenciais que a direção espiritual e o exame de consciência tais como os encontraremos cuidadosamente descritos em textos um pouco posteriores. Mediante este tratado, vê-se a prática da virgindade, que fora desembaraçada do princípio de continência e definida como uma experiência espiritual positiva, organizar-se como um *tipo de relação a*

---

200 Ibid., 27.

* [Manuscrito: "virgindade".]

201 Ibid., 28.

si, que concerne não somente ao corpo, como também às relações do corpo e da alma, à abertura dos sentidos, ao movimento dos prazeres através do corpo, à agitação dos pensamentos. Vemo-la também se abrir sobre um *domínio de conhecimento interno* em que estão em pauta a sensação, as imagens e seus efeitos de remanência, as atividades do pensamento e tudo aquilo que na alma pode escapar seja aos outros seja a si mesma, pelo efeito de uma ilusão ou da tenuidade do processo. Enfim, vemo-la inscrever-se em uma *relação ao poder do outro* e ao olhar que marca, ao mesmo tempo, um assujeitamento do indivíduo e uma objetivação de sua interioridade.

Indicando estes processos a propósito do texto de Basílio de Ancira, não pretendo que seja ali que os encontramos pela primeira vez, tampouco que seja ali que se tenha operado a transformação que a eles deu lugar. Não me detive nele senão na medida em que testemunha a existência, em meados do século IV e numa prática pastoral não definida, de uma técnica de si bastante elaborada. Detive-me nele também porque se vê, em torno das relações sexuais que o princípio de virgindade recusa, constituir-se todo um domínio (feito do corpo e da alma, de sensações, de imagens e de pensamentos) sobre o qual se considera que é preciso intervir para que a exclusão das relações sexuais tome o sentido espiritual positivo que dela se espera: o correlato prático e indispensável desta abstenção. Pode-se constatar que ele não se identifica nem à totalidade do corpo nem à da alma, atravessa-os um e outro, da apreensão de um objeto pelos sentidos aos movimentos mais secretos do coração.

– II –

A análise de Cassiano é bem diferente da de Basílio de Ancira. Seu quadro de referência é constituído pela prática monástica – cenóbio para o texto das *Instituições* que concerne, sobretudo, aos debutantes, e anacorese para as *Conferências*, que relatam experiências espirituais muito mais avançadas. De todo modo, os intuitos de Cassiano, as regras e prescrições que propõe se aplicam a uma forma de vida em que a renúncia a qualquer forma de relação sexual já foi operada. Não é preciso, portanto, neste estádio, levar em consideração os privilégios do estado de virgindade sobre o do casamento, mas desenvolver o que decorre desta escolha prévia. Cassiano raramente emprega a palavra virgindade. Ela aparece duas vezes nas *Conferências* e, nos dois casos, em oposição ao casamento: a propósito de Elias e de Jeremias, que, "mais do que usar o casamento, preferiram perseverar na virgindade";[202] e a propósito das virgens loucas e das virgens sensatas, umas e outras chamadas virgens, porque não tiveram esposo, mas as primeiras praticando apenas a virgindade do corpo.[203] É o termo castidade – *castitas* – que, em Cassiano, recobre a maior parte das questões ou dos temas que Gregório de Nissa, Basílio de Ancira, Crisóstomo e, de uma maneira geral, os Padres gregos atribuíam à prática da virgindade e às regras interiores a este estado.

Como seus predecessores haviam feito para a virgindade, Cassiano distingue a continência da castidade. Em *Instituições*, apoia esta distinção no uso tradicional das palavras gregas e marca, ao mesmo tempo, a hierarquia de valores entre

202 João Cassiano, *Conférences*, XXI, 4.

203 Ibid., XXII, 6.

os dois termos: "Nós não negamos que nas comunidades se encontrem também homens continentes: isto pode ser feito muito facilmente, reconhecemos. Com efeito, são duas coisas diferentes ser continente – isto é, *enkratês* – e ser casto e, por assim dizer, passar a este estado de integridade ou de incorrupção que se chama *hagnos*, virtude que não é atribuída senão àqueles que permanecem virgens em sua carne e em seu espírito, como foram [...] Jeremias e Daniel.[204] Entre as duas noções há a diferença do negativo ao positivo. De um lado, abstenção externa quanto ao sexo, de outro, um movimento interior do coração: "A incorrupção da carne reside menos na privação de mulher do que na integridade do coração que guarda, sem corrupção, sua santidade pelo temor a Deus ou o amor à castidade."[205]

Nas *Conferências*, Cassiano retorna longamente a esta distinção. Ele lhe dá o mesmo valor fundamental: a continência é reclusa, rejeição (*districtio*); a castidade, força positiva que eleva e que se sustenta por meio do "deleite que toma de sua própria pureza".[206] Assim, os pagãos só são capazes de continência. Sócrates não era casto, mesmo abstendo-se de consumar o amor que experimentava pelos rapazes: ele praticava violência contra seu "mau desejo" e quanto à "volúpia de seu vício" sem os banir de seu coração.[207] Entretanto, esta oposição não está isenta de uma certa ambiguidade. Com efeito, Cassiano descreve o reino da continência como um momento que deve durar tanto tempo quanto durem os

---

204 João Cassiano, *Institutions*, VI, 4.

205 Ibid., VI, 19.

206 *"Propriae puritatis delectatione subsistit"*, João Cassiano, *Conférences*, XII, 10.

207 Ibid., XIII, 5.

menores traços de ardores carnais: "Enquanto restar qualquer atração pela volúpia, não se é casto, mas somente continente [...]. Enquanto experimentarmos as revoltas da carne, reconheçamos [...] que ainda permanecemos sob o cetro débil da continência, fatigados de combates contínuos cujo desfecho permanece necessariamente duvidoso."[208] Em relação a estes esforços da continência, a castidade aparece como um estado terminal em que não mais é preciso combater "os movimentos da concupiscência carnal";[209] é, então, e somente então, que a alma pode se tornar "a morada do Senhor", a qual não está jamais nos "combates da continência", mas "na paz da castidade".[210] Ora, Cassiano insiste ao longo de toda a sua obra – e é precisamente o tema da XII *Conferência* consagrada à castidade – sobre o fato de que a luta contra os assaltos da carne jamais pode ser considerada definitivamente encerrada. "Nós temos um corpo também, que é uma pobre besta de carga."[211] Não somente eles reaparecem quando os acreditamos vencidos, mas, como veremos, sua ameaça tem, para a virtude, um valor positivo: acontece-lhes de serem o efeito da beneficência de Deus, que não deseja que nos deixemos adormecer na tranquilidade da alma. De sorte que a castidade como estado espiritual diferente da continência constitui um ponto ideal em direção ao qual é preciso indefinidamente caminhar, sem estar certo de poder atingi-lo de

208 Ibid., XII, 10.

209 Ibid., XII, 11.

210 Ibid.

211 Ibid., XI, 15.

maneira completa.[212] Mas Cassiano também a descreve em relação à continência (atitude negativa de recusa) como uma força positiva que duplica esta última, a sustenta, a anima e transforma a simples abstenção em movimento de ascensão para Deus: "Não se poderá dominar nem banir o desejo das coisas presentes se, no lugar destas inclinações nocivas, que se aspira a repelir, não se faz suceder inclinações salutares [...]. Nós queremos cassar de nosso coração os apetites da carne: deixemos prontamente o lugar para as alegrias espirituais."[213]

A castidade deve, portanto, ser pensada em termos de estado e em termos de combate: tranquilidade que nada poderia perturbar – mas que não é mais "uma virtude humana ou que pertença à terra; ela parece antes o privilégio do céu, o dom particular dos anjos";[214] e também, força de afrontamento que demanda, para poder triunfar, ardor e paixão, e um desejo que não é sem parentesco com aquilo mesmo que se esforça em combater. Para atingir a castidade, diz Cassiano em um texto notável, "que cada um se inflame [...] do mesmo desejo e do mesmo amor que vemos no avaro devorado pela cupidez, no ambicioso atormentado pela sede das honras, no homem arrebatado pela violência intolerável de sua paixão por uma beleza feminina, quando, no ardor de uma impaciência excessiva, anseiam por satisfazer seu desejo".[215]

Malgrado tantos pontos comuns com os grandes teóricos do século IV, a distinção que Cassiano estabelece

---

212 Como veremos, apenas a graça pode permitir alcançá-lo, e as tentações propriamente são talvez uma graça.

213 Ibid., XII, 5.

214 Ibid., XII, 14.

215 Ibid., XII, 4.

entre continência e castidade revela, de fato, uma paisagem muito diferente. Ela é dominada pelas noções de *pureza de coração* e de *combate espiritual*, que tomam sentido na especificidade da vida monástica em que Cassiano se inspira seguindo Evágrio.

*

1. *A pureza de coração*. Para designar o estado de virgindade em sua plenitude, Cassiano jamais recorre ao vocabulário dos esponsais, que era muito constante de Método de Olimpo a Crisóstomo. É verdade que ele utiliza por vezes termos que, até certo ponto, dele se aproximam. Podemos destacar quatro dentre os principais. Cassiano fala da união que reúne a alma com Deus;[216] da "fusão" que a faz "abismar-se" nele;[217] da entrada soberana do Senhor nela;[218] do movimento pelo qual ele a apreende e dela toma posse.[219] No entanto, não é a união sexual de dois indivíduos que serve de modelo implícito ou explícito a esta experiência, mas o ato de conhecimento considerado como relação entre olhar, objeto e luz. A alma unida a Deus não é para Cassiano a noiva finalmente reunida ao esposo. Ela é, antes, o olhar que não se distrai do ponto ao qual se fixou, e a ele permanece ligada a ponto de não ver qualquer outra coisa. Quando fala da alma que se

---

216 Ibid., X, 8: "*Deo jugiter inhaerere*".

217 Ibid., IX, 18: "*in illius dilectio resoluta atque rejecta*".

218 Ibid., IX, 19.

219 Ibid., XI, 13: "*Quem semel sua virtute possederit, non partem, sed totam ejus occupet mentem*" ["Quando ele se apodera de uma alma, não a possui apenas em parte, mas inteiramente", trad. E. Pichery].

funde em Deus, Cassiano não pensa na esposa absorvida na união espiritual, mas no ato de contemplação que constitui uma e a mesma coisa com o que é contemplado. Quanto à presença de Deus na alma da qual ele toma posse sem nada deixar escapar, não é à presença do Senhor no leito nupcial que Cassiano se refere, mas à descida na alma do raio que a ilumina, não deixando nela qualquer canto de sombra.

É que a vida monástica da qual Cassiano define a arte e a disciplina tem por finalidade a contemplação. Aquele que renuncia ao mundo procura chegar a este "bem principal" que é estabelecido "na teoria, isto é, na contemplação". Quando a alma a isto tiver acedido, não terá "outro alimento que o conhecimento de Deus e a alegria de sua beleza". A relação de conhecimento subtende a relação da alma a Deus. E mesmo no momento em que a relação se torna junção, fusão, posse, é ainda na forma do conhecimento, ou, mais precisamente, segundo o modelo do olhar e da luz, que Cassiano a reflete. Por conseguinte, a castidade não tem, para ele, o mesmo papel que a virgindade nos autores de que antes falamos. Para estes, tratava-se de conservar na alma a integridade que lhe permita chegar ao Esposo sem ter nunca sofrido mácula. Para Cassiano, a castidade tem por papel assegurar uma "pureza de coração" ou uma "pureza de espírito" que torna possível a relação de conhecimento: que não haja perturbação no olhar, sombra que escape à luz, mancha que obstaculize a transparência. Em suma, à série virgindade-integridade-esponsais espirituais, que se encontra nitidamente desenvolvida em autores como Basílio de Ancira, Cassiano, à maneira de Evágrio, substitui a série castidade-pureza de coração-contemplação.

A relação de castidade ao conhecimento se desenvolve então segundo dois eixos. Por um lado, a castidade aparece como condição indispensável para a ciência espiritual. Ninguém saberia como chegar a esta se não praticasse a castidade que dá a pureza de coração. Desde o começo das *Instituições*, Cassiano, dando a significação do traje monástico, mostra que o cinto (que marca a vontade de destruir todos os germes de luxúria) testemunha o fervor do asceta "pelo progresso espiritual e a ciência das coisas divinas que dá a pureza do coração".[220] Porém, é na XIV *Conferência*, aquela do abade Nesteros, que Cassiano dá a este tema toda a sua amplitude. O conhecimento espiritual exige a pureza do coração e a castidade no sentido bastante geral de sua incompatibilidade com a agitação dos pensamentos, o movimento desordenado da imaginação e toda a preocupação com as coisas do mundo: "Se quereis elevar em vosso coração o sagrado tabernáculo da ciência espiritual, purificai-vos da sujeira de todos os vícios, abandonai as preocupações do século presente. É impossível que a alma ocupada, mesmo ligeiramente, dos cuidados invasivos deste mundo mereça o dom da ciência, ou seja, fecunda em inteligência espiritual, ou retenha com firmeza as leituras santas que fez."[221] Mas, de uma maneira muito mais precisa, a castidade como domínio das paixões carnais no sentido estrito é indispensável à ciência espiritual. Esta, como um perfume, não subsistiria em um vaso sujo: "O vaso invadido por cheiros repugnantes infectará mais facilmente o

220 João Cassiano, *Institutions*, I, 11.

221 João Cassiano, *Conférences*, XIV, 9. "É impossível que a alma que não seja pura obtenha o dom da ciência espiritual" (ibid., XIV, 10).

perfume mais fragrante do que receberá ele próprio alguma suavidade ou atrativo. Porque aquilo que é puro se corrompe mais rapidamente do que o que está corrompido se purifica [...]. Portanto, se pretendeis respirar seu incorruptível perfume, trabalhai primeiro, com todas as vossas forças, para obter do Senhor a pureza da castidade."[222] Enfim, é preciso compreender que a castidade do corpo é a primeira forma de uma série de "castidades" de que o espírito deve se revestir para avançar em direção ao conhecimento espiritual sem jamais se perder. É preciso renunciar à fornicação do corpo se queremos compreender as Escrituras, mas é preciso também manter-se afastado desta "fornicação" que são as cerimônias idólatras, as superstições pagãs, os augúrios, os presságios, e desta outra fornicação que é a observância da lei ao modo judaico, desta outra ainda que consiste na heresia, desta última, enfim, que faz com que o pensamento se afaste, por pouco que seja, de Deus, ao qual deveria sempre manter-se fixado. E à medida que estas diferentes fornicações forem afastadas e que o espírito seja casto neste sentido cada vez mais espiritual, que a significação da Escritura se livrará de seus mistérios e aparecerá com valores cada vez mais espirituais.[223] A castidade praticada e a compreensão da palavra crescem simultaneamente em espiritualidade. Ao ponto que, passando ao limite, Cassiano chegará a dizer, nas *Instituições*, que a castidade, sob sua forma perfeita, é suficiente para a inteligência da Escritura: ele evoca Teodoro, que devia seu

---

222 Ibid., XIV, 14 e 16.

223 Ibid., XIV.

conhecimento do Texto não tanto a uma "leitura estudiosa" – ele mal compreendia algumas palavras em grego – "mas à simples pureza do coração".[224]

Mas esta pureza do coração está ligada ao conhecimento segundo uma direção bem diferente: a que é orientada reflexivamente em direção à própria alma, seus recônditos e suas profundezas. Com relação a este conhecimento, a pureza não é simplesmente uma condição: ela é simultaneamente um efeito. Nada de pureza de coração se a alma não vela atentamente sobre si mesma, espiando os movimentos que nela se produzem e afastando tudo aquilo que pode desviá-la de sua contemplação. Mas, inversamente, é justamente graças à pureza que o olhar interior pode penetrar nos segredos do coração, trazer-lhe a luz e dissipar-lhe a obscuridade: "Desvendando, assim, pela pureza de nosso olhar interior, as negras trevas dos vícios, poderemos manifestá-las à luz do dia, e seremos capazes de descobrir sua causa e sua natureza."[225] Ora, o que é importante notar nessa análise de Cassiano é que a luz assim levada ao coração não ilumina de uma só vez, dela expulsando tudo aquilo que pode conter. Dissipa suas trevas no sentido de fazer aparecer aquilo que pode nele se esconder. Mas aquilo que aí se esconde é impureza, e é esta impureza da qual é preciso pouco a pouco

---

224 João Cassiano, *Institutions*, V, 33. Em VI, 18, João Cassiano oferece uma formulação mais prudente: "É possível, sem dúvida, encontrar pessoas castas que não têm a graça da ciência, mas é impossível ter a ciência espiritual sem uma castidade completa." De fato, como prova a seguir o exemplo de Teodoro, é a graça do Cristo que concede à sua castidade ignorante a compreensão dos mistérios da Escritura.

225 Ibid., V, 2.

se afastar por meio de um exame atento, uma vigilância que não se afrouxa jamais, um remorso constante e a confissão que fazemos. De modo que, por uma circularidade que está no centro deste ascetismo do conhecimento de si, quanto mais se é puro, mais se tem luz para melhor se conhecer; quanto melhor nos conhecemos mais nos reconhecemos impuros, quanto mais nos reconhecemos sujos mais é preciso levar ao fundo de si mesmo a luz que dissipa as trevas da alma. Evocando os grandes mestres espirituais, aqueles que não se perdem em "discussões vazias", mas têm a experiência e a prática da virtude, Cassiano diz que a pureza "lhes trazia principalmente isto: cada vez mais se reconhecerem enfraquecidos pelo pecado – pois a compunção de suas faltas crescia cada dia na proporção de seu progresso na pureza da alma –, e suspirar constantemente do fundo do coração, sentindo que não poderiam jamais ser evitadas as manchas e as sujeiras do pecado, cujas marcas viam nos mínimos detalhes de seus pensamentos".[226]

Numa passagem da *Conferência* sobre a prece, a alma é comparada a uma pluma: as sujeiras lhe pesam, a pureza, ao contrário, lhe assegura uma leveza ontológica que permite, ao menor sopro, elevá-la em direção ao éter.[227] Eis aí uma maneira de assinalar a relação fundamental entre a castidade e a luz. Mas, como se vê, esta relação, na prática da ascese, toma formas complexas. A castidade é condição de acesso a uma compreensão da Escritura, uma abertura a um sentido espiritual, uma direção reta do espírito, uma imobilidade

226 Ibid., XII, 15.

227 João Cassiano, *Conférences*, IX, 4.

do olhar da alma em direção à contemplação de Deus. Mas não poderíamos nos aproximar dessa contemplação sem o conhecimento de nós mesmos que nos descubra em nossas impurezas; e, por sua vez, de onde este conhecimento tiraria sua luz e sua força, se não do Verbo de Deus, que penetra em nós e nos descobre tais como somos sem sermos capazes de vê-lo por nós mesmos? Ele nos faz assim "sucumbir à nossa investigação e à nossa exposição (*indagini nostrae atque expositioni*), e, 'quebrando assim as portas' da ignorância e 'rompendo os ferrolhos' dos vícios que nos excluem da verdadeira ciência, nos conduzirá a nossos 'mistérios secretos' e, segundo o Apóstolo, nos revelará, uma vez iluminados, 'os segredos das trevas, e nos manifestará os pensamentos dos corações'".[228] É preciso então conceber o duplo processo de uma elucidação dos arcanos do coração que é, ao mesmo tempo, condição e efeito do conhecimento de Deus e de um encaminhamento em direção à ciência espiritual que só se pode fazer com o conhecimento de si que ela torna possível. E, no ponto de articulação desses dois processos, a castidade.

2. *O combate espiritual.* A referência ao combate espiritual não está ausente nos tratados de virgindade do século IV. Discreta em Gregório de Nissa, é muito mais frequente em João Crisóstomo. Permite reportar o esforço característico da profissão de virgindade ao tema do mártir que, atravessando as provas, triunfa e recebe a coroa.[229] Em Cassiano, a noção

---

228 João Cassiano, *Institutions*, V, 2.

229 Cf. em particular são João Crisóstomo, *De la virginité*, XXXVIII. Ver igualmente VII, 17 e 22; IX, 24; LXXXIV, 3.

de combate não tem simplesmente um valor de referência: ela comanda, por um lado, a análise.[230] Após a exposição das regras da vida monástica, toda a segunda parte de *Instituições cenobíticas* se apresenta como um tratado do combate espiritual.[231] Combate acerca do qual, sem esmorecimento, Cassiano sublinha, evocando um texto da Segunda Epístola a Timóteo (2, 15), que dever ser conduzido como é necessário e segundo as regras – *legítimo*.[232] Isso quer dizer que a vida do monge, mesmo que não tenha atingido a tranquilidade da vida contemplativa, mesmo que seja ainda vida ativa, deve se desenrolar como um combate ininterrupto cujas armas e táticas devem ser aprendidas. As *Instituições* formam o manual desse aprendizado. Dita as regras gerais, e especifica suas formas particulares segundo os diferentes adversários que é preciso combater, e sublinha enfim a necessidade de adaptá-lo às situações particulares e às forças de cada um. Disciplina geral que deve se compor com um princípio de "discernimento".[233]

De que tipo de combate se trata? Os termos empregados por Cassiano abrem um amplo leque: *colluctatio*, *agon*,

---

230 Esta noção de combate é central tanto em Pacômio quanto em Evágrio.

231 "Após ter composto quatro livros sobre as instituições dos monastérios, dispomo-nos [...] a travar o combate contra os oito vícios principais", João Cassiano, *Institutions*, V, 1.

232 As expressões relativas à "correção" do combate são muito numerosas. A título de exemplo, ibid., V, 17 e 18; VI, 5; VII, 20; VIII, 5; IX, 2; XI, 19; XII, 32.

233 A propósito do combate contra a gula: "não é nada fácil observar uma regra uniforme para o jejum. [...] Uma resistência física desigual, a idade ou o sexo podem fazer variar o tempo, a quantidade e a qualidade da nutrição; mas a virtude interior de continência impõe a todos a mesma obrigação de se mortificar", ibid., V, 5.

certâmen, *pugna*, *bellum*. As primeiras destas palavras fazem referência ao combate do atleta que encontra um rival e deve, para vencê-lo, ter seguido uma preparação, ter sido qualificado e ter empregado contra ele os procedimentos regulamentares que o autorizam a receber finalmente a coroa. Mas os outros termos são provenientes do vocabulário da guerra: expulsar o inimigo, frustrar os ardis, tomar de assalto suas tropas. De um lado, a luta espiritual é referida ao modelo atlético, e, de outro, ao modelo militar. Com efeito, não há descontinuidade entre o primeiro e o segundo. Uma longa passagem desse capítulo V que, dando as regras do primeiro combate a ser conduzido (contra a gula), esboça o método geral da luta, é característica desta dupla referência. Começa com um conjunto de alusões à prática do atletismo e dos jogos: treino dos concorrentes, exame ao final do qual se aceitam os candidatos, método empregado pelos lançadores de dardo, preparação e prática dos pugilistas etc.[234] Mas, imperceptivelmente, Cassiano passa ao tema da batalha entre inimigos. O soldado substitui o atleta: contra ele, "tropas", "coortes de adversários" que deve expulsar do território; há inimigos no exterior, mas há também inimigos interiores que o enfraquecem por meio de "lutas intestinas".[235]

O entrelaçamento dessas duas metáforas faz aparecer dois componentes essenciais do combate espiritual. Por um lado, como prova atlética, este combate supõe exercício, treinamento, vontade de se ultrapassar, trabalho de si sobre si, controle e medida de suas próprias forças. Ascese no sentido estrito do termo. Mas como guerra contra um adversário (e

234 Ibid., V, 12.

235 Ibid., V, 19-21

mais ainda inimigo incansável, capaz de todas as astúcias, do que rival numa disputa honesta), a luta se desenvolve contra um outro. Atlético, o combate impõe um modo de relação a si mesmo. Belicoso, é uma relação a um elemento irredutível de alteridade.

Qual é este outro, e contra quem o combate deve ser conduzido? A segunda parte de *Instituições* (capítulos V-XII) enumera as oito formas de combate necessárias e os oito adversários: gula, fornicação, avareza, cólera, tristeza, acídia, vanglória, orgulho. Reconhece-se aí um esboço do quadro que se tornará a seguir o dos sete pecados capitais.[236] Mas do mesmo modo que não se deve confundir pecado capital e pecado mortal, não se deve ver nos oito adversários de Cassiano uma espécie de código dos atos a não serem cometidos ou das leis cuja transgressão será punida. Não existe aí nada que seja de estrutura ou de valor jurídico. É preciso lembrar que esta lista de Cassiano deriva diretamente de Evágrio. Ora, este não procurava estabelecer um quadro das faltas ou dos interditos, queria estabelecer uma tipologia dos pensamentos. "Oito, dizia, são os pensamentos genéricos."[237] E estes pensamentos, na medida em que vêm agitar a alma, perturbar sua tranquilidade ou ofuscar seu olhar, lhe são insinuados pelos demônios: *daimoniôdeis logismoi*. Não depende, pois, de nós, mas dos demônios, que eles nos assaltem. É de nós, em contrapartida, que depende o fato de que eles se demorem ou não, suscitem ou não paixões.[[238]]

---

236 Sobre a história dessas listas de pecados capitais, cf. A. Guillaumont, ["Introduction" ao volume I do *Traité pratique d'Évagre le Pontique*, p. 67 ss].

237 Evágrio Pôntico, *Traité pratique*, 6.

238 [Ibid.]

Cassiano não emprega o termo "demônio" para designar os oito adversários contra os quais se subdivide o combate espiritual. Ele o chama "espírito" (*spiritus*): espírito de gula, espírito de fornicação, espírito de avareza etc. Seus apelos à grande demonologia, que era tão importante no monaquismo egípcio, são bastante discretos. Mais do que em *Instituições*, é nos textos mais especulativos de *Conferências* que ele oferece, não o sistema geral desta demonologia, [mas] as indicações indispensáveis para compreender o que são estes espíritos, quais são a origem e os modos de ação destas "potências adversas".[239] Não é preciso crer que eles penetrem na própria alma e que nela se instalem. Sem dúvida, há entre eles e a alma humana parentesco e similitude de natureza, mas a alma é impenetrável. Os espíritos só podem instalar-se o mais próximo possível dela, isto é, em um corpo, e mais facilmente em um corpo enfraquecido, que lhes dê lugar. A partir desta inserção material, suscitam no corpo movimentos que, por sua vez, induzem pensamentos, imagens, recordações etc. Insidiosamente, estes pensamentos caminham na alma e seu perigo é tanto maior porque sua origem está escondida, cada um podendo imaginar que vêm de si mesmo. Mas isso não é tudo: o demônio pode ver como a alma reage a tais insinuações. Não que seu olhar possa penetrar no interior da alma, porém, à espreita no corpo, pode observar, após os movimentos que nele se produzem, a maneira pela qual a alma acolhe ou rejeita as sugestões que lhe faz. Ele pode, portanto, continuá-las, intensificá-las, modificá-las; pode também mudar inteiramente estes ataques, tentar, depois de um "gênero" de pensamentos, uma categoria completamente

239 [João Cassiano, *Conférences*, VIII, 13.]

diferente etc. Trata-se, em suma, de um jogo complexo entre a alma e seu adversário, em que os pensamentos são enviados, repetidos, aceitos, lançados de novo por intermédio do corpo que inicia e recebe os movimentos. Nestes, o Inimigo detecta os sinais que guiam sua ação, e é também neles que a alma deve reconhecer os signos da presença de seu adversário. O combate espiritual é, pois, indissociavelmente afrontamento com o outro, dinâmica de movimentos que passam da alma ao corpo e inversamente, tarefa, enfim, de deciframento para apreender o que se esconde sob as aparências de si mesmo.

Quanto ao fim do combate, embora seja idealmente definido pela tranquilidade da alma, sua realidade é ambígua. Cassiano evoca a possibilidade de atingir um estado em que os assaltos do Inimigo, após tantos fracassos, cessem enfim. E cita certos santos personagens que atingiram este cume. Mas, como vimos,[240] tal estado jamais pode ser considerado nem um direito adquirido nem uma posição inexpugnável. Muitos que se acreditavam ao abrigo, e porque se acreditavam ao abrigo, caíram. Mais precisamente, porque acreditavam que esta proteção era devida a eles mesmos, a seus exercícios, a seu progresso e a sua força. De fato, sua confiança os expunha, sua segurança os tornava frágeis. Aqueles contra os quais o Inimigo nada pode são aqueles que sabem que nada podem contra o Inimigo se Deus não lhes vem em auxílio: "A experiência e os inumeráveis testemunhos da Escritura nos persuadem sobejamente de que nossas forças humanas, se não se apoiassem no socorro que só Deus pode dar, não conseguiriam superar inimigos tão potentes, e que é a ele que

240 [Cf. supra, pp. 208-210.]

devemos atribuir cada dia toda a honra de nossas vitórias.[241] Desde então, os assaltos dos maus pensamentos adquirem um valor totalmente outro: se eles se apaziguassem, ou mesmo se carecessem sempre de vigor, a alma não tardaria a repousar em sua confiança em si ou a se orgulhar da presunção de estar fora de alcance. É então que a potência adversa poderia, de surpresa, vencê-la sem sequer deixar-lhe a possibilidade de resistir. Há, pois, um valor positivo na permanência e na intensidade do combate. É preciso, pois, ver, nesta perpétua e sensível ameaça do mal, uma benção. Logo, um efeito da beneficência de Deus. A guerra que nos atravessa, "digo que é o efeito de uma providência divina. [...] Assim, a guerra que uma disposição do criador acende em nós tem, de uma certa maneira, sua utilidade: excita-nos; ela nos força a nos tornarmos melhores; e se ela viesse a cessar, veríamos suceder uma paz funesta".[242] Cassiano chega, assim, a lamentar aqueles que são castos por natureza: a tibieza os espreita. "Livres da lei da carne, eles estimam não ter necessidade nem do labor da abstinência nem da contrição do coração. Sua segurança os debilita, e não os vemos jamais dedicar-se para procurar de maneira vã ou para possuir a perfeição do coração, tampouco para se purificar dos vícios do espírito."[243] Paradoxo fundamental do combate espiritual: ele não pode ser levado ao seu termo a não ser que prossiga; se ele cessa, arrisca-se a levar à derrota. Suas penas, seu labor, seus sofrimentos são um bem indispensável. Sua recompensa na tranquilidade seria um temível perigo. Não se pode travá-lo sem se fiar inteiramente

---

241 Ibid., V, 15.

242 Ibid., IV, 7.

243 Ibid., IV, 17.

em Deus, e aquele que repousasse sobre esta força, sem lutar com todas as suas forças, seria abandonado.[244]

Assim aparece o papel essencial da noção de tentação. Novamente, não foi a espiritualidade monástica que dela introduziu a ideia complexa. Mas é certo que lhe deu um destino singularmente importante, e que em seu entorno organizou alguns dos elementos mais decisivos de sua tecnologia. A tentação não é de modo algum uma categoria jurídica: não é nem uma falta, nem um começo de uma falta, nem mesmo a intenção de cometê-la. É primeiramente um *elemento dinâmico* nas relações entre o exterior e o interior da alma: é a insinuação na alma de um pensamento que lhe vem de uma outra potência que não ela mesma. Só há tentação porque esse pensamento já está presente na alma, pensamento desta alma; mas é, nela, um traço de um movimento que vem de alhures, o efeito de uma vontade estrangeira, feita na alma de um sulco que envia a um outro. É ademais um *episódio dramático*, no combate, uma batalha ou uma fase da batalha que pode ser ganha ou perdida: a alma pode deixar-se surpreender e invadir por ela, ou, ao contrário, repudiá-la e vencê-la; a tentação pode arrastar o desejo com ela ou, ao contrário, suscitar a vontade ardente de afastá-la e de se afastar dela. Enfim, é *objeto de uma análise* necessária: pois se a tentação é um assalto contra a alma, violento ou quase imperceptível, frontal ou insidioso, este assalto pode vir do Diabo (não sem que Deus permita que o Inimigo possa assim levá-la a perder-se) ou pode vir de Deus (não sem que Deus busque assim testar a alma, exercitá-la

---

244 Sobretudo isto, cf. [nota incompleta].

e reforçá-la, portanto, salvá-la). Há sempre no cerne da tentação um segredo a revelar: Satanás pode se esconder sob as aparências do bem fazendo intervir as deletérias astúcias da ilusão, mas Deus, sua vontade e sua beneficência estão sempre presentes nos perigos que a alma corre, mesmo que esta, em sua cegueira, não o perceba.

Com efeito, e eis aí um fato importante, na formação da ética cristã, não foi em torno da categoria de falta, ainda que ampliada, mesmo interiorizada, que o cristianismo desenvolveu as tecnologias da alma ou de si, mas em torno da noção de tentação, que é ao mesmo tempo uma unidade dinâmica nas relações de si com o exterior, uma unidade tática de recuo ou de rejeição, de geração ou de expulsão, uma unidade de análise que demanda, na reflexão de si sobre si, um reconhecimento do outro e das figuras interiores que o mascaram.

O tema da castidade se encontra assim enquadrado entre o princípio de uma pureza de coração que o liga ao mesmo tempo ao objetivo da contemplação divina e à tarefa do conhecimento, e o princípio de um combate espiritual que o liga, por meio da noção de tentação, à exigência da decifração do outro nos segredos da alma.

*

O combate da castidade é analisado por Cassiano no sexto capítulo de *Instituições* ("Do espírito de fornicação") e em muitos de *Conferências*: o quarto sobre "a Concupiscência da carne e do Espírito", o quinto sobre os "Oito principais vícios", o décimo segundo sobre a "castidade", e o vigésimo segundo sobre as "Ilusões noturnas". Ele figura na segunda posição em uma lista de oito combates,[245] sob a forma de uma luta contra o espírito de fornicação. Quanto a esta fornicação, ela própria se subdivide em três subcategorias.[246] Quadro de aparência muito jurídica, se o aproximarmos dos catálogos de faltas que encontraremos quando a Igreja medieval tiver organizado o sacramento de penitência no modelo de uma jurisdição. Mas as especificações propostas por Cassiano têm, sem dúvida, outro sentido.

Examinemos, inicialmente, o lugar da fornicação entre os outros espíritos do mal.

1. Cassiano completa o quadro dos oito espíritos do mal mediante reagrupamentos internos. Estabelece duplas de vícios que têm, entre eles, relações particulares (de "aliança") e de "comunidade":[247] orgulho e vanglória, preguiça e acídia, avareza e ira. A fornicação faz dupla com a gula. Por muitas razões: porque são dois vícios "naturais" que em nós são inatos e dos quais, portanto, é muito difícil desfazer-nos. Porque são dois vícios que implicam a participação do corpo, não somente para se formar, como também para realizar seu objetivo; porque, enfim, há entre eles ligações de causalidade muito direta: é o excesso de nutrição que acende no corpo o desejo da fornicação.[248] E, seja por estar fortemente associado à gula, seja, ao contrário, por sua própria natureza, o espírito

245 Os setes outros, como vimos, são a gula, a avareza, a cólera, a [tristeza], a acídia, a vanglória e o orgulho.

246 Cf. infra, pp. 225-226.

247 Ibid., V, 10.

248 João Cassiano, *Institutions*, V, e *Conférences*, V.

de fornicação possui, em relação aos outros vícios dos quais faz parte, um papel privilegiado.

Primeiramente, na cadeia causal. Cassiano sublinha o fato de que os vícios não são independentes uns dos outros, mesmo se cada um de nós pode ser atacado, de maneira mais particular, por um ou outro.[249] Um vetor causal os liga um ao outro: começa com a gula, que nasce com o corpo e incita a fornicação; depois, essa primeira dupla engendra a avareza, entendida como apego aos bens terrestres; a qual faz nascer as rivalidades, as disputas e a cólera. Daí se produz o abatimento da tristeza, que provoca o desgosto pela vida monástica como um todo e a acídia. Tal encadeamento supõe que não se poderá jamais vencer um vício se não se triunfou sobre aquele em que se apoia. "A derrota do primeiro apazigua aquele que o segue; vencido aquele, este se enlanguesce sem mais labor."[250] No princípio dos outros, a dupla gula-fornicação, como "uma árvore gigante que estende ao longe sua sombra",[[251]] deve ser desenraizada. Daí a importância ascética do jejum como meio de vencer a gula e de pôr fim à fornicação. Aí está a base do exercício ascético, pois também aí se encontra o começo da cadeia causal.

O espírito de fornicação está também numa posição dialética singular com relação aos últimos vícios e, sobretudo, ao orgulho. Com efeito, para Cassiano, orgulho e vanglória não pertencem à cadeia causal dos outros vícios. Longe de serem engendrados por estes, são provocados pela vitória que

---

249 *Conférences*, V, 13-14.

250 Ibid., V, 10.

251 [Ibid.]

temos sobre eles:[252] orgulho "carnal" diante dos outros pela exibição que alguém faz dos seus jejuns, da sua castidade, da sua pobreza etc.; orgulho "espiritual" que faz crer que esse progresso só se deve aos seus próprios méritos.[253] Vício da derrota dos vícios ao qual se segue uma queda ainda mais pesada porque vem de mais alto. E a fornicação, o mais vergonhoso de todos os vícios, aquele que mais faz ruborizar, constitui a consequência do orgulho – castigo, mas também tentação, prova que Deus envia ao presunçoso para lembrá-lo de que a fraqueza da carne o ameaça sempre se a graça não vem em seu socorro. "Porque alguém desfrutou por longo tempo da pureza de coração e de corpo, por uma sequência natural, [...] no fundo de si mesmo, em certa medida se glorifica [...]. Mas o Senhor finge, para o seu bem, abandoná-lo: a pureza que lhe dava tanta segurança começa a turvar-se; no meio da prosperidade espiritual, ele se vê vacilar."[254] No grande ciclo dos combates, no momento em que a alma não precisa lutar senão contra ela mesma, os aguilhões da carne se fazem sentir de novo, assinalando, assim, o inacabamento necessário dessa luta, e ameaçando-a de um perpétuo recomeço.

Enfim, a fornicação tem, em relação aos outros vícios, um certo privilégio ontológico, que lhe confere uma importância ascética particular. Ela tem, com efeito, como a gula, suas raízes no corpo. Impossível vencê-la sem a submeter a

252 Ibid.

253 João Cassiano, *Institutions*, XII, 2.

254 João Cassiano, *Conférences*, XII, 6. Ver os exemplos da queda no espírito de fornicação, devida ao orgulho e à presunção, em *Conférences*, II, 13; e, sobretudo em Cassiano, *Institutions*, XII, 20 e 21, em que as faltas contra a humildade que devemos a Deus são sancionadas pelas tentações mais humilhantes, aquelas de um desejo *contra usum naturae* e da imundície de uma "paixão impura".

macerações. Enquanto a cólera ou a tristeza são combatidas "somente pela indústria da alma", ela não pode ser desenraizada sem "a mortificação corporal, as vigílias, os jejuns, o trabalho que quebra o corpo".[255] O que não exclui, ao contrário, o combate que a alma deve travar contra ela mesma, porque a fornicação pode nascer de pensamentos, de imagens, de lembranças: "Quando o demônio, por sua astúcia sutil, insinuou em nosso coração a lembrança da mulher, começando por nossa mãe, nossas irmãs, nossas parentas ou certas mulheres piedosas, devemos, o mais depressa possível, eliminar essa lembrança de nós mesmos, por medo de que, se demorarmos demais, o tentador se aproveite da ocasião para nos fazer insensivelmente pensar em seguida em outras mulheres".[256] Entretanto, a fornicação apresenta uma diferença capital quanto à gula. O combate contra esta deve ser travado comedidamente, porque não seria possível renunciar inteiramente ao alimento: é preciso "prover as exigências da vida: [...] isto, por medo de que o corpo, esgotado por nossa falta, não possa mais dedicar-se aos exercícios espirituais necessários".[257] Esta inclinação natural à nutrição, nós a devemos manter a distância, tomá-la sem paixão, não temos de arrancá-la: ela tem uma legitimidade natural; negá-la totalmente, isto é, até a morte, seria "carregar sua alma com um crime".[258] Em troca, não há limite na luta contra o espírito de fornicação, tudo aquilo que nos pode a ele conduzir deve ser extirpado, e nenhuma exigência natural poderia justificar, neste domínio, a satisfação

255 João Cassiano, *Conférences*, V, 4.

256 João Cassiano, *Institutions*, VI, 13.

257 Ibid., V, 8.

258 João Cassiano, *Conférences*, V, 19

de uma necessidade. Trata-se, portanto, de fazer morrer inteiramente uma tendência cuja supressão não ocasiona a morte de nosso corpo. A fornicação é, entre os oito vícios, o único que é ao mesmo tempo inato, natural, corporal em sua origem, e que deve ser destruído inteiramente, como é preciso fazer com esses outros vícios da alma que são a avareza ou o orgulho. Mortificação radical, por conseguinte, que nos deixa viver no nosso corpo libertando-nos da carne. "Sair da carne permanecendo no corpo."[259] É a este além da natureza, na existência terrestre, que a luta contra a fornicação nos dá acesso. Ela nos "arranca da lama terrestre". Ela nos faz viver neste mundo uma vida que não é deste mundo. Por ser a mais radical, é esta mortificação que nos traz, desde aqui embaixo, a mais alta promessa: "à carne frágil" ela confere "a cidadania que os santos têm a promessa de possuir uma vez livres da corruptibilidade carnal".[260]

Vê-se então como a fornicação, sendo um dos oito elementos da tábua dos vícios, encontra-se com relação aos outros numa posição particular: no topo do encadeamento causal, no princípio do recomeço das quedas e do combate, num dos pontos mais difíceis e mais decisivos do combate ascético.

2. Cassiano, na quinta *Conferência*, divide o vício da fornicação em três espécies. A primeira consiste na "conjunção dos dois sexos" (*commixtio sexus utruisque*); a segunda realiza-se "sem contato com a mulher" (*absque femineo tactu*) – o que valeu a Onã sua condenação; a terceira é "concebida pelo

---

259 João Cassiano, *Institutions*, VI, 6.

260 Ibid.

espírito e pelo pensamento".[261] Quase termo a termo, a mesma distinção retomada na décima segunda *Conferência*: a conjunção carnal (*carnalis commixtio*), à qual Cassiano dá aqui o nome de *fornicatio* no sentido restrito; depois, a impureza, *immunditia*, que se produz sem contato com uma mulher, seja dormindo, seja em vigília, e que se deve à "incúria de um espírito sem circunspecção";[262] enfim, a *libido*, que se desenvolve nos "recônditos da alma", e sem que haja "paixão corporal" (*sine passione corporis*).[263] Esta especificação é importante porque somente ela permite compreender o que Cassiano entende pelo termo geral *fornicatio*, ao qual não dá, aliás, nenhuma definição de conjunto. Mas é importante, sobretudo, pelo uso que faz destas três categorias, e que é bastante diferente daquilo que se podia encontrar em muitos textos anteriores.

Existia, com efeito, uma trilogia tradicional dos pecados da carne: o adultério, a fornicação (que traduzia a palavra grega *porneia*, e designava as relações sexuais fora do casamento), e a corrupção de crianças. São estas três categorias, em todo caso, que encontramos na *Didakhê*: "Tu não cometerás adultério, não cometerás fornicação, não seduzirás as crianças."[264] São elas que encontramos na carta de Barnabé: "Não cometas

261 João Cassiano, *Conférences*, V, 11.

262 Ibid., XII, 2.

263 Ibid. Cassiano baseia sua tripartição numa passagem de [São Paulo], Epístola aos Colossenses, 3, 5.

264 *Didakhê*, II, 2.

nem fornicação nem adultério, não corrompas as crianças."[265] Em seguida, ocorreu frequentemente que apenas os dois primeiros termos fossem mantidos – designando a fornicação todas as faltas sexuais em geral e o adultério, aquelas que transgridem a obrigação de fidelidade no casamento.[266] Mas, de todas maneiras, era muito habitual seguir esta enumeração de preceitos concernentes à cobiça de pensamento ou de olhares, ou de tudo aquilo que pode conduzir à consumação de um ato sexual interdito: "Não sejas cobiçoso, porque a cobiça leva à fornicação, guarda-te de propósitos obscenos e dos olhares ousados, pois tudo isto engendra adultérios."[267]

A análise de Cassiano tem estas duas particularidades, não atribuir um lugar particular ao adultério, que entra na categoria de fornicação num sentido estrito, e, sobretudo, só dar atenção às duas outras categorias. Em nenhuma parte, nos diferentes textos em que evoca o combate à castidade, fala de relações sexuais propriamente ditas. Em nenhuma parte são visados os diferentes "pecados" possíveis segundo o ato cometido, o parceiro com o qual é cometido, sua idade, seu sexo, as relações de parentesco que se poderia ter com ele. Nenhuma das categorias que constituirão, na Idade Média, a grande codificação de pecados de luxúria aparece aqui. Sem dúvida, Cassiano, dirigindo-se aos monges que tinham feito voto de renunciar a toda relação sexual, não precisava voltar

---

265 *Épître du Pseudo-Barnabé*, XIX, 4. Um pouco acima (X, 6-8), a propósito dos interditos alimentares, o mesmo texto interpreta a interdição de comer hiena como proibição do adultério, aquela de comer lebre como interdição da sedução de crianças, aquela de comer doninha como condenação das relações orais.

266 Santo Agostinho, *Sermon*, 56, 12.

267 *Didakhê*, III, 3.

explicitamente a esta questão prévia. É preciso, entretanto, notar que, quanto a um ponto importante do cenobitismo, e que havia suscitado em Basílio de Cesareia ou em Crisóstomo recomendações precisas,[268] Cassiano se contenta com alusões furtivas: "Que ninguém, sobretudo os mais jovens, permaneça com um outro, mesmo por pouco tempo, ou se retire com ele ou se tomem pela mão."[269] Tudo se passa como se Cassiano só se interessasse pelos dois últimos termos de sua subdivisão (relativos ao que se passa sem relação sexual e sem paixão do corpo), como se elidisse a fornicação como conjunção entre dois indivíduos, e não atribuísse importância senão a elementos cuja condenação não tem anteriormente mais do que um valor de acompanhamento com relação àquela dos atos sexuais propriamente ditos.

Mas, se as análises de Cassiano omitem a relação sexual, se se desdobram num mundo tão solitário e numa cena tão interior, a razão não é simplesmente negativa. É que o essencial do combate da castidade visa um alvo que não é da ordem do ato ou da relação: concerne a uma outra realidade, diferente da relação sexual entre dois indivíduos. Uma passagem da décima segunda *Conferência* permite perceber o

---

268 Basílio de Cesareia, *Exhortation à renoncer au monde*, 5: "Evita todo comércio, toda relação com jovens confrades da tua idade. Foge deles como do fogo. Numerosos, infelizmente, são aqueles que por seu intermédio o inimigo incendiou e liberou as chamas eternas." Cf. as precauções indicadas em *Grandes règles* (34) e as *Règles brèves* (220). Ver igualmente são João Crisóstomo, *Contre les détracteurs de la vie monastique* (P. G., t. 47, col. 319-386).

269 João Cassiano, *Institutions*, II, 15. Aqueles que infringem esta lei cometem uma falta grave, e são suspeitos de "*conjurationis pravique consilii*". São estas palavras uma maneira alusiva de designar um comportamento amoroso ou visam o perigo de relações privilegiadas entre membros da mesma comunidade? Mesmas recomendações em *Institutions*, IV, 16.

que é esta realidade. Cassiano caracteriza as seis etapas que marcam o progresso na castidade. Ora, como se trata nesta caracterização não de mostrar a própria castidade, mas de relevar os signos negativos nos quais se pode reconhecer que ela progride – os diferentes traços de impureza que pouco a pouco desaparecem –, temos a indicação daquilo contra o que é preciso se bater no combate da castidade.

Primeira marca deste progresso: o monge, quando desperto, não é "ferido" por um "ataque da carne" – *imougnatione carnali non eliditur*. Portanto, não há irrupção na alma de movimentos que sobrepujam a vontade.

Segunda etapa: se os "pensamentos voluptuosos" (*voluptariae cogitationes*) ocorrem no espírito, nele não se demoram. Ele não pensa naquilo que involuntariamente e apesar de si próprio lhe ocorre pensar.[270]

Estamos no terceiro estádio quando uma percepção vinda do mundo exterior não é mais capaz de provocar a concupiscência: pode-se cruzar o olhar com uma mulher sem nenhuma cobiça.

Na quarta etapa, não se experimenta mais, no curso da vigília, sequer o mais inocente movimento da carne. Quer Cassiano dizer que não mais se produz qualquer movimento na carne? E que se exerce então sobre o próprio corpo um domínio total? É pouco verossímil porque ele insiste, ademais, frequentemente, na permanência de movimentos involuntários do corpo. O termo que utiliza – *perferre* – reporta sem

---

270 O termo utilizado por Cassiano para designar o fato de que o espírito se demore em seus pensamentos é *immorari*. A *delectatio morosa* será, na sequência, uma das categorias importantes na ética sexual da Idade Média.

dúvida ao fato de que estes movimentos não são suscetíveis de afetar a alma, e que esta não precisa suportá-los.

Quinto grau: "Que se o tema de uma conferência ou sequência necessária de uma leitura conduz à ideia da geração humana, o espírito não se deixe roçar pelo mais sutil consentimento ao ato voluptuoso, mas o considere com um olhar tranquilo e puro, como uma obra muito simples, um ministério necessário atribuído ao gênero humano, e não seja mais afetado por sua lembrança, do que se sonhasse com a fabricação de tijolos ou com o exercício de qualquer outro ofício."

Enfim, atinge-se o último estádio, quando "a sedução dos fantasmas femininos não causa qualquer ilusão durante o sono. Ainda que não creiamos este engano culpável de pecado, ele é, no entanto, o índice de uma cobiça que ainda se esconde nas medulas".[271]

Nesta designação dos diferentes traços do espírito de fornicação se apagando à medida que progride a castidade, não há, portanto, nenhuma relação com um outro, nenhum ato e nem mesmo a intenção de cometê-lo. Nenhuma fornicação no sentido estrito do termo. Deste microcosmo da solidão estão ausentes os dois principais elementos em torno dos quais girava a ética sexual não somente dos filósofos antigos, mas de um cristão como Clemente de Alexandria – ao menos no livro II de *O pedagogo*: a conjunção de dois indivíduos (*sunousia*) e o prazer do ato (*aphrodisia*). Os elementos em jogo são os movimentos do corpo e aqueles da alma, as imagens, as percepções, as lembranças, as figuras do sonho, o curso espontâneo do pensamento, o

271 João Cassiano, *Conférences*, XII, 7.

consentimento da vontade, a vigília e o sono. Dois polos aí se esboçam, e é preciso ver que não coincidem com o corpo e a alma: o polo involuntário, que é aquele seja dos movimentos físicos, seja das percepções que se impõem, seja das lembranças e das imagens que sobrevêm e que, propagando-se no espírito, investem, chamam e atraem a vontade; e o polo da vontade propriamente, que aceita ou rejeita, se desvia ou se deixa cativar, demora-se, consente. De um lado, portanto, uma mecânica do corpo e do pensamento que, circundando a alma, se impregna de impureza e pode conduzir à polução; e, de outro, um jogo do pensamento consigo mesmo. Encontramos aí as duas formas de "fornicação" no sentido amplo que Cassiano havia definido ao lado da conjunção dos sexos, e às quais reservou toda a sua análise: a *immunditia* que, na vigília ou no sono, surpreende uma alma inapta a se vigiar e conduz, fora de qualquer contato com outro, à polução; e a *libido*, que se desenvolve nas profundezas da alma, e a propósito da qual Cassiano lembra o parentesco das palavras *libido* – *libet*.[272]

O trabalho do combate espiritual e os progressos da castidade dos quais Cassiano descreve as seis etapas podem então ser compreendidos como uma tarefa de dissociação. Estamos muito longe da economia dos prazeres e de sua estrita limitação aos atos permitidos; longe igualmente da ideia de uma separação tão radical quanto possível entre a alma e o corpo. Trata-se de um perpétuo labor sobre o movimento do pensamento (tanto se ele prolonga e repercute aqueles do corpo quanto se os induz), sobre suas formas mais rudimentares,

272 Ibid., V, 11; et XII, 2. Cf. supra, pp. 222-223.

sobre os elementos que podem desencadeá-lo, de maneira que o sujeito nunca esteja nele implicado, mesmo pela forma mais obscura e aparentemente "involuntária" de vontade. Os seis graus por meio dos quais, como vimos, progride a castidade, representam seis etapas no processo que deve pôr fim à implicação da vontade. Desfazer a implicação nos movimentos do corpo – é o primeiro grau. Depois, desfazer a implicação imaginativa (não se demorar naquilo que se tem no espírito). Depois, desfazer a implicação sensível (não mais experimentar os movimentos do corpo). Depois, desfazer a implicação representativa (não mais pensar nos objetos como objetos de desejo possível). E, finalmente, desfazer a implicação onírica (o que pode haver de desejo nas imagens involuntárias do sonho). A esta implicação, da qual o ato voluntário ou a vontade explícita de cometer um ato são a forma mais visível, mas tão condenável que deve ser excluída quando começa o trabalho ascético, a esta implicação do sujeito, tanto mais temível quanto mais se produz naquilo que nele é o menos voluntário, Cassiano dá o nome de *concupiscência*. É contra ela que se volta o combate espiritual e o esforço de dissociação, de desimplicação, que ele persegue.

Assim se explica o fato de que, ao longo dessa luta contra o espírito de "fornicação" e pela castidade, o problema fundamental, e por assim dizer único, seja o da polução – de seus aspectos voluntários ou das complacências que o chamam até as formas involuntárias no sono ou no sonho. Importância tão grande que Cassiano fará da ausência de sonhos eróticos e de polução noturna o signo de que se chegou ao mais alto estágio da castidade. Ele volta frequentemente a este tema: a prova "de que atingimos essa pureza será que nenhuma imagem nos engane quando estivermos em repouso ou relaxados no sono",[273] ou ainda: "Tal é o fim da integridade e sua prova definitiva: que nenhuma excitação voluptuosa nos sobrevenha durante nosso sono, e que não sejamos conscientes das poluções às quais a natureza nos constrange."[274] Toda a vigésima segunda *Conferência* é consagrada à questão das "poluções da noite", e à necessidade de "aplicar toda nossa força para delas nos livrar". E, várias vezes, Cassiano evoca alguns santos personagens como Sereno, que tinham alcançado um tão alto grau de virtude que jamais se expuseram a semelhantes inconvenientes.[275]

Dir-se-á que, em uma regra de vida em que a renúncia a qualquer relação sexual era fundamental, é inteiramente lógico que este tema se torne tão importante. Recordaremos também o valor atribuído, em grupos inspirados mais ou menos diretamente pelo pitagorismo, aos fenômenos do sono e do sonho como reveladores da qualidade da existência e às purificações que devem garantir sua seriedade. Enfim, e sobretudo, é preciso pensar que a polução noturna constituía um problema em termos de pureza ritual; e é precisamente este problema a motivação da vigésima segunda *Conferência*: podemos nos aproximar dos "santos altares" e [participar do*] "banquete salvífico", quando à noite nos sujamos?[276]

---

273 João Cassiano, *Institutions*, VI, 10.

274 Ibid., VI, 20.

275 João Cassiano, *Conférences*, VII, 1; XII, 7. Outras alusões a esse tema em João Cassiano, *Institutions*, II, 13; III, 5.

* [Manuscrito: "aproximar do", corrigido em 1982 ("O combate da castidade") por "participar do".]

276 Ibid., XXII, 5.

Mas, se todas estas razões podem explicar a existência desta preocupação entre os teóricos da vida monástica, não podem dar conta do lugar exatamente central que a questão da polução voluntária-involuntária ocupou em toda a análise dos combates da castidade. A polução não é simplesmente o objeto de um interdito mais intenso do que os outros, ou mais difícil de observar. Ela é um "analisador" da concupiscência, na medida em que é possível determinar, ao longo daquilo que a torna possível, a prepara, a incita e finalmente a desencadeia, qual é, no meio das imagens, das percepções, das lembranças na alma, a parte do voluntário e do involuntário. Todo o trabalho do asceta sobre si mesmo consiste em não deixar jamais que sua vontade se engaje neste movimento que vai do corpo à alma e da alma ao corpo, e sobre a qual esta vontade pode ter influxo, para favorecê-lo ou para detê-lo, mediante o movimento do pensamento. As cinco primeiras etapas dos progressos da castidade constituem os desengajamentos sucessivos e cada vez mais sutis da vontade com relação aos movimentos cada vez mais tênues que podem conduzir a esta polução.

Resta ainda a última etapa. Aquela que a santidade pode atingir: a ausência destas poluções "absolutamente involuntárias" que acontecem durante o sono. Cassiano ressalta que, para se produzir assim, elas não são forçosamente todas involuntárias. Um excesso de alimentação, pensamentos impuros durante o dia, são para elas uma espécie de consentimento, se não de preparação. Ele distingue também a natureza do sonho que as acompanha e o grau de impureza das imagens. Estaria errado aquele que fosse assim surpreendido em transferir sua causa para o corpo e o sonho: "É o signo de um mal que se tramava interiormente, ao qual a calada da noite não deu nascimento mas que, enterrado no mais profundo da alma, o repouso do sono fez aparecer à superfície, revelando a febre escondida das paixões que contraímos, alimentando ao longo de dias pensamentos malsãos."[277] E, finalmente, resta a polução sem qualquer traço de cumplicidade, sem esse prazer que prova que é consentida, sem mesmo o acompanhamento da menor imagem onírica. Eis, sem dúvida, o ponto a que pode chegar um asceta que se exercita suficientemente: a polução não é senão um "resto" em que o sujeito não toma parte. "É preciso então nos esforçarmos para reprimir os movimentos da alma e as paixões da carne até que a carne satisfaça as exigências da natureza sem suscitar volúpia, desembaraçando-se da superabundância de seus humores sem qualquer prurido malsão nem suscitar combate pela castidade.[278] Como já se trata apenas de um fenômeno de natureza, somente a potência que é mais forte do que a natureza pode dela nos libertar: é a graça. Eis porque a não polução é marca da santidade, o selo da mais alta castidade possível, benefício que podemos esperar, não adquirir.

Por sua parte, o homem deve nada menos do que permanecer em relação consigo mesmo num estado de perpétua vigilância quanto aos menores movimentos que podem se produzir em seu corpo ou em sua alma. Velar noite e dia, à noite pelo dia, e durante o dia pensando na noite seguinte. "Como a pureza e a vigilância durante a jornada dispõem a

277 João Cassiano, *Institutions*, VI, 11.

278 Ibid., VI, 22.

ser casto durante a noite, do mesmo modo a vigilância noturna fortalece o coração e lhe oferece forças para observar a castidade durante o dia."[279] Esta vigilância é a aplicação da "discriminação" que, como vimos,[280] está no centro da tecnologia de si, tal como se desenvolveu na espiritualidade de inspiração evagriana. O trabalho do moleiro que tria os grãos, do centurião que distribui os soldados, do cambista que pesa, para aceitá-las ou recusá-las, as moedas, é isto o que o monge deve fazer sem cessar, com relação aos seus próprios pensamentos, para reconhecer aqueles que são portadores de tentação. Tal trabalho lhe permitirá separar os pensamentos de acordo com sua origem, distingui-los segundo sua qualidade própria, e dissociar o objeto que neles é representado do prazer que poderia evocar. Tarefa de análise permanente que é preciso conduzir sobre si mesmo e, pelo dever de confissão, em relação aos outros.[281] Nem a concepção de conjunto que Cassiano faz da castidade e da "fornicação", nem a maneira pela qual as analisa, nem os diferentes elementos que faz aparecer e que põe em relação uns com os outros (polução, *libido*, concupiscência) podem ser compreendidos sem referência às tecnologias de si pelas

---

279 Ibid., VI, 23.

280 Cf. supra, pp. 127-130.

281 Cf., em *Conférence* XXII, 6, o exemplo de uma "consulta" a propósito de um monge que cada vez que se apresentava à comunhão era vítima de uma ilusão noturna, e não ousava tomar parte dos mistérios santos. Os "médicos espirituais", após interrogatório e discussões, diagnosticam que é o diabo que envia estas ilusões para impedir o monge de chegar à comunhão que ele deseja. Abster-se, então, era cair na armadilha do diabo. Comungar apesar de tudo era vencê-lo. Uma vez tomada essa decisão, o diabo não teria mais razão para provocar esta impureza proibitiva.

quais caracteriza a vida monástica e o combate espiritual que a atravessa.

*

É preciso ver, de Tertuliano a Cassiano, um reforço dos "interditos", uma valorização mais acentuada da continência completa, uma desqualificação crescente do ato sexual? Sem dúvida, não é nesses termos que é preciso colocar o problema.

A organização da instituição monástica e o dimorfismo que assim se estabelece entre a vida dos monges e a dos leigos introduziram, no problema da renúncia às relações sexuais, mudanças importantes. Acarretaram, de forma correlativa, o desenvolvimento de tecnologias de si bastante complexas. Assim apareceram, nesta prática da renúncia, uma regra de vida e um modo de análise que, a despeito das continuidades visíveis, assinalam diferenças importantes quanto ao passado. Em Tertuliano, o estado de virgindade implicava uma atitude exterior e interior de renúncia ao mundo, que completavam as regras de postura, de conduta e de maneira de ser. Na grande mística da virgindade que se desenvolve a partir do século III, o rigor da renúncia (sobre o tema, já presente em Tertuliano, da união com o Cristo) inverte a forma negativa da continência em promessa de casamento espiritual. Em Cassiano, que, ainda uma vez, é mais testemunha do que inventor, produz-se como um desdobramento, uma espécie de recuo que destaca toda a profundidade de uma cena interior.

Mas não se trata, absolutamente, da interiorização de um catálogo de interditos, substituindo a proibição do ato por aquela da intenção. Trata-se da abertura de um domínio (que textos, como os de Gregório de Nissa ou, sobretudo, de Basílio de Ancira já sublinhavam a importância) que é o do pensamento, com seu curso irregular e espontâneo, com suas imagens, suas lembranças, suas percepções, com os movimentos e as impressões que se comunicam do corpo à alma e da alma ao corpo. O que está em jogo, então, não é um código de atos permitidos ou proibidos, é toda uma técnica para vigiar, analisar e diagnosticar o pensamento, suas origens, suas qualidades, seus perigos, suas potências de sedução e todas as forças obscuras que podem se esconder sob o aspecto que ele apresenta. E se o objetivo é, finalmente, expulsar tudo o que é impuro ou indutor de impureza, ele não pode ser atingido a não ser por uma vigilância que não se desarma jamais, uma suspeita que se deve portar por toda parte e a cada instante contra si mesmo. É preciso que a questão seja sempre colocada de maneira a detectar tudo o que pode se esconder de "fornicação" secreta nos recônditos mais profundos da alma.

Nesta ascese da castidade, pode-se reconhecer um processo de "subjetivação" que relega a um longínquo segundo plano uma ética sexual centrada sobre a economia dos atos. Mas é preciso logo sublinhar duas coisas. Esta subjetivação é indissociável de um processo de conhecimento que faz da obrigação de procurar e de dizer a verdade de si mesmo uma condição indispensável e permanente desta ética. Se há subjetivação, ela implica uma objetivação indefinida de si por si – indefinida no sentido de que, não sendo jamais adquirida de uma vez por todas, não possui término no tempo; e no sentido de que é preciso sempre levar o mais longe possível o exame dos movimentos de pensamento, por tênues e inocentes que possam parecer. Ademais, esta subjetivação em forma de busca da verdade de si se efetua mediante relações complexas com os outros. E de muitas maneiras: porque se trata de detectar em si a potência do Outro, do Inimigo que ali se esconde sob as aparências de si mesmo; porque se trata de travar contra este Outro um combate incessante do qual não se poderia ser vencedor sem o socorro do Todo-Poderoso, que é mais potente do que ele; porque, enfim, a confissão aos outros, a submissão a seus conselhos, a obediência permanente aos diretores são indispensáveis a este combate.

A subjetivação da ética sexual, a produção indefinida da verdade de si, a colocação em jogo de relação de combate e de dependência com o outro fazem parte, portanto, de um conjunto. Estes elementos foram progressivamente elaborados no cristianismo dos primeiros séculos, mas foram ligados, transformados, sistematizados, pelas tecnologias de si desenvolvidas na vida monástica.

III
SER CASADO

1 – O dever dos esposos

NÃO ENCONTRAMOS NO CRISTIANISMO ANTIGO tratados do casamento como encontramos tratados da virgindade; a vida matrimonial não é, como tal, objeto de uma elaboração que dela faria uma prática específica e uma "profissão" dotada de um sentido espiritual particular. Nada de arte, nada de *tekhnê* da vida matrimonial, se excetuarmos o capítulo de *O pedagogo* acima estudado [pp. 15-38],* acerca do qual vimos o quanto era próximo da moral antiga. O que não quer dizer, certamente, que não há reflexões sobre o próprio princípio do casamento, sua legitimidade ou sua aceitabilidade: todos os debates em torno do encratismo, todas as polêmicas com os gnósticos e os movimentos dualistas são atravessados por esta questão do casamento; o [terceiro] *Stromata* de Clemente de Alexandria, vimos, traz um testemunho precoce sobre a amplitude desses debates, que, sob formas diversas, se prolongaram às épocas seguintes. Mas, se a questão do "direito" ao casamento e de seu valor relativo com relação à continência estrita e ao celibato é colocada muito cedo, ela não desemboca, contudo, na constituição de uma arte da existência

* O intervalo de páginas se refere à edição consultada por Foucault, não à brasileira de *O pedagogo*. [*N. das T.*]

matrimonial. É significativo, por exemplo, que Tertuliano levante o problema do princípio do casamento em *Adversus Marcionem* – quer dizer, em um texto de contestação teórica contra um adversário gnóstico –, e que não dê conselhos sobre a vida matrimonial a não ser por meio de textos que concernem às maneiras de viver fora do casamento, virgindade ou viuvez (*De virginibus velandis, Ad uxorem. Exhortatio ad castitatem*).

É sobretudo no final do século IV que se vê desenvolverem-se reflexões e textos destinados a guiar os cristãos casados em sua vida de casamento e nas relações que mantêm na condição de esposos. Muito mais nitidamente do que antes, o casamento se esboça como profissão cristã, e as relações entre os esposos tornam-se também domínio de análise, de exercício, ao mesmo título, ainda que com uma intensidade muito menor, do que as relações de si a si na existência ascética. Essa evolução pode estar ligada a diversos fenômenos.

É preciso ver nela, a princípio, uma relação à extrema valorização da vida monástica e da renúncia radical ao mundo, ao mesmo tempo como um efeito e um contrapeso. Diante das formas de ascetismo intenso que traziam o risco de deslocar o centro de gravidade do cristianismo para fora das comunidades urbanas, longe de toda a vida pública e para o lado de grupos restritos de eleitos, houve, na segunda metade do século IV, um esforço, particularmente sensível no Oriente, onde o monaquismo tinha se desenvolvido, para reforçar a significação religiosa da vida cotidiana e atenuar, assim, o dimorfismo que ameaçava se estabelecer nas modalidades da vida cristã. Não seria suficiente dizer que a continência não era preceito, e que não era indispensável para a salvação, seria preciso, ademais, fazer parecerem acessíveis os valores àqueles que levavam a vida mundana e também, portanto, as regras às quais deviam se submeter. João Crisóstomo volta com frequência à ideia de que não deve haver diferença fundamental entre a vida do asceta e a do homem casado: "Um homem que está no mundo não deve ter sobre o monge senão uma única vantagem: a de poder coabitar com sua legítima esposa. Ele tem esse direito, mas de resto, tem o mesmo dever a cumprir que o monge."[1]

Esse texto é revelador de um movimento que faz refluir em direção à vida mundana um conjunto de valores, de preocupações e de práticas que haviam tomado uma amplitude particular na vida de ascese. Rigorismo novo? Talvez. Mas é preciso lê-lo tanto como uma difusão do ideal monástico quanto como um esforço para limitar por até certo ponto seus efeitos; tratava-se de dar uma intensidade religiosa a uma vida que não impunha semelhantes rupturas. Dessa transferência, vários grandes pastores, no final do século IV, foram ao mesmo tempo testemunhas e agentes. Formados na disciplina ascética, tendo praticado durante um tempo o monaquismo, uma vez colocados à frente de uma Igreja, puderam desenvolver uma prática pastoral inspirada nesta experiência primeira. Foi o caso de Basílio de Cesareia, de Gregório de Nazianzo, de Gregório de Nissa e do próprio Crisóstomo. Em condições bastante diferentes, são Jerônimo e santo Agostinho, no Ocidente, tiveram um papel até certo ponto semelhante: favoreceram o desenvolvimento de uma pastoral que tinha por objetivo ajustar à vida mundana certos valores ascéticos da existência monástica, bem como as práticas de direção dos indivíduos.

---

1 São João Crisóstomo, VIIe *Homélie* sobre a Epístola aos Hebreus, 4. Cf. igualmente *Contre les ennemis de la vie monastique*, III, 14.

Ora, este fenômeno não pode ser separado das novas relações que, na mesma época, se estabelecem entre o cristianismo e o Império. Dois processos então se cruzam. Instituição a princípio reconhecida, depois oficial, a Igreja cristã ocupa cada vez mais facilmente e visivelmente funções de organização, de gestão, de controle e de regulamentação da sociedade. E a burocracia imperial, por sua parte, procura fazer crescer, cada vez mais, para além das estruturas tradicionais, sua ascendência sobre os indivíduos.[2] No ponto de cruzamento desses dois processos, vemos produzir-se este efeito paradoxal: práticas e valores que se tinham desenvolvido ou intensificado em modos de vida em ruptura explícita com o mundo e a sociedade civil põem-se a funcionar, não sem atenuação e modificação, em formas institucionais sustentadas ou apoiadas pela organização do Estado e de estruturas políticas gerais. Produz-se, assim, uma dupla pressão: uma vinda do reforço do ideal ascético, fora das formas tradicionais da vida social e inclusive contra elas; outra, vinda do apoio recíproco que as instituições eclesiásticas e as estruturas do Estado[3] são suscetíveis de dar uma à outra. A vida dos indivíduos, naquilo que ela pode ter de privado, de cotidiano e de singular, torna-se, assim, objeto, se não de um encargo, ao menos de um cuidado e de uma vigilância que não são semelhantes, sem dúvida, nem àquelas que as cidades helenísticas podiam assegurar nem àquelas que as primeiras comunidades cristãs exerciam.

2 Sobre este ponto, cf. [J. Daniélou e] H.-I. Marrou, *Nouvelle histoire de l'Église*, Paris, 1963, t. I, p. 268.

3 Cf., sobre este apoio e os conflitos a ele ligados, ibid., p. 282 ss. Cf., sobre o casamento, pp. 362-364.

Há aí uma novidade que seria difícil de contestar. Não é, contudo, uma ruptura brusca que se produz. Um dos traços mais marcantes desta pastoral da vida cotidiana é que, sob diversos pontos importantes, ela está em continuidade com a moral filosófica tal qual pode ser encontrada em Plutarco, Musônio, Sêneca ou Epicteto. Se bem que, mesmo onde as referências explícitas aos autores pagãos quase desapareceram – elas são sensivelmente muito menos numerosas e menos positivas, por exemplo, em Crisóstomo do que em Clemente de Alexandria dois séculos antes –, pode-se notar a permanência ou o ressurgimento de temas característicos da filosofia helenística. Mas, por um lado, estes temas são reescritos em um contexto teológico particular, são ligados a valores e a práticas cujo ascetismo, embora atenuado, se refere, apesar de tudo, de modo mais ou menos direto, à exigência geral de morrer para o mundo; eles se articulam [por outro lado] a relações de autoridade de tipo pastoral. Por todas estas razões, os elementos comuns à moral filosófica da Antiguidade e à ética cristã tiveram efeitos diferentes. Acrescente-se que a extensão do cristianismo, sua constituição como religião de Estado e a importância das instituições eclesiásticas – afinal de contas, o cristianismo foi a primeira religião a se organizar como Igreja – deram-lhe uma capacidade de penetração muito maior do que a filosofia da Antiguidade, ainda que sob suas formas populares. Mesmo aí não se deve forçar as coisas. O cristianismo, sobretudo em suas exigências morais cotidianas, não se tornou, no início do século V, uma regra de vida reconhecida e praticada por todos; ele não o foi, além do mais, em nenhum momento de sua história. Mas ele portava uma exigência de universalidade, e esta estava apoiada sobre um suporte institucional que dela fazia uma coisa diferente de um princípio geral (como podia ser a ética estoica, por exemplo): uma possibilidade efetivamente posta em prática de generalização indefinida.

Nesta ética, o casamento – as relações entre esposos, a constituição e manutenção da família em torno do casal – constitui, sem dúvida, uma das peças essenciais. A primeira razão para tanto é que, entre a existência ascética e a vida mundana, a diferença mais sensível dizia respeito ao casamento. "Vós vos enganais grandemente e cometeis um grave erro se acreditais que seja exigida do homem coisa diferente da exigida do monge; a diferença entre eles é que um é casado, e o outro, não; quanto a todo o resto, estão submetidos a obrigações comuns."[4] Tratar-se-á pois, de definir, a propósito desta diferença, propriamente, e lá onde ela atua da maneira mais significativa – as relações sexuais entre esposos –, o conjunto de regras e práticas que devem ser aplicadas para que a menos ascética destas duas formas de vida não seja despojada de todo valor religioso, nem privada da esperança da salvação. Mas, por outro lado, o desenvolvimento da administração imperial e o apagamento progressivo dos poderes tradicionais davam à família, entendida como célula matrimonial, um papel cada vez mais importante: eles faziam-na aparecer como o elemento de base da sociedade e o ponto de articulação primeiro entre a conduta moral dos indivíduos e o sistema das leis universais. Se bem que se chega ao seguinte resultado, que pode parecer paradoxal à primeira vista: entre a intensificação

4 São João Crisóstomo, *Contre les ennemis de la vie monastique*, III, 14.

do ascetismo e a extensão das estruturas estatais, a célula familiar, as relações entre esposos, a vida cotidiana do casal, e até sua atividade sexual se tornam desafios importantes.

Já não eram assim reconhecidos em *A república* e *As leis*, ou em *A política*, de Aristóteles? Certamente. Mas de um outro modo. O que mostra o exame dos textos cristãos consagrados a este problema no fim do século IV e começo do século V é que, contrariamente ao que se passava entre os Gregos clássicos, e também ao contrário do que deixam supor as interpretações correntes, não é na medida em que podem e devem ser procriadoras que as relações sexuais entre esposos tornaram-se importantes.

Reservo a um último capítulo a concepção de santo Agostinho. Ao mesmo tempo, porque, por um lado, constitui o quadro teórico mais rigoroso que permite dar lugar simultaneamente a uma ascese da castidade e a uma moral do casamento; por outro lado, porque tendo servido de referência constante à ética sexual do cristianismo ocidental, será o ponto de partida do estudo subsequente. No presente capítulo, estudarei a arte da vida matrimonial tal como podemos encontrá-la no final do século IV, na literatura de homilias, que era um dos principais instrumentos da atividade pastoral. E, para evitar a dispersão nesta imensa literatura, tomarei, como referência privilegiada, as homilias de Crisóstomo. Não sem ressaltar que ele pertence, com as ênfases que lhe são próprias, a toda uma corrente. Muitas das ideias que formula a respeito do casamento, nós as reencontraríamos em contemporâneos muitas vezes próximos, como Gregório de Nissa, ou mais distantes, como são Jerônimo. Algumas têm seu ponto de partida em Orígenes. Não é, portanto, a um Crisóstomo fundador de uma nova ética do casamento que me referirei, mas a Crisóstomo como testemunha e exemplo de uma pastoral da vida dos cônjuges já muito desenvolvida na época em que ele escreve. Acrescentemos que Crisóstomo conheceu e praticou a vida monástica antes de voltar à Antioquia; que os textos que escreveu nos anos que se seguiram a seu retorno são fortemente marcados por práticas ascéticas – como *Adversus oppugnatores vitae monasticae* ["Contra os inimigos da vida monástica"]; que escreveu seu tratado *Da Virgindade* por volta de 382, sob essa inspiração; que, tendo exercido diversos cargos pastorais desde o diaconato em Antioquia até o episcopado em Constantinopla, o essencial de sua obra é (a partir de 386) consagrado à predicação e às homilias. E que, enfim, ele deu muito frequentemente conselhos concernentes à maneira de se conduzir no estado matrimonial: algumas de suas homilias – particularmente a vigésima, sobre a Epístola aos Efésios, a décima nona, sobre a Primeira Epístola aos Coríntios, a décima, sobre a Epístola aos Colossenses, a quarta daquelas que comentam o texto *Vidi Dominum*, enfim, as três que ele pronunciou em Constantinopla no início do século V, e que temos o hábito de chamar *Três homilias sobre o casamento*[5] – constituem verdadeiros pequenos tratados do estado matrimonial. Uma multiplicidade de questões muito concretas é nelas visada: como educar as crianças em vista do casamento, como escolher uma esposa, como se deve desenvolver a cerimônia do casamento, como se conduzir com a própria mulher na vida do dia a dia, a que princípio de economia submeter as relações sexuais etc.

5 Elas são contemporâneas de *De bono conjugali*, de santo Agostinho (401).

Estes textos são com frequência opostos ao *De virginitate* e às fórmulas depreciativas que este emprega contra o casamento: longa descrição de seus inconvenientes, afirmação constante da superioridade da virgindade, tema de que o tempo, estando de agora em diante "chegado a seu termo", "não é mais o momento de sonhar com o casamento".[6] O problema aqui não é o de avaliar a consistência do pensamento de Crisóstomo. Lembrarei somente, de modo preliminar, um certo número de proposições nitidamente formuladas neste texto, que é, no entanto, tão ascético: que o casamento não deveria ser considerado como um mal em si mesmo (a virgindade, neste caso, não deveria ser honrada); que Deus, mesmo se deseja que dele nos abstenhamos, não o interdita de forma alguma; que o bom casamento implica relações de amizade que lhe asseguram a paz; que a mulher tem, quanto a seu marido, deveres dos quais mesmo os legítimos cuidados de mortificação não a poderiam dispensar.[7] Quaisquer que sejam os deslocamentos de ênfase, e mesmo a nova temática que Crisóstomo desenvolverá em sua pastoral do casamento, temos nestas proposições a dobradiça que permite articulá-las, sem contradição, com os textos que exaltam a renúncia definitiva ao casamento.

Nem por isso se deve negar que podemos destacar nesta pastoral dois grandes eixos de tensão.

O primeiro é caracterizado pela coexistência, na concepção do laço matrimonial, entre uma teologia complexa

---

6 [São João Crisóstomo, *De la virginité*, LXXIII.]

7 Ibid., I, II, III, XLVII, XLVIII, LIV, LXXXV.

das relações entre a Igreja e o Cristo e uma sabedoria cujos preceitos são muito próximos daqueles que encontramos em diversos moralistas da Antiguidade pagã.

Esta tensão aparece evidenciada em certas passagens, como aquela da terceira homilia sobre o casamento que trata da força viva que atrai, um para o outro, um rapaz e uma moça, e da solidez do laço que se forma entre eles. O nascimento, e um longo hábito de vida comum haviam até então ligado as crianças a seus pais.[8] E eis que subitamente, colocados em presença um do outro, esquecendo essas ligações, um rapaz e uma moça sentem nascer um elo mais forte do que o precedente, apesar de tantos anos de familiaridade. Há aí como que o recomeço daquilo que se passava na primeira idade, quando, antes mesmo de saber falar, a criança sabia reconhecer seus pais: "Assim o esposo e a esposa, sem que ninguém os aproxime, os exorte, os instrua de seus deveres, basta se verem para estar unidos."[9] E como se eles próprios reconhecessem o caráter imperioso e o alto valor deste elo tão súbito, os pais não experimentam a esse respeito "nem pesar, nem despeito, nem dor"; longe disso, dão graças. E, referindo-se à Epístola ao Efésios, Crisóstomo acrescenta: "Paulo, notando tudo isso, considerando que os dois esposos deixam seus pais para se ligarem um ao outro, e que um tão longo hábito tem, desde então, menos império do que essa decisão fortuita, e refletindo, ademais, que não se trata de um fato humano [...],

8 São João Crisóstomo, IIIe *Homélie* sobre o casamento, 3.

9 [Ibid.]

Paulo, por conseguinte, escreveu: *Eis o grande mistério*."[10] Mistério do qual uma das homilias sobre a Epístolas aos Efésios indica nitidamente as três formas visíveis. Trata-se de uma força que, na natureza, é mais forte do que todas as outras forças: mais imperiosa, mais tirânica do que aquelas que podem nos ligar aos outros homens ou nos fazer desejar as coisas; *epithumia*, que, paradoxalmente, reúne duas qualidades em geral incompatíveis: duração e vivacidade.[11] Por outro lado, trata-se de uma força que, embora apareça subitamente, estava escondida no fundo de nós mesmos; ela é "dissimulada em nossa natureza", e dela não temos consciência.[12] Enfim, para designar a natureza deste laço, Crisóstomo emprega simultaneamente dois termos, que encontramos seja juntos, seja separadamente, em muitos outros de seus textos: *sundesmos*, o vínculo, a cadeia que liga pelo constrangimento, ou pelo menos pela obrigação, dois indivíduos (Crisóstomo utiliza frequentemente a palavra *desmos* com relação ao tema da servidão); e *sumplokê*, o entrelaçamento, a intrincação que une duas substâncias e dois corpos, e tende a formar uma nova unidade.

Como pôde se insinuar a despeito de nós, na nossa natureza, uma força que triunfa sobre a própria natureza? Nesse amor que leva o homem e a mulher um ao outro para constituir uma união durável, neste "mistério" do qual falava são Paulo, Crisóstomo vê a marca da vontade de Deus.

---

10 Ibid.

11 "*Outôs pasês turannidos autê hê agapê turannikôtera*", são João Crisóstomo, XXe *Homélie* sobre a Epístola aos Efésios, 1.

12 "*Emphôleuôn tê phusei, kai lanthanôn hêmas*", ibid.

De sua vontade, antes de tudo como Criador.[13] Foi a partir do homem e da sua própria carne que ele modelou a mulher. Saídos da mesma substância, Adão e Eva eram substancialmente unificáveis. E seus descendentes são ainda da mesma substância. "Nenhuma essência estranha pode então penetrar na nossa." Ao longo das gerações, a humanidade permaneceu ligada a si mesma, e limitada à sua própria substância. Nesta relação com a unidade primitiva, da qual o gênero humano partiu sem dela jamais sair, o incesto desempenha dois papéis. Inevitável na origem dos tempos, ele é ontologicamente valorizado, pois relaciona todos os indivíduos à identidade de uma e mesma substância. Ao permitir que "o homem esposasse sua própria irmã, ou antes, sua filha, ou antes ainda, sua própria carne",[14] Deus construiu a humanidade como uma árvore; e lhe deu a mesma beleza que às grandes árvores: para os inumeráveis ramos, uma única raiz. Por mais dispersos que sejam os homens hoje, eles permanecem unidos e associados por esta raiz. Bendito incesto que nos torna todos parentes. Mas sua interdição hoje não está em contradição com este princípio primeiro. Ao contrário, não faz mais do que seguir sua consequência e multiplicar seus benefícios. Crisóstomo explica que, impedindo a partir de então os homens de esposarem suas irmãs e suas filhas, obrigando-os a voltar para o exterior esta força que eles devem a sua origem comum, Deus faz com que sua afeição não se concentre sobre um objeto único. O elo de parentesco primitivo é de alguma forma reatualizado com aqueles que não são nossos parentes imediatos. Não poder esposar nossas irmãs nos constrange

---

13 Este tema é desenvolvido particularmente no começo da XXe *Homélie* sobre a Epístola aos Efésios, 1.

14 [Ibid.]

a nos ligar com estranhos, quer dizer, a nos re-ligar com parentes desconhecidos.[15]

Mas a força que liga homens e mulheres não é apenas o traço de uma origem. É também a figura de uma outra união: aquela que liga o Cristo à Igreja. Redenção em processo de realização, e não mais Criação. Depois de ter evocado o laço que se estabelece tão bruscamente entre um homem e uma mulher, rompendo o longo apego aos pais, Crisóstomo prossegue dizendo que da mesma forma o Cristo "deixou seu Pai para descer até a Igreja":[16] "Tu sabes agora que mistério é o casamento, de que grandes coisas ele é o símbolo."[17] Esta ideia vem de Orígenes.[18] Ela faz do casamento a figura que representa de modo sensível o laço que o Cristo estabelece com a Igreja. Ele é o Esposo, ele é a alma, e ele é a cabeça; é aquele que comanda,[19] enquanto ela é a noiva; ela é o corpo de sua alma e o membro de seu corpo; deve obedecer-lhe. Ele veio a ela por amor, ao passo que os homens a odiavam, a execravam, a insultavam.[20] Ele a aceitou com todos os defeitos que podia ter, todas as sujeiras que carregava, mas para velar, ensiná-la, iluminá-la e finalmente salvá-la. Como esposo perfeito, ele se sacrificou por ela, sofrendo tudo e dilacerado

---

15 A proibição do incesto explicada pela obrigação de se ligar ao outro não é própria nem a São João Crisóstomo nem aos autores cristãos. Nós a encontramos em [nota incompleta].

16 [Ibid., 4.]

17 [São João Crisóstomo, IIIe *Homélie* sobre o casamento, 3.]

18 [Cf. por exemplo Orígenes, *Homélies* sobre o Cântico dos cânticos.]

19 [São Paulo, Epístola aos Efésios, 5, 23.]

20 São João Crisóstomo, IIIe *Homélie* sobre o casamento, 2.

mil vezes.[21] Mas, em contrapartida, o laço do Cristo à Igreja serve de modelo a todo casamento: é a mesma obediência que deve ligar a mulher ao homem; a mesma preeminência dele sobre ela; a mesma tarefa de educação e a mesma aceitação do sacrifício para salvá-la. O laço matrimonial deve seu valor ao fato de reproduzir, à sua maneira, a forma de amor que liga, um ao outro, o Cristo e a Igreja. "O casal é uma pequena Igreja."[22]

Duplo fundamento teológico do laço entre marido e mulher: sobre a Criação por um lado e sobre a Redenção por outro, sobre a unidade substancial por um lado e sobre a Encarnação por outro, sobre a origem dos tempos e sobre a proximidade de seu fim. Isto permite a Crisóstomo aproximar o valor do casamento daquele da virgindade. Ou, mais exatamente, não pensar o casamento como sendo simplesmente uma incapacidade de levar a vida de continência absoluta. É possível, doravante, dar diretamente ao casamento um valor positivo, ainda que não seja tão elevado. A virgindade restitui o estado paradisíaco realizando sobre a terra uma vida angelical; o laço matrimonial faz menos, sem dúvida, mas lembra a unidade de substância da Criação. A virgindade faz da alma a esposa do Cristo; o casamento, por sua vez, é a imagem da união da Igreja com o Salvador. Não devemos, pois, nos surpreender ao ver Crisóstomo, que *De virginitate* faz passar facilmente por um detrator do casamento, prometer às pessoas casadas méritos e recompensas que são, também eles, muito elevados. Uma vida de casamento, se obedece aos preceitos, "não é inferior à vida monástica; tais esposos

---

21 São João Crisóstomo, XXe *Homélie* sobre a Epístola aos Efésios, 2.

22 [Ibid., 6.]

pouco terão a invejar aos celibatários".[23] Ou ainda: se vós usais o casamento como se deve, "ocupareis o primeiro lugar no reino dos céus, e gozareis de todos os bens".[24]

Esta promoção espiritual do casamento demanda todo um desenvolvimento de reflexões sobre a vida matrimonial; autoriza uma arte das relações entre marido e mulher que faz face à *tekhnê* da existência virginal e, sem pretender jamais atingir sua altura, logra até certo ponto um equilíbrio. Ora, o que caracteriza estas regras da vida matrimonial é sua grande proximidade em relação àquelas que era possível encontrar nos moralistas da época imperial ou em Clemente de Alexandria, de quem vimos tudo que tomava emprestado dos primeiros. Neste sentido, se tem a impressão de que a justificação teológica do casamento, permitindo evitar os excessos do encratismo e, sobretudo, as consequências do dualismo implícito na recusa de toda conjugalidade, permitiu dar um fundamento a toda uma ética do casamento já corrente; e, portanto, seguir o movimento (já sensível em Clemente de Alexandria) de aclimatação da moral pagã do casamento no cristianismo. E, com efeito (salvo em um ponto capital, que será necessário analisar longamente a seguir), a alta teologia da conjugalidade se articula, em João Crisóstomo, a preceitos da vida matrimonial surpreendentemente próximos daqueles que Musônio, ou Sêneca, ou Epicteto, ou Clemente de Alexandria haviam tornado familiares. Certas ênfases são modificadas, a maior parte dos desenvolvimentos ampliados, os

23 Ibid., 9.

24 São João Crisóstomo, VIIe *Homélie* sobre a Epístola aos Hebreus, 4.

valores de caridade mais acentuados. Porém reencontramos os mesmos temas fundamentais.

– Princípio da desigualdade natural. Ao criar o primeiro homem e lhe dar a mulher "como auxílio", Deus, de acordo com o texto do Gênesis, marcou bem que o homem ocupa o primeiro escalão, e que está destinado a comandar. Ele é a cabeça: "Representemos o marido como tendo a posição de chefe; a mulher, como ocupando o lugar do corpo [...]. Paulo designa a cada um seu lugar; a um, a autoridade e a proteção, ao outro, a submissão."[25]

– Princípio de complementaridade, que dá um conteúdo positivo a esta desigualdade, que permite fazê-la funcionar como um princípio de ordem na vida conjugal e assegurar o bom entendimento quando pudesse ser ocasião de conflito: "Dado que duas espécies de negócios dividem nossa vida, os negócios públicos e os negócios privados, o Senhor dividiu a tarefa entre o homem e a mulher: a esta destinou o governo da casa; àquele, todos os negócios do Estado." O homem lança o dardo; a mulher manipula a roca. Um participa das deliberações públicas; a outra faz triunfar suas opiniões em casa. Ele gere os dinheiros públicos; ela educa os filhos, que são, a seu modo, um "tesouro precioso". Assim, Deus evitou "dar as duas aptidões à mesma criatura, por medo de que um dos dois sexos fosse eclipsado pelo outro e parecesse inútil; ele tampouco quis igualar os dois sexos, por medo de que esta igualdade engendrasse conflitos, e que as mulheres elevassem suas pretensões a ponto de disputar com os homens a

25 [São João Crisóstomo, XXe *Homélie* sobre a Epístola aos Efésios, 1.]

primeira posição; mas, conciliando a necessidade de paz com as conveniências da hierarquia, fez de nossa vida duas partes, das quais reservou ao homem a mais essencial e mais séria, atribuindo à mulher a menor e a mais humilde; de tal sorte que as necessidades da existência nos façam honrá-la, sem que a inferioridade de seu ministério lhe permita revoltar-se contra seu marido".[26]

Para que esta complementaridade possa funcionar como é preciso, não convém ao homem esposar uma mulher mais rica do que ele. Porque aquele que esposa uma mulher afortunada ganha "um soberano"; se escolhe uma mais pobre, ao contrário, encontra nela "uma auxiliar, uma aliada [...]. O incômodo que sua própria pobreza causa à esposa lhe inspira toda sorte de cuidados e atenções com seu marido, a obediência, uma submissão perfeita que suprime todas as causas de disputas".[27]

– Princípio do dever de ensino ligado ao respeito do pudor. Como é a cabeça, o marido deve guiar a mulher, servir-lhe de educador, e formá-la nas virtudes. "Que, cercando-a de um piedoso respeito desde a primeira noite em que ela pisou em sua casa, ele lhe ensine a temperança, a modéstia, a doçura, a levar uma vida sempre honesta, a não amar o dinheiro, a praticar a filosofia cristã, a não carregar de ouro

---

26 Cf. são João Crisóstomo, IIIe *Homélie* sobre o casamento, 4. Mesmo tema no tratado *Sur le mariage unique*, 4. Em uma nota a este último texto B. Grillet aproxima esta passagem do texto de Xenofonte: "A divindade adaptou desde o princípio a natureza da mulher aos trabalhos e aos cuidados do interior, e a do homem, aos de fora", *Économique*, VII, 21.

27 São João Crisóstomo, IIIe *Homélie* sobre o casamento, 4.

suas orelhas, seu rosto, seu pescoço."[28] "Aproveitai para lhe traçar regras de conduta, o tempo em que a vergonha, semelhante a um freio, a impede de se queixar, de reclamar [...]. Que tempo poderia ser mais bem escolhido para a educação de uma mulher do que aquele em que ela enrubesce ainda diante de seu marido e ainda não parou de temê-lo? Usai a ocasião para lhe traçar seu dever e, de todo modo, de bom grado ou a contragosto, ela vos obedecerá."[29] Como vemos, se é direito e dever do marido ensinar a sua esposa, há, em troca, um domínio em que a ignorância deve ser respeitada: tudo aquilo que remete ao pudor. Conselho de prudência que davam também os moralistas antigos:* "Permiti durante muito tempo seus medos pudicos, não os expulseis bruscamente [...]. Respeitai primeiramente sua reserva; não imiteis a pressa desregrada de certos homens; sabei esperar muito tempo, ficareis bem."[30]

– Princípio da permanência do laço e da reciprocidade das obrigações. O laço do casamento é estabelecido de uma vez por todas e, salvo adultério,[31] não poderia ser rompido. E ainda é preciso compreender que não é apenas o fato de a mulher ser casada que faz de uma relação sexual um adultério. As leis não julgam assim, é verdade. Mas "a lei de Deus" o afirma, diz Crisóstomo, que neste ponto ainda retoma as

---

28 [São João Crisóstomo, XXe *Homélie* sobre a Epístola aos Efésios, 7.]

29 Ibid., 8.

* Cf. cap. "La maisonnée d'Ischomaque", em *L'usage des plaisirs*. (Cf. cap. "A casa de Isômaco", em FOUCAULT, M. *História da sexualidade II*. O uso dos prazeres. Rio de Janeiro: Graal, 1984.) [*N. das T.*]

30 Ibid., 7.

31 São João Crisóstomo, XIXe *Homélie* sobre a I Epístola aos Coríntios, 2.

concepções de autores como Musônio.[32] "Muitos imaginam que só se é adúltero pela sedução de uma mulher em posse do marido. E eu sustento que quem quer que seja, sendo casado, e tendo relações culpáveis e ilícitas com uma mulher, ainda que seja uma mulher pública, uma serva, uma pessoa qualquer não casada, comete um adultério. Com efeito, não é apenas a qualidade da pessoa desonrada, é também a do autor da sua desonra que constitui o adultério."[33] E ainda: "Se tua mulher veio a ti, se deixou seu pai, sua mãe e toda a sua família, não é para que a ultrajes, para que a substituas por uma vil cortesã."[34] Esse laço intangível, e que suja até mesmo uma relação episódica com uma escrava, compreende-se que a morte não o possa desfazer inteiramente. Sobre o recasamento, Crisóstomo tem a mesma posição de prudente reprovação que a maior parte dos autores cristãos e que muitos autores neoestoicos. Não é absolutamente proibido (sobretudo caso se seja jovem) recasar-se.[35] Contudo, mais vale "esperar a morte, permanecer fiel a seus compromissos, guardar a continência, permanecer perto de seus filhos e merecer, assim, uma parte mais abundante das bondades de Deus".[36]

– Princípio de um laço afetivo que constitui ao mesmo tempo o objetivo e a condição permanente do bom casamento. Se é preciso escolher com tanto cuidado aquela que se deve esposar (uma grande parte da III *Homilia* sobre o casamento

32 Cf. supra, parte I.

33 São João Crisóstomo, Ire *Homélie* sobre o casamento, 4.

34 *Ibid.*

35 O novo casamento com uma mulher repudiada é um adultério porque o repúdio não desfaz o laço, são João Crisóstomo, IIe *Homélie* sobre o casamento, 3.

36 [Ibid., 4.]

é consagrada a definir os princípios desta escolha), é porque é preciso poder amá-la: no caso de escolher a que se deve, "nós, com isso, não ganharemos somente o fato de não a repudiar jamais, mas também o de amá-la com uma profunda ternura".[37] Uma passagem do pequeno tratado *Sobre o casamento único* (ele dataria da mesma época que o dedicado à virgindade) propõe, quanto a esta afeição, da qual, por sinal, faz um dos pontos positivos do casamento, uma interpretação muito rasa: o homem ama aquilo de que é dono e, sobretudo, aquilo de que é o único e primeiro dono; isso para as roupas, os móveis. Por mais forte razão, assim deve ser quando se trata da mulher ("o bem mais precioso para o homem"). Quando se sabe que se é dela o primeiro e exclusivo possuidor, é recebida com "solicitude", "afeição", "benevolência".[38] Evidentemente, é uma outra tonalidade que encontramos nas homilias mais tardias. E, em particular, neste discurso fictício endereçado à jovem esposa por um marido cristão ideal. A afeição, aí, não é referida a uma relação de posse e de domínio, mas a uma certa forma de relação de alma a alma, que comporta muitos aspectos: reconhecimento das qualidades da alma da mulher; desejo de conquistar sua afeição; vontade de partilhar com ela um único e mesmo pensamento; e consciência de que a união definitiva não poderá produzir-se a não ser na vida futura. E a partir do momento em que este é o objetivo final do casamento, a vida daqui de baixo conta pouco, e o marido se encontra pronto a sacrificar sua própria vida a tal fim: "Desdenhei tudo por não ver senão as qualidades de tua alma,

37 [São João Crisóstomo, IIIe *Homélie* sobre o casamento, 2.]

38 *Prothumia, philia, eunoia*: são João Crisóstomo, *Sur le mariage unique*, 5.

que estimo acima de todos os tesouros [...]. Eis porque me liguei a ti; eis porque te amo e te prefiro à minha própria vida, porque a vida presente não é nada; mas te endereço minhas preces, minhas recomendações, e tudo faço para que nos seja dado, depois de ter passado a vida atual em um amor mútuo, estarmos ainda reunidos e felizes na vida futura [...]. Tua afeição me agrada acima de tudo, e nada me seria tão doloroso do que ter, quanto ao que quer que seja, um pensamento diferente do teu. Ainda que tenha de perder tudo, tornar-me mais pobre do que Iro, correr os perigos mais extremos, tudo sofrer, nada me custará, nada me amedrontará, desde que possua o teu amor."[39] E o texto termina, de maneira muito característica, com a fórmula que é exatamente inversa àquela pela qual, em Xenofonte, se abria um discurso análogo. Neste, o marido deveria dizer à esposa que, se a havia escolhido e se seus pais a ele haviam dado, era em vista do bem de sua casa e de seus futuros filhos.[40] Em Crisóstomo, o marido somente deseja ter filhos quando esta reunião das almas, prefiguradora da união no além, for realizada: "Eu desejarei ter filhos quando tu tiveres ternura por mim."[41]

O respeito a estes princípios deve constituir, segundo Crisóstomo, o fundamento de uma regra de vida matrimonial, de um "saber ser casado". Assim será assegurada a tranquilidade da alma, ao passo que os amores externos, e aqueles, sobretudo, encontrados nas prostitutas, são necessariamente envenenados. Com elas, com efeito, "tudo

---

39 [São João Crisóstomo, XXe *Homélie* sobre a Epístola aos Hebreus, 8.]

40 [Xenofonte, *Économique*, cap. vii.]

41 São João Crisóstomo, XXe *Homélie* sobre a Epístola aos Efésios, 8.

é amargura e pena": despesas, humilhações, sortilégios e filtros; "Se buscais o prazer, fugi das cortesãs". Em contrapartida, em tua casa, ao lado de tua mulher, "tu encontras ao mesmo tempo prazer, segurança, descanso, respeito, consideração e boa consciência [...]. Quando tens à mão uma fonte de água límpida, por que buscar um charco lamacento?".[42] A esta paz da alma correspondem a boa ordem e a prosperidade da casa: "Quando um general organizou fortemente seu exército, nenhum inimigo ousa atacá-lo: acontece o mesmo aqui; quando mulher, filhos, servidores concorrem ao mesmo objetivo, uma perfeita concórdia reina na casa [...]. Velemos, portanto, com grande cuidado por nossas mulheres, nossos filhos, nossos servidores."[43] O laço entre os esposos constitui, para a ordem geral da casa, um modelo que os filhos e os servidores retomam por sua vez. De modo que se esse laço é sólido, e se ele se apoia sobre o amor, a medida, o respeito, a autoridade reconhecida, todos em volta se beneficiarão: "O que deverão ser os filhos de pais tão virtuosos, os escravos ligados ao serviço de tais amos, enfim, tudo aquilo que os aproxima! [...]. Em geral, os servidores se modelam segundo seus amos, ostentam suas paixões, amam aquilo que lhes ensinaram a amar, oram como eles, vivem como eles."[44] A casa, ordenada a partir e em

42 São João Crisóstomo, Ire *Homélie* sobre o casamento, 5. Cf. também, na terceira destas *Homélies*, 9: "Se conduzirmos assim nossos esforços, não haverá divórcio nem suspeita de adultério, nem motivo de ciúme, nem batalhas, nem querelas, mas experimentaremos todas as doçuras da paz e da concórdia."

43 São João Crisóstomo, XXe *Homélie* sobre a Epístola aos Efésios, 6.

44 Ibid., 9.

torno de um laço conjugal, ele próprio elaborado a partir de tais regras éticas, poderá constituir o abrigo de que o homem necessita contra as agitações do mundo exterior. "Não é um assunto de pouca importância um casamento segundo essas regras; mil infortúnios esperam aqueles que não o usam como convém [...]. Com efeito, o esposo que se conforma às leis conjugais encontra em sua casa, na sua mulher, um consolo, um asilo contra todos os males, públicos ou outros, que podem atingi-lo. Ao contrário, aquele que trata superficialmente e sem reflexão esse único assunto, mesmo que a praça pública seja para ele sem tempestades, não verá voltando para casa nada além de recifes e rochedos perigosos."[45]

Kalon ho gamos, já dizia o tratado *Da virgindade*. Tão belo e tão importante que Crisóstomo (que, aliás, encoraja os pais a não se oporem a que seus filhos queiram renunciar ao mundo) estima que é preciso preparar os adolescentes para o casamento. Uma parte da IX *Homilia* sobre a Primeira Epístola a Timóteo é consagrada a esse tema. "A moça deve sair da casa paterna para se casar, como um atleta sai da palestra, formada e exercitada."[46] Esta preparação é aquela que é preciso dar a almas e corpos "difíceis de domar", e que exigem "vigilantes, preceptores, professores, guardiães e

---

45 São João Crisóstomo, IIe *Homélie* sobre o casamento, 1.

46 [São João Crisóstomo, IXe *Homélie* sobre a I Epístola a Timóteo, 2.] A relação entre o exercício da preparação para o casamento e o combate atlético daqueles que escolheram a virgindade aparece nitidamente na V *Homélie* sobre a I Epístola aos Tessalonicenses, 3. Antes do casamento, as crianças são como uma matéria inflamável. É preciso velar por elas como "pelas virgens enclausuradas", [Ire *Homélie* sobre Ana, 6].

governadores".[47] A parte essencial dessa preparação consistirá em impedir os rapazes e as moças de terem relações sexuais antes do casamento. E isto por duas razões: porque "aquele que está cheio de reserva antes do casamento o estará ainda mais depois; e aquele que, antes do casamento, frequentou as cortesãs, fará o mesmo quando for casado"; mas também porque, tendo assim se reservado para esta relação do casamento que será a primeira, cada um dos dois esposos terá pelo outro "uma afeição mais viva".[48] Preparação ao amor pela castidade; mas seria imprudente que ela durasse muito tempo: "Casemo-los cedo."[49] Ou, como Crisóstomo diz em outro lugar: "Ao ver como queima esta fornalha, esforcemo-nos [...] por comprometê-los conforme a lei de Deus, nos laços do matrimônio."[50]

Como vemos, quando Crisóstomo, temperando certos aspectos de seus primeiros escritos, confronta à virgindade a família conjugal convenientemente regulada, e quando faz desta um lugar de tranquilidade privada oposto às agitações públicas e suscetível de conduzir ao bem que buscamos, nada há aí que seja, em seu princípio, especificamente cristão. Todos esses temas já estavam formados. Sem dúvida, não se deve desconhecer que Crisóstomo os reinscreve em referências propriamente cristãs: a hierarquia "natural" entre o homem e a mulher, ele a relaciona à Criação; nas virtudes do casamento, vê a promessa de recompensas futuras – "desse modo,

---

47 [São João Crisóstomo, IXe *Homélie* sobre a I Epístola a Timóteo, 2.]

48 Ibid.

49 [Ibid.]

50 São João Crisóstomo, LIXe *Homélie* sobre o Gênesis, 3 (P. G., t. 54, col. 517-518).

poderemos agradar ao Senhor, levar virtuosamente toda a vida presente e obter, enfim, os bens prometidos àqueles que amam Deus";[51] e as prosperidades de uma vida conjugal bem regulada são, para ele, o efeito de uma bênção.[52]

Há, no entanto, uma diferença – ela é capital – que impede de situar Crisóstomo e todos aqueles que fazem as mesmas análises que ele, no século IV, na mera continuidade de Clemente de Alexandria e, com mais forte razão, dos moralistas da Antiguidade. Trata-se da questão das relações sexuais no casamento. E, mais precisamente, da recusa de fazer da procriação um dos fins essenciais do casamento, junto à afirmação de que as relações sexuais são, entre esposos, objetos de obrigação.

O casamento não tem por fim a procriação. De fato, Crisóstomo não diz as coisas desta maneira. Encontramos três séries de formulações. Em algumas, enumerando os fins para os quais Deus instaurou o casamento, contenta-se em não fazer menção à procriação. Por que, pergunta ele na III *Homilia* sobre o casamento, Deus deu aos homens esta instituição? "A fim de que evitemos as fornicações, a fim de que reprimamos nossa concupiscência, a fim de que vivamos na castidade, a fim de que nos tornemos agradáveis a Deus, contentando-nos com nossa própria mulher."[53] Em outros textos, Crisóstomo

51 São João Crisóstomo, XXe *Homélie* sobre a Epístola aos Efésios, 9. Cf. igualmente: "Usai com moderação o casamento e ocupareis o primeiro lugar no Reino dos Céus", VIIe *Homélie* sobre a Epístola aos Hebreus, 4.

52 [São João Crisóstomo, IIIe *Homélie* sobre o casamento, 9.]

53 São João Crisóstomo, IIIe *Homélie* sobre o casamento, 5. Ou ainda: "Jamais o casamento é louvado por ele mesmo, mas por causa da fornicação, das tentações, da incontinência", *De la virginité*, XXXIX.

situa a procriação entre os fins do casamento, mas numa posição secundária e a título unicamente provisório. É a tese do *De virginitate*: "O casamento certamente foi dado tendo em vista a procriação, mas muito mais ainda para apaziguar o fogo do desejo inerente à nossa natureza. Paulo o atesta quando diz '*Para evitar a fornicação, que cada um tenha a sua mulher*', ele não diz: para fazer filhos. E quando convida (marido e mulher) a retomar a vida em comum, não é para que tenham descendência numerosa."[54] Mas as *Homilias* sobre o casamento não dizem outra coisa: "Há duas razões pelas quais o casamento foi instituído: a fim de que sejamos continentes, e a fim de que sejamos pais. Mas, destes dois motivos, o mais importante é o da continência";[55] e, após ter explicado as razões desta importância e os motivos que fizeram com que Deus instaurasse o casamento, conclui que este último não tem senão um fim: impedir a fornicação. Assim, ao final da análise, a procriação desapareceu. Enfim, encontra-se também em Crisóstomo a recusa de estabelecer uma correlação teológica entre casamento e procriação. O primeiro pode ser perfeitamente válido sem dar lugar a qualquer nascimento e, além do mais, sem a vontade de Deus, não seria em si mesmo capaz de povoar a Terra. Quanto à segunda, Deus poderia perfeitamente assegurá-la sem passar nem pelo casamento nem pelos laços do corpo.[56]

Esta dissociação é importante se nos lembrarmos com que insistência fora sublinhado em toda a cultura helênica

---

54 São João Crisóstomo, *De la virginité*, XIX.

55 São João Crisóstomo, Ire *Homélie* sobre o casamento, 3.

56 São João Crisóstomo, *De la virginité*, XV. O exemplo de Abraão prova que o casamento em si mesmo não determina a procriação.

o laço entre o casamento e a *paidopoiia*, a fabricação de filhos: que se recorde de Pseudo-Demóstenes dizendo que as esposas são feitas para dar uma descendência legítima, e que o estado matrimonial é reconhecido aos que procriaram filhos próprios; que recordemos também de todos os filósofos que fizeram da procriação o fim essencial do casamento.[57] A posição de Crisóstomo é surpreendente, quando se pensa que Clemente de Alexandria tinha retomado, como uma evidência, esta tese antiga,[58] mas surpreende igualmente se pensarmos que, muito cedo, de uma maneira geral, no cristianismo a partir de Agostinho, a procriação aparecerá de novo no primeiro plano da teologia do casamento e da ética sexual; ela será definida, ao lado do sacramento e da fidelidade, como um dos bens do casamento e como a primeira das finalidades legítimas a que se pode propor o ato sexual entre esposos. É Crisóstomo uma exceção? Ou simplesmente marca um episódio, um instante de flutuação que a doutrina e a prática não manterão? Exceção, certamente não: pois, de Orígenes até ele, o casamento foi visto não em função de seus fins de procriação, mas na sua posição hierárquica relativa à virgindade e ao celibato voluntário; a questão da continência, e não a dos filhos, foi o ponto essencial do debate. Crisóstomo deve ser considerado pertencente a toda essa corrente de pensamento da qual são Jerônimo é testemunha no Ocidente, e o problema que se lhe colocou foi o seguinte: como estabelecer uma pastoral das relações conjugais (a qual não podemos dispensar em nome de uma

---

57 Cf. supra, p. 22.

58 Cf. supra, pp. 15-16.

valorização unilateral do ascetismo) a partir de uma moral da continência? E se esta mesma corrente constitui um episódio, isto é importante; pois foi aí que se reelaborou a questão das relações sexuais no casamento; e, por causa disso, a proposição de que a procriação é um fim do casamento não tem, em santo Agostinho e seus sucessores, o mesmo sentido que nos autores anteriores, sejam pagãos como Musônio ou cristãos como Clemente de Alexandria.

Crisóstomo efetua a dissociação entre casamento e procriação, a partir da história geral do homem, de sua queda e de sua salvação. Ele faz valer, com efeito, que a procriação é anunciada no Gênesis, no momento mesmo da criação do homem – "Crescei e multiplicai-vos"[59] –, portanto antes da mulher, antes da queda, antes da morte e da dor que a sancionam. Ela é, pois, anterior à instituição do casamento. O que pode, portanto, significar este preceito dado por Deus ao homem solitário? Sabe-se que Gregório de Nissa nele vê o anúncio de uma geração que se operaria no modo angelical e teria permitido povoar o paraíso como o céu é povoado de anjos. Crisóstomo nele vê, antes, um anúncio e uma promessa: a fundação, desde a criação do homem, de uma possibilidade que será efetuada em seguida.[60] E ela o será depois da queda. Por causa desta última? Não, ao menos, diretamente, mas de maneira indireta, porque a queda provoca a morte, e porque é a título de compensação que a progenitura é dada ao homem. É preciso ainda frisar que não é para preencher uma terra que a morte teria rapidamente despovoado, mas para dar ao homem, com o pensamento de gerações futuras, a

59 Gênesis, 1, 28.

60 [Nota vazia.]

imagem seja de uma imortalidade da qual ele fora destituído, seja de uma ressurreição que o salvaria. É a procriação como imagem da imortalidade perdida que evoca a primeira das três *Homilias* sobre o casamento: "Quando não havia esperança de ressurreição [...], Deus deu aos homens esta consolação da paternidade, de modo que aqueles que morriam pudessem sobreviver a si próprios em imagens vivas."[61] A XVIII *Homilia* sobre o Gênesis faz da procriação uma figura da promessa de que após a morte virá a vida: no momento em que infligia aos homens "o castigo terrível da morte", Deus mostrou o quanto amava a humanidade – o quanto era *philanthrôpos* – concedendo-lhe "a sucessão de filhos como *uma imagem da* ressurreição".[62] A procriação no sentido físico do termo não tem sentido, portanto, a não ser em relação a estas duas referências que se situam, uma e outra, às portas do tempo. E não tem outro papel senão o de produzir imagens das quais se vê bem que não tinham razão de ser antes da queda, e que não o têm mais desde que o tempo da ressurreição chegou. A procriação teve seu tempo. E o preceito "crescei e multiplicai-vos", formulado desde que o homem foi modelado por Deus e que, por consequência, domina o tempo, deve ser dotado de um novo sentido: é às gerações espirituais, mais belas do que as do corpo, que devemos doravante nos dedicar.[63]

Quanto ao casamento, se também ele está ligado à queda, não é da mesma maneira. Enquanto a "multiplicação" está ontologicamente fundada no ato criador e, portanto, pelo menos a título de possibilidade, está presente desde o paraíso,

---

61 São João Crisóstomo, Ire *Homélie* sobre o casamento, 3.

62 São João Crisóstomo, XVIIIe *Homélie* sobre o Gênesis, 4.

63 [Nota vazia.]

tendo sido a queda que lhe deu realidade material – bem como sua função de imagem em relação às realidades espirituais –, o casamento estava totalmente ausente de uma condição humana que ainda não conhecera a queda. O texto *De virginitate* é muito explícito neste ponto: "Modelado por Deus, o homem viveu no paraíso, e não havia qualquer questão de casamento."[64] Deus, entretanto, tinha criado a mulher antes da queda, a fim de que fosse a companheira do homem. Mas companheira no sentido de ajudante, de auxiliar (*boêthos*), não de esposa: "Mesmo então o casamento não parecia necessário. De fato, não se via qualquer traço dele, os dois prescindiam dele."[65] O casamento aparece com a queda, com "a corrupção da morte, a maldição, o sofrimento, as penas da vida."[[66]] Neste sentido, pode-se dizer que ele é uma consequência da queda, assim como a procriação carnal. Mas, sendo uma consolação, o casamento é uma maneira de pôr um limite aos desejos do corpo: freio contra os excessos aos quais a queda deu livre curso. As *Homilias* sobre o casamento não modificam, quanto ao essencial, aquilo que, mais de uma dezena de anos antes, *De virginitate* expunha a propósito do "momento meta-histórico" do casamento, de seu papel sob a lei hebraica, e da função que ele ainda tem a exercer hoje. No máximo, atenuam um pouco a ênfase que Crisóstomo pusera na "condescendência" de Deus, concebendo o casamento como o alimento que se dá às crianças muito frágeis para suportar um regime adulto, como uma medicação amarga a qual é preciso submeter-se

---

64 *"Gamou logos oudeis ên"*: são João Crisóstomo, *De la virginité*, XIV, 3.

65 *"Kai oudehoutôsho gamos anankaioseinaiedokei"*, ibid. Sobre a questão do sentido a dar a esta função de auxiliar que a mulher tinha antes da queda: [cf.supra, p. 183 e infra, pp. 281-289].

66 [Ibid., XIV, 5.]

quando se está no ápice da doença.[67] O casamento é apresentado, sobretudo, como limite e como lei. "Foi a partir do dia em que se introduziu a concupiscência que se introduziu o casamento que refreia a incontinência, e conduz o homem a se contentar com uma mulher."[68] Enquanto a procriação era uma possibilidade prévia tornada, depois da queda, uma consolação, o casamento é uma lei que tem sua razão de ser na revolta, depois da queda, do corpo contra a alma, e que tem por finalidade dele subjugar os desejos. Ele é, pois, um "hábito de servidão". Reencontramos assim a estranha formulação que figura no tratado *Sobre o casamento único*. Ali é dito que o casamento não pode ser dito "casamento" pelo fato da união sexual, porque qualquer fornicação mereceria receber este nome; o que caracteriza o casamento é que a mulher se contenta com um e só um homem.[69] Em sua essência, o casamento é limitação.

Esta definição do papel do casamento é importante. Em lugar de situar o laço matrimonial numa economia geral, natural ou social, da procriação, ela o situa (ao menos hoje, porque a terra está povoada e os tempos chegaram) em uma economia individual da *epithumia*, do desejo ou da concupiscência. Neste sentido, faz com que a ética do casamento se comunique com a preocupação do ascetismo e o cuidado da continência, inclusive a mais rigorosa. O casamento é uma forma, ao lado ou mesmo por baixo da virgindade, de regular a

---

67 Ibid., XVI e XVII.

68 São João Crisóstomo, Ire *Homélie* sobre o casamento, 3. Sobre a ideia de que a lei é para o pecado o que o remédio é para a doença, cf. *De la virginité*, XVII, 3.

69 "Dia to stergein heni tên gamoumenên andri", são João Crisóstomo, *Sur le mariage unique*, 2.

questão da concupiscência; esta se encontra tanto no coração da moral do casamento quanto nos procedimentos ascéticos daqueles que renunciaram a qualquer laço matrimonial. A concupiscência é o objeto comum às regras do estado matrimonial e à *tekhnê* da profissão de virgindade.

O que distingue, no entanto, as regras do casamento destas "técnicas" não é simplesmente o fato de que sejam mais tolerantes e que permitam, com uma única pessoa, o que o estado de virgindade excluía com quem quer que fosse. É também o fato de que sejam de tipo jurídico. E de muitas maneiras. Ao passo que a virgindade, como vimos, é conselho, mas nunca preceito, ao passo que está excluído que seja obrigatória, o casamento é uma obrigação para todos aqueles que não podem atingir a perfeição do estado virginal. O casamento é nele mesmo uma lei. Mas também cria obrigações. E obrigações que se referem àquilo que é precisamente a razão de ser do casamento, a saber, a economia da concupiscência. Porque se alguém se casa para poder "limitar a uma só pessoa" seu desejo, obriga-se, com efeito, a esta unicidade da relação; mas obriga-se também perante o cônjuge a lhe permitir satisfazer com uma pessoa e só uma seu próprio desejo. Sendo a economia da concupiscência o objetivo comum dos dois cônjuges quando se casam, é preciso, para atingir tal objetivo, que cada um dos dois desempenhe o papel que o outro dele espera. De sorte que a finalidade da "limitação" da concupiscência a que se propõe todo casamento tem por consequência necessária a aceitação recíproca do ato sexual para que cada um dos dois encontre no casamento o ascetismo moderado que nele buscava. De uma maneira que pode parecer paradoxal, a aproximação entre casamento e virgindade, a definição de um tema que lhes é comum – a economia da concupiscência –, mesmo se não dá a mesma solução a ambos, conduz a colocar, como obrigação estrita para cada um dos esposos, ter com o outro relações sexuais. Mas, decerto, sob certas reservas e em um quadro regulamentar.

No começo da XIX das *Homilias* sobre a Primeira Epístola aos Coríntios, João Crisóstomo expõe as obrigações recíprocas dos esposos quanto às relações sexuais. Ali ele comenta a frase de são Paulo: "Que o marido dê à mulher aquilo que lhe deve e, do mesmo modo, a mulher, a seu marido (7,3)."[70] Crisóstomo apresenta estas obrigações essencialmente como o dever de não introduzir no casamento uma abstenção e práticas de renúncia que não convêm senão à ascese de uma vida devotada à continência. O casamento, uma vez escolhido como forma de vida, não permite a qualquer dos cônjuges procurar viver nele o outro modo de existência. Ou a castidade rigorosa, ou o casamento. Sem dúvida, a simetria entre os tipos de existência não é perfeita: porque se não é permitido à castidade admitir qualquer forma de exceção que seja, certas abstenções, em contrapartida, encontram lugar no casamento. Abstenções rituais e de caráter obrigatório.[71] Abstenções voluntárias também: mas elas devem sempre ser decididas de comum acordo, e não resultar da decisão exclusiva de um dos cônjuges; e, de todas as maneiras, jamais devem ser definitivas; "se, de acordo com vosso cônjuge, quiserdes vos abster, que seja por pouco tempo".[72]

70 São João Crisóstomo, XIXe *Homélie* sobre a I Epístola aos Coríntios, 1.

71 Ibid.

72 Ibid.

Quanto à natureza ou à forma dos atos requeridos, levando em conta as recomendações de pudor ou de reserva que Crisóstomo faz frequentemente, ele não dá nenhuma indicação. Não há preceito relativo à procriação possível, nem indicações sobre os tempos oportunos, nem sobre as práticas sexuais interditas. Na IV *Homilia* sobre a Epístola aos Romanos, Crisóstomo se dedica a longas considerações sobre os pecados de Sodoma, sobre a inversão de papéis entre homens e mulheres, e sobre a perturbação das leis da natureza; no entanto, ao que parece, não é às práticas conjugais que se refere, mas, no essencial, à passividade e à prostituição masculinas ou às relações sexuais entre mulheres. Em todo caso, tanto nesta homilia quanto naquela em que comenta a Primeira Epístola aos Coríntios, ele não parece impor aos cônjuges um tipo de relação sexual determinado e justificável porque suscetível de ser fecundo. Não é a morfologia da relação que é por ele determinada, mas um princípio de igualdade formal e jurídica. Ao passo que, em todos os outros planos, há diferença e hierarquia entre o homem e a mulher, ao passo que eles não possuem as mesmas aptidões naturais, ao passo que a mulher deve temer seu marido e obedecer a ele, em contrapartida, no plano das relações sexuais, não deve haver desigualdade alguma. "Que em tudo o mais o homem tenha vantagem, mas quanto à continência, não"; neste ponto, não se deve distinguir "o mais e o menos: o direito é o mesmo" [ibid.]. Crisóstomo emprega aí um vocabulário evidentemente político e jurídico. Recusa a *pleonexia* (o "mais de poder", o "mais de potência" de um lado que de outro); estabelece o princípio da *isotimia* (igualdade de privilégios). As obrigações que fixa para os esposos constituem, portanto, uma espécie de igualdade política quanto às relações sexuais: os direitos de um fixam os deveres do outro.

Entretanto, não é somente sobre uma simetria no poder de decisão e uma comunidade de vontade que Crisóstomo funda este sistema de obrigações. Sua forma é a de uma igualdade política. Seu fundamento é o de uma propriedade. Retomando o texto de são Paulo, segundo o qual o corpo do homem não lhe pertence, mas à mulher e reciprocamente, ele faz da obrigação de não se recusar ao outro a consequência de uma apropriação mútua dos corpos que seria operada no casamento. Apropriação que pode criar duas situações, segundo se acentue o fato de que existe propriedade, ou o fato de que esta apropriação incide sobre o corpo de seres humanos. Neste último caso, é ao modelo da escravidão que se é conduzido; mas, por inúmeras razões – entre outras, o fato de que "a isotimia" do casamento implicava uma igualdade de indivíduos livres[73] –, este tema da escravidão permanece relativamente alusivo[74] e metafórico. Em contrapartida, a ideia de uma apropriação conduz à de uma dívida: aquele cujo corpo tornou-se a propriedade do outro lhe deve qualquer coisa, a saber, o uso desse corpo. Crisóstomo faz notar que são Paulo emprega, para designar esta obrigação, a expressão *opheilomenên timên*, e que *opheilê* se relaciona à dívida. O dever entre esposos é uma dívida. E é este tema jurídico-econômico que leva Crisóstomo a falar de fraude a propósito daqueles que se furtam a este dever. Sem dúvida, é preciso assinalar que

73 Sobre o casamento como laço entre dois indivíduos livres, cf. [nota incompleta].

74 Ibid.

a explicação que dá é estranhamente claudicante: "não me roubais", diz ele, "se consinto que tomeis um objeto que me pertence, mas tomar por força a alguém que não o consinta é roubar". Poder-se-ia esperar que, de um princípio como este, se deduzisse a liberdade de cada um dos cônjuges de poder se negar ao outro. Mas, se nos lembrarmos de que o casamento efetuou uma transferência de propriedade, vê-se que, para Crisóstomo, aquele que se recusa ao outro lhe faz violência: toma, ou retoma pela força, aquilo de que o casamento o tinha feito proprietário. Eis porque, muito logicamente, dá como exemplo de uma tal fraude as mulheres que, sem o consentimento de seu marido, decidem praticar a castidade. Elas cometem uma falta grave contra a "justiça".[75] O modelo da propriedade e da dívida é muito importante em Crisóstomo. Ele o utiliza muitas vezes, entrelaçando com insistência o tema das trocas econômicas do casamento com o princípio da transferência de propriedade do corpo. Por vezes, faz valer a dupla confusão que, no casamento, faz de dois corpos um único ser, e de duas fortunas, um bem único: "Vós não sois senão um mesmo ser, uma mesma vida, e falais ainda do teu e do meu! [...] Deus fez comuns a nós coisas mais necessárias do que as riquezas."[76] Também por vezes, ele faz valer que, se o marido pode considerar como seu o dote da mulher, esta está justificada ao estimar que o corpo do marido lhe pertence. "Não é estranho que o dote que ela te concede seja objeto de toda a tua solicitude, e que evites cuidadosamente tudo o que possa diminuí-lo, e que estes tesouros, bem mais preciosos do que um dote, quero dizer a continência e a

---

75 *"Meizona tês dikaiôsunês amartian"*.

76 São João Crisóstomo, XXe *Homélie* sobre a Epístola aos Efésios, 9.

castidade, bem como tua própria pessoa [...], os esbanjes e os corrompas?" A esta analogia dote da mulher/corpo do marido, Crisóstomo acrescenta imediatamente uma observação que mostra ainda melhor o quanto uma tal comparação é inadequada à sua própria concepção da dupla propriedade mútua: "Se chegas a tocar o dote de tua mulher, é a teu sogro que prestas contas; mas se atentas contra a castidade, é Deus que as demandará, Deus que instituiu o casamento, e de quem obténs tua esposa."[77] De fato, levando-se em conta que o nascimento de uma progenitura não mais aparece no horizonte do casamento, o laço entre a conjunção física e a circulação dos bens não pode ser senão da ordem de uma analogia mais ou menos fundada. É preciso ter presente, no entanto, o recurso de que Crisóstomo se vale para marcar bem a presença de uma obrigação de tipo formal e jurídico. Para ele, há um direito interno ao casamento, absolutamente simétrico para os dois cônjuges, e que decorre da propriedade mútua dos corpos.

Mas por que Crisóstomo pensa o casamento como transferência de propriedade, mais do que como união, fusão, constituição de um só ser – tema que ele evoca muitas vezes, mas que não seria suscetível de fundar um laço de tipo jurídico? Precisamente porque o corpo, a partir da queda, é o lugar dos excessos da concupiscência; e porque, uma vez que alguém se casa para colocar um limite a estes excessos, demanda-se ao outro assegurar esta limitação. Cada um se torna dono e senhor do corpo do outro, na medida em que pode dele dominar a concupiscência. E, ao recusar-se a tanto, torna-se responsável pelos problemas que a concupiscência

77 São João Crisóstomo, Ire *Homélie* sobre o casamento, 4.

do outro possa produzir. Estes problemas, Crisóstomo os descreve de duas formas. Desordem doméstica, dissensão, desorientação na casa: a boa ordenação das pessoas e das coisas que, como vimos, repousava sobre a unidade do casal, Crisóstomo mostra que depende, em parte, do respeito à justiça nas relações sexuais. "Grandes males nascem" quando ela é transgredida, "as fornicações, os adultérios; os problemas domésticos a isso se seguem"; o marido frustrado em seus direitos "suscita querelas e causa mil aborrecimentos à sua mulher".[78] Porém mais profundamente, é do transtorno na alma do outro, de seus desejos, de suas tentações, de suas dificuldades para dominá-los, que se torna culpável aquele que recusa, nas relações conjugais, o equilíbrio da justiça. Isso porque o casamento o colocou em posição de contribuir para a salvação de seu cônjuge. No fundo da apropriação dos corpos, há esta transferência: aqui, não é mais o objetivo de uma progenitura comum que justifica a "dívida dos corpos" implicitamente contraída pelos esposos quando se casam, mas a responsabilidade de cada um em face dos pecados do outro. O "fruto" que está em questão é espiritual: é a salvação de cada um por meio do outro. Quiasma salutar. Crisóstomo pode empregar, neste ponto preciso, a palavra *agapê* no duplo sentido de amor conjugal e de caridade.

É preciso reconhecer que, quanto a este tema, o tratado *Da virgindade* não representa exatamente as mesmas posições que as homilias ulteriores. Crisóstomo ali já insiste na obrigação em que se encontra a mulher de, mesmo por razões de

78 [São João Crisóstomo, XIXe *Homélie* sobre a I Epístola aos Coríntios, 1.]

continência, não se furtar ao dever conjugal: "A mulher que é continente contra a vontade do marido não somente se vê privada das recompensas da continência, como é responsável pela conduta adúltera do marido, e terá mais contas a prestar do que ele. Por quê? Porque foi ela que o empurrou ao abismo da libertinagem, privando-o da união legítima."[79] Contudo, a esta obrigação, ele dá um sentido extremamente limitado: concessão a uma necessidade física que reclama a indulgência, e à qual não se deve opor uma recusa unilateral;[80] mas, a esta concessão, não se deve dar um valor espiritual: "Não é cumprindo, na condição de esposa, seus deveres conjugais que a mulher poderá salvar seu marido, mas praticando abertamente a vida do Evangelho; coisa que muitas mulheres, de resto, realizaram mesmo fora do casamento."[81] A ajuda que os esposos podem oferecer um ao outro não passa por aí, ainda que tal atitude deva ser conservada: "Não retiro absolutamente [à mulher] todo o concurso nas coisas espirituais – nem Deus o quer! –, somente afirmo que ela o fornece não no exercício do casamento, mas quando, embora permanecendo fisicamente sua mulher, ultrapassa sua natureza para elevar-se à virtude

---

79 São João Crisóstomo, *De la virginité*, XLVIII, 1.

80 Ibid., LXXV: "A concupiscência é um instinto natural que, por este motivo, tem direito a uma grande indulgência e um dos esposos não tem poder de frustrar o outro contra sua vontade."

81 Ibid., XLVII, 2. Neste texto, a expressão *para to suneinai* – "na relação sexual" – não deverá, sem dúvida, ser traduzida por "cumprindo seus deveres conjugais". Isto é forçar e limitar o sentido. Trata-se de todas as relações sexuais, seja quando a mulher cumpre o seu dever ou quando busca satisfação.

dos homens bem-aventurados."[82] A relação entre esposos, neste tratado em que a vida matrimonial é apresentada em seus inconvenientes, aparece como aquilo que deve, apesar de tudo, subsistir quando se estiver suficientemente desligado do casamento, e quando se estiver com a própria mulher "como se nada fosse".[83] Em contrapartida, nas homilias mais tardias, este cumprimento do dever não é um resto inevitável que se deve ainda observar entre esposos quando estes se tiverem despojado de todos os outros aspectos da vida matrimonial; ele tem um duplo valor: espiritual, porque manifesta um laço de caridade, e moral, porque assegura no casal um bom entendimento que repercute sobre a ordem inteira da casa. A partir do momento em que o casamento é pensado como uma profissão, um estado que merece e reclama uma *tekhnê* específica, a relação conjugal não é mais um constrangimento residual ao qual não temos o direito de nos furtar; é um elemento no trabalho pela salvação mútua.

Ainda uma vez, Crisóstomo não é tomado aqui como o inventor desta maneira de analisar as relações conjugais e o estado matrimonial. Ele é a testemunha de um pensamento do qual inúmeros elementos já se encontram em Orígenes. E assim como este último ofereceu algum dos princípios fundamentais

---

82 [Ibid., XLVII, 1.] Notar o texto: "*hotan mê ta tou gamou prattê alla menousa têi phusei gunê*". A mulher deve permanecer mulher "pela natureza", "fisicamente", mas não é "a prática das coisas do casamento" que terá valor salvador. Parece que existe aí a oposição entre o estado no qual se deve permanecer e a prática que teria ou não um valor. Não se trata da oposição que será tão importante a seguir na jurisprudência penitencial entre demandar e acordar o dever conjugal.

83 [Ibid., LXXIV-LXXV.] Também Gregório de Nissa, em seu tratado *De la virginité*, evoca a dívida – *ophlêma*, porém, indicando que é qualquer coisa de baixo – *tapeinon* (V) ou de vão, de estéril – *psukhron* (VIII).

aos quais se refeririam, em seguida, as instituições da vida monástica, da mesma maneira formulou muito nitidamente alguns dos princípios da ética e da espiritualidade cristãs do casamento, antes que este, em suas formas concretas, tivesse dado lugar à reflexão e a prescrições específicas.[84]

As homilias de Crisóstomo, em todo caso, manifestam a existência de uma pastoral da vida conjugal em que as relações sexuais estão fortemente ligadas à noção de *opheilê*, de *debitum* – de dever-dívida –, que se tornará, no cristianismo, uma categoria fundamental para pensar, justificar, codificar e distribuir segundo um sistema de regras as relações conjugais. Um imenso edifício jurídico será construído no curso da Idade Média, fazendo aparecer os esposos como sujeitos de direito em relações complexas de dívidas, de demandas, de aceitações e de recusas. Ao menos tanto quanto os grandes interditos sexuais, este código contribuirá para a juridicialização da prática sexual, ao mesmo tempo que a autoridade da instituição religiosa ganhará acesso às relações mais secretas entre os esposos. Ora, o que é importante sublinhar se se deseja fazer a história dessa estranha noção, é que ela não deriva (salvo de maneira secundária, lateral, e porque foi vista, retrospectivamente, como uma estrutura de apoio previamente disposta) da ideia de que o casamento tenha por fim a procriação. Ao contrário, foi quando o pensamento cristão desvinculou o casamento desta finalidade que lhe havia sido tão facilmente atribuída desde a Antiguidade pagã que a noção de dever-dívida começou a se

---

84 Cf., em particular, os fragmentos sobre a I Epístola aos Coríntios, publicados no *Journal of Theological Studies*, t. IX (1908), em que a questão é a dívida, e capítulo xiv, 24, de *Commentaires sur saint Matthieu*, em que a questão é o marido que torna a sua mulher adúltera ao não satisfazer seus desejos.

desenhar com nitidez. O tema escatológico de um fim dos tempos em que não é mais necessário pensar em uma progenitura foi, sem dúvida, fundamental. Mas não teria sido suficiente, sozinho, para constituir o suporte desta noção, se o casamento, em face do monaquismo, da vida de virgindade e da arte de se conduzir, bem como a Igreja, em suas ligações cada vez mais numerosas e profundas com a administração do Estado e a sociedade imperial, não tivessem desenvolvido uma pastoral da existência conjugal destinada a conduzi-la e a mostrar como ali se conduzir. E esta arte da vida matrimonial se ordena em torno da mesma questão que a da vida de continência; como gerir, combater, vencer, numa luta que é indissociável da própria vida, a concupiscência? De uma maneira que é paradoxal apenas à primeira vista, é a *epithumia*, o desejo, a concupiscência, que constitui a "matéria-prima" de que devem tratar as artes da vida monástica e as da vida matrimonial. Com uma diferença: em um caso, é apenas consigo mesmo e na forma de combate espiritual com seus próprios "pensamentos" (no sentido amplo do termo) que é preciso agir para não lhe dar saída possível (a polução involuntária durante o sonho constituindo, de alguma maneira, a forma "mais pura" desta impureza, à qual só Deus pode pôr termo definitivamente); e, no outro caso, existe uma saída legítima, ainda que "pactuada", mas é preciso ver que esta legitimidade remete ao fato de que cada um permite ao outro escapar às tentações de sua própria concupiscência. Quer dizer, o tema é ainda e sempre o da relação a si; com a ressalva de que, no caso do casamento, esta relação não se regula sem a relação ao outro. É ainda necessário lembrar que, no caso da virgindade monástica, há uma forma de relação ao outro que é também indispensável: a ligação de direção.

A simetria entre a arte da vida monástica e a arte da existência matrimonial não deve ser superestimada. Bem entendido, as diferenças são inumeráveis. E no que tange ao tema preciso da concupiscência, é preciso também constatar que a ascese monástica dará lugar a práticas de vigilância constante de si, de deciframento dos próprios segredos, de pesquisa indefinida nas profundezas do coração, de elucidação daquilo que pode ser ilusão, erro e engano com relação a si mesmo; ao passo que os preceitos da vida matrimonial tomarão muito mais a forma de uma jurisdição do que de uma veridicção, e o tema da dívida dará lugar a um trabalho incessante de codificação e a uma longa reflexão de jurisprudência. O dimorfismo já é claro em textos como os de Crisóstomo; tornar-se-á cada vez mais, marcando de maneira profunda a maneira de refletir e de regular os comportamentos sexuais no Ocidente: em termos de verdade (mas sob a forma de um segredo a elucidar indefinidamente no fundo de si mesmo caso se queira ser "salvo") e em termos de direito (porém, tanto sob a forma de um direito de dívida e de obrigações quanto sob a do interdito e da transgressão). Este dimorfismo ainda está longe de ter desaparecido ou ao menos esgotado seus efeitos. Mas me parece que em sua origem não se deve ver a justaposição, no cristianismo, entre um antigo direito de casamento e as formas mais recentes de uma renúncia completa ao mundo. Foi o movimento para constituir, no exercício do poder pastoral, uma *tekhnê* da vida conjugal – inferior àquela da vida monástica, mas não heterogênea a esta – que conduziu ao mesmo tempo a fazer da concupiscência de cada um dos dois (e não da progenitura comum) a forma essencial da relação conjugal, e a organizar entre essas duas solidões o cruzamento das responsabilidades e o encadeamento de uma dívida. Mesmo na forma dual do casamento, o problema fundamental é relativo ao que é preciso fazer com sua própria concupiscência; é, pois, a relação de si a si. E o direito interno do sexo conjugal foi a princípio organizado como uma maneira de gerir, por meio do outro, esta relação fundamental de si a si.

2 – O bem e os bens do casamento

A virgindade é superior ao casamento, sem que o casamento seja um mal nem a virgindade, uma obrigação: esta tese geral, santo Agostinho a recebeu de uma tradição já bem formada antes dele. Ela atravessa toda a sua obra; e ele a expõe de maneira explícita nos dois grupos de textos que teve a ocasião de consagrar aos problemas do casamento e da virgindade: nos primeiros anos de seu episcopado, quando precisava discutir ao mesmo tempo as teses de inspiração maniqueísta (em *De continentia*, por volta de 396) e as proposições de Joviniano (em *De bono conjugali*, 401, ou *De sancta virginitate*, 401); e depois, no momento de suas polêmicas antipelagianas uma quinzena de anos mais tarde, quando se apoia na superioridade da continência estrita e completa, reconhecida por seus adversários do momento, e singularmente por Juliano de Eclana, para afirmar, contra eles, que a concupiscência é um mal.[85]

Uma passagem de *De sancta virginitate* situa bem, ao menos de maneira negativa, o princípio geral. É este que, com acentuações talvez diferentes e outras arestas polêmicas, pode-se encontrar em Gregório de Nissa, João Crisóstomo ou

85 Muitos outros textos tratam dos mesmos temas: sermões, tratados que respondem a questões pastorais precisas (*De bono viduitatis*, 414), a propósitos jurídicos (como *De conjugiis adulterinis*, 419, sobre o privilégio paulino).

em *Adversus Jovinianum*, de Jerônimo. "Aqueles que tinham o desejo da virgindade pensaram que era preciso detestar o casamento tanto quanto o adultério; outros, que defendiam a união matrimonial, pretenderam que a continência perpétua, por excelente que fosse, não tinha mais mérito do que a castidade conjugal. Como se a vantagem de Suzana devesse resultar na humilhação de Maria, ou a vantagem ainda maior de Maria devesse resultar na condenação de Suzana."[86] Contra esses dois erros, um condenando o casamento e o outro não preferindo a virgindade a ele, Agostinho faz valer que o casamento e a virgindade não se distinguem como o mal do bem, nem se aproximam um do outro como dois bens equivalentes; eles devem ser medidos e separados como um bem menor em relação a um bem maior. Duas alturas em uma mesma paisagem, em que uma é muito mais elevada do que a outra: "Que aqueles que não querem o casamento dele não fujam, pois, como um submundo de pecado, mas que o ultrapassem como uma colina boa porém inferior, para ir repousar na montanha muito mais alta da castidade."[87]

Desta concepção geral de dois bens desiguais, Agostinho tira conclusões que, enquanto tais, são conformes à doutrina já construída. Indiquemo-las rapidamente para poder, a seguir, assinalar melhor o que constitui a elaboração própria a santo Agostinho.

– Uma vez que o casamento não é um mal, não deveria ser de maneira alguma proibido; nem a virgindade, seja qual for a sua excelência, imposta. A frase do Apóstolo, "se estás livre

---

86 Santo Agostinho, *De sancta virginitate*, XX (19).

87 Ibid., XVIII (18).

do laço conjugal, não procures uma esposa",[88] não deve ser compreendida como uma proibição, mas como um conselho. A virgindade não poderia ser dita "santa" se não fosse mais do que a observação de uma lei editada para todos, e se não fosse livremente escolhida por aqueles que, legitimamente, teriam podido se casar: "Pode-se, portanto, procurar uma esposa, porém mais vale não o fazer."[89]

– Esta superioridade da virgindade não deve ser compreendida como a vantagem que ela poderia conferir à vida mundana. Traz ela uma certa "tranquilidade", ao passo que o casamento, necessariamente, está a serviço do "tempo presente"? É verdade, talvez, embora não leve em conta os diferentes combates da vida de continência. Mas nos enganaríamos ao querer evitar o casamento somente para evitar ser "assediado por estas preocupações terrenas"[90] das quais a virgindade está livre. Se é preferível fugir dos inconvenientes do casamento, não é porque perturbam o repouso da alma, mas porque a desviam do que deveria ser seu objeto; "eles forçam a pensar nas coisas de Deus menos do que seria necessário para adquirir esta glória que não será o feito de todos".[91] Sem dúvida, é possível encontrar no laço matrimonial a possibilidade de uma "santidade conjugal"; mas ela é "menor por causa das preocupações que acarreta o pensamento dos prazeres mundanos. É toda esta atenção da alma dispensada àquilo que é necessário para agradar a um marido que a cristã que não

---

88 [I Coríntios, 7, 27.]

89 Santo Agostinho, *De sancta virginitate*, XV (15).

90 [Ibid., XIII (13).]

91 Ibid., XIV (14).

é casada economiza e concentra em sua intenção de agradar a Deus".[92]

– Se o privilégio da virgindade está ligado a esta possibilidade de concentrar e de dirigir a "*intentio animi*", é porque sua finalidade consiste em estabelecer uma certa relação com Deus, que é incompatível com o estado matrimonial. A ausência de corrupção que caracteriza a vida dos anjos, que recompensará os eleitos e que permite ver Deus face a face, é a isso que tende a vida de virgindade: "Guardar sua carne virgem e abster-se por piedade de toda relação carnal é fazer obra angelical; é propor-se, numa carne corruptível, uma incorruptibilidade perpétua". Ao mostrar em sua carne "alguma coisa que já não mais é da carne",[[93]] aqueles que se consagram a uma continência perfeita prefiguram, de certo modo, um além em que o casamento não mais existirá.

– Nessa outra vida, a virgindade que tem mais méritos receberá recompensas mais ricas. Como Cipriano ou Atanásio, Agostinho[94] retoma a parábola das sementes do Evangelho de são Mateus (algumas produzem cem, outras, sessenta, e outras, somente trinta), e a aplica aos méritos e recompensas comparados da virgindade e do casamento. Aliás, propõe a este respeito muitas interpretações possíveis: que a virgindade produz cem, a viuvez, sessenta, e o casamento, trinta; ou então o martírio, cem, a virgindade, sessenta, e o casamento, trinta; ou, ainda, o martírio acompanhado da virgindade, cem, e a virgindade e o martírio separados um do outro, sessenta. Sem dúvida, Agostinho não deseja atribuir dema-

---

92 Santo Agostinho, *De bono viduitatis*, XIX (23).

93 [*De sancta virginitate*, XIII (12).]

94 Ibid., XLIV (45)-XLV(46).

siada importância a estes cálculos simbólicos: "Os dons são demasiado numerosos para que se possa atribuir todos eles a três graus." Mas é preciso admitir uma diversidade entre eles: seria grande a audácia dos homens em querer decidir e fixar para Deus suas escolhas. "Entretanto, resta, com toda a evidência, que estes dons são numerosos em sua diversidade, e que os melhores são úteis não para o tempo presente, mas para a eternidade."[95]

Nenhum desses pontos pode ser considerado específico de santo Agostinho. No entanto, no uso que ele faz desses temas, diferenças consideráveis logo aparecem.

Em síntese, pode-se dizer que, falando do casamento ou da virgindade, Atanásio, Gregório de Nissa, Basílio de Ancira ou Crisóstomo se propunham sobretudo definir modos de vida, descrever os combates, perigos e recompensas de cada um, julgar seu valor relativo, assinalar seu lugar respectivo no seio da comunidade cristã. Além disso, nesta comparação das *tekhnai*, era evidente que o ponto forte ou o elemento de referência era constituído pela virgindade como o estado mais perfeito ao qual se poderia aceder nesta existência. Mesmo Crisóstomo, que, na mesma época de Agostinho, esboçava uma regra da vida conjugal, não evita referi-la à difícil arte da continência, que, para ele, guarda não somente, bem entendido, sua superioridade ética e ontológica, mas igualmente um privilégio metodológico: ele define a boa conduta do casamento como a gestão menos má possível de um desejo

95 Ibid., XLVI (46). Cf. *Quaestiones in Evangelium secundum Matthaeum*, I, IX, em que Agostinho propõe a segunda das interpretações aqui indicada.

contra o qual as pessoas casadas não têm a força ou a coragem de empreender uma luta radical.

Os textos de santo Agostinho não seguem exatamente a mesma direção.

Inicialmente, por um deslocamento da ênfase para o lado do casamento. Não nos equivoquemos, contudo: Agostinho jamais considerou o casamento equivalente – ainda menos preferível – a uma virgindade autenticamente praticada. Ele é e permanecerá sempre de menor valor. Mas é neste "menor" que Agostinho se concentra e do qual repensa, até certo ponto, a significação. Por um lado, tenta definir o que há de valor diretamente positivo no casamento: o lugar que ele tem, e que talvez sempre tenha tido, na Criação; o fundamento que encontra na comunidade eclesiástica; de sorte que o "menor" valor do casamento não deve ser compreendido como a diminuição, a degradação parcial, do alto valor da virgindade; ele tem por ele mesmo o seu próprio valor, mesmo que este não seja o mais elevado. Por outro lado, Agostinho dirige o essencial de sua reflexão "técnica" ao casamento, as regras que é preciso nele observar, e a conduta a ser mantida. O que não quer dizer que não mais se encontrem, acerca da prática da castidade, indicações numerosas e precisas – nos sermões[96] ou ainda em certas polêmicas antipelagianas,[97] mais do que em *De sancta virginitate*, em que o elogio da castidade, contra os discípulos de Joviniano, prevalece sobre arte e a maneira de viver em continência. Mas é a propósito do casamento – em *De bono conjugali*, e, mais tarde, em *De nuptiis et concupiscen-*

96 Em particular, os sermões 205-211. Cf., sobre este ponto, L. Verheijen, *Nouvelle approche de la Règle de saint Augustin*, Bégrolles-en-Mauges, 1980, pp. 153-200.

97 Em *Contra Julianum*, III.

tia ou em *Contra Julianum* – que Agostinho desenvolve uma *tekhnê* e regras de conduta próprias a uma [forma] de vida. Até certo ponto, pode-se falar de uma inversão do primado metodológico em favor do casamento e da *tekhnê*, a arte de se comportar que é própria ao estado matrimonial.

Mas, sem dúvida, o essencial não está para Agostinho na definição comparada de dois tipos de existência. E o que o distingue da maioria de seus predecessores ou contemporâneos é seu objetivo último: definir o quadro geral que permite pensar, ao mesmo tempo, o exercício da virgindade e o do casamento, sua positividade respectiva e sua diferença de valor. Mediante a hierarquia que separa virgindade e matrimonialidade, mediante as condutas diversas que se impõem a uma e a outra, o que Agostinho constrói é a teoria de conjunto da qual ambas decorrem. Em resumo: além da comparação entre a virgem e os esposos, o continente e os cônjuges, que fora amplamente desenvolvida antes dele, Agostinho faz aparecer não um terceiro personagem ou uma figura compósita, mas o elemento fundamental em relação aos dois outros: o sujeito de desejo.

Antes de analisar a constituição de uma teoria da concupiscência no capítulo seguinte, estudaremos, neste, o primeiro aspecto evocado – o deslocamento da ênfase na direção do casamento e a definição de um bem positivo que, sem lhe permitir superar a virgindade, o funda em seu valor próprio. Este deslocamento é marcado, em Agostinho, por uma concepção da Igreja como corpo espiritual, pela exegese dos textos bíblicos concernentes à Criação e à existência antes da queda, enfim, pela elaboração de um sistema de regras suscetíveis de implementar, na vida dos esposos e em suas relações, o bem próprio ao casamento.

– I –

Não é necessário ser virgem ou renunciar ao casamento, ou praticar uma continência absoluta para pertencer à comunidade cristã, ainda que a Igreja reserve à virgindade um lugar especial. Agostinho o repete depois de tantos outros, insistindo particularmente sobre a ideia de que, por válido que seja o casamento, por santa que possa ser a virgindade, o que ainda supera todos os dois é que estejam reunidos numa só comunidade, e que coexistam na unidade da Igreja. O conjunto é ainda mais belo do que o mais belo de seus elementos: "O corpo dos fiéis [...] forma os membros do Cristo e o templo do Espírito: e designa aqui, sem dúvida, os fiéis dos dois sexos. Há, portanto, aí, tanto pessoas casadas quanto pessoas não casadas; contudo, com uma distinção de mérito, alguns membros superando outros, mas sem que nenhum seja separado do corpo [...]. Se uma criatura tomada à parte é melhor do que outra, todas, tomadas em seu conjunto, são melhores do que não importa qual delas em particular."[98] Mas, embora a coexistência da virgindade e do casamento seja mais bela do que a virgindade isolada, não é suficiente dizer que o casamento é, ele também, um bem, porém atenuado e um pouco menor: pois não seria o caso de tê-lo como uma subtração quanto à excelência da virgindade. É preciso supor que há entre eles algo além de uma simples justaposição: uma correlação que tem sentido e valor – uma correlação que faz com que, se o casamento encontra na virgindade um suplemento, esta encontre nele um complemento. Os modos de

98 Santo Agostinho, *De bono viduitatis*, VI (8-9).

vida podem ser distintos nas comunidades de cristãos, deve haver na comunidade que constitui a Igreja um laço necessário do casamento e da virgindade.

Desde Orígenes ou Método de Olimpo até Crisóstomo ou Jerônimo, a virgindade jamais foi dissociada de certas modalidades de união espiritual. Era definida pela recusa de qualquer "casamento", seja o institucional, que liga a um ser humano, ou aquele, em geral, que vincula ao mundo da carne. Mas esta renúncia tinha por correlato – ao mesmo tempo efeito e condição, recompensa e caução – um laço com Cristo. A alma virgem era a noiva ou a esposa do Cristo; e, desta união, devia nascer uma infinidade de frutos espirituais.

Em santo Agostinho, as relações entre virgindade, casamento e fecundidade espiritual são muito mais complexas. Ao mesmo tempo porque revestem outras formas que não apenas a correlação da virgindade-noivado com Cristo; e, sobretudo, porque estão implicadas no conjunto das relações de Deus com sua Igreja, da Igreja com Cristo, do Cristo com os fiéis, e de cada um destes com o todo da comunidade. Além da escansão que isola as virgens com relação aos outros fiéis, além das diferenças de estatuto que marcam as pessoas casadas, aqueles que não o são ainda, aqueles que são viúvos, aqueles que levam uma vida de continência, aqueles que a ela são consagrados por votos, além da questão das formas e das regras de vida, santo Agostinho faz aparecer, mediante tudo o que deve constituir a Igreja como realidade espiritual e única, relações que supõem ao mesmo tempo virgindade e casamento, núpcias e integridade, maternidade ou paternidade e castidade absoluta. Não se trata mais, então, de caracteres que poderiam afetar indivíduos e designá-los como virgens, ou cônjuges, ou pais, mas de um tecido apertado de laços espirituais em que cada um dos elementos é, ao mesmo tempo, com relação aos outros, virgem e esposo, pai e filho. De modo que virgindade e matrimonialidade, neste nível, não se opõem como dois modos de vida alternativos, mas se reúnem como aspectos permanentes e simultâneos das relações que formam a Igreja como unidade espiritual. Assim concebidos, e sob a forma de virgindade fecunda ou de casamento virginal, não há diferença de valor entre virgindade e casamento. Mas é sobre o fundo dessa concepção das relações espirituais entre Deus e o homem por meio da Igreja que santo Agostinho vai fundar e explicar a hierarquia que é preciso respeitar entre virgindade e casamento entendido no sentido carnal.

Todo o começo de *De sancta virginitate* é, neste ponto, significativo, sobretudo se o elucidamos mediante o vasto conjunto dos sermões que têm por tema a Igreja-Virgem.[99] Um imenso tecido de relações espirituais e de parentescos que ultrapassam os do sangue são aí representados; casamento e virgindade, virgindade e maternidade jamais são dissociados; sua implicação recíproca é constantemente lembrada por expressões como: "*virginal conúbio spiritualiter conjugatus*", "*virginum sponsus*", "*virginitas fecundationem no impedit,* [...] *fecunditas virginitatem no admit*"[100] etc.

A título de indicações esquemáticas, pode-se esboçar, da maneira que se segue, as relações numerosas e intrincadas que

99 Em particular, os sermões [138, 188, 191, 192, 195, 213].

100 Santo Agostinho, *De sancta virginitate*, II (2).

esta passagem menciona. Cristo é o filho de uma Virgem;[101] dela nasceu fisicamente, corporalmente; e não pela simples preservação de uma integridade que um homem "teria podido violar", mas como fruto de uma virgindade que, voluntariamente, se votara à união com Deus;[102] virgem ele próprio, é esposo da Igreja, virgem também ela, que se liga a ele em uma união espiritual; mas ele é, também e mais particularmente, nesta Igreja, o esposo das virgens às quais o unem as núpcias virginais.[103] Maria, a mãe eternamente virgem do Cristo, não o é simplesmente no corpo, o é também espiritualmente, porque se votou a Deus e fez nascer o Cristo em sua vontade, servindo, assim, de modelo a todas as almas que, consagrando a Deus sua vontade, fazem nascer nelas mesmas o Cristo.[104] Ora, todos aqueles que fazem a vontade de Deus são, já sobre a Terra, os irmãos do Cristo que veio mostrar esta vontade e o caminho para segui-la; a virgem é igualmente, portanto, a irmã do Cristo.[105] Mas é preciso considerar que é também a filha do Cristo, porque todos aqueles que creem nele são seus filhos e merecem ser chamados, como diz são Mateus, "os filhos do esposo".[106] A Igreja, por sua vez, é "a virgem do Cristo", unida a ele de modo espiritual;[107] corporalmente, não pode ser dita virgem a não ser por causa de alguns de seus membros, ao passo que não o é se considerarmos aqueles

101 Ibid.

102 Ibid., IV (4).

103 Ibid., II (2).

104 Ibid., V (5).

105 Ibid.

106 Ibid., VI (6) (Mt., 9, 15).

107 Ibid.

dentre os fiéis que são casados.[108] Esposa-virgem do Cristo, a Igreja é a mãe dos cristãos porque é ela que os faz nascer no Espírito, acolhendo-os no batismo;[109] mas, na medida em que a comunidade dos santos constitui o corpo místico do Cristo, formando-os, gestando-os, ela é também a mãe do Cristo, como o são aqueles "que fazem a vontade do pai"; "juntamente com os santos que possuirão o reino de Deus, a Igreja é, segundo o espírito, inteiramente mãe do Cristo."[110] E é preciso acrescentar ainda que toda alma piedosa, tomada individualmente, é filha do Cristo, porque foi gerada a partir das núpcias deste com a Igreja, irmã do Cristo, porque, como ele, realiza a vontade de Deus,[111] e mãe do Cristo, porque a Igreja a fez nascer nela, sendo aquela que faz o que quer o Pai à imagem de Maria.[112]

Santo Agostinho descreve, pois, uma rede de relações espirituais que se reproduzem e se invertem, fazendo de cada um dos quatro elementos do conjunto – o Cristo, Maria, a Igreja, as almas – virgens e cônjuges, genitores e filhos. Casamento, fecundidade, virgindade não definem a posição nem a qualidade intrínseca de um dentre eles, mas permitem descrever as diferentes relações que simultaneamente cada um tem com todos os outros. Pode-se, portanto, dizer que, no sistema das relações espirituais, casamento e virgindade não podem ser dissociados (e sua não dissociação é manifestada por sua fecundidade), mas que nenhum dos

---

108 Ibid.

109 Ibid., II (2); V (5).

110 Ibid., VI (6).

111 Ibid., V (5).

112 Ibid.

dois termos pode ser considerado superior ou inferior ao outro. Ora, desta implicação recíproca do casamento e da virgindade nas relações espirituais, santo Agostinho não tira a conclusão de uma identidade de valor espiritual entre a virgindade corporal e o laço matrimonial. Ao contrário, ele opõe aos jovinianistas, como mais tarde a Juliano de Eclana, o princípio de uma estrita hierarquia. Com efeito, para ele, a virgindade física bem pode representar a virgindade espiritual; as virgens são, de fato, no mundo, a manifestação das relações virginais que produzem os frutos espirituais; é que a virgindade de corpo só pode existir realmente e merecer o nome de virgindade se é mantida e animada pela virgindade do coração ou do pensamento: "Não é dela mesma, mas do fato de ser consagrada a Deus que a virgindade retira sua honra. Ela é guardada na carne, mas é por uma religião e uma devoção totalmente espiritual que é guardada, de tal modo que a própria virgindade da carne é espiritual, votada e conservada assim pela continência e a piedade. Do mesmo modo que ninguém faz de seu corpo um uso impuro a não ser após ter concebido a malícia em seu espírito, ninguém guarda a pureza em seu corpo a não ser depois de ter implantado a castidade em seu espírito."[113] Nesta condição, a virgindade física produzirá as gestações das quais é capaz e que lhe são prometidas; em si mesma ela dará à luz Cristo; por seu exemplo, suscitará esse mesmo Cristo no coração dos outros; e ela dará à luz na Igreja uma nova descendência do Cristo, chamando as almas a se converter.

---

113 Ibid., VIII (8).

Em contrapartida, o casamento não produz frutos espirituais. Da união física do homem e da mulher não nascem cristãos, somente seres humanos; eles não podem tornar-se membros do Cristo e filhos de Deus senão pela operação espiritual do sacramento: "Aquelas que, na vida conjugal, engendram segundo a carne, tornam-se mães não do Cristo, mas de Adão."[114] É possível, portanto, dizer que, do papel de Maria ao mesmo tempo virgem e mãe do Cristo, as mulheres que recusaram o casamento e se consagraram a Deus tomaram um aspecto: a virgindade, tanto corporal quanto espiritual. Mas não é possível dizer, simetricamente, que as mulheres que se casaram e tiveram filhos retomaram a maternidade física e espiritual de Maria: porque a Virgem deu à luz o Cristo pela operação de Deus; a mulher casada dá nascimento, pelo efeito da natureza, a seres humanos que não são cristãos. E somente esta virgindade de coração que a liga ao Cristo na Igreja e a faz oferecer seus filhos a Deus lhe permite ser espiritualmente mãe: "Para este santo parto, cooperam também as mães, fazendo com que aqueles que elas pariram não ainda cristãos se tornem o que elas bem sabem que não puderam dar à luz corporalmente: elas não contribuem para isso, no entanto, senão tornando-se também elas as virgens e as mães do Cristo, isto é, na fé que opera sobre a caridade."[115] Não há, pois, simetria entre a virgindade e a fecundidade carnal. Ou ainda, transposto e manifesto na carne, o laço da virgindade e das núpcias espirituais se desfaz, e o casamento, a procriação segundo a

114 [Ibid., VI (6).]

115 Ibid., VII (7).

carne não podem ser considerados como a herança da maternidade de Maria, ao passo que a castidade daquelas que, no seu coração e no seu corpo, fizeram voto de renunciar ao casamento é aqui embaixo, como a virgem, consagrada a Deus. As mulheres casadas não deveriam, pois, dizer às virgens: "Vós sois virgens, nós somos mães: que vossa virgindade intacta vos console de não ter filhos; que a vantagem de tê-los compense nossa virgindade perdida."[116]

Assim, Agostinho, de algum modo, ampliou e multiplicou temas que lhe eram prévios: o da virgindade como união com o Esposo e o da Igreja noiva do Cristo. Teceu todo um conjunto de relações que unem, de modo espiritual, virgindades igualmente espirituais; descreveu os frutos inumeráveis destas núpcias que, não sendo corporais, são tudo menos um puro símbolo. Situou indissociavelmente casamento e virgindade no nível das relações que constituem a unidade espiritual da Igreja. Seja qual for o lugar inferior que o casamento deve ocupar na vida daqui debaixo, há uma figura do casamento espiritual que não pode ser dissociada da virgindade. O que mostra que não é a própria forma do casamento que constitui um bem menor, mas aquilo que o conduziu, na história de nossa queda, a ser aquilo que ele é neste mundo.

Daí a pergunta: e quanto às relações do casamento com a queda? É preciso admitir que não havia, antes da queda, senão uma forma de união espiritual – que a virgindade reproduziria neste mundo à sua maneira? Não seria isso admitir que o casamento, com a união física que comporta, já existia? E que ele não foi introduzido, mas modificado pela queda?

---

116 Ibid.

– II –

Como Orígenes, a maior parte dos exegetas cristãos haviam negado que tivesse havido relações sexuais no paraíso, e que o primeiro casal tivesse podido, antes da queda, procriar fisicamente depois de uma conjunção carnal. Assim, Gregório de Nissa admitia que os humanos haviam recebido desde a Criação o direito e a possibilidade de se multiplicar: não pelo efeito, contudo, de uma relação sexual, mas de uma operação que não conhecemos – não mais do que conhecemos a que tinha povoado o céu de anjos e os feito proliferar por miríades. Por que, então, a diferença dos sexos fora marcada desde a Criação, e ordem fora dada ao homem e a mulher para se multiplicar? Respondia Gregório de Nissa que Deus, em sua presciência, sabia que o homem cairia: um meio lhe tinha sido dado, antecipadamente, pelo qual poderia perpetuar sua espécie além da morte que iria ser sua condenação.[117] Neste tipo de exegese, vê-se que o ato sexual faz parte da queda e de suas consequências. Pertence a um bloco que compreende o primeiro pecado, a morte e a procriação. Depende da desobediência inicial, porque foi ela que lhe determinou a realização (na existência do primeiro casal) e mesmo a possibilidade (na previdência de Deus); está ligado à procriação, que é seu fim e razão de ser; está ligado à morte, porque é uma das formas desta corrupção que priva os homens da imortalidade, e porque está destinado a compensar seus efeitos. Enfim, é indissociável da cobiça, *epithumia*: com efeito, foi o desejo que provocou a queda – o desejo em geral, a cobiça pelo prazer, e

117 Gregório de Nissa, *De hominis opificio*, XVII.

não o apetite sexual;[118] o gosto pelos prazeres da terra, mais do que pela contemplação de Deus, introduz a corrupção e a morte; é a vontade de se perpetuar que incita os homens a procriar. O ato sexual faz parte, pois, seja a título de consequência, seja a título de meio, de um conjunto de quatro elementos – o desejo, a queda, a morte, a procriação – que o acarretam ou o reclamam.

Nesta interpretação que era tradicional em sua época, Agostinho vai efetuar um deslocamento e uma dissociação. Vai fazer remontar, se não a conjunção sexual, ao menos sua possibilidade legítima, do mundo decaído à existência paradisíaca, tal como saída das mãos do Criador. Mas isto não podia ser aceito a não ser na condição de que esta relação sexual fosse desvinculada de tudo aquilo que, nela, pudesse constituir os estigmas da existência decaída. Esta requalificação meta-histórica da relação conjugal, com todas as dissociações que implica, Agostinho consumou por etapas.

De Genesi contra os Manichaeos, redigido pouco tempo depois de seu batismo, ainda está próximo das teses de Gregório de Nissa ou de Crisóstomo. O homem paradisíaco, com seu corpo de barro, é ali descrito como dotado de qualidades celestes que o tornam incorruptível, o libertam de todo desejo físico, poupam-no de todos os movimentos desordenados da alma, e fazem com que não seja acessível à concupiscência.[119] Agostinho encontra, então, o mesmo problema que seus predecessores: que sentido dar, nesta existência sem falta,

---

118 Gregório de Nissa não supõe que a primeira falta fosse sexual: tratava-se somente de um abandono ao prazer em geral. Cf. M. Aubineau, nota à tradução de *De sancta virginitate*, p. 420.

119 Santo Agostinho, *De Genesi contra Manichaeos*, II, 7 (8) et I, 19 (30).

sem morte e sem cobiça, a estas afirmações do Gênesis: que Deus criou o homem e a mulher (1,27), que lhes disse para crescer e se multiplicar (1,28), e que o Criador quis, na mulher, dar uma ajuda ao homem (2,18)? Como evitar remeter este tema da ajuda àquele do nascimento de uma progenitura que derivaria da diferença dos sexos? E como, então, não dar lugar à procriação sexual na existência de imortalidade sem corrupção, como era a do paraíso?

Qual seus predecessores, Agostinho faz valer os recursos da interpretação espiritual. Formalmente, entretanto, sua posição é ambígua; ou, para falar mais precisamente, ele tolera duas interpretações, uma vez que diz que estes textos do Gênesis podem ser entendidos igualmente "*spiritualiter*", o que autoriza, portanto, ao menos por preterição, interpretá-los "*carnaliter*". Mas, de fato, Agostinho não desenvolve senão a significação espiritual. Interpreta a "ajuda" que a mulher deve fornecer ao homem como uma relação de comando e de submissão. Pois a relação que se estabelece com apoio na diferenciação do homem e da mulher não passa pelo sexo propriamente. *Casta conjunctio*. Quanto ao crescimento e à multiplicação, Agostinho os interpreta como devendo ser os de frutos espirituais: "alegrias inteligíveis e imortais", diz o primeiro texto de *De Genesi contra Manichaeos*,[120] ou "boas obras do louvor divino",[121] diz o segundo.

O ponto mais difícil de uma tal interpretação é o sentido preciso a dar ao tema da ajuda que o homem recebeu da mulher. Por que a contemplação de Deus não foi suficiente

120 [Ibid., I, 19 (30).]

121 [Ibid, II, 11 (15).]

para que Adão produzisse os frutos inumeráveis da alegria? Por que tinha ele necessidade de outro para cantar os louvores de Deus? Agostinho, em *De catechizandis rudibus*, propõe uma interpretação por meio das relações de glorificação e de imitação. Se Deus pode obter glória do homem, não é, certamente, na medida em que este é moldado no barro, mas na medida em que se lhe assemelha; e naquilo que se lhe assemelha, não somente porque foi moldado à sua imagem, mas porque, voluntariamente, imita com sua razão a sabedoria divina. Da mesma maneira, o homem, por sua vez, é glorificado pela mulher se a mulher o segue, o imita e reproduz o exemplo de sabedoria que ele lhe dá. E Deus se glorifica ainda mais porque sua imagem, por sua vez, torna-se modelo.[122] Como em *De Genesis contra Manichaeos*, Agostinho não exclui absolutamente a interpretação carnal e material que admitia as relações sexuais antes da queda. Não a supõe diretamente; mas, ao apresentar a interpretação espiritual, tem o cuidado de assinalar que o que ela exclui é a ideia de que a mulher antes da queda tenha podido ser, para o homem, uma ajuda a propósito da "concupiscência carnal": como poderia ela sê-lo neste sentido, quando o corpo de ambos ainda não era corruptível? Vê-se bem que nesta exegese o lugar para relações sexuais sem concupiscência permanece livre, tanto

122 Santo Agostinho, *De catechizandis rudibus*, XVIII, 29: "*Fecit illi etiam adjutorium feminam* [...] *ut haberet et vir gloriam de femina, cum ei praeiret ad Deum, seque illi praeberet imitandum in sanctitate atque pietate, sicut ipse esset gloria Dei, cum ejus sapientiam sequeretur.*" ["Depois, para ajudá-lo, criou a mulher [...]. Visava com isso a que o homem fizesse da mulher um título de glória quando avançasse diante dela para Deus, e se oferecesse à imitação dela pela santidade e a piedade, assim como ele mesmo seria um título de glória para Deus quando imitasse sua sabedoria", trad. G. Combès.]

quanto para uma proliferação que não teria de compensar a mortalidade dos corpos. Mas Agostinho silencia inteiramente sobre esta possibilidade: não se refere a ela jamais. É partindo de textos ulteriores que aparece retrospectivamente que o silêncio dos textos esboça aqui, como no vazio, outras interpretações possíveis.

O que o começo do *De bono conjugali* tem de particular é oferecer um jogo destas interpretações sem querer, explicitamente, escolher entre elas. Veremos, no entanto, que o próprio conteúdo do livro e a análise do bem do casamento implicam de fato o privilégio de uma das hipóteses, que Agostinho, porém, no plano da exegese, deseja considerar igualmente plausíveis sem ter de examiná-las mais: nada de exame aprofundado de cada uma, nada de opinião definitiva sobre uma ou outra. A passagem se apresenta, portanto, como a indicação das diferentes e "numerosas" interpretações do crescimento e da multiplicação ordenados ao primeiro casal antes da queda. Interpretação pela procriação física, mas não sexual, hipótese que se aproxima daquela sugerida por Gregório de Nissa – mas este se referia à multiplicação enigmática dos espíritos angelicais. Agostinho toma três modelos de procriação não sexual, todos concernentes aos corpos – e os corpos neste mundo: a criação, por Deus, do primeiro homem e da primeira mulher; a formação do corpo do Cristo no seio da Virgem; e, enfim, exemplo que deve falar aos próprios incrédulos, a reprodução das abelhas. Estas três procriações foram operadas ou ainda se operam *sine concubitu* e por um favor (*munus*) de Deus. Seguindo a lição desses exemplos, pode-se supor, assim como alguns, que Deus podia fazer com que o primeiro casal procriasse fisicamente sem relação sexual.

A segunda interpretação é bem conhecida: é a que entende esta multiplicação em um sentido "místico e figurado"; a multiplicação que era proposta – ao mesmo tempo prescrita e prometida – representava, de fato, o progresso do espírito e a abundância da virtude. Neste caso, não teria havido nascimento real antes da queda; tendo esta chamado a morte, a descendência teria sido dada ao homem para que ele pudesse, apesar de tudo, se perpetuar. Esta é a interpretação que já encontramos em Gregório de Nissa.

A terceira hipótese, que santo Agostinho cita como sustentada por alguns, é, sem dúvida, menos corrente. A Criação teria dado ao homem um corpo, não espiritual, mas animal; deste modo, seria suscetível de morrer; mas, se a falta não tivesse intervindo, se o homem se houvesse mantido sempre na obediência, essa mortalidade não teria jamais se tornado uma morte; os humanos teriam alcançado diretamente sua destinação espiritual; em suma, eles teriam passado sem intermediário do paraíso terrestre em que dispunham do mundo para o paraíso celeste em que se contempla Deus face a face. Mortais escapando da morte, animais de razão e de inocência, os homens teriam então perfeitamente podido parir, e parir ao modo animal, quer dizer, pela relação sexual – *etiam per concubitum* –, até que, segundo a palavra, a Terra esteja preenchida por uma descendência destinada não a substituir os ancestrais, mas a eles se justapor. Nessa interpretação, a relação sexual, no sentido físico e animal mais estrito, torna-se, portanto, inteiramente possível no paraíso: não é nem a consequência nem a causa da queda; está inscrita na natureza humana pelo próprio ato criador. É, portanto, desvinculada tanto da falta quanto da concupiscência. Estará desligada da morte?

Em um exame apressado, poderíamos crer que sim, uma vez que o crescimento dos seres humanos se faria sem que a morte interviesse, até a ocorrência de um povoamento da terra adequado. Procriação sem óbito, multiplicação que não sofreria nenhuma perda. Contudo, é preciso assinalar que, antes da exposição das três possibilidades interpretativas que evoca, Agostinho anuncia uma proposição que não parece ser uma das opiniões que se pode sustentar, e que foram efetivamente sustentadas, mas um princípio geral: por meio do pecado, os homens assumiram a condição da morte, e não é possível haver união sexual (*concubitus*) a não ser entre corpos mortais. Ora, esse é o princípio geral que encontramos nas três interpretações, levando em conta uma modulação particular no caso da terceira: nesta, com efeito, o *concubitus* está ligado à possibilidade da morte, à mortalidade, que faz parte da natureza humana tal como criada; ela é, então, em sua possibilidade, anterior à falta, que introduz simplesmente a condição efetiva da morte para o gênero humano. Nesta interpretação, antes da emergência da falta, da corrupção e da morte, antes das ligações que as encadeiam uma à outra, a mortalidade e a relação sexual estavam originariamente e simultaneamente presentes, implicadas uma e outra na animalidade da criatura.

É esta terceira interpretação que se encontra finalmente retomada e desenvolvida em *De Genesi ad litteram* (cuja redação começa pouco tempo depois de *De bono conjugali*, mas será concluída bem mais tarde), depois, no XIV livro de *A cidade de Deus*, e nos textos antipelagianos que lhe são mais ou menos contemporâneos. O terceiro capítulo do livro IX de *De Genesi ad litteram* comenta a passagem, ou antes, a frase da

Escritura (Gênesis 2, 18) em que Deus diz, falando do homem: "Eu lhe darei uma ajuda semelhante a ele." Ainda uma vez é a natureza desta ajuda que coloca o problema da existência possível de relações sexuais no paraíso. No livro III, capítulo 21 do mesmo texto, santo Agostinho comentara o "Crescei e multiplicai-vos". "Embora" esta ordem, tinha explicado, "pareça" não poder ser realizada a não ser pelo *concubitus*, pode-se conceber "outro modo" de multiplicação: ele não comportaria a concupiscência da corrupção, e seria o efeito de um sentimento de piedade. O que esta passagem deixa na sombra é a questão de saber se este "outro modo" exclui o *concubitus* (portanto, uma das operações misteriosas às quais o senhor pôde e pode sempre recorrer), ou se se trata de um *concubitus* que teria esta particularidade, surpreendente para aqueles que conhecem apenas o homem decaído, de não ser acompanhado de concupiscência, mas de um movimento totalmente distinto da alma.[123] Esta incerteza é removida, sem deixar dúvida possível, no livro IX do *De Genesi*.

Qual pode ser a natureza da ajuda à qual Deus destinava a mulher? Cinco vezes no decorrer deste [livro[124]], a mesma resposta volta: "para gerar filhos" (III, 5), "para a procriação" (V, 9), "para a geração" (VII, 12), "para a gestação de filhos" (VIII, 13), "para a descendência" (XI, 19). Isso equivale a dizer que Agostinho abandona aqui inteiramente a ideia de que esta ajuda era de ordem espiritual e tinha por objetivo contribuir

---

123 Sobre esta passagem, cf. o comentário de P. Agaësse e A. Solignac em *Oeuvres de saint Augustin*, t. 49, *De Genesi ad litteram (VIII-XII)*, Paris, Desclée de Brouwer, Bibliothèque augustinienne, 1972, pp. [516-530], nota 42.

124 [Manuscrito: "capítulo".]

para as alegrias da contemplação ou da prece.[125] Ora, como nada no versículo em questão do Gênesis autoriza diretamente esta afirmação, santo Agostinho a estabelece com base no raciocínio. Ou antes, em dois raciocínios. O primeiro procede por eliminação.[126] Para que, no paraíso, teria podido servir a mulher? Para o trabalho da terra? Certamente não, porque o trabalho não era então necessário e, de todas as maneiras, um outro homem teria sido mais eficaz. Para que o homem não fosse mais só, para que ele pudesse viver e falar com alguém (*convivere* e *colloqui*)? Também não, porque bem sabemos que o melhor companheiro do homem é ainda um homem e que, se, para a tranquilidade deste companheirismo, uma certa desigualdade era necessária, teria sido suficiente, entre estes dois homens, um pacto apoiado na precedência daquele criado primeiro. Nem para a sociedade, nem para o trabalho: a ajuda da mulher só poderia dizer respeito aos filhos. O outro raciocínio consiste em mostrar as vantagens de uma descendência para os primeiros homens e de um povoamento de toda a terra.[127] É preciso notar que Agostinho não se serve diretamente do texto "Crescei e multiplicai-vos" para fazer da procriação paradisíaca a simples aplicação deste preceito. Ele quer mostrar que, antes da queda, à margem da morte e independentemente da preocupação de substituir aqueles que desaparecem, a proliferação do gênero humano era algo a buscar. Multiplicando-se, com efeito, a humanidade aumenta a beleza da terra. E como a multiplicação de

125 O que não quer dizer que, no casamento, a mulher não possa representar um papel espiritual. Trata-se aqui de sua destinação originária.

126 Santo Agostinho, *De Genesi ad litteram*, IX, 5, 9.

127 Ibid., IX, 9, 14 e 15.

homens justos não teria sido, antes da queda, um grande ornamento se pensarmos em quatro coisas: que as próprias espécies animais aumentam a beleza do mundo inferior, que os homens, mesmo corrompidos, superam os animais, que uma humanidade de pecadores numerosos, mantidos na paz pelo exemplo de alguns homens retos, é nela mesma algo de belo, e que, enfim, os homens nascidos dos primeiros pais teriam sido, sem a falta destes últimos, ao mesmo tempo imortais e justos? Por conseguinte, a proliferação é, nela mesma (e não por compensação da morte), um bem. E que melhor meio para constituir na superfície do mundo esta *societas* do que o nascimento de gerações sucessivas "a partir de um único homem"?

Por esta multiplicação a partir de um tronco único, a humanidade pode cobrir a superfície da terra como Deus quis e manter a unidade com a qual seu Criador, desde a origem, quis marcá-la. O décimo quarto livro de *A cidade de Deus*, consagrado às consequências do pecado original e à concupiscência, começa precisamente por este tema. A multiplicidade-unidade do gênero humano, a humanidade como *societas* ligada pela semelhança, e o parentesco nas relações de paz se manifestam, antes de qualquer falta, queda e morte, como o fim que Deus perseguia desde a Criação: "Querendo Deus não somente unir os homens em uma única sociedade pela similitude da natureza, como, graças aos nós do parentesco, reuni-los em uma unidade harmoniosa nos laços da paz, instituiu a humanidade a partir de um só homem. Esta humanidade em cada um de seus membros não devia morrer."[128]

---

128 Santo Agostinho, *La Cité de Dieu*, XIV, 1.

Em resumo, sendo os três dados escriturários fundamentais quanto a este tema a criação de dois sexos distintos, a prescrição de crescimento e de multiplicação, e enfim, a adjunção da mulher a título de ajuda para o homem, parece que os exegetas anteriores tinham dedicado o essencial de seu esforço aos dois primeiros; seu propósito era evitar não apenas a presença do ato sexual, como também sua própria possibilidade antes da queda; para tanto, era preciso que adiassem "para mais tarde" o uso de uma diferenciação dos sexos cujos efeitos e o sentido deviam permanecer virtuais até a queda; era preciso que dessem à multiplicação uma significação espiritual; e, consequentemente, o terceiro elemento tinha de ser deixado vago: a ajuda da mulher permanecia um tema sem conteúdo preciso. Em contrapartida, para Agostinho, é este elemento que serve de ponto de apoio para a análise. Tentando circunscrever tanto quanto possível a significação a dar a esta ajuda, tentando definir o que poderia ser, fora de qualquer falta e antes da queda, a relação homem-mulher, e buscando o que poderiam ser a forma e o objetivo de sua associação, Agostinho, por eliminações sucessivas, é conduzido a dar uma significação "física", "corporal", "carnal" à ordem dada ao primeiro casal de se multiplicar, e um valor imediatamente atualizável à diferenciação originária dos sexos. Do fato de que o ajudante dado ao homem tenha sido este "outro" que é a mulher – quer dizer, não somente um ser que lhe é semelhante, não somente qualquer um que lhe seja inferior, mas alguém cuja semelhança-inferioridade toma a forma da diferença de sexo –, Agostinho deduz que esta alteridade tinha por função ajudar o homem a fundar e desenvolver sobre toda a terra uma *societas*: uma multiplicidade de indivíduos ligados entre si por uma identidade de natureza e um parentesco de origem. Não foi para compensar os limites da morte que a multiplicidade dos nascimentos sucessivos, segundo Agostinho, foi introduzida na história do mundo, mas devido ao privilégio originário de uma "sociedade" como ornamento e beleza do mundo. É em função das relações do homem com os homens que a mulher lhe é associada a título de ajuda. Quem semeia, com o gênero humano, a raça de seus companheiros inumeráveis, tem necessidade da fecundidade de uma terra.[129]

O "casamento" do primeiro casal implicava, para Agostinho, coisa distinta de uma relação espiritual; supunha, ao menos, a possibilidade de uma conjunção física que esboçava a diferenciação originária dos sexos e que prometia a procriação física da descendência. Relação sexual e geração não pertencem mais, de maneira unívoca e necessária, à economia da queda. Já têm lugar, com o casal dos dois primeiros humanos desejados por Deus, na ordem de uma Criação ainda não alterada pela queda.

Desta tese, Agostinho nunca mais se separará. Ela é encontrada, amplamente exposta, no livro XIV de *A cidade de Deus*. Deus criou os primeiros humanos, "macho e fêmea"; inscreveu "seu sexo na carne"; e isso, "para engendrar filhos e assim crescer, multiplicar-se, preencher a Terra"; ele os criou, pois, "como vemos e reconhecemos hoje, entre os homens,

129 "*Propter quid aliud secundum ipsum quaesitus est femineus sexus adjutor, nisi ut serentem genus humanum natura muliebris, tamquam terrae fecunditas, adjuvaret*" ["Por qual outra razão dotou Deus o homem de uma ajuda de sexo feminino semelhante a ele a não ser para que a natureza da mulher, como uma terra fértil, o secundasse na semeadura do gênero humano", trad. P. Agaësse e A. Solignac], santo Agostinho, *De Genesi ad litteram*, IX, 9, 15.

a diversidade dos sexos".[130] Nós a reencontramos igualmente nos escritos antipelagianos, sem que jamais os diferentes contextos polêmicos ou a necessidade de responder às objeções a tenham, no fundo, modificado: "E a diversidade dos sexos se relaciona aos órgãos daqueles que geram, e sua união se relaciona à procriação de filhos, e a própria fecundidade se relaciona à bênção do casamento."[131]

Mas se a união dos sexos tinha direito de cidadania no paraíso, no primeiro casal, a que sistema de regras devemos submetê-la no mundo de hoje?

– III –

Tenha sido ou não a primeira grande sistematização cristã da vida conjugal e de suas relações internas, *De bono conjugali* permaneceu, de todo modo, a referência essencial da teologia moral do casamento para o cristianismo medieval e moderno.[132] À sua autoridade será remetida a dupla teoria dos bens e dos fins do casamento. Bens do casamento que asseguram seu valor, ao lado, mas abaixo da continência: a progenitura, a fé que une os cônjuges, o sacramento que os marca de maneira indelével. Fins do casamento, que codificam seu "uso" e que

---

130 Santo Agostinho, *La Cité de Dieu*, XIV, 22. À objeção segundo a qual a Escritura não fez menção à união sexual antes da queda, Agostinho responde que a queda interveio demasiado cedo após a Criação; ou que Deus ainda não tinha dado, ao primeiro casal, a ordem de se unir.

131 Santo Agostinho, *De nuptiis et concupiscentia*, II, 5 (14).

132 [Nota vazia.]

permitem definir as relações sexuais proibidas e permitidas: a procriação e o remédio para a concupiscência.

Este edifício teórico é bem conhecido. Seria evidentemente bastante inexato dizer que seus elementos fundamentais não se encontram em santo Agostinho – nós os reencontramos em numerosas passagens de sua obra.[133] É errôneo também sustentar que não correspondem ao texto do *De bono conjugali*. O final do tratado, que resume o conjunto, é muito explícito: "O casamento é, portanto, um bem em todos os povos e em toda a humanidade porque é o foco da geração dos filhos e o pacto de uma casta fidelidade. Mas, no povo de Deus, ele acrescenta a estes títulos a santidade do sacramento [...]. Os bens do casamento resumem-se, pois, em três palavras: os filhos, o pacto de fidelidade, o sacramento."[134] E, em uma outra passagem, Agostinho evoca as duas finalidades que mais tarde serão citadas regularmente: "*liberorum procreandorum causa*" e "*infirmitatis invicem excipiendae causa*".[135] É preciso reconhecer que esta formulação esquemática não dá conta nem do movimento dos textos nem das refundições importantes que Agostinho trouxe à concepção do casamento, à análise que dele se pode fazer e, finalmente, ao sistema das regras que devem presidir a conduta dos esposos.

Como vimos, Agostinho dá ao casamento uma dupla caução: a da origem, porque faz parte da Criação; e a da Igreja, porque

---

133 Em *De nuptiis et concupiscentia*, I, 1 (1) e I, 21 (23). Em *Contra Julianum*, V, 46, temos a exposição "clássica" dos "dois fins" e dos "três bens".

134 Santo Agostinho, *De bono conjugali*, XXIV (32).

135 Ibid., VI (6).

faz parte das formas espirituais que a constituem. Ele é, pois, um bem – *aliquid boni.*[136] Bem *em* si mesmo, o que quer dizer que não o é apenas por comparação (melhor do que o mal da fornicação), o casamento não é, entretanto, um bem *por* si mesmo. Referindo-se a uma diferença filosófica tradicional, Agostinho distingue o que é desejável por si mesmo e o que é desejável por outra coisa que não si mesmo, isto é, por um destes fins que não têm necessidade de se reportar a nenhum outro. Ele traça o seguinte quadro. Fim por si mesma: a sabedoria (*sapientia*); bem que se reporta a este fim: o saber (*doctrina*), que não é desejado por si mesmo, mas para alcançar a sabedoria. Fim por si mesma: a saúde (*salus*); bens que a ela se reportam: beber, comer, dormir. Quanto ao casamento, que, como o saber, a nutrição, o sono, não é para si mesmo seu próprio fim, a que bem se reporta ele? À amizade, que, como a saúde e a sabedoria, é desejável por si mesma.[137]

Todo o *De bono conjugali* está situado sob o signo dessa noção que aparece desde as primeiras linhas do texto: a amizade é um fim que exerce sobre o homem uma força considerável, por causa de sua própria natureza. Com efeito, o indivíduo é um "elemento", uma "parte" do gênero humano, e ele é, em si mesmo, na condição de homem, um ser social.[138] A amizade o liga a este conjunto do qual naturalmente faz parte; e o casamento é desejável, na medida em que permite formar, multiplicar e estabelecer solidamente estes laços da amizade.

136 Ibid., III (3).

137 "*Propter amicitiam sicut nuptiae vel concubitus*", ibid., IX (9). Sobre o "*vel concubitus*", cf. infra, pp. 292-293.

138 "*Homo humani generis pars est et sociale quiddam est humana natura*", ibid., I (1).

Não há nada de muito novo neste tema. Ele é completamente familiar à filosofia antiga. E está presente também entre inúmeros outros autores cristãos: reencontraremos uma versão nas homilias de Crisóstomo. No entanto, é a partir dessa concepção da *societas* e da *amicitia* que Agostinho elabora sua teoria do casamento e das relações conjugais, e nela introduz um certo número de elementos decisivos. Essencialmente no que tange a três pontos: o papel do casamento na economia geral da salvação; a natureza do laço conjugal; e o princípio de regulação das relações sexuais entre esposos.

1. Quando Crisóstomo, em textos contemporâneos a *De bono conjugali*, via no casamento uma maneira de estabelecer entre os homens um laço de sociedade, designava, assim, uma utilidade que poderíamos dizer episódica. O casamento tinha seu papel entre queda e salvação: depois da primeira, para reparar as destruições da morte ou destas consolar os homens; antes da segunda, cuja iminência hoje torna inútil doravante a multiplicação dos humanos. O valor do casamento pertencia, para ele, a um tempo que é o da lei e da morte. Um tempo que se encerra.

De bono conjugali articula de outro modo os momentos da história humana e a necessidade da *societas*. Em resumo: ele desvincula esta última de sua função episódica e de seu estatuto provisório. Faz dela uma constante, e não um momento; mas, a esta constante, o drama das relações entre Deus e o homem traz modificações capitais.

Já o vimos: se o ser humano foi criado "homem e mulher", foi em vista de uma *societas* cuja necessidade estava inscrita na própria natureza de indivíduos destinados a pertencer ao gênero humano. A "*societas*" não esperou o castigo de morte para se tornar necessária e fazer do casamento um bem. Mas estaria ela ainda inscrita em nosso presente? Teria ela, na hora da Encarnação, futuro suficiente para recomendar o casamento? Seu papel natural não pertenceria doravante ao passado? *De bono conjugali* evoca com efeito o momento em que a proliferação do gênero humano não será mais requerida: "'A ciência será destruída' [...]. Do mesmo modo, esta procriação de mortais que é o fim do casamento não existirá mais, enquanto que a continência, que é desde aqui debaixo uma forma antecipada da vida dos anjos, permanecerá eternamente."[139] Uma formulação como esta está muito próxima, inclusive em seus termos, daquelas de Crisóstomo, Gregório de Nissa ou Basílio de Ancira. Mas é preciso distinguir no tema do "tempo da continência" duas ideias diferentes. Aquela que é evocada no texto precedente: trata-se do fim dos tempos em que, com efeito, as relações físicas não terão mais lugar, dado que a cidade celeste não admitirá senão relações espirituais. E aquela evocada diversas vezes em outras passagens:[140] trata-se, então, da situação atual do gênero humano. Agostinho a caracteriza por um fato e uma tarefa. O estado de coisas é um povoamento já muito abundante: foi assegurado, e o é ainda, por um grande número de pessoas que, casadas ou não, não praticavam a continência; elas oferecem, assim, um grande "recurso de sucessões". A tarefa: é aquela que consiste em travar, a partir de tantos seres humanos, santas amizades, e,

---

139 Ibid., VIII (8).

140 Em XXIV (32), ibid.: "Na nossa época é melhor, sob todos os pontos de vista, e mais santo, não procurar uma descendência carnal [...] e submeter-se espiritualmente ao único esposo, o Cristo".

assim, formar, pouco a pouco, ao longo de todas as nações, um "vasto parentesco espiritual", uma "sociedade santa e pura". O presente deve, então, ser pensado menos na urgência do que na longa duração; menos como um término iminente do que como um equilíbrio a deslocar lentamente. *De bono conjugali* não anuncia a entrada numa idade da virgindade em que o casamento, até então necessário, deverá ser abandonado; mostra, antes, mantendo evidentemente o horizonte do fim dos tempos, a existência de um período, o nosso, no qual a proliferação do gênero humano, graças às uniões físicas, será como a matéria necessária à multiplicação de parentescos espirituais. Virgindade e matrimonialidade poderão então se ver associadas, cada uma em seu lugar, segundo o princípio de que o conjunto no qual elas se compõem é mais belo ainda que a mais bela das duas.

Agostinho remaneja assim, profundamente, a escansão que era de maneira geral reconhecida antes dele: momento da virgindade paradisíaca, na inocência que precede a queda; depois, tempo do casamento e da fecundidade sob a lei da morte; depois, retorno à virgindade, quando vem a salvação e se encerra o tempo. A escansão que se delineia em *De bono conjugali* é bem diferente: não faz alternar em um ciclo virgindade e casamento; marca, antes, as diferentes maneiras de constituir a *societas* que é, de todo modo, o "fim" do gênero humano. Houve inicialmente a possibilidade, no paraíso, de uma *societas* simultaneamente corporal e espiritual; veio depois o tempo em que os homens propagaram a raça, uns "vencidos pela paixão" (*victi libidine*), outros – os Patriarcas – "conduzidos pela piedade": estes, se houvessem tido a permissão, teriam permanecidos continentes; mas, se se casaram e "se pediam filhos em seu casamento, era em vista do Cristo, para distinguir sua raça, segundo a carne, de todas as nações".[141] Hoje, a divisão é outra: não mais entre a proliferação ímpia e a santa procriação, mas entre aqueles votados às relações espirituais e aqueles que, não podendo aceder à continência, continuam a povoar a Terra. Uns e outros preparam a cidade futura: os primeiros, multiplicando as relações espirituais; os últimos, dobrando-se à lei do casamento único que figura simbolicamente a unidade vindoura da sociedade celeste.[142] Enfim, o quarto tempo é o desta própria cidade. Ali, a multiplicidade não será mais a da proliferação de seres humanos resultantes de suas conjunções; e a unidade não será mais a dos casais obrigados a só praticar um casamento. A multidão de almas se reunirá, e não terá mais do que um coração e um espírito na unidade de Deus. Todas as relações, doravante espirituais, convergirão somente para ele; e é assim que, após a "peregrinação" daqui debaixo, a *societas* à qual era destinado o gênero humano encontrará sua realidade final na unidade da cidade celeste. Agostinho não remete mais, pois, o valor do casamento a esse bem absoluto da virgindade que marcava o estado inicial da humanidade e o ponto último do tempo; ele a remete ao fim universal e constante da *societas*. E se o casamento nem sempre teve a mesma forma, nem o mesmo papel, nem as mesmas obrigações, se ele nem sempre se opôs da mesma maneira à virgindade, é porque antes e depois da

---

141 Ibid., XVII (19) et XIX (22).

142 Ibid., XVIII (21).

queda, antes e depois da vinda do Salvador, o gênero humano não caminhou da mesma maneira para a cidade futura.

2. O privilégio atribuído à *societas* permite dar uma caracterização do casamento centrada sobre a noção de *laço*. O casamento é, antes de tudo, uma associação e, como tal, um elemento de base da sociedade. Ora, este laço, é preciso compreendê-lo como extraindo seu valor do ato natural da procriação que ele permite nas formas legítimas, ou de uma estrutura jurídica que compromete os cônjuges um com o outro? É o laço matrimonial a condição de um parentesco ou o efeito de um "*pactum*"? A análise do *De bono conjugali* é mais complexa do que a simples escolha entre estes dois termos.

Não é preciso minimizar o papel da procriação e da descendência na problemática agostiniana do casamento. Veremos mais adiante sua importância. E é um fato que, se não houvesse progenitura, logo, sequência de gerações, o gênero humano não poderia ser, em seus elementos contemporâneos e sucessivos, ligado ao modo de uma *connexio societatis*.[143] Ao divisar o gênero humano inteiro e sua destinação, a necessidade do casamento não pode ser pensada sem a progenitura. Mas, tomado em si mesmo, e como relação de duas pessoas, o laço matrimonial não pode ser considerado dependente da progenitura e da procriação. Por si mesmo, o casamento constitui o primeiro elo da sociedade, e este elo é não menos forte do que o do nascimento, como o mostrou o Criador, "extraindo a mulher do homem" e "marcando inclusive a força

143 Ibid., I (1).

de sua união pela costela que extraiu de um para formar o outro".[144] Antes mesmo de qualquer procriação, o casamento é por si mesmo um bem, na medida em que estabelece entre o marido e a mulher uma relação que tem o triplo caráter de ser "natural", de unir dois sexos diferentes,[145] e de constituir como elemento de base da sociedade uma conjunção de amizade e de parentesco.[146] Segue-se, pois, que se a procriação prolonga este laço – e que, sob certas condições, é bom que seja assim –, ela não é sua condição, e sua ausência não o compromete. E disto Agostinho dá dois testemunhos. O casamento existe em pessoas idosas, mesmo se lhes é impossível procriar, ou se seus filhos já morreram; de todo modo, o laço subsiste, independente da progenitura.[147] Do mesmo modo, o casamento não pode ser desfeito quando, acordado em vista de ter filhos, permanece estéril a despeito dos esposos.[148]

A esta relação, *De bono conjugali* dá regularmente o nome de *pactum* ou de *foedus*, cujas conotações jurídicas são evidentes.[149] Ao olhar as coisas mais de perto, vê-se que Agostinho desenvolve sua análise em dois registros. Refere-se, com efeito, ao tema de um laço que receberia uma caução institucional, seja das regras de direito, seja da lei divina; por vezes o direito civil é invocado como revelador para a

144 Ibid.

145 "*Naturalis in diverso sexu societas*", ibid., III (3).

146 "*Amicalis quaedam et germana conjunctio*", ibid., I (1). Notar que esta conjunção é definida aqui pela relação de obediência e de comando.

147 Ibid., III (3).

148 Ibid., VII (7) e XV (17).

149 Sobre este tema, cf. [nota incompleta].

forma do laço matrimonial: assim, a lei romana manifesta o carácter exclusivo deste laço, pois proíbe o marido de ter uma segunda esposa enquanto a primeira esteja viva;[150] por outras vezes, as leis religiosas fazem valer princípios justos que as regras da sociedade ignoram: assim, impedem – diferentemente das leis civis – o novo casamento de um esposo cuja mulher tenha cometido adultério.[151] Porém Agostinho faz o *pactum* atuar também em um outro registro, o das relações entre as almas e entre os corpos: ligação das almas que constitui entre os esposos – e independente do ardor físico, frequentemente mesmo com uma intensidade inversa à deste – um *ordo caritatis*; mas também um laço físico, no sentido de que cada um dos cônjuges reserva seu corpo ao outro. Na famosa passagem da Primeira Epístola aos Coríntios – "o corpo da mulher não está em seu poder, mas no de seu marido, e, do mesmo modo, o corpo do marido" (7, 4) –, vemos em geral a afirmação do direito de cada um dos esposos de ter relações físicas com o outro; porém, Agostinho, pelo menos em uma das duas citações que faz a respeito, lhe confere uma significação um tanto negativa: ela exprimiria a proibição de violar o pacto conjugal, como ocorre "quando, à chamada de sua própria paixão ou à de outro, o esposo tem relações com uma outra mulher, ou a mulher, com um outro homem".[[152]] Não traição, mais que posse: tais laços são da ordem da *fides*.

150 *De bono conjugali*, VII (7).

151 Ibid.

152 [Ibid., IV (4).]

Ordem que não é estranha ao direito, é claro, e se conjuga frequentemente com ele,[153] mas que, contudo, não poderia a ele se reduzir – como logo prova o exemplo de *fides* dado por Agostinho: num negócio, trate-se de um punhado de palha ou de um monte de ouro, pouco importa, a fé que garante a honestidade é exatamente a mesma, e tem o mesmo valor. É preciso compreender que a *fides* defende a convenção, que se manifesta na exatidão com a qual esta última é observada, mas não é da mesma natureza que ela. E, do ponto de vista das faltas que se pode cometer a respeito, não tem os mesmos efeitos que a convenção tal como a garantem as leis. Por meio de três exemplos, Agostinho mostra com nitidez que, para ele, a *fides* não se identifica com o *pactum* – pelo menos se este é compreendido num sentido puramente jurídico. Estes três exemplos têm por quadro o *adultério*, que é ao mesmo tempo uma categoria do direito e um atentado à *fides*. À primeira vista, pareceria que a condenação do adultério manifesta a adequação entre o laço jurídico e o apego da fidelidade. Ora, cada um dos exemplos citados por Agostinho mostra sua defasagem.

– Suponhamos uma mulher que deixou seu esposo por um amante: ruptura de fidelidade. Mas doravante há, para ela e sua moralidade, uma diferença segundo permaneça fiel ou não a seu amante? Do ponto de vista do *pactum* jurídico, não há diferença alguma, porque o único que existiu – o que

---

153 A propósito deste princípio de não traição, notar a expressão de Agostinho: "*Cui* fidei *tantum juris tribuit Apostolus ut eam* potestatem *appellaret*." ([Grifado por M. F. "O Apóstolo atribui a esta fidelidade um tal caráter de justiça, que a chama potência", trad. G. Combès]), ibid., IV (4).

a ligava a seu marido – foi rompido. E, contudo, pode-se dizer que, embora desonesta, ela o é menos se permanece ligada a seu cúmplice do que se novamente o troca. Mas ela é mais honesta se aquele pelo qual o abandona é o seu marido, ao qual retorna. A *fides*, como vemos, modula a falta segundo graus que a transgressão do *pactum* ignora.

– Imaginemos agora um homem e uma mulher que vivem juntos; não procuram ter filhos – sem nada fazer de criminoso para impedir um nascimento; eles assumiram o compromisso da fidelidade, e nele se mantêm efetivamente pelo menos até a morte de um dos dois. A esta união que nenhum ato jurídico sustenta – e que é, pois, o concubinato – pode-se dar o nome de casamento a partir do momento em que a fidelidade é respeitada. A *fides* sozinha pode, portanto, do ponto de vista da moralidade, ter os mesmos efeitos do que se tivesse havido um *pactum* reconhecido pela lei.

– Seja, enfim, um homem e uma mulher que não são casados. Eles têm uma ligação transitória. O homem, de seu lado, não espera senão a ocasião para encontrar uma mulher rica e honrada. Já a mulher pretende permanecer fiel a seu amante; e, uma vez abandonada, guarda a continência. Não se pode dizer que ela não pecou, porque teve relações fora do casamento. Mas poderíamos considerá-la adúltera? E, se nada fez ao longo de sua ligação para não ter filhos, não é ela superior a "um bom número de matronas" que não são adúlteras, mas só se servem do casamento para satisfazer sua concupiscência?

Estes exemplos[154] mostram bem a não coincidência da *fides* com o que seria um laço puramente jurídico. Mesmo onde ela

---

154 Encontramo-los nos capítulos iv e v.

parece ter a mesma forma e as mesmas consequências – a propósito do adultério –, introduz elementos irredutíveis a uma simples obrigação de direito. Elementos positivos: os apegos da alma, os compromissos quanto a si mesmo, o respeito que se deve ao outro; também modulações da falta que permitem hierarquizar condutas que a forma da lei assimilaria.

Desta fé, Agostinho não faz um traço próprio ao casamento cristão. Ela pode constituir um bem do casamento em "todos os povos" e "entre todos os homens".[155] Em contrapartida, o que não pertence senão à união dos cristãos é ser um "sacramento". O sentido que esta palavra toma em *De bono conjugali* não é, talvez, muito fácil de apreender, na medida em que não se trata evidentemente do "sacramento de casamento", tal como se entenderá bem mais tarde no cristianismo medieval e tendo em conta que, no entanto, Agostinho o aproxima do "sacramento da ordenação" tal como conferido a um clérigo. Mas a própria maneira pela qual a aproximação é operada, assim como uma citação que Agostinho toma à Primeira Epístola aos Coríntios, permite distinguir o que faz do casamento cristão um "*sacramentum*".

O texto escriturário diz que "a mulher não deve separar-se de seu marido e, se o faz, deve permanecer sem se casar novamente, ou deve se reconciliar com ele" (I Cor., 7, 10-11). Para Agostinho, esta passagem ilustra o sacramento, e não a fidelidade – à qual são Paulo fará referência falando do poder que cada um dos esposos exerce sobre o corpo do outro. É que a fidelidade supõe a reciprocidade (daí a palavra *pactum* que se lhe aplica, embora outorgando-lhe um valor que não é jurídico);

---

155 *De bono conjugali*, XXIV (32).

quando um dos dois cônjuges rompe esse laço, como poderia ainda se impor o simples dever de fidelidade? Se a mulher está separada de seu marido – Agostinho não pensa evidentemente na mulher adúltera, mas naquela que teria deixado o marido depois do adultério deste, ou naquela que teria sido repudiada por ele –, o sacramento lhe retira o direito de contrair uma outra união. O casamento, com o laço exclusivo que estabelece com uma só pessoa, obriga ainda cada um dos dois cônjuges, mesmo se o outro o tiver rompido por iniciativa própria. Trata-se, de qualquer forma, de uma marca pessoal. É este o sentido da aproximação feita entre o casamento e a ordenação. Esta só é invocada por Agostinho em um de seus aspectos: uma vez consagrado, aquele que recebeu o sacramento da ordem pode não ter recebido um rebanho, ou pode ter sido demitido de seu cargo, mas permanece ordenado, e o sacramento marca para sempre.[156] Ora, de onde poderia vir esta marca? Certamente, não de um laço jurídico que não é suscetível de impor ao indivíduo um constrangimento que subsista uma vez desfeito. Tampouco, certamente, de uma fidelidade que implique uma reciprocidade das vontades. Mas de uma marca, de um selo imposto por Deus, e que liga o indivíduo a seu estado matrimonial, até que o próprio Deus tenha chamado a si o cônjuge. "Na Cidade de nosso Deus, ou desde a primeira união de duas criaturas humanas, as núpcias se revestem de um caráter sagrado, o casamento, uma vez le-

156 Ibid., XXIV (32), cf. também VII (6): "*Usque adeo foedus illud initum nuptiale cujusdam sacramenti res est, ut nec ipsa separatione irritum fiat*" (e a sequência) ["O contrato conjugal é a tal ponto sagrado que mesmo a separação não o pode romper", trad. G. Combès].

galmente concluído, não pode ser rompido senão pela morte de um dos esposos."[157]

Em suma, o laço do casamento, tal como é descrito em *De bono conjugali*, se distingue de um laço jurídico de duas maneiras: pela "fidelidade" e pelo "sacramento". Ambos podem ser ditos "bens" do casamento na medida em que não se limitam a assegurar o que cada um pode buscar por si mesmo, mas fazem com que cada um dos esposos entre numa *societas*. Uma sociedade na qual alma e corpo estão ligados um ao outro pelo elo da fidelidade. Uma sociedade da qual Deus os faz participar individualmente e definitivamente pela marca indelével do casamento que lhes impõe.

3. É preciso voltar agora à questão da progenitura, que parece se tornar um tanto secundária a partir do momento em que a essência do casamento cristão se define pelo laço de fidelidade e a marca do sacramento. Agostinho diz explicitamente e várias vezes que a progenitura é um dos três "bens" do casamento – um dos elementos que, deixando o casamento abaixo da continência, permite reconhecer que ele é bom, se não por si mesmo, ao menos em si mesmo.

As formulações de *De bono conjugali*, entretanto, bem como textos ulteriores, dão a este terceiro bem uma posição particular. Por um lado, com efeito, Agostinho diz – e mostra por suas análises – que ele é menos importante do que os outros. "Em nosso casamento, a santidade do sacramento tem mais valor do que a fecundidade do seio."[158] Ele é menos constitutivo do casamento do que os dois outros bens porque a ausência

---

157 Ibid., XV (17).

158 Ibid., XVIII (21).

ou a desaparição da progenitura não desfaz o casamento, e, inversamente, não pode ser a intenção de ter filhos o que transforma uma ligação em casamento.[159] Mas, por outro lado, abundam as afirmações que dizem ser a procriação o objetivo e mesmo o único objetivo do casamento. Em todas as nações, o casamento tem o mesmo objetivo: a procriação de filhos;[160] as núpcias foram instituídas por causa da geração.[161]

A explicação deve ser procurada, sem dúvida, na relação entre as noções de "bem" e de "fim" do casamento. Se nos recordarmos da teoria geral dos bens,[162] compreenderemos facilmente como a progenitura pode ser considerada um bem do casamento ao lado do sacramento e da fidelidade. O casamento, cumpre lembrar, é um fim desejável, mas como meio para um outro fim, que, este, vale por si: a amizade ou o laço que liga naturalmente os humanos uns aos outros como partes de um mesmo gênero humano. A progenitura é uma maneira de ligar os indivíduos e, portanto, de produzir ou de desenvolver a *societas*. Mas é preciso, imediatamente, ressaltar que ela não opera este laço no casamento como o *sacramentum* ou a *fides*. Estes são caracteres próprios ao laço matrimonial; dele fazem parte intrinsecamente. A progenitura não pode ser senão um efeito do casamento, uma de suas consequências. E o laço matrimonial, que em si mesmo constitui um elemento da sociedade, encontra na progenitura

159 Ibid., XXIV (32). Vimos, em contrapartida, que uma ligação que comporta o engajamento de fidelidade sem que haja intenção de progenitura pode ser chamada *connubium*.

160 Ibid., XVIII (22).

161 Ibid., XVIII (22).

162 Ibid.

um meio de desenvolver, para além de si mesmo, as relações necessárias a esta sociedade. A progenitura é um "objetivo" que o casamento deve propor-se para um fim que ele atinge, aliás, em seu próprio ser como laço indelével entre indivíduos. Mas é preciso acrescentar que, sem a procriação, o laço do casamento não seria suficiente, por si só, para que se pudesse desenvolver uma sociedade à escala do gênero humano: o primeiro casal teria permanecido sozinho no mundo. Pode--se, portanto, dizer que a *proles* é, em si mesma, um bem do casamento, porque liga os indivíduos; que ela não é uma condição indispensável, porque ele pode existir sem ela; que ela é dele um objetivo, porque é um meio, para o casamento, de aceder a seu fim, a sociedade; que ela é mesmo, dele, "o único" objetivo, por oposição ao sacramento e à fidelidade (que, estes sim, fazem parte intrínseca do laço matrimonial), e em função de seu caráter indispensável para a unidade dos indivíduos no gênero humano.

Mas o papel da procriação no casamento se complica, ainda, pelo fato de não poder ser dissociado do estatuto das relações sexuais. Não apenas, decerto, porque estas relações são indispensáveis à *proles*, mas porque a determinação da progenitura como objetivo serve de princípio regulador para as relações sexuais: "A continuidade da sociedade se faz pelos filhos, único fruto honesto, não da união (*conjunctio*) do marido e da mulher, mas de seu comércio carnal (*concubitus*)."[163] Com efeito, para Agostinho, é a necessidade da *proles* que faz com que a "conjunção" de dois indivíduos no casamento seja também um ato entre homem e mulher. Mas seria errôneo

163 [*De bono conjugali*, I (1).]

reduzir a análise de Agostinho à pura e simples sujeição da relação sexual à possibilidade e à obrigação de fazer filhos. Longe de nele encontrar um bloco unitário constituído pelo casamento, a relação sexual e a procriação (o que era o caso em certos moralistas da época helenística e romana, ou em Clemente de Alexandria), podemos constatar um certo número de dissociações e de defasagens.

É preciso inicialmente sublinhar a maneira pela qual *De bono conjugali* transforma a questão da impureza das relações sexuais.[164] As prescrições do Levítico haviam servido, frequentemente, aos autores cristãos para mostrar que toda relação física trazia em si mesma algo do mal e da falta, uma vez que exigia ritos de purificação, mesmo nos esposos legitimamente casados. A isto, Agostinho responde com dois argumentos. Um é de alcance geral: o que é impuro não é, por si, um pecado; as regras das mulheres são impuras, e os cadáveres também; onde está o erro? O outro argumento é específico à relação sexual: o sêmen, certamente, é impuro. Mas o é como tudo aquilo que é ainda grosseiro, imperfeito, misturado com elementos que devem desaparecer para [que] a forma definitiva e perfeita apareça. Assim compreendidas, as prescrições do Levítico não designam a impureza do ato sexual propriamente, mas do sêmen; não concernem senão àquilo que o sêmen deve retirar de si mesmo antes de atingir sua finalidade; enfim, têm um valor simbólico: mostram ao homem que ele deve "se purificar desta vida informe, revestindo-se da forma da doutrina e da ciência".[165] Assim, Agostinho, mesmo justificando as práticas rituais, evita dar ao próprio ato sexual

164 Ibid., XX (23).

165 Ibid.

uma valorização negativa. Ele o mantém no estatuto natural que lhe dá sua utilidade para o desenvolvimento do gênero humano: "aquilo que é o alimento para o indivíduo, a união (*concubitus*) o é para a saúde do gênero humano."[166]

Que o ato sexual não seja em si mesmo mau não significa que seja, sob todas as suas formas e em todos os casos, aceitável. Agostinho estabelece diversas formas de limitações. Umas já pertenciam à moral antiga. Outras são mais específicas da doutrina cristã. As primeiras são aquelas que, de modo geral, prescrevem a "temperança" e a rejeição de toda forma de "excesso". Ora, como se define a temperança? Pela manutenção do "uso natural".[167] E este uso natural é, para Agostinho como para a tradição antiga, o ato sexual, se tiver a forma que, eventualmente, permita a procriação. Mas, em relação a este uso natural, dois tipos de falta podem ser cometidos, entre as quais Agostinho não traça uma divisão muito nítida, apesar de entre elas assinalar uma grande diferença moral. De um lado, há o simples "excesso" quantitativo; é aquele ao qual nos entregamos ao ir "além da necessidade da propagação": gestos e prazeres que não são apenas aqueles que o ato sexual "natural" requer, mas que o acompanham ou o preparam. De outro, há os atos contra a natureza, que são definidos pelo uso de uma parte do corpo da mulher que não é destinada a isto.[168] As primeiras dentre estas faltas não são muito consideráveis. As segundas, em troca, são muito graves. Apoiado nesta hierarquia, Agostinho as condena numa fórmula que

---

166 Ibid., XVI (18).

167 A temperança tem por papel "*redigere*" o prazer, a "*delectatio*", "*in usum naturalem*", ibid., XVI (18).

168 Ibid., XI (12).

poderíamos encontrar nos filósofos da Antiguidade: "A honra conjugal é a castidade na procriação."[169]

Mas é preciso considerar também outros princípios de regulação do ato sexual. Aqueles aos quais se referia na mesma época Crisóstomo. Eles abrem a possibilidade de legitimar entre os esposos atos sexuais que não têm o fim da procriação: sob a condição de que cada um dos parceiros só tenha em vista evitar ao outro pecados maiores – aqueles que cometeriam seja fora do casamento, seja contra as regras da natureza. Não se trata mais, no caso, do fim "natural" do casamento, mas da consequência do laço pessoal que ele estabelece e da ordem das obrigações em que compromete. Esta consideração da concupiscência do outro, da ajuda que é preciso fornecer-lhe para a sua salvação, funda o dever conjugal. É significativo que o texto de são Paulo concernente ao corpo da mulher que está em poder do marido, e ao do marido, que está em poder da mulher, não seja comentado por Agostinho como a expressão de um direito de posse do qual o ato sexual seria a consequência direta.[170] Se um pode reclamar o corpo do outro e se este não pode recusá-lo, não é porque do primeiro dele seja o dono soberano, mas porque se trata, para ele próprio, de escapar ao risco de cair em pecado: "Eles devem um ao outro, também para evitar as relações proibidas, uma espécie de servidão recíproca que seja o apoio mútuo de sua fraqueza."[171] Em suma, cada um deve este serviço, esta servidão, não em

---

169 Ibid.

170 Sobre uma outra citação deste mesmo texto e sua interpretação como regra de fidelidade, [cf. supra].

171 *De bono conjugali*, VI (6).

função do domínio do outro sobre o corpo do cônjuge, mas de sua fraqueza quanto a seu próprio corpo.

Deste princípio, Agostinho tira certas consequências gerais já bem conhecidas: ninguém pode votar-se à continência perpétua sem o consentimento do outro. Ele estabelece a hierarquia que terá tanta importância a seguir e suscitará tantas dificuldades: a relação conjugal praticada com vistas à procriação está inteiramente isenta de pecado; aquela que é realizada "para satisfazer a concupiscência" constitui um pecado venial; quanto aos atos cometidos fora ou contra os laços do casamento (fornicação ou adultério), ou ainda aqueles que, no casamento, são opostos à natureza, são pecados mortais. Mas Agostinho vai muito mais longe na codificação das relações entre esposos. É que não é clara a ideia de um pecado venial ligado à relação destinada somente a satisfazer a concupiscência. Pois não é o dever conjugal destinado a se realizar de modo que, independente da procriação, se possa dar à concupiscência do outro um modo de se satisfazer sem cair em faltas talvez graves? É preciso, pois, introduzir uma distinção entre aquele que demanda o cumprimento do dever conjugal e aquele que o cumpre. Este, pelo menos na medida em que aceita para evitar que seu cônjuge caia em uma falta grave, não comete nenhuma, nem mesmo venial, porque não faz mais do que aplicar uma regra derivada do estado matrimonial.[172] Mas e aquele que o demanda? A posição de Agostinho parece menos clara. De um lado, fala de pecado venial[173] naqueles que estão "sob o jugo da concupiscência", logo, parece, naqueles que demandam o dever por outro

172 Ibid., X (11).

173 Ibid., XI (12).

motivo que não a procriação. Mas, por outro lado, evoca a tolerância que o Apóstolo concede àqueles que manifestam uma insistência abusiva em exigir o dever:[174] seriam estes, consequentemente, que cometeriam um pecado venial. É preciso compreender, então, que aqueles que demandam o dever com a intenção de evitar o risco de um pecado mortal não cometeriam qualquer pecado, mas seriam tão inocentes quanto aqueles que o concedem? – o que parece difícil em si, mas constitui a única solução compatível com a ideia do pecado venial cometido por aqueles que o demandam com demasiada insistência. Quanto aos esposos que mediante um consentimento comum demandam um ao outro o dever conjugal, o texto de Agostinho é difícil de interpretar. Ele se segue, imediatamente, à proposição que desculpa de qualquer pecado o cônjuge que cumpre o dever para evitar, no outro, o pecado: "Se os dois esposos, no entanto, estão sob o jugo de uma tal concupiscência, fazem uma coisa que não é, em absoluto, própria do casamento. Mas se, ao contrário, têm mais atração, em sua união, por aquilo que é honesto do que por aquilo que é desonesto, isto é, mais atração pelo que é próprio do casamento do que por aquilo que não o é, contam, para desculpar suas fraquezas, com a garantia do Apóstolo."[175] Parece possível compreender que a relação conjugal, se for realizada, de uma parte e de outra, por causa da concupiscência de cada um dos dois, sai das regras estritas do casamento e, consequentemente, pode se tornar uma coisa grave. Entretanto, pode permanecer nos

174 Ibid.

175 [Ibid., X (11).]

limites da indulgência do venial sob uma condição: que nos atenhamos àquilo que é honesto (isto é, aos gestos delimitados pela vontade de procriação, embora esta vontade não esteja presente) ou, de uma maneira geral, àquilo que é "do casamento": isto é, o nascimento possível de uma progenitura e o cumprimento do dever.

De fato, *De bono conjugali* esboça aí os primeiros rudimentos de uma jurisprudência das relações sexuais entre esposos que, sobretudo na segunda metade da Idade Média e até o século XVIII, ganhará uma importância considerável. Constituir-se-á, assim, um código extremamente complexo da sexualidade conjugal. Para que ele se desenvolva, será necessário todo um conjunto de condições sociais e culturais. Também será preciso que sejam remanejadas, ou ao menos completamente elaboradas, algumas das demais proposições de *De bono conjugali*. Estas proposições concernem à maneira pela qual o casamento transmuta qualitativamente as relações sexuais e o prazer ao qual dão lugar. Duas séries de passagens, em particular, são significativas. Umas concernem à moderação da *libido*. Bem no início do tratado, é dito que "o laço conjugal transforma em bem o mal da concupiscência". E esta transformação é explicada pelo papel de moderação interna que será desempenhado, ali mesmo onde a volúpia é a mais intensa, pela intenção de procriar: "O laço conjugal [...] refreia a volúpia em seus impulsos, introduz uma espécie de pudor em seu ardor e os tempera pela paternidade. Mistura-se, com efeito, um não sei quê de gravidade, às efervescências da volúpia quando, no momento em que o homem e a mulher se unem, pensam que vão tornar-se pai e mãe."[176] Mais adiante, Agostinho acentua ainda esta ideia de que o bom uso da conjugalidade constitui um freio para a concupiscência; chega a dizer que, bem temperado, o prazer no casamento pode não ser mais, de modo algum, "*libido*". O mesmo acontece, diz ele, no *concubitus* e na alimentação: "O uso de um e de outro não acontece sem um prazer carnal (*delectatio carnalis*), prazer que, medido e reduzido pela temperança à sua satisfação natural, não poderia ser visto como uma concupiscência (*libido*)."[177]

Em *Retractationes*,[178] Agostinho voltará a esta passagem, afirmando que não falara de um apagamento da *libido* pelo casamento, mas tinha querido dizer que o uso da *libido*, se for bom e correto, não é propriamente *libido*. Esta precisão ou correção é bastante conforme à teoria da concupiscência que ele desenvolveu nesse intervalo. Mas não parece estar efetivamente presente em *De bono conjugali*. O princípio segundo o qual não há relação sexual sem concupiscência depois da queda, e que somente o uso estabelece a diferença moral, não se encontra na análise de *De bono conjugali*. Uma segunda série de textos o prova: concernem aos Patriarcas, cujas irregularidades com relação à monogamia colocaram problemas aos exegetas cristãos, como sabemos. Estes Patriarcas, segundo Agostinho, quando se casavam, quando procriavam, "não eram vencidos pela concupiscência".[179] Experimentavam, decerto, um prazer natural, como hoje os santos da nova aliança experimentam prazer ao comer pão; mas não havia

---

176 Ibid., III (3).

177 Ibid., XVI (18).

178 [*Retractationes*, II, 22 (2)].

179 *De bono conjugali*, XIII (15).

neles nada da "concupiscência irracional e criminosa". Sabendo que a procriação era necessária para que nascesse a raça do Senhor, e que sua descendência pertenceria à "economia profética" (*dispensatio prophetica*), seu desejo (*desiderium*) era espiritual. Para explicar a forma espiritual deste desejo, Agostinho emprega um termo importante: sacramento. O desejo dos profetas "estava de acordo com o sacramento da época".[180] O emprego desta palavra aqui se explica por uma passagem anterior, na qual os "sacramentos proféticos" são as marcas visíveis sob as quais a salvação futura estava escondida antes da vinda do Salvador. Os profetas portavam estes signos; sua própria conduta mostrava o selo da vontade de Deus. Desenha-se aí a concepção do "sacramento" tal como é evocada no mesmo texto a propósito do casamento cristão. E parece que se pode dizer que o casamento dos Patriarcas, e é esta sua superioridade em relação aos de hoje, era inteiramente um "*sacramentum*": o signo, em cada um, de um parentesco espiritual presente e porvir.

Pode-se dizer esquematicamente que, no casamento dos profetas, o sacramento apaga todo traço de concupiscência, ao passo que, no casamento dos cristãos de hoje, esta é atenuada, diminuída e modificada. Mas a possibilidade e a forma desta modificação permanecem enigmáticas, o que torna evidentemente bastante incertos diversos elementos da codificação que Agostinho pretende fazer das relações sexuais entre esposos. Falta ainda uma economia da concupiscência no casamento. Ou, em outros termos, a definição do laço de casamento e das regras de vida que devem caracterizar o estado matrimonial não pode estar completa sem uma teoria da *libido*. Enquanto o ponto central das

180 Ibid., XVII (19).

preocupações e das análises era a virgindade ou a continência, regras de abstenção numa economia da pureza eram suficientes. Porém, a partir do momento em que é preciso definir inclusive em seus fundamentos uma *tekhnê* da vida e das relações conjugais, é de uma teoria da concupiscência e de uma economia do desejo que necessitamos. E Agostinho a estabelecerá por meio de uma definição da diferença introduzida na relação sexual pela queda; por meio de uma especificação das formas próprias à *libido* no homem decaído; mediante a distinção estrita entre a *libido* e o uso da *libido*. Poderá oferecer, assim, os fundamentos, ao mesmo tempo a uma concepção geral do homem do desejo e a uma jurisdição fina dos atos sexuais que, ambas, marcarão profundamente a moral do Ocidente cristão.

[3 – A libidinização do sexo]

A conjunção física dos sexos, quando tem lugar no casamento dando-se por fim a procriação, é, pois, como diz *De bono conjugali*, isenta de falta: *inculpabilis*.[181] É preciso ir mais longe?

Vimos que ela tinha seu lugar, na criação do ser humano, antes da falta e da queda, mesmo que carecesse então de realidade: era a obra de Deus, que a destinava à constituição de um gênero humano como "sociedade". No casamento de hoje em dia, ela ainda tem este papel porque é necessária à procriação; e esta procriação constitui um dos fins e um dos bens da conjugalidade. Podemos considerá-la, desde então, um bem – um bem originariamente disposto por Deus e

---

181 [Santo Agostinho, *De bono conjugali*, X (11).]

mantido após a queda? Não nos arriscamos, ao pensar assim, a ser levados a passar do *bonum conjugale* ao *bonum sexuale*?

Uma breve evocação, em *A cidade de Deus*, daquilo que é, em sua forma e em seu desenvolvimento, o ato sexual, permite circunscrever o problema. Ali, Agostinho retoma fielmente a descrição clássica do paroxismo sexual com seus três pontos essenciais: um abalo físico do corpo que não se pode dominar, uma comoção da alma que é arrebatada a contragosto pelo prazer, um eclipse final do pensamento que parece aproximá-lo da morte. "O desejo (*libido*) pelo qual são excitadas as partes vergonhosas do corpo" não se contenta "de se apoderar do corpo inteiro, exteriormente e interiormente; sacode o homem inteiro, unindo e misturando as paixões da alma e os apetites carnais para conduzir esta volúpia, a maior de todas entre aquelas do corpo; de sorte que, no momento em que chega a seu cúmulo, toda a acuidade e aquilo que se poderia chamar de vigilância do pensamento são quase anulados". Daí tira-se facilmente a seguinte conclusão: "Qual é o amigo da sabedoria e das santas alegrias (*sapientiae sanctorumque gaudiorum*), levando a vida conjugal, que não preferiria, se o pudesse, engendrar filhos sem este 'desejo' (*libido*)?[182]" A formulação é digna de nota: os "amigos da sabedoria" que desejariam ser liberados desta enfermidade e de uma tal violência são, sem dúvida, tanto os pagãos que tentaram praticar a virtude quanto os cristãos que buscam, além da sabedoria de sua fé, as alegrias celestes. Agostinho indica com nitidez que se refere a uma concepção secular, fazendo do ato sexual um acontecimento físico com efeitos tão perigosos para o corpo e para a alma que é desejável deles se abster tanto quanto

182 [Santo Agostinho, *La Cité de Dieu*, XIV, 16.]

possível. Talvez tenha em mente o texto *Hortensius*, que cita, aliás, em *Contra Julianum*:[183] "O que a volúpia produz não é muito frequentemente a ruína da saúde? [...] Quanto mais seus movimentos são violentos, mais são inimigos da filosofia [...]. Abandonar-se a esta volúpia, rainha de todas as outras, não é situar-se em uma impotência radical de cultivar seu espírito, de desenvolver sua razão e de nutrir pensamentos sérios? Não é este abismo que tende sem cessar, noite e dia, a produzir em todos os nossos sentidos essas violentas comoções cujo segredo pertence às volúpias levadas ao extremo? Que homem sábio não preferiria que a natureza nos tivesse recusado todas as volúpias?" A alternativa é assim colocada. Ou é preciso admitir que a humanidade, saída perfeita das mãos do Criador, já conhecia este arrebatamento dos sentidos, esta fraqueza da alma, esta pequena epilepsia que toma as feições da morte; o que é contraditório com a soberania de uma criatura à qual os outros deveriam ser submissos. Ou é preciso esquivar o que há de enfermidade vergonhosa neste ato e não ver ali senão o que há nele de natural desde a fundação do gênero humano. Ou bem, já na origem, o corpo humano manifestava uma fraqueza intrínseca, um mal que fazia parte de sua natureza, ou bem as volúpias de hoje prolongam até nós uma inocência que ele preserva de seu estado primeiro. É esta alternativa que Agostinho reprova aos Pelagianistas haverem artificialmente construído quando propõem a escolha entre um maniqueísmo que denuncia o mal inerente à Criação e sua própria tese, que vê nas relações entre homem e mulher após a queda o simples efeito de um apetite natural – *adpetitus*

---

183 Santo Agostinho, *Contra Julianum*, IV, 72; cf. também ibid., V, 42.

naturalis[184] – que eles evitaram designar tanto quanto possível pelos termos *libido*, concupiscência.[185]

De fato, não se tratava nem para os Pelagianistas, em geral, nem para Juliano de Eclana, em particular, de inocentar todas as relações sexuais a título de sua natureza primeira, e de admiti-las em qualquer caso. Agostinho reconhece a prática de continência de seus adversários.[186] Mas o decisivo neste debate é a determinação do ponto a partir do qual e em nome do qual se opera a delimitação entre o que se pode aceitar e o que é necessário recusar nas relações sexuais. Onde passa a linha divisória quando não se trata de recusar todo ato sexual como mau, e quando não queremos nos contentar em dizer que o toleramos desde que tenha lugar no casamento?

Conhece-se a posição de Juliano de Eclana. Ele fazia do apetite natural presente nas relações sexuais uma caracterização em acordo com toda uma tradição filosófico-médica: "seu gênero é o fogo vital; sua espécie, os movimentos genitais; seu modo, a ação conjugal; seu excesso, a intemperança da fornicação".[187] E, a partir daí, era fácil para ele marcar o ponto de divisão ética: por seu gênero e sua espécie, este apetite é a própria obra do Criador moldando o corpo humano; não pode, por essa razão, ser uma falta; por seu modo, depende da vontade humana e, se esta segue o modo que é

---

184 Santo Agostinho, *De nuptiis et concupiscentia*, II, 7 (17).

185 Agostinho reprova com frequência, aliás pouco exata, Juliano de Eclana, em *De nuptiis et concupiscentia* (loc. cit.) e em *Contra Julianum*.

186 Agostinho se serve deste fato para concluir que os próprios Pelagianistas são obrigados a reconhecer em si mesmos o mal da concupiscência (*Contra Julianum*).

187 [Santo Agostinho, *Contra Julianum*, III, 26.]

fixado, quer dizer, a conjugalidade, é inocente; finalmente, é apenas em seus excessos, isto é, quando a vontade é má, que se pode falar de mal. É o excesso, portanto, que define o que é condenável.

Esta noção de excesso é importante. Ao mesmo tempo porque deixa intacta a própria natureza do desejo, fazendo com que o mal só comece com o "em demasia"; e porque permite uma grande flexibilidade na determinação dos atos que podem manifestar que o limite foi "ultrapassado". Ora, era uma das categorias éticas mais frequentes na Antiguidade, fazendo oposição à temperança e à moderação; fora retomada com muita frequência em toda a moral cristã. E é preciso ressaltar que Agostinho a ela recorre em *De bono conjugali*: o comércio carnal, *concubitus*, quando utilizado como condição necessária à geração, é, diz ele nesse texto, "sem falta". Mas é nesse limite apenas que ele depende do casamento e de seu bem. Se comporta algo mais, se vai "além desta necessidade", não pertence mais à razão, mas à concupiscência (*libido*).[188] Pode-se então supor que o mal começa com o excesso; que antes deste limite não há ainda *libido* e, portanto, que pode existir uma naturalidade que, quando permanece não excessiva, não pode ser chamada de má.

Na elaboração que Agostinho estabelece em seguida, e sobretudo a partir de 412-413, trata-se, para ele, ao mesmo tempo, de escapar à alternativa que os Pelagianistas tentavam construir e de se libertar de uma ética do não excesso.[189] Se o primeiro aspecto de seu esforço é evidente-

---

188 Santo Agostinho, *De bono conjugali*, X (11).

189 Sobre a discussão do tema pelagianista do excesso, cf. particularmente santo Agostinho, *Opus imperfectum*, IV, 24.

mente capital para o desenvolvimento da teologia cristã, o segundo é essencial na história de nossa moral. Ao situar a procriação conjugal em um lugar tão elevado na Criação e nos fins atuais do casamento, ele tinha desligado, até certo ponto, a relação sexual da desqualificação ético-religiosa da impureza. Mas, deslocando a linha divisória, e inscrevendo uma certa forma de mal no próprio ato sexual, fazia-o portar uma negatividade bem mais essencial do que o simples limite exterior do excesso. A imensa discussão com os Pelagianistas durante mais de quinze anos nos introduz em um sistema de moral e em regras de conduta em que as duas grandes categorias fundamentais para a Antiguidade e o cristianismo primitivo – a impureza e o excesso – vão não desaparecer certamente, mas começar a perder uma parte de seu papel preponderante e organizador.

Para escapar à alternativa Pelagianista ou, mais geralmente, para se desprender tanto de uma desqualificação global pela impureza quanto de uma delimitação puramente exterior pelo excesso, Agostinho precisou conduzir a bom termo duas operações: definir, no interior do ato sexual, uma linha divisória anterior ao excesso, que pudesse marcar o mal que lhe é inerente; mas também definir o mecanismo pelo qual a queda pôde introduzir esta disposição numa naturalidade do ato sexual que até então não a conhecia. Em suma, foi necessário que ele estabelecesse o acontecimento meta-histórico que remanejou o ato sexual na sua forma originária de sorte que ele comportasse, necessariamente, doravante, este mal que podemos constatar com os filósofos antigos quando olhamos como ele se desenvolve: reencontrar o que se poderia chamar de a "libidinização" do sexo paradisíaco. Foi preciso também que ele definisse uma teoria da concupiscência – da *libido* – como elemento estrutural interno do ato sexual tal como o conhecemos atualmente. E foi a partir daí que Agostinho pôde esboçar uma moral da conduta sexual que não é mais polarizada pelo tema da virgindade e da continência, mas centrada no casamento e nas relações obrigatórias que este comporta; e esta moral, articulando-se sobre as noções de consentimento e de uso, afastará em certa medida os temas da impureza e do excesso para pôr em jogo modelos jurídicos. É esta elaboração cujo esboço geral é preciso tentar reencontrar a partir dos textos escritos durante a polêmica com os Pelagianistas e Juliano de Eclana ou, ao menos, durante o seguinte período: O XIV livro de *A cidade de Deus*, o *De nuptiis et concupiscentia*, o *Contra duas epistulas Pelagionorum*, o *Contra Julianum*, bem como o *Opus imperfectum*.

– I –

Em *Contra duas epistulas Pelagionorum*, Agostinho explica que não se poderia imaginar o uso das relações sexuais no paraíso a não ser sob quatro formas: os humanos cedendo a seu desejo cada vez que ele se apresenta – o que é excluído, pois isso seria fazer, das criaturas de Deus, escravos; os humanos refreando seus desejos e combatendo-os até o momento conveniente – o que é igualmente incompatível com a felicidade paradisíaca; os humanos, no momento necessário, segundo sua vontade e segundo as previsões de uma justa prudência, fazendo surgir o desejo-*libido* que leva à relação sexual e a acompanha; enfim, os humanos, na ausência total de *libido*, fazendo os órgãos da geração obedecer sem dificuldade, como qualquer outro membro do corpo, às ordens da vontade.[190] Somente estas duas últimas possibilidades podem ser mantidas como conciliáveis com a beleza e a bondade da obra de Deus; e ainda assim, só a título de concessão Agostinho parece conceder a penúltima a seus adversários. Deixemos de lado, no momento, o sentido dessa concessão. A relação sexual no paraíso é, pois preferencialmente definida por Agostinho como um ato do qual a libido está excluída pelo menos no que comporta de força coercitiva.

Ora, supondo esta ausência, em que consistiria o ato sexual? Em um movimento natural e espontâneo cujo desenvolvimento nada viria perturbar? De modo algum. O texto o diz sem ambiguidade: trata-se, muito pelo contrário, de um ato em que todos os elementos são colocados sob o controle exato e sem falha da vontade. Tudo o que aí se passa o homem podia querer, e, com efeito, o queria. A relação sexual sem *libido* é integralmente habitada pelo sujeito voluntário. Esta concepção não aparece pela primeira vez nesse texto. Agostinho a evocou com frequência. Já em *De Genesi ad litteram*, ao menos a título de hipótese: "Por que não crer que estes primeiros homens, antes do pecado, podiam comandar os órgãos da geração, a fim de procriar filhos, como comandavam os outros membros que a alma move, sem qualquer dificuldade e sem o aguilhão do prazer, para aplicá-los a qualquer tarefa?"[191] A ideia é mais longamente desenvolvida no XIV livro de *A cidade de Deus*. Ela se apoia em quatro conjuntos de referências. Sobre aquilo que se passa no corpo humano,

---

190 Santo Agostinho, *Contra duas epistulas Pelagionorum*, I, 17 (34).

191 Ibid..

no qual a vontade pode comandar os braços e pernas, "todos os membros constituídos por ossos rígidos, como as mãos, os dedos, pés"; mas Agostinho, igualmente, tem o cuidado de assinalar, os membros "que só têm carnes e nervos", ou mesmo os órgãos internos como os pulmões, dos quais se faz uso voluntário para respirar ou gritar.[192] Sobre o que se passa nos animais, que Deus tornou capazes de mexer a pele no lugar onde uma mosca pica.[193] Sobre o que podemos constatar em certas pessoas que podem mexer à vontade suas orelhas, mover seus cabelos, reproduzir os gritos dos pássaros, transpirar, chorar, fingir-se de mortas e nada sentir dos golpes que lhe são desferidos.[194] Enfim, sobre a habilidade dos artesãos de fazer os gestos dos quais necessitam em sua profissão: "Porventura não movemos as mãos e os pés quando queremos em vista dos atos próprios a estes membros, sem nenhuma resistência, com uma facilidade que admiramos em nós mesmos bem como nos outros, sobretudo nos artesãos de diversas profissões, nos quais uma arte mais hábil vem em auxílio de uma natureza excessivamente fraca e lenta? E não creríamos que, na obra da geração [...], esses membros tanto quanto os outros tivessem podido obedecer ao homem ante um signo de sua vontade?"[195] O homem, na conjunção sexual do paraíso, não o imaginemos como um ser cego conduzido por movimentos cuja inocência está garantida na medida mesma em que lhe escapam, mas como um artesão reflexivo que sabe se servir de suas mãos. *Ars sexualis*. Se a falta lhe ti-

192 Santo Agostinho, *La Cité de Dieu*, XIV, 24. Em *De nuptiis et concupiscentia*, II, 31 (53), Agostinho cita também o exemplo da bexiga e da urina.

193 Santo Agostinho, *La Cité de Dieu*, XIV, 24, 1.

194 Ibid., 24, 2.

195 Ibid., 23, 2

vesse deixado tempo para tanto, ele teria sido, no Jardim, um semeador aplicado e sem paixão. "O órgão destinado a esta obra teria semeado o campo da geração como agora a mão semeia a terra."[196] O sexo paradisíaco era dócil e razoável do mesmo modo que os dedos da mão.

De fato, parece que Agostinho, em sua discussão com Juliano, teria chegado a atenuar a ideia de uma relação sexual que teria o mesmo desenvolvimento voluntário que um gesto da mão, tendo perdido em seguida a possibilidade de se controlar, como punição da queda. O exemplo de movimentos do corpo que não têm a forma de gestos voluntários e que não devem ser inscritos, apesar disso, entre as consequências da queda e a preocupação por parte de Agostinho de não imaginar, no dia seguinte da Criação, um corpo fundamentalmente diferente do nosso o fizeram mais propenso a admitir, na origem, uma atividade sexual que pudesse ser desencadeada ou interrompida à vontade, que não escapasse, portanto às ordens dadas pela razão, mas que, neste quadro, tivesse um desenvolvimento próprio. É esta a terceira hipótese que ele concedia aos Pelagianistas em resposta à sua carta, e que

---

196 Ibid., 23, 3. Notemos o reemprego da tradicional metáfora das sementes. Clemente de Alexandria, assim como outros, a utilizava para significar a necessidade de fecundar o bom sulco. Agostinho a utiliza para caracterizar a procriação paradisíaca no que ela teria tido de voluntário do lado do homem, e de honorável e de não doloroso do lado da mulher. Isto é desenvolvido ao longo de *De nuptiis et concupiscentia*, II, 14 (29). A semente humana foi semeada sem a menor paixão vergonhosa, os órgãos genitais "obedecendo ao bel-prazer da vontade, assim como a segunda [semente: os grãos de trigo] é distribuída sem a menor paixão vergonhosa pelas mãos do camponês [...]. E, em seguida, o Criador [...] agiu à sua vontade na mulher, no tocante às sementes dos homens – o que ele faz ainda hoje –, assim como dispõe à sua vontade as sementes de trigo na terra, as mães felizes concebendo, assim, sem volúpia libidinosa, e parindo sem gemidos penosos."

aceitará muito facilmente nos livros IV e V do *Contra Julianum*: é bem possível ter havido antes da queda "movimentos carnais"; os sentidos podiam ser "estimulados"; porém, esta estimulação estava "submetida ao império da vontade".[197] Quer se tratasse de um gesto voluntário ou de um "movimento carnal" controlado pela vontade, de todo modo as relações sexuais não comportavam, na Criação, esse abalo que hoje arrebata o corpo e a alma, caracterizando sua atual "*libido*":[198] esta não consiste em alguma impureza substancial nem num certo exagero de sua violência, mas, muito precisamente, na forma involuntária do movimento. O ponto decisivo, aquele que separa, no que concerne às relações sexuais, a Criação da queda, e por onde, consequentemente, deverá passar a linha de divisão moral, é aquele em que o involuntário irrompe no lugar do voluntário.

Neste ponto, é preciso encontrar a marca da falta original e da queda – ou, mais precisamente, do remanejamento das relações de obediência e do domínio entre si e si que delas dependem. Lembremos rapidamente como Agostinho definira esta mudança que atinge a materialidade do corpo por meio da estrutura do sujeito como vontade de si sobre si. A obrigação que Deus havia imposto aos homens interditando-lhes o fruto era leve. Mais grave, consequentemente, resulta

197 Santo Agostinho, *Contra Julianum*, IV, 62.

198 Para o uso deste termo quase equivalente, em Agostinho, a *concupiscentia*, é preciso notar que o encontramos empregado seja no sentido muito geral do desejo daquilo que não temos (pode ter um valor positivo: concupiscência pelas coisas espirituais), seja no sentido de movimentos da carne tal como ela podia se manifestar sob o controle da vontade no paraíso (emprego muito mais [raro], mas atestado em *Contra Julianum*, IV, 62), seja, mais frequentemente, no sentido de movimento involuntário provocado pela atração sexual.

revolta. Como consequência dessa desobediência, Deus, em sua bondade, não quis impor um castigo definitivo, nem o abandono do homem às forças espirituais ou materiais que o dominariam para sempre. Quis que a consequência fosse exatamente ajustada à falta e às forças do homem, bem como à possibilidade da salvação. Fez de tal modo que ela fosse a reprodução, no homem, da desobediência que havia erguido o homem contra ele. O castigo-consequência da falta não se inscreve entre a alma e o corpo, entre a matéria e o espírito, mas no próprio sujeito doravante em revolta contra si (corpo e alma incluídos). O homem decaído não tombou sob uma lei ou uma força que o subjuguem inteiramente; uma cisão marca sua própria vontade que se divide, se volta contra si, e escapa àquilo que ela mesma pode querer. Eis o princípio, fundamental em Agostinho, da *inobedientia reciproca*, da desobediência devolvida. A revolta no homem reproduz a revolta contra Deus.

Pode-se, a partir deste princípio, compreender a mudança introduzida no ato sexual? É preciso se reportar à exegese que Agostinho propõe da primeira passagem do Gênesis, em que está em questão o sexo após a desobediência dos homens e o castigo de Deus, pois, mal cometida a falta, foi um gesto de pudor que os primeiros humanos realizaram: "Todos dois abriram os olhos; perceberam que estavam nus, e, tendo costurado folhas de figueira, com elas fizeram tangas."[199] A comparação das interpretações que Agostinho propôs, sucessivamente, desta passagem é significativa. Em *De Genesi contra Maniquaeos*,[200] o despertar deste pudor é de-

199 Gênesis, 3, 7.

200 Cf. também santo Agostinho, *De nuptiis et concupiscentia*, I, 6 (7).

finido como a passagem de uma "simplicidade" que equivale a inocência a uma perversidade que afeta o próprio olhar e é por ele traduzida. Sobre sua nudez, o homem e a mulher lançam "olhos perversos" porque, já e doravante habitados pelo mal, reconhecem assim aquilo que perverte agora toda a natureza humana e faz enrubescer seu orgulho – seu "astucioso orgulho" –, quer dizer, o próprio princípio da falta na qual caíram.[201] Na relação dos olhos que acabam de se abrir com o sexo que se deve cobrir, este aparece como a manifestação de uma depravação global da natureza humana.

Mais tarde, em *De Genesi ad litteram*, Agostinho insiste sobre a necessidade de não dar apenas a esta abertura dos olhos a interpretação figurada de uma perda da inocência. É preciso compreender que houve descoberta, por um olhar que preexistia, de uma realidade física: e tal realidade era nova, só devia sua existência à queda. Este "algo", sanção da falta e manifestação primeira de suas inumeráveis consequências, não é evidentemente o sexo, já aí e já visto; é seu movimento, cuja espontaneidade involuntária não tinham até então constatado. Tal movimento está ligado ao olhar de dois modos: provocado por ele e espetáculo para ele. "A partir do momento em que transgrediram o preceito, totalmente despojados desta graça interior que haviam ofendido com o gesto de arrogância e com um amor orgulhoso de seu próprio poder, lançaram seus olhos sobre seus corpos (*membra*), e sentiram o movimento

201 "Seus olhos foram abertos; e viram então que estavam nus, mas com os olhos perversos aos quais esta simplicidade, indicada pela palavra nudez, parecia vergonhosa. E como eles já não eram mais simples, 'fizeram tangas com folhas de figueira' para se cobrir e para esconder a simplicidade em função da qual enrubescia seu orgulho ambicioso". *De Genesi contra Manichaeos*, II, 15, 23.

de concupiscência que lhes era desconhecido (*eaque motu eo quem non noverant, concupiverunt*)."[202] Os primeiros humanos não podem deixar de enrubescer diante desse movimento, porque é este mesmo "movimento carnal que impele as bestas a copular", porque ele é a manifestação de que doravante "a lei dos membros resiste à lei do espírito"[[203]] e de que ele é a "consequência da transgressão do preceito.[204]

Esta interpretação da abertura dos olhos como apreensão de uma realidade nova é retomada em textos ulteriores. O livro XIV de *A cidade de Deus* é muito explícito a respeito. Não é preciso imaginar que os humanos antes do pecado fossem cegos. Não tinha Eva percebido "que o fruto era bom para comer" e agradável de se ver? Eles podiam, portanto, ver seu próprio corpo. Mas é preciso admitir que, com efeito, lançavam olhares sobre seu sexo? Não, pois este estava coberto pela "vestimenta da graça" – veste que fazia com que, por um lado, seus membros não se revoltassem contra sua vontade, e que, por outro lado e consequentemente, não se lhe prestasse atenção e não se buscasse conhecer aquilo que esta veste podia esconder.[205] Mas com a falta e a graça que se retira, o castigo aparece: é a "desobediência devolvida", a reprodução física, no corpo e muito precisamente pelo sexo, contra a vontade humana da insurreição pela qual

---

202 Santo Agostinho, *De Genesi ad litteram*, XI, 31 (41).

203 [Santo Agostinho, *Sermon* 162, 12.]

204 Santo Agostinho, *De Genesi ad litteram*, XI, 32 (42). Deve-se notar que, segundo Agostinho, no gesto de pudor primeiro não é preciso ver uma consciência clara, mas o efeito de um "obscuro instinto" (*occulto instinctu*).

205 "Non adtenti, ut cognoscerent quid eis indumento gratiae praestaretur", santo Agostinho, *La Cité de Dieu*, XIV, 17 (39).

o homem se erguera contra Deus. Ora, esta revolta atrai para si o olhar e a atenção: "Para golpear sua desobediência por reciprocidade (*reciproca inoboedientia*), produziu-se um movimento de impudor corporal inteiramente novo, que tornou sua nudez indecente, fez com que a notassem, e os encheu de confusão (*fecit adtentos redditque consusos*)."[206] Sob o regime da graça, a desatenção do olhar e o uso voluntário do sexo estavam ligados, fazendo com que este último fosse visível sem jamais arriscar-se a estar nu. A queda, em contrapartida, liga a atenção dos olhos e o involuntário do movimento, fazendo com que o sexo esteja nu, mas com uma tal vergonha, um tal sentimento de humilhação depois de um orgulho tão enganador, que se busca torná-lo, ele que é e efeito da revolta, fisicamente invisível. Em uma palavra, o sexo "surge", erguido em sua insurreição e oferecido ao olhar.[207] Ele é para o homem o que o homem é para Deus: um rebelde. Homem do homem, erigido diante dele e contra ele, tal como Adão, homem de Deus, sentiu que devia se esconder depois de sua desobediência.

Podemos então definir "este algo" que modificou, com a queda, o uso inocente do sexo que teria sido possível no

---

206 [Ibid., XIV, 17 (39-40).]

207 Nesta passagem, Agostinho não retoma a indicação de *De Genesi ad litteram* sobre o olhar indutor de concupiscência. Aqui, os olhos não fazem mais do que constatar. Nos dois livros *Sur la grâce de Jésus-Christ et le péché originel*, ele sublinha sobretudo que antes da queda não havia razão para se ter vergonha: "O que Deus tinha feito não devia inspirar qualquer confusão no homem, que não tinha de enrubescer por aquilo que Deus tinha julgado oportuno criar nele: esta nudez primitiva do homem não feria o olhar nem de Deus nem do próprio homem", II, 34.

paraíso. Não é um órgão novo – a distinção dos sexos preexistia, e a falta não a tornou má;[208] não é um ato – já tinha seu lugar e sua função, e esta função ainda a conserva. É a forma involuntária de um movimento que faz do sexo o alvo de uma insurreição e o objeto do olhar. Visível e imprevisível ereção.

Notemos, é claro, o fato de que a *libido* assim concebida se caracteriza essencialmente pelo sexo masculino, suas formas e suas propriedades. Ela é originariamente fálica. Agostinho decerto se dá conta da objeção possível, e se empenha em encontrar o simétrico, na mulher, do movimento indecente que envergonhou o homem assinalando a revolta nele mesmo, portanto, sua decadência: "Não foi um movimento visível que a mulher velou; aquilo que o homem experimentava, ela própria experimentou, embora de uma maneira mais secreta; ambos velaram o que cada um deles experimentava à vista do outro." E talvez porque sentiu o que havia de artificial nesta simetria que fazia a mulher esconder o que nela é invisível e, sem dúvida também, para conservar o tema já evocado do pudor face ao desejo recíproco, Agostinho acrescenta na mesma passagem: "O homem e a mulher enrubesceram, ou bem cada um por si ou bem um pelo outro."[209] A mulher vela o que provoca o movimento que o homem deve esconder; e

208 Cf. em *Contra Julianum*, III, 16, a afirmação de que a distinção dos sexos não seria má; mesmo se hoje os homens estivessem a tal ponto dominados pela concupiscência que todos os seus atos sexuais se realizassem contra as leis e as regras, "a condição dos corpos tais como Deus os criou" permaneceria a mesma.

209 Ibid., IV, 62. Cf., igualmente, V, 23.

este deve velar o que provoca o movimento escondido na mulher. De todo modo, a visibilidade do órgão masculino está no centro do jogo.

E é preciso notar, ademais, que este jogo manifesta a entrada do homem no reino da morte. Morte com relação à graça de Deus que lhe é retirada; morte também neste mundo, porque a mortalidade doravante se torna doença fatal; morte, enfim, como veremos, porque é pelo papel indispensável da união sexual no nascimento que o pecado original se transmite de geração em geração. No movimento involuntário do sexo e na visibilidade que lhe está ligada, o homem deve reconhecer a morte: "Neste movimento de revolta que se eleva na carne contra a alma rebelde e que os obrigou a cobrir sua nudez, eles sentiram esta primeira morte em que a alma se encontra abandonada por Deus."[210] Anteriormente, a maior parte dos exegetas via na morte física a explicação, se não da aparição dos sexos, ao menos de seu uso. Para Agostinho, o ato sexual não precisa esperar o desaparecimento das gerações para se exercer, mas o involuntário que o assombra agora significa uma morte espiritual da qual o fim sucessivo das existências terrestres é também uma manifestação. O corpo que escapa à vontade do homem é também o corpo

210 Santo Agostinho, *La Cité de Dieu*, XIII, 15. Cf. *Sermon* 179, 4: "Nossos primeiros pais, depois de ter pecado, fizeram tangas para cobrir as parter vergonhosas do corpo que nos dão a vida e ao mesmo tempo a morte"; *Discours sur le Psaume* 9, 14: "As portas da morte" talvez devam ser interpretadas "como os sentidos do corpo e os olhos que foram abertos no homem depois que ele experimentou o fruto proibido."

que morre: a retirada da graça, ao mesmo tempo, subtrai este domínio e atualiza a morte.[211]

A esse movimento que atravessa e arrasta todos os atos sexuais, que os torna ao mesmo tempo visíveis e vergonhosos, e que os liga à morte espiritual como à sua causa, à morte física como a seu acompanhamento – a este movimento ou, mais exatamente: à sua forma e à sua força involuntárias –, Agostinho dá o nome de *libido*. É ela que marca o que há de específico nos atos sexuais do homem decaído; ou, utilizando as palavras de um outro vocabulário: a *libido* não é um aspecto intrínseco do ato sexual que lhe seria ligado analiticamente. É um elemento que a falta, a queda e o princípio de "reciprocidade de desobediência" lhe associaram sinteticamente. Circunscrevendo este elemento, fixando seu ponto de emergência na meta-história, Agostinho estabelece a condição fundamental para dissociar este "bloco convulsivo" segundo o qual se pensava o ato sexual e seu perigo intrínseco. Ele abre um campo de análise e, ao mesmo tempo, esboça a possibilidade de um "governo" das condutas sob um modo bem diferente da alternativa entre a abstenção e a aceitação (mais ou menos voluntariamente concedida) das relações sexuais.

– II –

A queda provocou, portanto, o que se poderia chamar de libidinização do ato sexual: seja porque se admite que este poderia, sem a falta, desenvolver-se sem qualquer *libido*; seja porque se supõe que teria posto em jogo uma "*libido*" muito

211 Santo Agostinho, *La Cité de Dieu*, XIV, 15, 2.

diferente daquela que conhecemos agora, uma vez que obedeceria exatamente à vontade.

A *libido*, em todo caso, se manifesta hoje na forma do involuntário. Aparece neste suplemento que se ergue além do querer, contudo não é senão o correlativo de um defeito e o efeito de uma decadência.

Este estigma do involuntário no ato sexual após a falta toma dois aspectos principais. Primeiramente todas as decepções pelas quais o sexo pode frustrar as intenções do sujeito. Em Adão, o sexo rebelde foi anunciado por uma brusca irrupção; nos homens de sua descendência, manifesta-se tanto por falhas importunas quanto por movimentos inconvenientes. O involuntário do sexo decaído é a ereção, porém, igualmente, a impotência. Uma passagem de *A cidade de Deus* o diz nitidamente. Enquanto os outros órgãos, em suas respectivas funções, estão a serviço do espírito e podem ser "movidos por um signo da vontade", não é o caso do sexo: "Aqueles mesmos que se entregam a essa volúpia não se sentem tocados conforme sua vontade, seja em suas relações conjugais, seja nas vergonhas da impureza. Por vezes, esta emoção se produz inoportunamente sem que se queira. Às vezes, engana o ardor do desejo: a alma arde de cobiça, o corpo permanece gelado. Assim, coisa estranha, não é somente à vontade de engendrar que a paixão se recusa a obedecer, mas à própria paixão de gozar."[212] O que Agostinho traduz como uma expressão notável: a *libido* é *sui juris*.[213]

---

212 Ibid., XIV, 16; cf., em *De nuptiis et concupiscentia*, II, 35 (59), uma alusão ao excesso de rapidez ou de lentidão pelo qual os órgãos sexuais decepcionam a vontade.

213 Ibid., I, 6 (7).

Porém Agostinho vê a forma do involuntário também na impossibilidade de dissociar o ato sexual destes movimentos que não se controla e da força que os arrebata. Por mais sábio que se seja, por mais justo e razoável que seja o objetivo a que nos propomos na conjunção dos sexos, por mais conformes que nos mostremos à lei de Deus e ao exemplo dos Patriarcas, não podemos fazer com que se produza sem estes abalos sobre os quais não temos domínio e que marcam a inextirpável presença da *libido* no ser humano. Nenhuma intenção reta, nenhuma vontade legítima pode romper, neste mundo, o laço entre ela e o uso dos órgãos sexuais. Mesmo no casamento, o ato conjugal "não depende da vontade, mas de uma necessidade sem a qual é impossível, entretanto, na procriação das crianças, chegar ao resultado que esta mesma vontade busca".[214] É isto que explica que não obstante o fim do casamento possa ser conhecido por todos, sua celebração possa ser solene, o ato legítimo dos esposos, "aspirando a ser conhecido, nem por isso enrubesça menos ao ser visto".[215] A distinção entre conjunção sexual e movimento da *libido* que, em teoria, reflexão e exegese permitem estabelecer, escapa, em contrapartida, à vontade, e não pode ser realizada na prática. A estes órgãos destinados à procriação desde a origem, mas conduzidos depois da queda por movimentos dos quais

---

214 Ibid., I, 8 (9).

215 Santo Agostinho, *La Cité de Dieu*, XIV, 18. Agostinho explica desta maneira o fato de que não se admita que as crianças sejam testemunhas das relações sexuais de seus pais – relações, no entanto, semelhantes àquelas das quais elas nasceram (ibid.). Cf. também *De gratia Christi et de peccato originali*; a relação conjugal não acontece sem um "movimento animal (*bestialis motus*) diante do qual enrubesce a natureza humana", II, 38 (43).

não podem se libertar, os homens, observa Agostinho, dão o nome de "natureza".[216]

"Natura", *"sui juris"*. Devemos então compreender que a *libido* participa de uma natureza estrangeira ao próprio sujeito, que a ele se impõe como um elemento exterior, e que a queda, de alguma forma, despossuiu o sujeito de sua própria carne, a tal ponto que ela agiria sem ele? Que não poderíamos, pois, imputar-lhe o que se passa nela? É preciso considerar que a *libido* está fora do sujeito? Se ela é uma natureza, como não pedir contas a Deus – e, portanto, ver-se levado seja a dela fazer a criação de um Deus mau, como os maniqueus, seja, como os discípulos de Pelágio, a nela nada reconhecer de intrinsecamente mau? Em suma, se ela é *sui juris*, como pode esta *natura* ser imputada ao sujeito? Para responder a esta questão, Agostinho precisou definir, de um lado, as relações da *libido* com a alma (o que assegura o princípio da imputabilidade) e fixar, de outro lado, o estatuto da *libido* com relação ao pecado (o que permite estabelecer o que pode ser imputado).

1) A respeito do primeiro ponto, o pensamento de Agostinho evoluiu. Muito esquematicamente, pode-se dizer que, até *Quaestiones ad Simplicianum*,[217] é antes de tudo no corpo – em um corpo atingido pela morte e dominado pelo princípio do mal – que ele situa o ponto de origem dos movimentos da concupiscência: seu caráter involuntário está ligado ao fato de que são carnais, no sentido de que assinalam a potência

216 Santo Agostinho, *De nuptiis et concupiscentia*, I, 6 (7).

217 Sobre este tema, cf. o artigo de A. Sage, "Le péché originel dans la pensée de saint Augustin", *Revue d'études augustiniennes*, t. 15, 1969.

do corpo sobre a alma. Mas a partir dos textos seguintes – e, sobretudo, *De Genesi ad litteram* –, é na própria alma que ele procura situar o princípio da concupiscência e o ponto de partida do involuntário que a atravessa. Uma passagem de *A cidade de Deus*, que precede imediatamente a análise dos movimentos sexuais, fixa o quadro geral da explicação.[218] Agostinho lembra o princípio de que não haveria falta sem que tivesse sido precedida de uma vontade má. Ora, esta vontade, fonte de todo pecado, origem da primeira falta e, portanto, da queda, consiste em um movimento da alma que, afastando-se de Deus, liga-se a ela mesma e nisso se compraz. Foi este movimento, livremente efetuado pelos dois primeiros humanos, que introduziu no mundo a concupiscência e seus movimentos involuntários A natureza humana, assim, se depravou. Mas que sentido dar a esta "depravação"?[219] Poderia ser alterado pelo homem o que fora moldado por Deus e acabara de sair de suas mãos? Como uma falta voluntária de uma alma livre pode ter, então, por consequência movimentos involuntários em um corpo cuja natureza foi fixada por Deus? A explicação proposta por Agostinho remete às duas faces do ato criador. Houve criação de uma natureza; mas esta criação se fez a partir do nada. Quer dizer que é a Deus somente que o homem deve o fato de não ser nada: à sua onipotência e somente a ela deve o seu ser e, ao se afastar da vontade de Deus, se afasta daquilo mesmo que o faz ser. Não é preciso, portanto, ver na natureza depravada a alteração do que foi feito por Deus, mas a decadência do ser

---

218 Santo Agostinho, *La Cité de Dieu*, XIV, 13-15.

219 Santo Agostinho, *De nuptiis et concupiscentia*, I, 32 (37). Ele fala de *mutatio naturae*.

que a ele se deve, e que se acentua cada vez mais à medida que se o abandona para comprazer-se em si mesmo. "O vício só poderia depravar uma natureza tirada do nada. Ser uma natureza lhe vem do fato de ter sido feito por Deus; decair de seu ser, de ter sido feito do nada. Sua decadência, é verdade, não anulou o homem totalmente, mas, inclinando-se para si mesmo, ele tinha menos ser do que quando aderia àquele que é soberanamente. Abandonar Deus, com efeito, para ser em si mesmo, isto é, comprazer-se em si, ainda não é ser nada, mas se aproxima disso."[220]

Afastando-se de Deus e recusando-se a lhe obedecer, o homem pensava tornar-se mestre de si mesmo: acreditava libertar seu ser. Não fez senão decair de um ser que só se sustenta pela vontade de Deus. A revolta ulterior do corpo é a consequência desta vontade que, ao querer seu ser próprio, afasta-se do que a faz ser, o faz cair quando ela procura ascender, e o enfraquece quando ela acredita tender ao domínio de si. O involuntário da concupiscência não deve ser pensado como uma natureza opondo-se ao sujeito, ou aprisionando-o, ou conduzindo-o para baixo. Não se trata do corpo livre de qualquer controle e escapando à alma, é antes de tudo o menor ser, a falta de ser do sujeito cuja vontade acaba por querer o contrário do que ela queria. Vontade voltada contra si, vontade dissociada, por um enfraquecimento de ser que ela própria quis, ao querer ser por si mesma. No movimento da *libido* que duplica e acompanha o ato sexual sem poder ser dele dissociado, não é preciso ver o surgimento de uma natureza exterior ao sujeito e que, liberada de seu por domínio, faria vigorar suas próprias leis sem que ele nada pudesse fazer

220 Santo Agostinho, *La Cité de Dieu*, XIV, 13, 1.

quanto a isso; mas, sobretudo, a cisão que, dividindo todo o sujeito, o fez querer o que ele não quer. "Uma condenação justa seguiu-se, portanto, à falta; e foi tal que o homem destinado, se tivesse obedecido, a gozar de uma carne espiritual viu o seu próprio espírito tornar-se carnal. Por orgulho, ele se havia comprazido em si mesmo. Mas em lugar de tornar-se plenamente seu mestre, entrando em desacordo com ele mesmo, sofreu uma dura e miserável servidão sob as ordens daquele a quem havia obedecido ao pecar, bem longe de adquirir a liberdade que desejara. De bom grado, morreu em seu espírito: morrerá, a despeito de si mesmo, em seu corpo."[22]

Não se deve, portanto, fazer passar a linha divisória entre o voluntário e o involuntário em alguma parte entre a alma e o corpo, ou entre a natureza e o sujeito. Foi no interior do sujeito que, desde a origem, ela passou. Melhor dizendo: não se deve imaginar duas regiões que uma fronteira separaria; trata-se de uma vontade cujo afastamento voluntário com relação àquilo que a mantém no ser a deixa existir naquilo que tende a anulá-la – o involuntário. A comparação com a sexualidade animal é elucidativa. Agostinho a ela se refere em *Opus imperfectum*. Juliano de Eclana afirmara que os animais conhecem a cobiça sexual, e que não podemos negar que Deus seja o autor de seus movimentos: ou bem é preciso reconhecer que tal concupiscência é naturalmente boa, ou que Deus criou voluntariamente o mal. Agostinho responde dizendo que o mal da concupiscência não existe nos animais, não porque ela seria voluntária, mas porque o involuntário que a caracteriza não é neles uma revolta. Ela não marca a cisão entre os desejos da carne e os do espírito:

---

221 Ibid., XIV, 15, 1.

"A concupiscência da carne é um castigo na medida em que exerce seu império sobre o homem, não na medida em que exerce seu império sobre os animais, porque nestes últimos a carne jamais cobiça contra o espírito."[222] Os atos sexuais nos animais podem ter a mesma forma, mas não advêm da mesma concupiscência. Ou, antes, o próprio da concupiscência humana consiste em ser sua semelhança à dos animais o efeito de uma revolta e de uma divisão de si contra si que são inteiramente estrangeira[s] à natureza animal. O sujeito não foi enclausurado pela queda numa "natureza" animal que teria suas próprias leis. O involuntário da concupiscência, que toma a forma dos movimentos animais, está inscrito, em razão da queda, na estrutura atual do sujeito.

Tocamos com isso num ponto importante na história da subjetivação do sexo e da formação do homem de desejo. Agostinho não é evidentemente o primeiro, nem entre os autores cristãos, nem, de uma maneira geral, entre os autores da Antiguidade, a ter marcado com o selo do involuntário o desejo sexual. Isto era inclusive, como vimos, um lugar-comum. Mas este involuntário era definido seja como uma instância ou uma parte da alma, cujos movimentos se tratava de limitar ou de dominar, conservando o privilégio hierárquico dos outros, seja como uma "paixão" – um *pathos* – que, vindo do corpo, ameaçava comprometer a soberania da alma sobre si mesma. Ora, a análise de Agostinho não faz da concupiscência nem uma potência específica na alma nem uma passividade que limita seu poder, mas a própria forma da vontade, quer dizer, daquilo que faz da alma um sujeito. Ela não é para ele o

222 Santo Agostinho, *Opus imperfectum*, IV, 38.

involuntário contra a vontade, mas o involuntário da própria vontade: aquilo sem o qual a vontade não pode querer, salvo precisamente o socorro da graça, a única capaz de libertá-la desta "enfermidade" que é a própria forma de seu querer.

Compreendemos desde então por que o fato de a concupiscência ser *sui juris* não exclui a imputabilidade do sujeito: é na medida em que ela é "de nossa vontade" que é, por isso mesmo, *sui juris*; inversamente, nossa vontade só pode escapar à concupiscência renunciando a ser *sui juris* e reconhecendo que não pode querer o bem a não ser pela força da graça. A "*autonomia*" da concupiscência é a lei do sujeito quando ele quer sua própria vontade. E a impotência do sujeito é a lei da concupiscência. Tal é a forma geral da imputabilidade – ou antes, sua condição geral.

2) Porém, esta possibilidade de imputação deve ser precisada. Com efeito, as análises precedentes mostram que a concupiscência não é uma potência autônoma na alma, nem uma força que viria do exterior afetar sua fraqueza. Ela é da alma, no sentido muito preciso de ser constitutiva da forma atual de sua vontade: ela é "lei do pecado".[223] Mas se caracteriza a estrutura da vontade, parece bem difícil imputá-la como imputaríamos um pecado a quem o tivesse cometido.

Pode a vontade ser culpável de ser o que é? Mas se ela não o é, como reprovar-lhe, a título de pecado, o que vem dela e não é senão o efeito de sua natureza? A propósito do pecado original e do batismo, os tratados antipelagianistas

223 Santo Agostinho, *De nuptiis et concupiscentia*, I, 23 (25).

desenvolvem bem amplamente este debate. Está fora de questão aqui retomar esta longa argumentação; trata-se apenas de mostrar, neste jogo do pecado original e dos pecados, o papel que Agostinho faz a concupiscência desempenhar, e a maneira pela qual dá lugar ao princípio jurídico da imputabilidade.

À concupiscência chamamos "pecado", mas "segundo uma certa maneira de falar".[224] Ora, qual é, exatamente, essa maneira de falar?

Antes do batismo, a lei do pecado pode ser dita, em cada alma, pecado atual, merecendo, por isso, o castigo que espera aqueles que não puderam ser batizados. Agostinho dá muitos esquemas de explicação desta atualidade. Um pode ser dito originário e sincrônico: em Adão, "todos os homens existem em estado de semente"; obras de Deus, estas sementes não comportam nenhum mal, mas tomaram parte do ato da falta e, consequentemente, não ficaram alheias à condenação. Elas nascem, portanto, portadoras deste pecado de cujo ato e de cujo castigo tomaram parte.[225] Um outro esquema é o da ressurgência permanente. Agostinho o ilustra pelo exemplo, que cita com frequência, da oliveira. Uma oliveira pode ter recebido especiais cuidados do jardineiro, e nem por isso deixarão de nascer oliveiras selvagens cujos frutos são tão amargos como se nada tivesse se passado.[226] A mesma coisa ocorre com a humanidade: o batismo pode ter regenerado os indivíduos, mas aqueles que dele nascem estão ainda sob

---

224 Ibid.

225 Santo Agostinho, *Opus imperfectum*, V, 12.

226 Cf. santo Agostinho, *De nuptiis et concupiscentia*, I, 32 (37) e II, 34 (58); *Contra Julianum*, VI, 15.

a lei do pecado; estão sempre marcados pela atualidade da falta primeira.

Mas encontramos também em Agostinho um outro esquema, o das reatualizações sucessivas e de seu encadeamento. Para dizer a verdade, não se trata de um esquema excludente dos demais, mas, sobretudo, de seu desenvolvimento no tempo. Não pode haver nascimento, com efeito, sem conjunção sexual dos pais; e esta, mesmo quando tem lugar no casamento e perseguindo os fins que lhe foram fixados, não pode se efetuar sem os movimentos involuntários que, como vimos, constituíam o primeiro estigma da queda. E esta concupiscência, ainda hoje marca da falta primeira, transmite a toda alma que vem a este mundo a forma que a caracteriza, a lei do pecado que, antes do batismo, nela existe como pecado em ato. Esta argumentação, à qual Agostinho retorna muito frequentemente, é importante na história da teologia moral e da ética cristã.

Dela derivam dois temas essenciais, com efeito. Um concerne ao lugar da concupiscência sexual. Para Agostinho, ela não foi a causa efetiva da falta original, não foi senão sua consequência. Mas ela é, devido à cadeia temporal de todos os atos sexuais que fazem nascer as gerações sucessivas, o suporte da atualidade, em cada homem, do pecado original. Vale lembrar que era uma questão debatida (continuará, aliás, a sê-lo) saber se não seria preciso entender de maneira sexual o consumo, pelos primeiros humanos, do fruto proibido. Agostinho chega a situar o ato sexual no centro da economia do pecado original e de suas consequências, mas a título de veículo permanente de sua atualidade através das gerações humanas. Quanto a esta falta inicial e determinante, ele está numa posição de consequência que não se apaga e de causa que o renova sempre. E somente no final dos tempos, quando o homem tiver sido libertado do corpo de morte que deve à sua própria falta, desaparecerá do mundo esta concupiscência sexual pela qual se atualiza em cada um a falta primeira. O fato de termos nascido do sexo de nossos pais nos liga, através dos tempos, à falta dos primeiros dentre eles.

Porém, pode-se ver também nas teses de Agostinho a formação um outro tema, talvez ainda mais importante, porque não permaneceu ligado apenas à teologia cristã. Inscreveu-se por razões que será necessário examinar ulteriormente, como uma das constantes do pensamento ocidental a propósito do sexo. Este tema é o de um laço fundamental e indissociável entre a forma do ato sexual e a estrutura do sujeito. A partir do esquema agostiniano, se todo indivíduo que vem ao mundo é sujeito de concupiscência, é porque nasceu de uma relação sexual cuja forma comporta, necessariamente, a parte vergonhosa do involuntário ao qual se liga o castigo da falta primeira. Inversamente, se não é possível usar o casamento, mesmo para os melhores fins, sem que sejam postos em jogo, na relação sexual, estes movimentos que não podemos dominar, é porque todo homem, desde a queda, nasce como sujeito de uma vontade concupiscente. Em suma, a verdade daquilo que é o homem como sujeito se manifesta na própria forma a que todo ato sexual está submetido. Esta forma, consequentemente, embora carregue a marca de uma falha, de um defeito, de um evento originário, não deve ser referida a qualquer natureza alheia, mas à estrutura do próprio sujeito. Enquanto, na concepção platônica, o desejo porta a marca de uma divisão que põe cada um em busca de um parceiro (seja ele do mesmo sexo ou do outro), e, portanto, o defeito é a falta do outro, aqui, o "defeito" é a decadência e o menor ser devidos à falta, e que se marcam no próprio sujeito pela forma fisicamente involuntária de seu desejo.

A *libido*, no sentido em que Agostinho frequentemente emprega esta palavra sem outra precisão, quer dizer, a forma sexual do desejo, é, pois, o laço trans-histórico que liga a falta originária, da qual ela é a consequência, à atualidade deste pecado em todo homem. E ela é, ademais, em cada um, a maneira em que se encontram ligadas uma à outra a forma involuntária do ato sexual e a estrutura "enferma" do sujeito.

3) Atualidade em todo homem do pecado original, a concupiscência é, pois, "de uma certa maneira", um pecado. Ela lhe é imputável e é, nele, condenável. É ela que justifica a danação daqueles que morrem sem batismo.

Qual é, então, o efeito do batismo? Certamente não o de apagar a concupiscência a qual vemos que subsiste não somente nos cristãos em geral, mas nos mais santos, como subsistia também nos próprios Patriarcas quando tinham de gerar filhos sob a injunção de Deus.[227] Uma passagem capital de *De nuptiis et concupiscentia* explica bastante nitidamente o que o batismo apaga: o "*reatus*" desta concupiscência – o fato

227 A propósito de Abraão, Agostinho diz que Deus lhe devolveu a fecundidade que ele tinha perdido para propiciar o nascimento de Isaac, mas não a concupiscência, que permanece o que ela era no corpo, ao passo que Juliano de Eclana acreditava poder retirar da tese agostiniana a proposição de que Deus deveria ter devolvido a Abraão uma concupiscência, apesar de declarada má, ou de que Isaac nascera fora de qualquer concupiscência, *Contra Julianum*, III, 23. Cf., igualmente, santo Agostinho, *Opus imperfectum*, V, 10.

de que possa ser imputada ao indivíduo que dela é portador e de que constitua, para ele, uma culpabilidade atual: "A concupiscência da carne é remida no batismo, não de forma a não mais existir, mas de maneira a não mais ser imputada como pecado."[228] É, pois, uma operação de tipo jurídico que o batismo opera sobre a concupiscência do sujeito na medida em que ela é, nele, a presença atual do pecado original. Ela apaga aquilo que nesta presença constitui a culpabilidade atual, mas deixa valer o que forma a estrutura permanente do sujeito. Após o batismo, a concupiscência não mais pode ser considerada por ela mesma como um pecado em ato no sujeito. Porém, permanece como "lei do pecado", quer dizer, como o que incansavelmente impele o sujeito a cometer o pecado caso não resista a ele. "Nos regenerados, ela própria já não é um pecado."[229] Entretanto, pode-se ainda continuar a chamá-la de "pecado" por duas razões:[230] porque vem do pecado e porque, vitoriosa, comete o pecado. Mesmo depois de ter deixado de ser ela mesma um pecado, continua a ser o que liga o pecado original (do qual é estruturalmente o efeito) aos pecados atuais (dos quais é geneticamente o princípio).

Sob que forma ela subsiste? Como a projeção, a sombra estendida da queda da qual é, de alguma forma, a consequência analógica. Por ser a queda a decadência do ser, a própria concupiscência é fraqueza e enfermidade. No vocabulário médico tão correntemente utilizado na literatura cristã para

---

228 Santo Agostinho, *De nuptiis et concupiscentia*, I, 25 (28); cf., igualmente, *Opus imperfectum*, V, 10.

229 [Santo Agostinho, *De nuptiis et concupiscentia*, I, 23 (25).] Cf. a retomada desta tese em *Contra Julianum*, VI, 60.

230 Santo Agostinho, *De nuptiis et concupiscentia*, I, 23 (25).

designar o pecado, Agostinho, quando quer fazer valer a diferença das noções, utiliza sobretudo os termos ferida ou doença para falar do próprio ato do pecado, e os termos disposição (*affectio* ou *valitudo*) ou fraqueza (*languor*) para falar da concupiscência. Uma passagem das últimas páginas de *De nuptiis et concupiscentia* mostra bem esse jogo de vocabulário: "As feridas (*vulnera*) infligidas ao corpo fazem claudicar os membros ou tornam seus movimentos difíceis [...]. A ferida que chamamos de pecado [aqui Agostinho entende o pecado original] fere a própria vida, em que o homem vivia segundo a justiça [...]. Assim, por este grave pecado do primeiro homem, nossa natureza nele presente conheceu a decadência (*in deterius commutata*): não somente se tornou pecadora, mas ainda engendrou pecadores. E, entretanto, esta própria enfermidade, que destruiu a força de bem viver, não é decerto uma natureza, mas um vício (*non est utique natura, sed vitium*); como seguramente um mau estado de saúde, para o corpo (*mala in corpore valetudo*), não é de forma alguma uma substância ou natureza, mas um vício; e, mais frequentemente, embora não sempre, as disposições doentias dos pais são de alguma maneira transmitidas pela geração e se manifestam no corpo dos filhos."[231]

Mas o elemento correlativo e indissociável desta enfermidade que caracteriza a concupiscência é a força dos movimentos desta mesma concupiscência. Por isso ela é fraca, como vontade do sujeito sobre si mesmo, e também por isso é forte,

---

231 Ibid., II, 34 (57). Esta passagem desenvolve as indicações do livro I, 25 (28). Juliano de Eclana tinha criticado estes dois textos, e Agostinho lhe responde em *Contra Julianum*, VI, 53-56, e em *Opus imperfectum*, VI, 7.

como presença, no sujeito, da vontade má. A imputabilidade, o *reatus* que faz da concupiscência uma culpabilidade em ato, foi apagada pelo batismo, mas não a presença ativa desta concupiscência. Mesmo naquele que é regenerado, age de alguma maneira (*agit aliquid*). E qual é a forma desta atividade senão "os desejos maus e vergonhosos"?[232] Sobre a presença da concupiscência no coração dos homens, as proposições fundamentais de Agostinho são demasiado conhecidas para que seja necessário retomá-las aqui.

Lembremos somente que ele vê, nesta presença, o princípio de um combate espiritual que só pode encontrar seu término definitivo no dia em que formos libertados do "corpo de morte" que é hoje o nosso. Porém, lembremos também que este corpo de morte não é um elemento material do qual nos teríamos tornado prisioneiros desde a queda. Ele caracteriza nossa própria maneira de querer, e nenhum pecado pôde ser cometido por nós sem nós; nossa vontade, de todas as maneiras, esteve implicada. Que o pecador não procure refugiar-se atrás da desculpa de que não foi ele quem agiu, mas a concupiscência nele; tal discurso provaria somente que ele não se conhece: "Ao passo que é do conjunto: coração que decide e corpo que realiza que é ele próprio constituído, ainda assim imagina não ser ele mesmo."[233] Enfim, lembremos que como a concupiscência pertence à própria estrutura de nossa vontade decaída, que esta última por ela mesma só pode querer na forma da con-

232 "*Agit autem quid nisi ipsa desideria mala et turpia*", santo Agostinho, *De nuptiis et concupiscentia*, I, 27 (30).

233 Ibid., I, 28 (31).

cupiscência, que elas não se enfrentam como dois elementos estranhos, inimigos um do outro e justapostos à força, mas que estão ligadas em uma natureza que é a da queda, jamais a concupiscência poderia ser vencida no combate espiritual se a graça divina não interviesse.

– III –

Os efeitos e consequências da teoria agostiniana da concupiscência foram evidentemente consideráveis. Gostaria somente de sublinhar um aspecto que concerne ao governo das almas e à conduta sexual dos esposos em particular. Trata-se de sua "judicialização" ou, sobretudo, da introdução de elementos que permitiam pensar em formas de tipo jurídico, práticas, regras, prescrições e recomendações, que, sobretudo, tinham até então [sido] refletidas nas formas da ascese espiritual e das técnicas de purificação da alma. Centrando sua análise da concupiscência não mais sobre o problema do puro e do impuro, da alma e do corpo, da matéria e do espírito, da paixão e do domínio de si, mas sobre o do voluntário e do involuntário, ou, mais exatamente, da própria estrutura da vontade, era em um sistema de referências jurídicas que Agostinho se inscrevia. Ele empreendia esta tarefa, à qual o cristianismo ocidental se ligará durante muitos séculos, e à qual (ou à impossibilidade da qual) dever-se-á no século XVI a grande fratura da Reforma, a saber: pensar o pecador como sujeito de direito; ou, como diríamos em um outro vocabulário: pensar simultaneamente e [em] uma só forma o sujeito de desejo e o sujeito de direito. Sem dúvida, as duas noções mais importantes para esta judicialização foram a de consentimento (*consensus*) e a de uso (*usus*).

1. *De nuptiis et concupiscentia*[234] distinguira com cuidado a imputabilidade – o *reatus* – da concupiscência e esta do pecado. A primeira se estabelecia pelo caráter atual da concupiscência como pecado original em todo aquele vindo ao mundo; e era ela que o batismo suprimia, não sem que a própria concupiscência subsistisse. No caso do pecado, as coisas se passam de outra maneira: uma vez cometido, o ato desaparece, mas seu *reatus* permanece. Distinção na qual Juliano de Eclana não via senão uma dialética em que entrava em jogo "a recíproca de todos os contrários": de fato, ele não via a possibilidade de que fosse suprimido o *reatus* da causa – a concupiscência – sem que se fosse conduzido a apagar também o do pecado, ou que se pudesse incriminar o pecado sem fazer, da concupiscência do qual ele procede, um mal substancial no ser humano. A resposta que Agostinho lhe dá no livro VI do *Contra Julianum*[235] permite situar precisamente o ponto em que se forma, com relação à concupiscência, a imputabilidade do pecado. Mesmo após o batismo, a concupiscência está aí – em ato, por que o batismo só apagou o aspecto jurídico que a tornava condenável. Porém, o que quer dizer "em ato"? Certamente, não que está sempre ativa, sempre manifesta e sem cessar insistente sob a forma de desejos prementes, porque lhe acontece de estar "adormecida", nenhum objeto lhe vindo solicitar a cobiça. Assim, um homem tímido é tímido em ato, mesmo se não teme nada porque não há nada a temer. Ela está presente,

---

234 Ibid., I, 26 (29).

235 Santo Agostinho, *Contra Julianum*, VI, 60.

portanto, somente como "qualidade". Mas pode estar em ato, a partir daí, como atividade: sob a forma de um desejo que pôde ser suscitado por um objeto. Não é ainda pecado, quer dizer, elemento imputável, porque, embora tenha mudado de forma – de disposição geral tornou-se um desejo ativo –, permanece este estigma do pecado original cujo *reatus* foi suprimido. Porém inversamente, mesmo na condição de disposição tornada ativa, jamais domina inteiramente a alma, jamais impõe um ato qualquer. Para que este tenha lugar, é preciso que tenha acontecido um ato específico da vontade. Por mais forte que seja o movimento da concupiscência, e na medida mesma em que esta é a forma da vontade – por decaída que seja do ser que devia a Deus –, não pode se tornar um ato sem o próprio ato da vontade. Não pode haver pecado sem este suplemento – por ínfimo e invisível que se possa imaginar – que faz com que se *queira* o que a concupiscência quer. Aí está o consentimento; é ele que torna possível a imputação de um ato que tem sua origem em uma concupiscência que, por sua parte, não é imputável. Como diz uma outra passagem de *Contra Julianum*: "O espírito faz o bem quando se nega a consentir a concupiscência má, mas este bem não é ainda perfeito, porque os desejos maus ainda não desapareceram; quanto à carne, ela forma o desejo mau, mas desde que não tenha obtido o consentimento do espírito, não atinge a perfeição do mal e nem mesmo chega às obras condenáveis."[236]

Numa primeira aproximação, esta noção de consentimento pode parecer não muito diferente da que se pode encontrar na espiritualidade da qual Cassiano, da mesma época, era, no

---

236 Ibid., III, 62.

Ocidente, a testemunha. Afinal, o labor ascético que prescrevia tinha, entre seus temas principais, o do consentimento: acolher ou não, aceitar ou recusar os desejos que se apresentavam ao espírito segundo neles reconhecêssemos uma inspiração divina ou aquela do mal. Este consentimento, entretanto, não tem de fato a mesma forma nem os mesmos mecanismos. Em Cassiano, trata-se do acesso, à alma, de elementos – ideias, imagens, sugestões de ação – sobre cujo valor e origem é preciso se interrogar. O problema é abrir ou fechar as portas da alma, rejeitar o que pôde ali se introduzir e pode corrompê-la, protegê-la, portanto, para que possa finalmente voltar o olhar claro da contemplação às coisas eternas. O consentimento, em Cassiano, obedece, sobretudo, ao modelo do limiar: comporta um exterior e um interior; assegura uma triagem, abre-se ou fecha-se; acolhe, expulsa. E aí encontramos a forma tradicional da divisão entre o puro e o impuro.

Em Agostinho, o consentimento tem uma outra forma e um outro modo de ação. Há, para tanto, uma razão fundamental: enquanto em uma espiritualidade como a de Cassiano desejo e vontade são duas instâncias diferentes, para Agostinho a concupiscência pertence à própria forma da vontade. Segundo ele, o consentimento não é aceitação, pela vontade, de um elemento estranho; é uma maneira, para a vontade, de querer, como ato livre, o que ela quer como concupiscência. No consentimento – e se diria a mesma coisa de seu contrário, a recusa –, a vontade se toma a si mesma como objeto. Quando ela consente, não quer simplesmente o que é desejado, não quer simplesmente o que é querido no desejo. Ela quer esta vontade que tem a forma da concupiscência, dá-se a si própria como fim na qualidade de vontade decaída. Ela se quer concupiscência. De maneira recíproca, o não consentimento não consiste em vencer o desejo rejeitando da alma a representação do objeto desejado, mas em não o querer como a concupiscência o quer. Esquematicamente: em Cassiano e nos que lhe são próximos, o consentimento refere-se essencialmente ao *objeto* – *objeto* do desejo que é repudiado como *objeto* da representação, para que não se torne *objeto* da vontade. Em Agostinho, o consentimento e a recusa se desenvolvem na própria vontade, no movimento pelo qual ela se quer, ou não se quer, como ela é. O sujeito se toma como objeto de sua própria vontade, propondo-se tanto querer quanto não querer a forma concupiscente de sua vontade decaída. O consentimento como elemento indispensável à constituição de um ato imputável como pecado não é, pois, simplesmente a transformação de um desejo em ato real; tampouco é simplesmente a aceitação deste desejo no pensamento, sob a forma de representação recebida. É um ato da vontade sobre ela mesma – e mais sobre sua forma do que sobre seu objeto. Quando o sujeito consente, não abre as portas a um objeto desejado, ele se constitui e se confirma a si próprio como sujeito desejante: desde então, os movimentos de sua concupiscência lhe são imputáveis. O consentimento – e eis a razão do papel central que desempenha em Agostinho e que desempenhará mais tarde – permite designar o sujeito de concupiscência como sujeito de direito.

2. Esta estrutura do sujeito de direito-sujeito de concupiscência tem efeitos importantes na codificação das relações conjugais. Poderíamos considerar, e nisso teríamos razão, que Agostinho modificou poucas coisas no conteúdo das

prescrições admitidas antes dele ou em sua época: interdição, sob pena de pecado grave, de relações sexuais fora do casamento sob a forma seja do adultério – se ao menos um dos parceiros é casado –, seja da fornicação, se nenhum dos dois o é; recomendação de não praticar as relações conjugais em certas circunstâncias – no momento da prece ou em certos períodos do ano;[237] condenação extremamente severa, como crimes abomináveis, de todo ato sexual contrário ao uso natural – quando o homem não se serve do "órgão feminino destinado à procriação";[238] reprovação de todos os "excessos" aos quais poderiam se entregar os esposos quando, embora respeitando este uso natural, vão além do que é estritamente requerido por ele: pecados leves. Este perfil geral das interdições não é diferente daquele que já era conhecido e que os moralistas não cristãos apresentavam havia muito tempo pelo menos a título de recomendações prementes.

Mas Agostinho retoma todo este conjunto, o sistematiza e o funda em torno da noção de uso. *Usus*. Trata-se, de fato, de uma noção complexa que Agostinho encontra já empregada, mas à qual dá uma significação muito mais precisa. Por *uso do casamento*, entendiam-se as relações sexuais entre esposos, porque era o casamento que tornava legítimo um ato que fora dele era condenável e, ao mesmo tempo, porque este ato consistia no exercício de um direito assim adquirido sobre o corpo do outro. O uso do casamento tinha, portanto, um sentido simultaneamente institucional e corporal, jurídico-físico: alguém se servia de um direito ao se servir de um corpo.

---

237 [Nota vazia.]

238 Santo Agostinho, *Opus imperfectum*, V, 17.

Agostinho introduz nesta noção já formada uma dimensão nova. No ato sexual entre esposos, não utilizamos simplesmente, segundo ele, o direito do casamento e o corpo do outro, servimo-nos de nossa própria concupiscência. Com efeito, o problema era este: a partir do momento em que o ato sexual e a procriação desde a queda não podem ser feitos sem movimentos de concupiscência involuntária e consequentemente vergonhosos, pode-se evitar daí deduzir que toda relação conjugal é em si mesma má? Como se pode dizer que o casamento é um bem se o ato que ele legitima é em si mesmo um mal? Ou não podemos sustentar a tese de que o casamento é positivamente um bem (e não simplesmente um mal menor em relação à fornicação), ou não se pode manter a proposição de que o mal da concupiscência acompanha necessariamente qualquer relação sexual que seja. Ora, a noção de *usus* permite precisamente conservar estas duas teses, mas na condição de operar duas dissociações: na relação conjugal, entre o movimento da *libido* e o ato da vontade; e neste ato de vontade, entre o consentimento que se poderia dizer "objetivo" a este próprio movimento (e que não se pode recusar, porque ele é inseparável da relação sexual) e o consentimento ou o não consentimento subjetivo a esta concupiscência como forma de vontade: com efeito, nesta relação sexual, pode-se querer satisfazer a concupiscência, isto é, querer esta forma decaída de querer, ou querer engendrar filhos, evitar que seu cônjuge caia na fornicação. Na relação conjugal, se o desenvolvimento do ato sexual não é modificável em sua estrutura de concupiscência, o consentimento, por sua vez, é modificável; ele permanece livre. O *usus* é, pois, uma certa modalidade do jogo entre consentimento e não consentimento. Ele pode fixar fins tais que o sujeito não quererá a si próprio como sujeito concupiscente no momento em que comete um ato cujas condições de realização implicam a concupiscência.

Esta concepção acarreta inúmeras consequências.

Abre a possibilidade de pensar a relação sexual como inevitavelmente associada a um mal, isto é, a uma concupiscência que é o efeito direto da falta primeira e o primeiro castigo visível que ela recebeu, mas ao mesmo tempo a possibilidade de pensar nestas relações sexuais, quando a ela nos entregamos, um ato específico de vontade que, segundo queira ou não a forma da concupiscência, será mau ou não, pecado ou não. Tal é o sentido da célebre formulação que será repetida durante mais de um milênio: nas relações conjugais, valemo-nos de todas as maneiras de um mal; mas deste mal podemos fazer uso bom ou mau: e é aqui que se situa a possibilidade do pecado. A importância desta concepção aparece se a comparamos às proposições de Juliano. Aparentemente, elas são exatamente simétricas e inversas, já que Juliano diz: "Aquele que [...] conserva o modo legítimo usa bem o que é bom; aquele que não o conserva usa mal este bem; enfim, aquele que, por amor pela santa virgindade, despreza todo modo, mesmo legítimo, recusa o que é bem para alcançar o que é melhor." Já Agostinho diz: "Aquele que observa o modo da concupiscência usa bem o mal; aquele que não o observa usa mal o mal; aquele que [...] despreza mesmo o modo legítimo recusa-se ao uso do mal para se ligar ao que é mais perfeito."[239] Sob a correspondência termo a termo das duas formulações, é preciso reconhecer uma dissimetria profunda: para Juliano,

239 Santo Agostinho, *Contra Julianum*, III, 42

uma vez que o prazer experimentado nas relações sexuais é um bem disposto pelo próprio Deus na Criação, só pode ser bom a ele recorrer contanto que nas formas estabelecidas pela providência e traçadas pela natureza; o pecado começa no desvio ou no desregramento. O uso de que ele fala em seu texto é, portanto, a modalidade do ato físico, sua forma (e, nisto, Juliano permanece no quadro de uma moral do excesso). Para Agostinho, a partir do momento em que o mal da concupiscência é "encontrado na natureza humana", o ponto decisivo deve ser situado nos fins perseguidos, isto é, na própria forma da vontade; é ela que determina o valor do ato físico:[240] e com Agostinho entra-se em uma moral sexual centrada sobre um sujeito jurídico. Em Juliano, é o pecado (o ato excessivo) que determina o mal e o faz aparecer. Em Agostinho, o mal é prévio e inevitavelmente inscrito na relação sexual; porém, o pecado que daí deriva se distingue o suficiente para não ser jamais, segundo ele, uma necessidade e para constituir um ato imputável.

Assim, a ideia de um *uso* da concupiscência, que Agostinho insere na análise do ato sexual entre o uso justificado do casamento e o uso natural do corpo, permite pensar o indivíduo – isto é, cada um dos dois cônjuges – como formando um sujeito único de desejo e de direito: é "o mesmo" na condição de sujeito (e não por justaposição de duas naturezas ou por um exílio da alma num mundo estranho) que age na necessidade do desejo e na liberdade do bem e do mal. É

---

240 Note-se que Juliano fala daquele que conserva "o modo legítimo" (trata-se da forma do ato sexual); e Agostinho, daquele que observa "o modo da concupiscência" (trata-se da forma da vontade).

preciso ver, porém, que, a despeito desta unidade do sujeito, o desejo permanece um mal, e seu uso permanece independente. Pode acontecer que se faça um uso absolutamente não concupiscente da concupiscência, mas esta não será por isso suprimida. Acontece com frequência que não se a use a não ser pela própria concupiscência, a tal ponto que esta parece tudo arrebatar, mas este uso não deixará de ser um ato específico e imputável. Ora, por esta irredutibilidade mesma, vemos se abrirem possibilidades muito amplas de judicialização das relações entre esposos. Se o ato sexual era em si próprio e naturalmente um bem, a codificação destas relações poderia [fazer-se] simplesmente em função da forma que consideramos "natural": o resto seria excesso, abuso, transgressão dos limites, passagem à contranatureza. Permaneceríamos, assim, em uma moral da natureza. Se a relação sexual se definisse somente pelo mal ou pela sujeira que carrega consigo, a codificação se faria em função de um ideal de continência completa, e o valor dos comportamentos se hierarquizaria em relação a esta: estaríamos em uma ética da pureza. Enfim, se supuséssemos que o mal do desejo pudesse ser reabsorvido pouco a pouco no exercício da vontade que o controla e limita, estaríamos ainda no registro das prescrições de sabedoria. Porém, a dissociação, no ato sexual, entre o mal da *libido* e a possibilidade de dela se servir bem ou mal permite codificar os comportamentos sexuais em função destes usos, dos fins que eles se atribuem, das circunstâncias que os modificam etc. São os dois fins reconhecidos como legítimos – a procriação e o fato de evitar o pecado do outro – que servirão, assim, de fio condutor para esquadrinhar o desenvolvimento dos atos sexuais entre esposos e definir o que é permitido, proibido, sob quais condições, em quais ocasiões.

Agostinho, é verdade, não desenvolve muito estas possibilidades. Isso ocorrerá, e bem mais tarde, não, aliás, como simples desenvolvimento lógico, mas quando todo um conjunto de outros processos na sociedade e Igreja medievais tiver reforçado a importância das relações de tipo jurídico. Não há dúvida de que encontramos na análise agostiniana da concupiscência a matriz teórica que permitirá tais desenvolvimentos. As relações conjugais que, sob as recomendações conjuntas da medida, do pudor ou do respeito, e sob a finalidade geral da procriação, permaneceriam assunto privado e secreto, darão lugar a inumeráveis regras e a uma casuística elaborada acerca da maneira de aí exercer seus direitos e cumprir seus deveres. O cristianismo medieval – sobretudo a partir do século XIII – será, sem dúvida, a primeira forma de civilização que desenvolverá, a propósito das relações sexuais entre esposos, prescrições tão prolixas. Às regras do casamento, às da troca ou da transmissão dos bens na aliança, às regras de comportamento mútuo entre os cônjuges, que encontramos na maior parte das sociedades sob formas variadas e com mecanismos coercitivos muito diversos, ele acrescenta a seguinte singularidade: uma codificação muito precisa dos momentos, das iniciativas, dos convites, das aceitações, das recusas, das posições, dos gestos, das carícias, e eventualmente, veremos, das palavras que podem ter lugar nas relações sexuais. O grande dimorfismo que tinha marcado a vida antiga – separando estas relações sexuais das quais falamos, que relatamos e que se passam forçosamente fora do casamento e aquelas da matrimonialidade que escapam ao olhar e ao discurso –, este grande dimorfismo desaparece. Fala-se, ao menos na prática da confissão, tanto, se não mais, destas do que daquelas. O sexo no casamento tornou-se, então, objeto de jurisdição e de veridicção.

Mas isto é ainda, em Agostinho e em sua época, apenas uma possibilidade. Talvez, de imediato, mais importante ainda é que, com a ideia da concupiscência como mal, era possível reunir, em um mesmo tema de combate espiritual, o exercício da virgindade e a prática do casamento. Nos dois estados é com o mesmo mal que lidamos, é a mesma renúncia à forma concupiscente da vontade que é exigida: com a diferença de que, no casamento, o não consentimento passa por uma certa forma de uso da qual a virgindade se desviará habilmente. Os dois estados se definem como práticas não tão diferentes a respeito da concupiscência, da qual temos agora uma teoria suscetível de justificar cada um deles, com sua diferença de valor, mas também seu laço intrínseco. E, sobretudo, pode-se ver que, em uma tal concepção, as noções de *consensus* e de *usus* não servem para definir diretamente as relações entre esposos. Elas não fundam sua codificação a não ser por meio do consentimento (ou do não consentimento) que cada um concede à sua própria *libido*, ou mediante o uso (bom ou mau) que cada um faz de sua própria *libido*. O que equivale a dizer que toda a regulação das condutas sexuais pode, doravante, ser feita a partir da relação que cada um deve estabelecer consigo mesmo. A problematização das condutas sexuais – seja para saber o que são na verdade ou para definir o que deveriam ser – torna-se o problema do sujeito. Sujeito de desejo, cuja verdade só pode ser descoberta por ele mesmo no fundo de si mesmo. Sujeito de direito, cujas ações imputáveis se definem e se repartem em boas ou más segundo as relações que ele tem consigo mesmo.

Em suma, pode-se dizer que o ato sexual no mundo antigo é pensado como "bloco paroxístico", unidade convulsiva em que o indivíduo se abismava no prazer da relação ao outro, a ponto de mimetizar a morte. Não se tratava de fazer a análise deste bloco, era preciso somente situá-lo em uma economia geral dos prazeres e das forças. Este bloco foi dissociado no cristianismo por regras de vida, artes de se conduzir e de conduzir os outros, técnicas de exame ou de procedimentos de confissão, por uma doutrina geral do desejo, da queda, da falta etc. Entretanto, a unidade foi recomposta, não mais em torno do prazer e da relação, mas do desejo e do sujeito. Foi recomposta de uma maneira tal que a difração permaneça, e que sua análise seja possível: ela é possível tanto sob a forma da teoria e da especulação quanto sob a forma prática do exame individual, seja pelo outro, seja por si mesmo. E, sob estas últimas formas, não é simplesmente [recomendada], mas obrigatória. Uma recomposição se operou, assim, em torno do que se poderia chamar, por oposição à economia do prazer paroxístico, a analítica do sujeito da concupiscência. Aqui estão ligados, por laços que nossa cultura mais tensionou do que deslindou, o sexo, a verdade e o direito.

ANEXOS

Anexo 1

O que se trata de demonstrar:

1. Existe um núcleo prescritivo relativamente constante no cristianismo. Este núcleo é antigo. Formou-se antes do cristianismo. Está nitidamente atestado entre os autores pagãos da época helenística e romana.

2. Reencontra-se este núcleo, sem modificação maior, entre os Apologetas do século II. Clemente de Alexandria o integra à sua teologia de inspiração platônica, bem como a um conjunto de preceitos morais de inspiração estoica.

3. É a nova definição das relações entre subjetividade e verdade que vai dar a este núcleo prescritivo antigo uma significação inédita e fornecer à concepção antiga dos prazeres e de sua economia modificações importantes.

4. Estas modificações incidem menos sobre a partição entre permitido e proibido do que sobre a análise do domínio dos *aphrodisia* e sobre o modo de relação que o sujeito é chamado a ter com eles. Não foram, pois, justamente a lei e seu conteúdo que mudaram, mas a experiência como condição de conhecimento.

– I –

Pode-se pensar, portanto, que o cristianismo dos cinco primeiros séculos definiu duas modalidades regulares e distintas segundo as quais o indivíduo tinha de se manifestar "em verdade" para se distanciar do mal: de um lado, um grande rito penitencial, único, global, concernente ao conjunto de sua existência, e metamorfoseando por vezes de maneira definitiva toda a sua vida; de outro, uma prática contínua de exame e de vigilância que tenta apreender e dizer os movimentos profundos da alma. De um lado, uma aleturgia na qual o "fazer-verdadeiro" dos gestos, das atitudes, das lágrimas, das macerações e das formas de vida parece prevalecer amplamente sobre as formulações do discurso; de outro, uma aleturgia na qual o "dizer verdadeiro" parece impor uma verbalização tão exaustiva quanto possível dos segredos da alma. À "exomologese" como manifestação do ser pecador pode-se opor a "*exagoreusis*" como enunciação dos movimentos do pensamento. Oposição que parece se justificar tanto do ponto de vista da tecnologia própria a cada uma destas práticas quanto do ponto de vista de seu contexto institucional.

A técnica da exomologese do penitente repousa sobre o arranjo, a intensificação brutal e o trazer à luz de um conjunto de descontinuidades: ruptura com a vida anterior, da qual se abandonam as formas e as marcas; distanciamento com relação à comunidade, frente à qual alguém se humilha para mostrar o quanto é indigno de nela permanecer; ruptura com seu próprio corpo, que se abandona à fome, à miséria, à ausência de cuidado; choque entre a vida e a morte, porque, colocando-se como Lázaro no limiar do túmulo, opõe-se à morte do corpo, que se aceita, a vida eterna da alma que é dela o prêmio. Neste jogo das descontinuidades, rupturas e entrechoques, o verdadeiro vem à luz sob a forma de uma manifestação. Não são as faltas cometidas que aparecem em seus detalhes, com suas condições e a parte de responsabilidade de seu autor; é o corpo mesmo do pecador, o corpo pecador, tal como a falta primeira o marcou: votado à morte, sujo pelas impurezas, trabalhado por desejos que ele não pode satisfazer. E esta manifestação não é simplesmente revelação de uma figura escondida: ela é prova para o sujeito, ou mesmo do próprio sujeito. Prova em dois sentidos: porque, ao praticar o rigor deste exercício tão duramente e tanto tempo quanto possível (ou ao menos até o término fixado), o pecador "ganhará" sua reconciliação; e, como um metal submetido à prova do fogo, as impurezas que se mesclavam à sua alma dela se desligarão e serão calcinadas no encarniçamento do penitente contra si mesmo. A exomologese do penitente é uma dupla manifestação (da renúncia ao que se é e do ser de sujeira e morte ao qual se renuncia) como prova purificadora de si sobre si.

No longo trabalho de sua vida como uma "arte" que se aprende e se exerce, também o monge se submete à prova da renúncia a si. Mas em um outro sentido e por outros meios. Na medida em que já se está desligado do mundo, não é sob a forma da descontinuidade e da ruptura que se deve fazer aparecer a verdade do mal; mas, sobretudo, na forma de uma tripla continuidade: vigilância ininterrupta sobre si mesmo, seus pensamentos, seu curso espontâneo, seu movimento insidioso; manutenção de uma relação de direção que o obriga ao mesmo tempo a falar e a escutar, a confessar e a se submeter; humildade frente a todos e obediência rigorosa à regra da comunidade. A manifestação própria à *exagoreusis* passa pela linguagem; consiste em um discurso obrigatório, tão frequente e tão completo quanto possível, dirigido àquele que é encarregado de guiar a conduta daquele que confessa: ela tem por objeto principal o que se esconde no fundo da alma, e que ali se esconde, ao mesmo tempo, porque se trata dos primeiros movimentos da alma, a tal ponto tão tênues ainda que correm o risco de escapar ao olhar se sobre eles não colocarmos uma atenção aguda, e porque se trata de incitações do Sedutor que se dissimula sob formas enganadoras. A *exagoreusis*, portanto, tem por tarefa dizer o verdadeiro, mas como resultado de atos de conhecimento que, no fundo de si mesmo, iluminam o despercebido e libertam a presença do Outro. A renúncia a si toma aqui, portanto, uma forma bem particular: trata-se de voltar a si mesmo uma atenção contínua, tão detalhada e aprofundada quanto possível. Não, entretanto, para saber o que no fundo se é, não para libertar a forma autêntica, primitiva e pura de uma subjetividade, mas para ler nos arcanos mais profundos da alma os embustes do Maligno, para renunciar, consequentemente, a participar, pelo querer, de todos estes movimentos que são igualmente tentações, para finalmente abandonar toda a vontade pessoal em proveito das vontades de Deus e das lições do diretor.

Esquematizando enormemente, digamos que a exomologese própria ao estatuto penitencial se refere a um "não mais ser" que, nos confins da vida e da morte, promete o outro mundo por meio da renúncia ao real; e que o exame-confissão da vida monástica visa a um "não mais querer" que, do fundo da alma, expulsa o outro por meio da formulação do verdadeiro.

Além disso, cada uma destas duas práticas parece ter seu lugar institucional próprio. A dramaturgia penitencial encontra seu lugar em uma comunidade de fiéis na qual se trata de estender àquele que caiu uma segunda tábua de salvação, mas de modo que à falha possa responder uma esperança de perdão, ao mesmo tempo que a explosão manifesta da satisfação fará eco ao escândalo da falta. O exame-confissão, por sua vez, terá seu lugar, sobretudo, em uma vida monástica na qual o objetivo da contemplação torna necessário o controle do pensamento, em que a existência comunitária convoca como ascese os exercícios de obediência, e na qual a prática da direção deve determinar as vias medidas e justas da ascese.

Veremos mais à frente quais limites dar a esta oposição e quais corretivos convém lhe dar. Mesmo relativizada, mesmo referida a um conjunto que integra seus elementos, será preciso, no entanto, guardá-la no espírito. O dimorfismo, nas sociedades cristãs, entre a vida secular e a da regra foi um fenômeno demasiado constante e demasiado importante para que não tivesse, quanto a este ponto bem como quanto a outros, consequências decisivas. E, de fato, muitas das grandes modificações que os procedimentos de penitência irão sofrer entre os séculos VI e XVII têm sua origem em práticas que ocorreram, sobretudo, em meio monástico: dos conventos veio, a partir do século VII, a penitência tarifada e privada; nos conventos se praticavam esses exames de consciência regulares e sistemáticos que a *devotio moderna* difundiu nos meios laicos; foram as ordens religiosas, ainda, os principais agentes da extensão da direção das consciências – este fenômeno tão notável nos séculos XVI e XVII. Na importância crescente adquirida pelas técnicas de exame (de si e dos outros) e pelos procedimentos de verbalização das faltas, assim como na diminuição correlativa da parte do "fazer-verdadeiro" em relação ao "dizer verdadeiro", as instituições monásticas tiveram um papel decisivo. Elas foram, durante mais de um milênio, o foco, se não permanente, ao menos com frequência muito intenso, da *arte das artes*, do *regimen animarum*; elas o elaboraram, expandiram, por vezes, majoraram; aconteceu que o tomássemos de empréstimo a elas e que se tentasse utilizá-lo em concorrência com elas e para limitar sua influência. Elas contribuíram muito para o aumento considerável da propensão ao discurso e da vontade de saber que caracteriza a experiência de si e dos outros em nossas sociedades. E quando se ouvir dizer, no século XVII – e de uma forma um pouco duvidosa do ponto de vista do dogma – que confessar é uma maneira de dirigir as consciências, pode-se dizer que a *exagoreusis* sobrepujou a exomologese – ou, pelo menos, que a recobriu amplamente.[1]

---

1 O jogo de oposição e complementariedade entre exomologese e *exagoreusis* aparece nitidamente nos movimentos de Penitentes que foram tão importantes, sobretudo no Sul da Europa a partir do século XIV (cf. I. Magli, *Gli uomini della penitenzia*, Bolonha, 1967). As manifestações penitenciais ostentatórias aí se combinavam com uma prática intensiva da confissão oral e da direção. Da mesma forma entre os penitentes franceses no fim do século XVI e nos diferentes movimentos da Contrarreforma, em que se desenvolviam simultaneamente as técnicas de direção e as manifestações ascéticas.

Em todo caso, a história das relações entre o "malfazer" e o "dizer verdadeiro" no Ocidente cristão não poderá ser escrita sem referência à existência destas duas formas, a suas diferenças, a sua tensão e ao lento movimento que acabou por privilegiar uma às expensas da outra, quando, no decorrer do século XVI e ainda mais ao longo de todo o século XVII, a questão do governo dos indivíduos se tornou, tanto do ponto de vista político quanto do religioso, um problema maior.

– II –

Seria errôneo, contudo, imaginar que teríamos aí duas práticas sem interferências e decorrentes de dois conjuntos institucionais radicalmente separados. As coisas são mais complicadas: inicialmente porque o exame das instituições mostra como as práticas se justapõem e se misturam; em seguida porque, ao focalizar as próprias práticas, podemos reconhecer não apenas elementos, mas um fundo que lhes é comum.

1. É certo que o estatuto monástico excluía o estatuto de penitente, e isso, sobretudo, porque o monge aparecia, de forma cada vez mais nítida, como levando a vida penitencial por excelência. "Quando se trata do monge que renunciou ao mundo e a seu serviço, e que prometeu sempre servir a Deus, por que se lhe imporia a penitência? [...] Para o monge, a penitência pública é inútil porque, retratando-se de seus pecados, ele chora, e porque concluiu um pacto eterno com Deus."[2]

2 [Fauste de Riez, *Discours aux moines sur la pénitence* (P. L., t. 58, col. 875-876), apud C. Vogel, *Le pécheur et la pénitence dans l'Église ancienne*, Paris, 1966, p. 131.]

No entanto, se, tornado monge, alguém não mais necessita fazer-se penitente, elementos dos ritos penitenciais são utilizados no interior da vida monástica. Os textos de Cassiano, e sobretudo *Instituições*, que se referem às práticas do cenóbio, são muito claros neste ponto: formas próprias à penitência pública ali são descritas, e a expressão "*publice paenitere*" volta muitas vezes sem que se trate, é claro, de tomar o estatuto de penitente. Assim, Pafnucio, que aceita, por espírito de humildade, ser injustamente acusado de uma falta grave, é submetido a um tratamento inteiramente semelhante ao que podia ser evocado por Tertuliano, Ambrósio ou Jerônimo a propósito de penitências públicas: "Ele se afasta imediatamente da igreja [...]; sem trégua, espalha suas lágrimas e suas preces, triplica seus jejuns, e se rebaixa mais profundamente face aos homens [...]. Durante cerca de duas semanas, ele se põe assim aos pés de todos, na maior contrição de espírito e de corpo; até então, no sábado e no domingo, acorria à igreja muito cedo, não para receber a santa comunhão, mas para se prostrar à porta e implorar, suplicando seu perdão."[3] Mas, aquém dessas grandes manifestações destinadas a satisfazer os pecados graves, encontra-se o testemunho de outras práticas, intermediárias entre a confissão da tentação e as exomologeses solenes e duradouras. Cassiano enumera ademais uma série de faltas que demandam um ato penitencial preciso e determinado por antecipação: quebrar por acaso um pote de barro, enganar-se, mesmo ligeiramente, ao cantar um salmo, responder

---

3 João Cassiano, Conférences, XVIII, 15. Notar a expressão "*locum paenitentiae suppliciter postulavit*" para dizer que Pafúcio pediu a penitência. É a forma tradicional para solicitar o estatuto, o lugar de penitente.

duramente, inutilmente, opinativamente, obedecer com negligência, preferir a leitura ao trabalho, demorar-se depois da sinaxe em lugar de entrar em sua cela, falar com qualquer pessoa secular sem a presença do ancião etc.[4] Para designar a sanção prevista, Cassiano emprega a expressão "penitência pública", embora não se trate, parece, senão de um certo número de elementos tomados de empréstimo à grande dramaturgia da penitência canônica: afastamento, gesto de súplica, atitude de humilhação[5] ("À reunião geral dos irmãos para a sinaxe, ele implorará seu perdão prostrado no chão durante todo o tempo do ofício, obtendo-o apenas quando, por decisão do abade, for comandado a se levantar"[6]).

Temos aí o esboço de toda uma disciplina monástica em que se reúnem as manifestações ostentatórias dos ritos penitenciais e o controle dos gestos e dos pensamentos em uma relação contínua e incondicionada de obediência. A importância desta justaposição é dupla.

Ela manifesta, primeiramente, o sentido "penitencial" que, de uma maneira cada vez mais insistente, se dará à instituição monástica. Organizar uma arte disciplinada da contemplação pela via da humildade, da submissão ao outro e da purificação do coração – é o objetivo que parece ter

4 João Cassiano, *Institutions*, IV, 16.

5 Na versão latina que são Jerônimo dá das regras de Pacômio, encontram-se também as expressões "*aget paenitentiam publice in collecta, stabitque in vescendi loco*", *Praecepta et Instituta*, VI. In: Dom A. Boon, *Pachomiana Latina*, Louvain, 1932.

6 João Cassiano, *Institutions*, IV, 16.

sido dado originariamente ao cenóbio.[7] Cassiano não diz nem que o fim (*finis*) nem que o objetivo (*destinatio*) da existência monástica seja levar a vida de penitência. No entanto, vemos destacar-se, por meio de seus textos, o princípio de uma coincidência. Com efeito, de um lado ele dá à noção de penitência um sentido estrito, quando dela fala como do conjunto de procedimentos ao término dos quais as faltas podem ser remidas por Deus.[8] Mas também delas fornece uma definição bastante geral que se refere aos resultados não somente destas práticas, mas de todos os exercícios espirituais da vida monástica. A penitência é então caracterizada como um estado, aquele ao qual o monge deve procurar alcançar: "ela consiste em não mais cometer pecados doravante."[9] Este estado tem suas marcas – a saber, que o coração se encontre livre daquilo que o inclina a seus pecados –, e esta própria marca (*indicium*) tem signos que permitem reconhecê-la: a própria imagem das faltas apagou-se dos arcanos do coração e, por "imagem", não se deve entender somente o deleite que se experimenta ao pensá-la, mas o simples fato de dela lembrar-se.[10] A penitência é, então, esta pureza do coração que o exame, a humildade, a paciência, a obediência, a discrição, a

---

7 Parece, contudo, que o monaquismo sírio tinha insistido no aspecto penitencial da vida monástica (cf. A. Voöbus, [*History of Asceticism in the Syrian Orient*, Louvain, 1958]).

8 É a estes atos penitenciais que Cassiano se refere quando escreve: "*Dum ergo agimus paenitentiam, et adhuc vitiosorum actuum recordatione mordemur*" (*Conférences*, XX, 7) ["Todo o tempo, pois, que dura a penitência e que nós sentimos o remorso por nossos atos viciosos", trad. Dom E. Pichery].

9 Ibid., XX, 5 ("consiste em não cometer doravante os pecados dos quais temos de nos arrepender e em relação aos quais nossa consciência experimenta remorso").

10 Ibid.

confiança nos anciãos, também a aplicação a nada lhes ocultar, podem, com a graça de Deus, produzir na alma. E porque a contemplação, que é o fim da vida monástica, só é possível por tal pureza do coração, vê-se que a penitência, entendida não só como procedimento de remissão, mas como estado purificado constantemente mantido, acaba por coincidir, em suma, com a própria vida monástica.

Esta deve sem cessar ser conduzida à confissão das faltas, às manifestações penitenciais, à descoberta dos segredos do coração e à abertura da alma. Discurso perpétuo: "Todo o tempo, pois, que dure a penitência [...], é preciso que as lágrimas de uma humilde confissão, caindo sobre nossa alma como uma chuva benfazeja, venham nela mitigar o fogo vingador, aceso por nossa consciência."[11] Mas isso mesmo deve permitir purificar o pensamento, até em seus recônditos mais profundos, de tudo o que pode suscitar a tentação dela constituir os primeiros germes ou nela deixar subsistir os últimos traços. Esquecimento, portanto, e silêncio do coração. Nesta potente pulsação da confissão e do esquecimento, a vida monástica revela o que ela é: a vida penitente por excelência; penitência (exercício) para a penitência (estado) – entendendo-se que este estado nunca é coisa distinta da firmeza em um combate que demanda a permanência do exercício.

Ora, esta tendência a conceber a existência monástica como a própria prática da vida de penitência acompanhou uma evolução institucional cuja importância histórica foi considerável. A disciplina cenobítica, as relações de hierarquia e de obediência, as regras de vida comum e de comportamento individual cada vez mais deram lugar

---

11 Ibid., XX, 7.

a práticas que se poderia dizer intermediárias (entre os grandes ritos penitenciais e o discernimento perpétuo do pensamento); trata-se de práticas, aliás jurídicas e regulamentares, que tendem a definir um código em que sanções determinadas são emparelhadas a infrações precisas. Para dizer a verdade, este desenvolvimento é, quando muito, esboçado em Cassiano, no qual se trata, sobretudo, de mostrar como mesmo às menores falhas correspondem atos de satisfação simultaneamente duros, públicos e humilhantes. Vê-se assim um oficiante que faz penitência pública por ter deixado escapar três lentilhas;[12] também são Jerônimo relata que, nos três monastérios de mulheres dirigidos por Paula, os excessos de palavra eram sancionados pela exclusão da mesa comum e a permanência de pé na porta do refeitório.[13] Mas a comparação entre *Instituições cenobíticas* e *Regra do Mestre* ou a de são Bento mostra a crescente importância destas codificações punitivas que estabelecem, entre falta e penitência, uma relação bastante diferente das precedentes. Esta relação comporta primeiramente uma avaliação da falta: inicialmente pelos prebostes, que devem começar por repreender, antes de remeter ao abade, o qual, por sua vez, deve exercer seu direito soberano de julgar. Comporta também um princípio de proporcionalidade: "É segundo a gravidade da falta que se deve medir o alcance da excomunhão ou do castigo; esta gravidade é remetida ao julgamento do abade." Comporta uma nítida distinção que separa as faltas públicas daquelas "cuja matéria está

12 João Cassiano, *Institutions*, IV, 20.

13 São Jerônimo, carta 107, 19.

escondida": estas devem ser reveladas somente ao abade e a alguns anciãos capazes de "cuidar de suas próprias feridas e das dos outros". Comporta, enfim, um princípio de correção progressiva (as punições não são as mesmas se o culpado tem mais ou menos de 15 anos; a recidiva modifica a pena; o abade repreende o delinquente e deve velar particularmente por ele).[14]

Em uma palavra: a instituição monástica, na medida em que se apresentava como lugar de vida penitencial permanente, dispôs todo um conjunto de procedimentos suscetíveis de assegurar a remissão do mal – expulsando-o, corrigindo-o ou curando-o. Em uma extremidade encontramos as formas rituais e ostentatórias da exomologese; em outra, as técnicas de exame e de confissão no discurso de *exagoreusis*; e, entre elas, os métodos para punir em função de um código que define a gravidade das faltas e os castigos proporcionais. Entre a manifestação do verdadeiro por meio dos "fatos e gestos" do estatuto penitencial (espécie de *veri-ficação*) e sua enunciação em uma relação permanente de direção (*veri-dicção*), a regra monástica faz aparecer o que se tornará a seguir, no cristianismo ocidental, a forma mais importante da relação entre o mal e o verdadeiro, entre o "malfazer" e o "dizer verdadeiro" – a saber, a *jurisdição*.

2. Inversamente, seria igualmente inexato não ver, do lado dos leigos, senão as formas solenes da penitência pública. Também entre eles, como entre os monges, havia toda uma gradação de práticas diversas, indo das formas canônicas que

---

14 *Règle* de são Bento, XXIV, XLIV, XLVI; cf. *Règle du Maître*, XIV.

marcavam a pertença à ordem dos penitentes até as modalidades finas da direção.

É preciso inicialmente notar a diferença, indicada desde a origem, entre as faltas graves que põem em questão a purificação do batismo e as pequenas falhas cotidianas que mostram o quanto ainda se está afastado da perfeição completa. As três grandes "quedas" que tinham suscitado, no século II, as longas discussões sobre a penitência, eram a idolatria, o homicídio e o adultério. Em seguida, o sistema dos pecados e a distinção entre aqueles que necessitam da penitência canônica e aqueles para os quais ela não era necessária se complicaram muito. Dois eixos de distinção foram esboçados: o do público e do escondido, de um lado; o do grave e do leve, de outro. De um lado, vemos afirmar-se a ideia de que a publicidade da penitência, além de suas funções de humilhação e de manifestação do pecador, deve ter por papel responder à publicidade da falta; o exemplo deve compensar o escândalo. Mas, inversamente, se a falta é secreta, e se ninguém tem a ocasião de por ela se escandalizar ou de nela encontrar um mau exemplo, o brilho de uma exomologese espetacular arrisca-se a ter efeitos nocivos. Daí a ideia de que à falta escondida deve antes corresponder uma penitência "privada". "É preciso", diz santo Agostinho, "assumir diante de todos os pecados que foram cometidos diante de todos; e mais secretamente aqueles que foram cometidos de maneira mais secreta".[15] E é no mesmo espírito que são Leão, um pouco mais tarde, criticará a prática (talvez local) de ler publicamente a lista das faltas cometidas

---

15 *"Corripienda sunt secretius quae peccantur secretius"*, santo Agostinho, sermão 72 (P. L., t. 38, col. 11).

pelos pecadores,[16] e recomendará não detalhar os pecados a não ser em uma confissão secreta. Os argumentos dados nos séculos V-VI para as formas de penitência que não sejam públicas são, ademais, interessantes, na medida em que mostram nitidamente um desapego quanto a estes ritos solenes, uma repugnância a se dobrar a tais humilhações, e uma tendência a adiar para o último momento da vida a aceitação de um estatuto penitencial que perde, assim, todo o seu conteúdo. Daí o conselho de são Leão, de prudência humana: se está bem, diz ele, não recusar enrubescer diante dos homens quando se cometeu uma falta, há, entretanto, pecados que mais vale não tornar públicos, porque poderiam servir aos inimigos daqueles que o confessam em público.[17] Pomério irá até mais longe em *Vita contemplativa*, [porque] recomenda àqueles que enrubescem ao confessar suas faltas se impor sua própria penitência e se retirar por si mesmos da comunhão.[18] Em todo caso, será um sistema binário (falta pública – penitência pública; falta privada – penitência privada) que os teólogos da época carolíngia farão valer, apoiando-se na autoridade de santo Agostinho.

A outra distinção é estabelecida entre pecados graves e faltas leves. Os primeiros, inicialmente definidos pela tríade idolatria-homicídio-adultério, foram ampliados e sistematizados de maneira mais ou menos aproximada como infrações

---

16 São Leão, carta 168.

17 Ibid.

18 Pomério, *De vita contemplativa*, II, 7 (P. L., t. 59, col. 451-452).

ao Decálogo.[19] E Cesário, o bispo de Arles, deles dá, por meio de diferentes sermões, uma lista que assim podemos resumir: sacrilégio, apostasia e superstição; homicídio, adultério, concubinagem, fornicação; espetáculos sangrentos ou lascivos; roubo, falso testemunho, perjúrio e calúnia.[20] Destes grandes pecados distinguem-se as faltas leves ou cotidianas, aquelas que nos arriscamos a cometer quase sem perceber, ou às quais, pelo menos, por vezes não se dá importância. É para as faltas leves que são Cipriano recomendava que se fosse encontrar os padres, que a eles se confessasse "em toda doçura e cumplicidade", e que se lhes expusesse o fardo da consciência, a fim de que eles o remediassem.[21] Ora, para estas faltas de menor importância, o recurso ao estatuto penitencial não é requerido; meios diversos podem ser empregados. Podemos nos referir então à célebre lista dos meios de remissão

---

19 Expondo as três formas de penitência – a que precede o batismo, a que deve caracterizar a vida inteira e a que deve responder às faltas graves, santo Agostinho, no sermão 351 (7), diz [da última] que ela deve ter lugar "*pro illis peccatis* [...] *quae legis decalogus continent*" [trad.: "para os pecados [...] incluídos no Decálogo"]. No sermão 352 (8), falando ainda desta terceira forma de penitência, diz que ela concerne às feridas graves: "Talvez seja um adultério, um assassinato, um sacrilégio; em todo caso, é uma matéria grave e uma ferida perigosa, mortal, pondo a salvação em perigo."

20 Cf. C. Vogel, *La discipline pénitentielle en Gaule*, Paris, 1952, p. 91. Esta lista dos pecados mortais não deve ser confundida, evidentemente, com os pecados capitais que derivam de um outro tipo de análise, porque se trata de definir a raiz, "o espírito" que pode conduzir ao pecado. Esta definição de oito "espíritos maus" foi, primeiramente, de tradição monástica. Nós a encontramos em Evágrio e Cassiano. Cf. A. Guillaumont, "Introduction" ao *Traité pratique* [d'Évagre le Pontique].

21 São Cipriano, *De lapsis*, XXVIII (P. L., t. 4, col. 488). Notar, entretanto, que, mesmo para as faltas leves, são Cipriano parece indicar que se deve assumir por um tempo um estatuto de penitente, segundo o ritual canônico (cartas XVI, 2, e XVII, 2).

que Cassiano lembrava na vigésima conferência: caridade, esmola, lágrimas, confissão, aflição do coração, emendas da vida, intercessão dos santos, conversão dos outros, perdão das ofensas. Porém, sobretudo, considera-se que é tarefa do padre escolher a satisfação a cumprir em função tanto da falta quanto do pecador, como um terapeuta: "Já que os homens pecam de maneiras tão diferentes, como não compreender que não podem ser curados da mesma maneira, uns pelo ensino, outros pela exortação, outros pela tolerância, outros pela reprimenda."[22]

Assim, vemos desenhar-se no interior da comunidade dos leigos o papel do padre como guia de vida e diretor das almas. A *ars artium* que, certamente, se desenvolveu de uma maneira simultaneamente mais intensa, mais refletida, mais cuidadosamente teorizada no meio monástico, não permaneceu estranha às funções do bispo (ou do padre) com relação aos crentes de que estava encarregado. E isto em função de dois princípios. O primeiro é que a vida cristã inteira deve ser uma vida de penitência; a *metanoia*, esta mudança que acompanha o batismo, não é o ato de um momento: é preciso que percorra a vida inteira, submetendo-a à "humildade perpétua da súplica".[23] Não é, portanto, somente como aquele que "concede" a penitência, impõe as mãos, decide sobre a reconciliação, que o bispo deve se preocupar com o mal cometido, procurar conhecê-lo e velar por sua expulsão; mas também como aquele que tem de velar a cada instante pela existência de todos e sua vida cotidiana. Daí o segundo princípio: aquele que está à frente da comunidade – chamemo-lo

22 Pomério, *De vita contemplativa*, II, 1.

23 Santo Agostinho, *Sermon* 351.

bispo ou padre – deve ser como um pastor para seu rebanho, cuidando de [todos] e de [cada um] individualmente, e se esforçando por conhecê-los até o fundo de sua alma. Como diz são Gregório, no começo do século VI, o mais importante não são os pecados visíveis e conhecidos por todos, são as faltas escondidas; há muros que é preciso atravessar, e portas secretas que é preciso abrir,[24] e se é requerido do pastor que examine cuidadosamente a conduta exterior dos fiéis, é para descobrir o que seu coração pode conter de abominável e de criminoso.[25]

A relação de direção e a prática do exame-confissão não são, portanto, exclusivamente reservados à instituição cenobítica, mesmo se é nela que receberam sua elaboração mais complexa no século III; e, no contexto das perseguições, são Cipriano tinha insistido, sobretudo, por um lado, sobre as tarefas gerais de ensino e sobre a ajuda, a vigilância, os encorajamentos no que tange aos relapsos.[26] Santo Ambrósio põe igualmente, e de maneira muito nítida, o dever de ensino no primeiro escalão do ofício episcopal: "*episcopi proprium múnus docere populum.*"[27] Porém, é significativo que no começo do século VI, Gregório, o Grande, abra sua *Regula pastoralis* com uma referência explícita a Gregório de Nazianzo, parecendo

24 Gregório, o Grande, se refere aqui a um texto de Ezequiel que será frequentemente citado, em seguida, a propósito da direção de consciência e dos métodos de exame: "fiz um buraco na muralha e me apareceu uma porta" (8, 8).

25 Gregório, o Grande, *Le Pastoral*, livro I, cap. 9.

26 São Cipriano, cartas VIII, XXX, XLIII. Ou ainda, a propósito da reintegração dos relapsos: "Examinar a conduta, as obras e os méritos de cada um; considerar a natureza e a qualidade das faltas... Regular em um exame religiosamente atento a outorga das demandas que nos são dirigidas" (carta XV).

27 Santo Ambrósio, *De officiis ministrorum*, I, 1.

assim indicar que o papel do bispo ou do padre, como o do abade ou do ancião no monastério, é o de dirigir almas: "A arte de conduzir as almas é a arte das artes, a ciência das ciências. Quem não sabe que é incomparavelmente mais difícil curar as feridas das almas do que aquelas dos corpos";[28] ninguém poderia dizer-se médico sem conhecer os remédios; "e entretanto, há aqueles que não temem tomar a qualidade de médicos das almas sem conhecer as regras desta ciência divina".[29]

Em suma, pode-se abordar a análise das práticas penitenciais, ou, mais precisamente, a das relações entre o malfazer e o dizer verdadeiro de duas maneiras: segundo uma perspectiva "técnica" ou "praxiológica", que faz aparecer dois procedimentos distintos, o da exomologese e o da *exagoreusis*; segundo uma perspectiva institucional que faz aparecer um *continuum* de práticas, em que estes dois esquemas se justapõem, se combinam e traçam figuras intermediárias. Dualidade, portanto, dos procedimentos de verdade, dualidade das formas de aleturgia, ou das maneiras, para o cristão, de fazer de si mesmo – de seu corpo e de sua alma, de sua vida e de seu discurso – o lugar de emergência da verdade do mal do qual ele quer se purificar. Mas, também, gradação das práticas instituídas e dos ritos, gradação nas formas de comportamento que se impõem aos indivíduos, e que devem responder ao mal por um conjunto de condutas que vão de macerações públicas e solenes à confissão secreta e quase perpétua.

As duas grandes formas de aleturgia são, portanto, empregadas, sustentadas e aproximadas uma da outra por um campo

28 [Gregório de Nazianzo, *Discours II*, 16.]

29 Gregório, o Grande, *Le Pastoral*, livro I, cap. 1.

institucional que, malgrado a diferença de estatuto entre vida secular e vida regular, apresenta uma certa unidade: aquela que é constituída pela existência de um tipo bem particular de poder. Poder que é específico às Igrejas cristãs e do qual bem dificilmente se encontrariam equivalentes em outras sociedades e religiões. Poder em que uma das funções mais importantes é a de conduzir as vidas dos fiéis como vida de penitência e a de exigir sem cessar, por preço do mal, o desenvolvimento de procedimentos de verdade – exomologese ou *exagoreusis*.

– III –

É uma ideia bem anterior ao cristianismo a de um poder que se exerceria sobre os homens da mesma maneira que, sobre o rebanho, a autoridade do pastor. Toda uma série de textos e de ritos bastante antigos fazem referência ao pastor e a seus animais para evocar a potência dos reis, dos deuses ou dos profetas sobre os povos que eles têm, por tarefa, de guiar.

No Egito, na Mesopotâmia, parece que o tema do pastorado (divino ou real) fora nitidamente marcado, embora permanecendo bastante rudimentar. Na cerimônia da coroação, os faraós recebiam as insígnias do pastor.[30] O termo "pastor" fazia parte da titulatura dos reis babilônios e assírios, para assinalar simultaneamente que eles eram os [mandatários[31]] dos deuses e que tinham que velar, por

30 H. Frankfort, *La Royauté et les Dieux*, Paris, 1951, p. 161.

31 [Manuscrito: "mandantes".]

estes, pelo bem do rebanho.[32] Mas, nos Hebreus, a temática do pastorado é muito mais ampla e complexa. Cobre uma grande parte das relações entre o Eterno e seu povo. Yahweh governa conduzindo: caminha à frente dos Hebreus quando eles saem da cidade e, por sua potência, os "dirige para as pastagens de sua santidade".[33] O Eterno é o pastor por excelência. A referência ao pastor caracteriza a monarquia de Davi, na medida em que esta se legitima por ter recebido de Deus o encargo do rebanho;[34] caracteriza também o papel daqueles que, colocados à frente do povo, lhe comunicaram a vontade de Yahweh e se deixam por ele orientar para bem guiar as ovelhas: "Tu conduziste meu povo como um rebanho pela mão de Moisés e de Aarão."[35] Marca ainda a promessa messiânica; aquele que deve vir será o novo Davi. Por oposição a todos os maus pastores que dispersaram as ovelhas, aquele que deve vir será o pastor único, designado por Deus para lhe reconduzir seu rebanho.

Em contrapartida, na Grécia clássica, o tema do poder pastoral parece ter ocupado um lugar menor. Os soberanos homéricos eram designados como "pastores dos povos", mas sem que houvesse aí muito mais do que o traço de uma antiga titulatura ritual. Porém, mais tarde, os gregos não parecem ter sido levados a fazer da relação entre o pastor e

---

32 C. J. Gadd, *Ideas of Divine Rule in the Ancient East*, Londres, 1948.

33 Êxodo, 15, 13.

34 Ph. de Robert estima que Davi beneficiou-se da titulatura pastoral; os outros reis não eram chamados pastores a não ser coletivamente e para os designar como "maus pastores" (*Les Bergers d'Israël*, Genebra, 1968, pp. 44-47).

35 Salmo 77, 21 [o salmo diz "teu", e não "meu povo"].

suas ovelhas o modelo das relações que devem ser mantidas entre os cidadãos e aqueles que os comandam. O termo pastor não faz parte do vocabulário político nem em Isócrates nem em Demóstenes.[36] Exceções: os pitagóricos, em que alguns acreditam reconhecer uma influência oriental e mesmo especificamente hebraica, e outros, ao contrário, um simples lugar-comum.[37] E com certeza Platão, *A república*, *As leis* e *O político*. Nestes dois primeiros textos, o tema do pastor é relativamente acessório: ele serve para fazer a crítica moral das teses de Trasímaco,[38] ou para definir a função de certos magistrados subordinados.[39] Em contrapartida, ocupa uma posição central em *O político*. Quando nos colocamos em busca da definição do que é a arte "real" de comandar, é a ele que nos dirigimos: não é o rei pastor dos homens? Sabe-se que, aplicando a este tema o método da divisão, os interlocutores de *O político* fracassam. E fracassam porque a atividade própria do pastor sobre o rebanho – nutri-lo, dele cuidar, conduzi-lo ao som da música, ou promover reuniões fecundas – pode designar as funções do padeiro, do médico ou do ginasta, mas não pode caracterizar propriamente aquele que exerce um poder político. Ou antes, segundo a lição do mito, é preciso

---

36 O fato é mais surpreendente em Isócrates porque a descrição do bom magistrado no *Areopagítico* lhe empresta muitas funções e virtudes que, alhures, pertencem à temática do pastor.

37 A primeira opinião é a de Grube em sua edição dos *Fragmentos* de Arquitas. A segunda é a de A. Delatte em seu *Essai sur la politique pythagoricienne*, Paris e Liège, 1922. Os textos do Pseudo-Arquitas citados por Estobeu aproximam *nomos* e *nomeus*, e chamam Zeus de *Nomios*.

38 Platão, *La République*, livro I, 343-345.

39 Platão, *Les Lois*, livro X: os pastores são opostos aos "animais de rapina", mas distintos dos mestres.

distinguir as fases do mundo. Quando este girava em torno de seu eixo num certo sentido, cada espécie era guiada por seu gênio-pastor; quanto ao rebanho humano, era guiado pela "própria divindade". Em matéria de nutrição, tudo era fornecido aos homens, e eles voltavam à vida depois da morte. Afirmação significativa: "Como a divindade era seu pastor, eles não tinham necessidade de constituição política."[40] Mas quando o mundo se pôs a girar em outro sentido, tendo se retirado o deus-pastor, os homens tiveram necessidade de ser dirigidos: não, entretanto, por um pastor humano, mas por alguém capaz de ligar os elementos da cidade como os fios de um tecido. Cabe-lhe fazer com tantos indivíduos diferentes uma tela sólida. O homem político não é pastor, é tecelão. Platão não exclui totalmente, portanto, o personagem do pastor, mas divide seu papel: de um lado, direciona-o para o passado de uma história mítica, e, de outro, para as atividades auxiliares do médico e do ginasiarca. Mas ele o dispensa quando se trata de analisar a cidade real e o papel daquele que exerce o poder. A política, na Grécia, não é um caso de pastor.

Será preciso esperar a difusão de temas orientais na cultura helenística e romana para que o pastorado apareça como a imagem adequada para representar as mais altas formas do poder: "a tarefa do pastor é tão elevada", diz Fílon de Alexandria: que "lhe atribuímos a justo título não somente aos reis, aos sábios, às almas de uma pureza perfeita, mas ainda ao Deus soberano."[41] Na literatura política da época imperial, o poder do príncipe é, eventualmente, referido ao do pastor: seja para

---

40 Platão, *Le Politique*, 271e.

41 Fílon de Alexandria, *De agricultura*, 50.

manifestar a ligação recíproca que deve enlaçar o soberano e seu povo,[42] seja para exaltar a preeminência daquele que conduz seus súditos como o pastor, seus animais.[43]

★

Esqueçamos por um instante lugares e cronologias. Não procuremos saber que lugar e que sentido a figura do pastor podia ter nas diferentes culturas que a viram aparecer. Tomemo-la como um tema que circula no mundo helenístico e romano, no momento em que o cristianismo vai dele se apossar e dar-lhe, pela primeira vez na história do Ocidente, uma forma institucional. Que tipo de poder estava, portanto, representado na figura do pastor?

1. *Reunir*. Seu poder consiste numa relação essencial à multidão; exerce-se sobre o número (ainda que inumerável), mais do que sobre a superfície. Outros constroem o edifício de um Estado, de uma cidade, de um palácio com fundações sólidas. Ele reúne uma multidão: "Aquele que dispersou Israel o reunirá; ele o guardará qual pastor o seu rebanho."[44] Esta reunião tem dois operadores. A unicidade, pois ele é só e o

---

42 Dião Crisóstomo, *Discours*, I.

43 Fílon de Alexandria relata que, para Calígula, "não sendo, os pastores de animais, bois, cabras, nem carneiros", ele mesmo, pastor da espécie humana, devia pertencer a uma outra espécie ainda superior, quer dizer, divina e não humana (apud P. Veyne, *Le Pain et le Cirque*, Paris, 1976, p. 738. Edição brasileira: Veyne, P. *Pão e circo*, São Paulo: Editora Unesp, 2015. (*N. do T.*)). Sobre a metáfora do príncipe que não é um vaqueiro, mas um touro no meio do rebanho, cf. Dião Crisóstomo, *Discours*, II.

44 Jeremias, 31, 10.

único, que o pastor faz a unidade das ovelhas, "submetendo os povos" à sua única vontade; o pastor soberano faz com que "os homens leais caminhem todos em um único passo".[45] E a ação instantânea: sua voz, seu gesto que fazem nascer da multiplicidade, a cada instante, o rebanho: "Assobiarei e os reunirei."[46] Com ele ausente, os animais só podem se dispersar. Diferente do fundador do império ou do legislador, ele não deixa sua obra para trás.

2. *Guiar*. O próprio do pastor não é fixar os limites de uma pátria, nem conquistar novas terras. Sua residência é seu percurso; ele atravessa a pradaria, conduz às fontes, faz seu caminho no deserto. Ámon, o deus pastor dos povos do Egito, "conduzia as pessoas sobre todos os caminhos", "guiava o rei todo o tempo em cada um de seus excelentes empreendimentos".[47] O pastor é o mestre das transumâncias. Quando a maior parte dos outros exerce seu poder, mantêm-se "em cima"; ele caminha "à frente": "Ó Deus, quando tu saías à frente de teu povo..."[48] Isto remete a inúmeras diferenças essenciais: seu poder não tem sua razão de ser ali onde ele se encontra; é finalizado por um alhures e um mais tarde. Poder que tem a forma de uma *missão*. Não consiste em instaurar a lei de uma vez por todas, mas em fixar sua meta e escolher, a cada instante, segundo as circunstâncias, o melhor caminho. Um poder que *indica*. Enfim, mais do que dobrar os povos à sua

45 C. J. Gadd, *Ideas of Divine Rule in the Ancient East*, p. 39.

46 Zacarias, 10, 8.

47 In S. Morenz, *La Religion des Égyptiens*, Paris, 1962, p. 94.

48 Salmos, 68, 8.

própria vontade, o pastor lhes mostra a via em que ele mesmo se engaja; dá o exemplo e os dirige menos por uma potência que faz tremer do que por uma certa força singular e um pouco misteriosa. Um poder que *arrasta*.

3. *Nutrir*. "Companheiro brilhante que participa do pastorado de Deus, que cuida da terra e a nutre, pastor da abundância."[49] O pastor não é aquele que cobra o tributo ou acumula os tesouros. Seu papel é o de tornar prósperos os animais dando-lhes, bastante, de que beber e comer. Ele faz viver, não no sentido amplo segundo o qual os bons governos enriquecem o Estado, mas no sentido preciso segundo o qual assegura, cabeça por cabeça, o sustento de todos: "Por causa de tua boca benfeitora, ó meu pastor, todas as pessoas tendem ansiosamente para ti."[50] Ele é princípio nutriz. Os sofistas, e também Trasímaco, enganavam-se quando acreditavam que o poder do pastor era, como qualquer outro, egoísta, não tendo em vista "noite e dia" senão utilizar os animais em seu proveito – boa comida ou mercado interessante; "aquilo que eles aí representavam não era um pastor", este não deve ter outra preocupação senão fornecer ao rebanho a melhor das condições possíveis.[51] Maldição também dos reis de Israel que não pensaram primeira e somente em seu povo: "Infelicidade dos pastores que apascentam a si próprios. Não é o rebanho

---

49 R. Labat, *Le Caractère religieux de la royauté assyro-babylonienne*, Paris, 1939, p. 352

50 Citado ibid., p. 232.

51 Platão, *La République*, livro I. Cf. *Critias*, 109b: na Atlântida, os deuses, como os pastores, eram os "provedores de alimento" do rebanho humano.

que os pastores devem apascentar?"[52] A relação do pastor com suas ovelhas tem, portanto, três características: pelo objetivo buscado, deve ser produtora de abundância – ou ao menos de vida ou de sobrevida; por sua forma, é da ordem do zelo, da aplicação, eventualmente, do cuidado e da pena;[53] enfim, seu efeito está em uma espécie de identificação global entre o sobrepeso dos rebanhos aos quais nada falta e a riqueza de um pastor que só pensa neles. O poder sobre... parece virar-se em uma atenção a... que justifica e termina por envolver todos os seus efeitos de autoridade.[54]

4. *Velar.* A atenção do pastor se estende sobre todos; mas sua arte é a de lançar um olhar particular sobre cada um. Onde o rei não veria senão sujeitos indiferentemente submissos, o magistrado cidadãos iguais, o cratismo pastoral tenta apreender a individualidade de cada um. O que quer dizer, inicialmente, que ele deve levar em conta, tanto quanto possível, a menor das diferenças: o pastor dos homens jamais deverá esquecer que "entre eles como entre os atos, há dissemelhanças, além de que nenhuma coisa humana, por assim dizer, permanece estável". O que quer dizer também que a lei, como imperativo geral imposto da mesma maneira a todos, não é certamente, para o pastor das multidões, "o procedimento de governo

52 Ezequiel, 34, 2.

53 "Ó Rá, que velas quando todos os homens dormem e procuras o que é benfazejo para teu rebanho". Hino egípcio, apud S. Morenz, *La Religion des Égyptiens*, p. 224.

54 Falando do soberano pastor, Dião de Prusa diz que ele não age para si próprio, mas para o bem dos homens, que ele não participa da riqueza e dos prazeres, mas da *epimeleia* e dos *phrontides*, *Discours*, I.

mais correto". O que quer dizer, enfim, que não se poderia desempenhar o papel de pastor a não ser aproximando-se de cada ovelha; tendo em conta sua idade, sua natureza, sua força e sua fraqueza, seu caráter e suas necessidades, é preciso que ele "prescreva com exatidão aquilo que lhe convém", a ela e somente a ela.[55] Eis aí, sem dúvida, um dos traços mais característicos da modalidade pastoral do poder: encarrega-se do rebanho inteiro, mas deve modular os cuidados a oferecer a cada uma das cabeças que o compõem. Poder sobre as multiplicidades que ele unifica e, ao mesmo tempo, o poder de decomposição que individualiza. *Omnes et singulatim*, segundo uma fórmula que permanecerá por muito tempo, e que poderíamos chamar de "paradoxo do pastor", o desafio maior que, sem cessar, deve enfrentar a pastoral do poder.

5. *Salvar*. A tarefa última do pastor é a de conduzir o rebanho são e salvo. A salvação, neste caso, comporta quatro tarefas essenciais: fazer com que o rebanho escape aos perigos que o ameaçam ali onde está, e que o forçam a buscar refúgio alhures, e, portanto, fixar a partida oportuna, despertar os animais adormecidos, em suma, *chamar* – "Eu vos farei sair do meio dos povos, e vos reunirei vindos de outras terras."[56] Desviar os inimigos que podem se apresentar no caminho, mantê-los a distância como fazem os cães de guarda, *defender*.[57] Saber evitar os perigos da estrada, as fadigas, a fome e as doenças, tratar as feridas e sustentar os mais fracos, em suma,

55 Platão, *Le Politique*, 294a-295c.

56 Ezequiel, 20, 34.

57 Sobre o pastor que monta a guarda com seus cães, cf. Platão, *La République*, III, 416a e IV, 440d.

cuidar;[58] enfim, reencontrando o bom caminho, assegurar o retorno de todos os animais ao aprisco, *reconduzi-los*. O bom pastor deve salvar todo mundo, mas também a menor das ovelhas que esteja em perigo. É aí que o paradoxo do pastor se torna prova decisiva. Porque há casos em que, para salvar a totalidade do rebanho, é preciso excluir o animal cuja doença ameaça infectar todos os outros – é preciso "fazer uma seleção entre os elementos que são sadios e aqueles que não o são, aqueles que são de boa raça e aqueles que não são de boa raça", oferecer seu cuidado aos primeiros e dispensar os outros, não conservar senão "o que há de sadio e de não contaminado".[59] Mas há o caso inverso, e é talvez aí que a singularidade do poder pastoral se distingue melhor do papel do magistrado ou do soberano hábil: estes sabem que é preciso sempre salvar a cidade, o Estado, o império, tendo em vista um ou outro perigo para a salvação de todos. Já o pastor está pronto a fazer uma pausa se um único estiver ameaçado, como se o restante não existisse. Para o pastor, cada uma de suas ovelhas é sem preço, seu valor nunca é relativo. Moisés, no tempo em que era pastor de Jetro, tinha perdido um de seus cordeiros, tinha partido à sua procura, o reencontrara perto de uma fonte ("eu não sabia que foi porque tinhas sede que fugiste; tu deves estar fatigado"); ele o tinha trazido sobre seus ombros e Yahweh, vendo isso, tinha dito: "Porque tens piedade do rebanho de um homem, serás o pastor de meu

58 Graças ao pastor, os animais não sofrem fome nem sede, "o sol e o calor não os atingem" [Isaías, 49, 10].

59 Platão, *Les Lois*, 735a-736c.

rebanho, o pastor de Israel."[60] Entre a salvação de todos e a salvação de cada um, ambas imperativos absolutos, o poder pastoral multiplica obrigações inconciliáveis.

6. *Prestar contas*. A iminência da fome e da morte, a necessidade de uma proteção incessante, o cuidado da salvação dominam as relações das ovelhas e do pastor. Excluem a possibilidade de que este seja inocente das infelicidades que as atingem. A menor de suas faltas – negligência, avidez, egoísmo, rigor excessivo – ameaça conduzir à perda dos animais: "Se eu forçasse seu passo um só dia, o rebanho pereceria."[61] Falta que o próprio pastor pagará imediatamente, porque se o rebanho se extravia, ele próprio que perderá; e ele terá fome, por sua vez, se o reduzir à fome: "os pastores se embruteceram, [...] porque não foram bem-sucedidos, e todos aqueles de sua pastagem se dissiparam."[62] Mas ele terá também de prestar contas de suas faltas àquele que lhe destinou seus animais para que os conduzisse. Ambivalência do poder pastoral: ele é total, deve velar sobre todas as coisas e até no detalhe; o pastor se encarrega de tudo aquilo que concerne ao rebanho, é irrestrito na medida em que é exercido, sendo seu único limite e sua única lei o bem dos próprios animais. Mas chega o momento em que é preciso prestar contas de tudo. O pastorado é um poder que nasce de manhã e morre com a noite: um poder de "trânsito" não somente por seu objeto, como também pela forma segundo a qual se delega e se res-

60 Comentário rabínico do Êxodo, apud Ph. de Robert, *Les Bergers d'Israël*, p. 47.

61 Gênesis, 33, 13.

62 Jeremias, 10, 21.

titui. O pastor não recebe o rebanho senão para restituí-lo. Mesmo se ele é rei, só tem o encargo porque foi escolhido: "Tu me tomaste do meio das montanhas, tu me chamaste para ser o pastor dos homens, tu me confiaste o cetro da justiça."[63] De suas faltas lhe pedirão contas, e se perdeu o rebanho, será punido. Yahweh perguntará: "Onde, portanto, está o rebanho que eu te confiara, o pequeno gado que te havia confiado?"[64] E, vendo que os pastores fracassaram, lhes dirá: "Vós dispersastes e afugentastes minhas ovelhas, não vos ocupastes delas, ora, vou me ocupar de vós, por causa da maldade de vossas ações."[65] O poder do pastor está preso numa longa rede de responsabilidades em que as faltas tanto estão ligadas às sanções imediatas quanto a punições diferidas; está submetido a um "cômputo" perpétuo – enumeração dos animais confiados e restituídos, cálculo dos vivos e dos mortos, cômputo dos erros, das imperícias, das negligências.

Misturei, bem sei, contra todo o método, coisas disparatadas: Platão e a Bíblia, os deuses do Egito e os reis da Assíria. É que se tratava somente de mostrar que, falando dos deuses, dos reis, dos profetas, ou mesmo dos magistrados como pastores à frente de seu rebanho, não se celebra somente sua potência ou sua bondade por uma metáfora familiar, designa-se também uma certa maneira de exercer o poder. Ou, ao menos, um conjunto, sem sistematicidade mas não sem coerência, de funções próprias a um certo tipo

---

63 Prece de Assurbanípal II à deusa Ishtar, apud Ph. de Robert, loc. cit., p. 14.

64 Jeremias, 13, 20.

65 Ibid., 23, 2.

de autoridade. Mesmo desvinculada dos contextos político-religiosos em que tomava seu valor profundo, a imagem do pastor tinha sua lógica.

*

Duplo acontecimento considerável para o mundo antigo: o cristianismo é a primeira religião que se organiza como Igreja. E esta Igreja define o poder que exerce sobre os fiéis – sobre cada um e sobre todos – como um poder pastoral.

Longe de ser a figura do pastor no cristianismo uma maneira de representar um ou outro aspecto do poder, ela recobre, ao contrário, todas as formas de governo eclesiástico: todas se justificam pelo fato de terem de conduzir o rebanho humano (inclusive a menor das ovelhas), seguindo o exemplo do Cristo-pastor e de acordo com sua conduta, até a pastagem eterna. E não se trata aí de uma simples metáfora, mas do estabelecimento de instituições e de procedimentos destinados, por meio de toda a sociedade, a regular a "conduta" dos homens; o termo deve ser entendido no sentido que a palavra possui: maneira de dirigi-los, maneira, para eles, de se comportar. O cristianismo, como Igreja, instaurou um poder geral suscetível de "conduzir a conduta" dos homens: poder bem diferente daqueles que o mundo antigo pudera conhecer, fosse o do príncipe sobre o Império, do magistrado sobre a cidade, do pai sobre a "família", do patrão sobre sua clientela, do Amo sobre seus servidores ou escravos, do líder de uma escola sobre seus discípulos. E se o cristianismo pôde, de uma maneira tão rápida, inserir-se na organização da "*romanitas*", talvez tenha sido em parte porque trazia com ele tais procedimentos de poder: bastante novos e específicos para não serem imediatamente incompatíveis com aqueles que já existiam, bastante eficazes para responder a todo um conjunto de necessidades recentemente surgidas. O poder pastoral tornou-se uma instituição simultaneamente global (concernente, em princípio, a todos os membros da comunidade), especializada (porque tem objetivos e métodos próprios) e relativamente autônoma (mesmo se está ligada a outras instituições nas quais interfere ou sobre as quais se apoia).

Não se trata aqui de resumir, ainda que brevemente, o processo desta institucionalização. Mas somente de indicar algumas das modificações que o cristianismo trouxe à temática anterior do pastorado: aquelas que permitem compreender a importância atribuída às confissões da carne. Quer dizer, aquelas que tendem a fazer do pastorado um governo dos homens pela manifestação de sua verdade individual. Elas têm dois aspectos principais que a patrística latina faz aparecer nitidamente.

1. O primeiro concerne à natureza e à forma das conexões que ligam o pastor ao rebanho inteiro e a cada uma das ovelhas.

a. Na temática antiga do pastorado, o pastor deve a seu rebanho seu zelo, sua atenção, sua vigilância e suas vigílias, seu devotamento: relação de beneficência, necessária à sobrevivência do rebanho. No cristianismo, é a própria vida do pastor que deve poder ser ofertada ao rebanho e pelo rebanho: ele o defende contra os lobos, dá sua existência por ele; e é por seu sacrifício que as ovelhas acedem à vida eterna.[66] A condição da salvação do rebanho repousa sobre o modelo crístico, a morte do pastor ou ao menos sua morte neste mundo. Relação sacrificial em que o pastor se doa por todos e por cada um, ganhando, assim, seu próprio mérito pelo gesto que salva os outros.[67]

b. A reciprocidade entre o pastor e o rebanho obedecia, antes do cristianismo, a um princípio de causalidade global: sobrepeso do rebanho, riqueza do rebanho; miséria do gado, pobreza de seu dono. Na forma cristã do pastorado, a reciprocidade não é mais simplesmente da ordem da causalidade, mas da identificação; e ela se estabelece, ademais, ponto por ponto; cada sofrimento de cada ovelha é uma dor que o pastor experimenta; seus progressos são seu aperfeiçoamento. A compaixão do pastor é uma identidade imediata: ele experimenta "no fundo do coração a enfermidade das almas fracas"; ele se regozija do "avanço de seus irmãos como do seu próprio".[68]

c. O pastor cristão não tem simplesmente de prestar contas de cada animal, mas de cada falta, de cada queda, de cada passo. No dia do ajuste de contas, os pecados das ovelhas lhe serão reprovados, se [não] os pôde[69] prevenir por seu ensino, sua vigilância, seu rigor ou sua caridade. Mesmo aqueles que renegaram, mesmo os "*lapsi*" poderão fazer valer contra o

66 Evangelho de São João, 10, 11-18.

67 Ibid.

68 Gregório, o Grande, *Le Pastoral*, livro I, cap. 49. Cf. também livro II, cap. 2: "olhar como seu próprio bem e sua própria vantagem o bem e a vantagem do próximo".

69 [Manuscrito: "se pôde".]

pastor não terem sido sustentados, encorajados, munidos de ensinamento e de conselhos salvíficos.[70]

d. O pecado do pastor está no centro da relação que entretém com o rebanho: suas próprias faltas acarretam os passos em falso das ovelhas (e se agravam por isso); e os pecados do rebanho se acumulam em sua culpabilidade. Importância, consequentemente, para o pastor, de ser tão puro e perfeito quanto possível: "Sendo obrigado por seu encargo de retirar do coração dos outros o que podem ter de impuro, ele não deve ter nenhuma impureza em seu próprio coração."[71] Porém, também importância para não cair no pecado de orgulho e na cegueira de conhecer suas próprias fraquezas, de não se atribuir qualquer superioridade e mesmo de sempre guardar no espírito suas próprias imperfeições:[72] servidor de todos, pecador entre os outros e mesmo mais gravemente do que os outros, porque precisa reconhecer suas fraquezas nos pecados do rebanho.

e. O pastor não deve tirar nenhum orgulho, nenhuma razão para exercer uma dominação (*potestas*),[73] do fato de ser assim designado. A exemplo de são Gregório, deve tremer quando se vê encarregado da conduta das almas, apreensão que jamais deve deixar de sentir se quer conjurar "o orgulho, os pensamento ilícitos, os pensamentos importunos e

---

70 São Cipriano, carta XLIII, cf. também carta VIII.

71 Gregório, o Grande, *Le Pastoral*, livro II, cap. 2.

72 Santo Ambrósio, *De officiis ministrorum*, livro II, cap. 24. Felizmente, Deus sempre deixa algumas imperfeições nos justos "a fim de que, no meio da explosão de virtudes que lhes propiciam a admiração de todo mundo, o aborrecimento que lhes causam suas imperfeições os mantenha cabisbaixos".

73 Ibid. Ambrósio se refere aqui à primeira Epístola de São Pedro, 5, 3.

iníquos". Esquivar-se deste dever e deixar as ovelhas sem pastor seria, entretanto, pecar.[74]

Entre o pastor cristão e o seu rebanho, a economia própria ao pecado e à salvação, o contágio e a multiplicação das faltas, a troca dos sacrifícios, a vigilância sobre si mesmo que ele não deve jamais separar da solicitude com os outros estabelecem ligações muito mais numerosas, complexas e sólidas do que na antiga temática do pastor. E, sobretudo, a individualidade do laço desempenha aí um papel essencial: por causa da comunicação direta que se estabelece entre cada ato de cada fiel e o mérito de cada pastor, e pela problematização do próprio pastor que não é mais, por qualquer direito de natureza ou de instituição, o "bom pastor", mas, como todos os outros, um pecador cujas faltas cada ovelha deve temer.

2. O cristianismo demanda ao pastor uma forma de saber que ultrapassa, amplamente, a habilidade ou a experiência que a tradição atribuía aos pastores dos homens. No coração da atividade pastoral, a Igreja inscreveu um imperativo de verdade, ou, antes, um conjunto de imperativos.

Imperativo de rigor doutrinal. Na falta de conhecer ele próprio a verdade e de lhe ser incondicionalmente ligado, o pastor conduzirá o rebanho à perda: "Não pode acontecer que os padres, sendo os primeiros guias, percam as luzes da ciência sem que aqueles que os seguem permaneçam

---

74 Gregório, o Grande, *Le Pastoral*, livro II, cap. 2; e livro I, cap. 6: "Aqueles cuja humildade leva a fugir da condução das almas não são verdadeiramente humildes, a não ser quando não resistem obstinadamente à ordem da Providência que nela os compromete."

curvados sob o peso do pecado que os oprime."[75] E ele deve, sem cessar, velar para que os membros da comunidade permaneçam ligados a esta verdade e por ela; porque é o verdadeiro que os une, o erro que os separa, dispersando-os longe do caminho e tornando finalmente necessária sua exclusão; o pastor deve reconduzir as "ovelhas que balem errantes", que as heresias e o espírito de seita tenderão a separar.[76]

Imperativo de ensino. Pastor do verdadeiro, ele deve fornecer a todos o alimento espiritual sob a forma da boa doutrina. "*Episcopi proprium munus docere*", dizia santo Ambrósio bem no início de *De officis ministrorum*. Porém, este ensinamento é mais complexo do que uma simples lição. Inicialmente, porque o pastor, cuja ciência jamais está totalmente pronta, deve aprender ensinando:[77] a verdade se revela a ele no zelo e na caridade de sua palavra. Além disso, não poderia se tratar de comunicar somente a doutrina: o que ele ensina deve aparecer e se impor na sua vida, na sua conduta, na sua virtude; ele deve ser como um rosto vivo da verdade que prega.[78] Enfim, ele não pode ensinar todo mundo da mesma

75 Ibid., livro I, cap. 10.

76 São Cipriano, carta XLV; cf. também a carta de Dionísio, bispo de Lida: "Reconduzir a seu verdadeiro pastor o gênero humano acorrentado por múltiplos erros, o rebanho do Cristo que estava disperso" (in *Lettres de saint Jérôme*, t. IV, p. 159, carta 94).

77 Santo Ambrósio, *De officiis ministrorum*, I, 1.

78 Aqueles que não praticam o que ensinam "destroem, por seus costumes corrompidos, o que se esforçam para estabelecer por meio de suas palavras"; são como os pastores que bebem uma mesma água clara, mas a corrompem por seus pés sujos e não deixam às ovelhas senão uma água enlameada, são Gregório, o Grande, *Le Pastoral*, livro I, cap. 2.

maneira: os espíritos dos auditores são como as cordas de uma cítara, diferentemente esticadas: não podemos tocá-las da mesma maneira; frequentemente são nocivos para alguns procedimentos que são proveitosos para outros: não se pode instruir os homens como as mulheres, os ricos como os pobres, os alegres como os tristes.[79]

Imperativo do conhecimento dos indivíduos. Aquele que guia a comunidade deve, portanto, conhecer cada um, e cada um deve poder confiar-se a ele: quando são atacados pela tentação, os fracos devem procurar um asilo no seio de seu pastor, "como os filhos no seio de sua mãe".[80] Mas também é preciso que o pastor descubra, mesmo a despeito deles próprios, o que eles ocultam ou ocultam de si mesmos. Segundo a palavra de Ezequiel, atravessar a muralha e abrir as portas escondidas:[81] isto é, "examinar a conduta exterior" dos pecadores a fim de "descobrir por meio dela o que eles escondem em seu coração de mais criminoso e mais detestável."[82] A extorsão das verdades voluntariamente ou involuntariamente escondidas faz parte das relações do pastor com seus paroquianos.

Imperativo de prudência. Por mais ligado que seja às coisas celestes, o pastor nada deve ignorar ou negligenciar das realidades: deve "aplicar-se sempre a examinar todas as coisas, a fazer um discernimento justo e exato do bem e do mal,

79 São Gregório estabelece em *Le Pastoral* 36 distinções que é preciso ter em conta para bem instruir os fiéis.

80 [Ibid., livro I, cap. 4.]

81 Ezequiel, 8, 8.

82 Gregório, o Grande, *Le Pastoral*, livro II, cap. 9.

saber estudar os tempos, os lugares, as maneiras e as pessoas, quando se trata de dizer ou de fazer alguma coisa".[83] Deve [aplicar-se] a não lançar suas palavras "ao vento",[84] a não ser nem demasiado indulgente nem demasiadamente severo,[85] a não fazer, quando pune, como os lenhadores desastrados a quem o machado escapa, indo ferir seus companheiros.[86] Sem nada perder de sua fidelidade à pura doutrina, sem "se desligar da contemplação das coisas mais elevadas", é preciso que o pastor não esqueça "as necessidades do próximo", e "seja condescendente com as necessidades materiais dos seus irmãos"[87].

O pastorado é, portanto, um laço de formação e de transmissão de verdade. O saber-fazer do pastor – esta familiaridade com as coisas, em que se misturam antecipação e vigilância – torna-se, na Igreja cristã, um saber muito mais preciso e complexo, com regras e métodos; na relação do pastor com as ovelhas, a verdade tornou-se um operador decisivo, sob a dupla forma de uma conformidade doutrinal que é preciso conhecer e fazer conhecer, e de segredos individuais que é preciso descobrir, que se trata eventualmente de castigar e de corrigir, que é preciso, em todo caso, ter em conta.

---

83 Ibid., livro II, cap. 1.

84 Santo Ambrósio, *De officiis ministrorum*, I, 1.

85 Ibid., II, 24.

86 Gregório, o Grande, *Le Pastoral*, livro II, cap. 9.

87 Ibid., livro II, cap. 1; livro II, cap. 5.

"Enuncia tua falta a fim de destruir tua falta", diz são João Crisóstomo na segunda *Homilia* sobre a penitência.

Ele lembra que Deus, após o crime, interrogou Caim. Não que tivesse necessidade de sua resposta para saber aquilo que a voz do sangue já clamava sobre a terra. Queria apenas que o assassino dissesse: sim, eu matei. Pedia apenas que reconhecesse: *homôs homologeis tauta*.[88] E é porque Caim se recusa a reconhecer, é porque afirma "não saber" que Deus vai puni-lo. Duas expressões empregadas por são João Crisóstomo merecem ser fixadas. Porque Caim não foi o primeiro a dizer sua falta, Deus se recusa não diretamente a perdoar seu ato, mas a "acolhê-lo à *metanoia*": quer dizer que a ausência de confissão retira de Caim a própria possibilidade de se arrepender, se converter, se desviar (ou ser desviado) do crime cometido; seria preciso dizer o crime para dele se desligar. Por outro lado, e como consequência, o que Deus vai castigar é menos o próprio assassinato do que a impudência de Caim.[89] Termo importante, *anaideia*: refere-se à temeridade da mentira manifesta; à ausência de arrependimento do crime cometido; à contradição que faz com que Caim tenha vergonha de confessar aquilo que não teve vergonha de fazer; enfim, à afronta a Deus que oferecia ao criminoso a possibilidade de

88 A palavra aqui empregada, como veremos, é um termo que tem um sentido simultaneamente preciso e complexo no procedimento penitencial. Na XIXe *Homilia* sobre o Gênesis, 2, a reinterpretação do texto bíblico a partir das práticas penitenciais é ainda mais explícita: Deus, *hiatros* [médico], queria que a falta de Caim fosse apagada *dia tês homologias tou ptaismatos* [pelo reconhecimento da falta].

89 Deus reprova muito mais a impudência do que o pecado.

ser perdoado.[90] O impudor da não confissão desloca, assim, o crime contra Abel para uma ofensa a Deus; em todo caso, a falta contra a verdade devida a Deus encobre a falta contra o sangue que ligava ao irmão.

Ora, em que consiste o castigo dessa impudência? A lei do sangue exigia, sem dúvida, a morte do culpado. Porém, Caim, e esta será sua punição, vai permanecer vivo. Seu castigo será o de ser a lei encarnada sobre a terra – *nomos empsukhos*: terá que caminhar pelo mundo como uma "lei viva", uma "lápide em marcha" selada sobre seu próprio silêncio, mas que faz ressoar, "mais estrondoso do que uma trombeta", o bramido da voz. *Phônê*: a palavra é significativa. A mesma utilizada para designar a voz do sangue de Abel secando sobre os sulcos: porque não houve confissão para fazê-la calar-se, é, ainda, este grito que se escuta no castigo de Caim. Mas quanto a este grito do sangue, a voz, a *phônê* que ressoa na boca de Caim apresenta duas diferenças. Não demanda a morte contra a morte; ao contrário, diz a todo homem neste mundo: não faça o que fiz. E, ainda, essa voz não é aquela do sangue vertido e do cadáver abandonado: é uma voz que agora faz corpo com Caim. Por ter se negado à confissão que a teria suspendido, ele próprio se tornou a lei que não se cala: aquele que o matasse seria sete vezes maldito. Caim foi tocado pela lei; não pode dela se livrar; percorrerá o mundo gemendo – *stenôn*

---

90 O elemento da vergonha e do impudor no ato e na confissão está no centro da economia cristã da penitência. Na XIXe *Homilia* sobre o Gênesis, 2, Caim é caracterizado por [três] adjetivos: *agnômôn, anaisthêtos, anaiskhuntos* [ingrato, insensível, impudente].

–, fazendo, assim, ressoar indefinidamente o grito da lei, que nenhum discurso de confissão (*homologia*) veio interromper.[91]

A tradição patrística frequentemente opõe dois outros personagens a Caim que se cala: Eva e Davi, que reconheceram sua falta. Nessa mesma segunda *Homilia* sobre a penitência, após o silêncio de Caim, são João Crisóstomo evoca as confissões de Davi. Com efeito, ergue, em torno de cada uma das duas figuras, dois ciclos da verdade e da falta que se opõem termo a termo. Caim conhecia sua falta; Davi, pretende Crisóstomo, não conhecia a sua; e para estabelecer este fato, que nada do texto bíblico justifica, evoca uma concepção "filosófica" da paixão: a alma deve conduzir o corpo como a alma conduz a carroça; se é ofuscada por alguma paixão ou se embriaga, ou ainda se apenas vacila em sua atenção, não sabe mais aonde vai, e a carroça cai na lama. Foi assim que Davi, embriagado de paixão, não soube que estava pecando. Outra diferença: é Deus que se apresenta a Caim. Deus todo-poderoso, e de quem nada escapa; é somente Natan que se apresenta a Davi. Natan é um profeta como Davi, e sobre ele não tem nenhuma preeminência. Um médico que quer cuidar do outro, diríamos; e Davi poderia muito bem, estima Crisóstomo, rejeitá-lo dizendo: "Quem és tu? Quem te enviou...? Que audácia te move...?" Nenhuma autoridade, em todo caso, nenhuma coerção pôde mover Davi a falar a

91 Na XIXe *Homilia* sobre o Gênesis, 3, Crisóstomo ressalta que Caim fez uma confissão precisa – *meta akribeias* – quando disse: acreditei meu crime demasiado grande para ser perdoado. Mas esta confissão não vale porque não foi feita a tempo – *en kairô*. Este problema do momento é igualmente importante na doutrina e na prática da penitência.

contragosto. Melhor: Caim devia responder à questão que já designava seu crime: onde está Abel? Ele, Davi, ouve uma fábula que lhe propõem: um rico mata, para poupar seu próprio rebanho, a ovelha de um pobre que só tinha este bem. Como vemos, segundo Crisóstomo, a fábula tinha duas funções: prova para o julgamento do rei, apólogo a decifrar para a identificação do culpado. Davi responde à prova dando, ele próprio, a sentença: "O homem que faz isto merece a morte". Quanto ao enigma, é Natan quem o resolve: és tu o homem que fez isto; mas Davi logo aceita a designação e vem ocupar, por si mesmo, pela confissão, o lugar que Natan lhe designa: "Pequei contra o Eterno". Nessas duas respostas, à prova e ao enigma, Davi se opõe a Caim: este havia negado a lei que o unia [a seu irmão] (não sou seu guardião); e quando acabou por reconhecer a grandeza de seu crime e pediu, ele próprio, a sentença de morte, não era um bom momento – *en kairô* –, era *a posteriori*, uma vez que a voz do sangue o havia denunciado. Davi, por sua vez, tinha começado por enunciar a lei, dar a sentença e condenar-se a si mesmo sem ainda o saber; depois, uma vez descoberta a verdade, havia colocado a si mesmo sob o golpe da sentença que acabava de pronunciar. Feita assim "no bom momento", a confissão de Davi aparece com suas duas faces, a da sentença formulada e aceita, e a da falta reconhecida, e com muito mais mérito, pois não se trata de atenuar a severidade de uma sentença de antemão decidida. Assim, analisada por meio do adultério de Davi, ou, antes, pela versão cuidadosamente modificada que dele dá são João Crisóstomo, a confissão aparece como não sendo apenas o reconhecimento de que se cometeu uma falta, mas como uma adesão profunda à sentença que a condena.[92] Segundo uma temática essencial à penitência cristã, o pecador que confessa como Davi é, ao mesmo tempo, seu próprio acusador e juiz: "Tu tiveste a grandeza de alma de confessar tua falta... Tu formulaste tua própria sentença." Se o perdão responde imediatamente à confissão, é porque esta não é simplesmente o enunciado exato dos fatos, é também porque retoma por sua conta os elementos constituintes de um procedimento judiciário. O dizer verdadeiro, a "veridicção", surte seus efeitos de remissão em uma relação com uma jurisdição – relação que desloca para o sujeito, que é culpado e que fala, a instância que acusa e que julga.

Eva é a outra figura regularmente oposta a Caim. Na XVII *Homilia* sobre o Gênesis (5), Crisóstomo faz de Adão e Eva pecadores que confessam. Esta confissão tem duas formas. Uma forma verbal quando Adão, e depois, Eva, após terem por um momento tentado se esconder, respondem a Deus que os chama e reconhecem que, com efeito, comeram o fruto proibido (Crisóstomo ressalta que, se Deus perguntou ao homem: Comeste? E à mulher: Por que comeste?, se, portanto, deles solicitou confissões, em contrapartida, à serpente, cujo pecado é irremissível, ele não estende esta tábua de salvação, e diz somente: Porque fizeste isto, serás maldita).

---

92 Nesta exegese de Samuel 2, 11, o papel que Crisóstomo atribui à ignorância de Davi é capital, porque permite pronunciar uma sentença tanto mais "pura", tanto mais "rigorosa" e justa pelo fato de ele não saber que é visado pela fábula de Natan, e de [illegible]em ter consciência [de ter] cometido um pecado com Betsabé: o que torna sua confissão uma descoberta. Ora, esta ignorância da natureza do ato que cometeu é acrescida ao texto bíblico por Crisóstomo. É preciso ver aí um eco da tragédia grega ou, mais geralmente, o valor atribuído ao esquema daquele que condena um culpado que se revelará, finalmente, ser ele mesmo?

Porém, esta confissão verbal era precedida de uma outra que não passava pelas palavras, mas, simultaneamente, pela consciência e pelo gesto. Logo que comem o fruto, Adão e Eva se sentem nus, têm vergonha, e procuram se cobrir. Esta interpretação da vergonha como uma forma de confissão é importante, e elucida o que é descrito na XIX *Homilia* como a impudência, *anaideia*, de Caim. Dando a este pudor valor de confissão, Crisóstomo quer dizer, primeiramente, que a confissão não é simplesmente comunicação ao outro daquilo que já se sabe por si mesmo, mas é, antes de tudo, descoberta interior. Ele quer dizer também que a confissão é um gesto que ao mesmo tempo esconde e mostra, mais precisamente, que mostra querendo esconder. Esta vontade de esconder autentica a consciência de que se fez o mal e o gesto que mostra manifesta que não se teme revelar a todos esta consciência. No coração da confissão é preciso, pois, que haja este jogo do pudor. Sem vergonha de ter pecado e, consequentemente, sem desejo de escondê-lo, não haveria confissão, somente um pecado impudente. Porém, se esta vergonha faz com que alguém se esconda ao ponto de não querer confessar e que, como Caim, negue seu próprio crime, então, esta vergonha se torna impudência.

Porque Adão e Eva tiveram esta vergonha que não tem vergonha de confessar, sua falta não é irremissível. E se sua falta acarretou a queda dos homens, seu pudor, que descobre escondendo, é como a primeira forma daquilo que aparecerá como remissão. Em face da serpente e de Caim, que são da raça da maldição, Adão e Eva, como Davi, são situados na árvore genealógica da salvação. E isto em decorrência de sua confissão. Vê-se, nesta exegese de Crisóstomo, destacar-se muito nitidamente esta ideia, sem dúvida fundamental no cristianismo: de que o pecado, no próprio momento em que enfrenta a vontade de Deus ou sua lei, faz contrair uma obrigação de verdade. Esta tem dois aspectos: é preciso reconhecer-se como o autor do ato cometido e reconhecer que este ato é mau. Foi a esta obrigação de verdade que Caim se furtou pelo "Eu não sei" que adicionava ao crime de sangue contra seu irmão um crime de verdade contra Deus. Foi a esta obrigação que Adão, Eva, Davi se submeteram, redimindo, assim, pela obediência ao princípio do dizer verdadeiro, a desobediência à lei. No coração da economia da falta, o cristianismo situou o dever de dizer verdadeiro. Mas as exegeses de são João Crisóstomo, que não estão aí a não ser a título de exemplo e de primeira indicação, mostram bem que este dever de verdade não tem simplesmente um papel instrumental no procedimento de perdão: um meio de obtê-lo ou de atenuar a pena. Mal cometido o crime, uma dívida de verdade é logo contraída com Deus. Esta dívida é tão essencial, tão fundamental que, se a saldamos, não importa o pecado: por mais grave que seja, pode ser remido; mas, se nos recusamos a isso, não somente a falta cometida permanece, mas se comete uma outra necessariamente mais grave, porque esta se volta diretamente para Deus. É significativo que santo Ambrósio, comentando a mesma passagem do Gênesis (4,9-15) que são João Crisóstomo, afirme, como ele, que Deus puniu em Caim mais aquele que não disse a verdade do que aquele que matou seu irmão. "*Non tam majori crime parricidii quam sacrilegi.*"[93] Onde Crisóstomo falava de

93 [Santo Ambrósio, *De paradiso*, XIV, 71.]

impudência, Ambrósio fala de sacrilégio. Não que haja entre eles uma diferença de severidade. Em Crisóstomo, *anaideia* designava a infração à relação de "pudor" que o pecado faz contrair perante Deus; e é esta infração que Ambrósio, no vocabulário jurídico latino, designa como *sacrilegium*. Um pouco mais tarde, santo Agostinho dará à não confissão de Caim uma significação aparentemente bem diferente. Também este ressalta que a questão colocada por Deus nada mais é do que uma prova oferecida a Caim para que ele pudesse eventualmente se salvar; porque Deus sabia bem o que havia sido feito. Mas, respondendo "Eu não sei", Caim de algum modo ofereceu a primeira figura da recusa judaica de ouvir o Salvador. Caim rejeita o apelo a reconhecer a verdade de seu crime; os judeus rejeitarão o apelo a reconhecer a verdade do Evangelho. Um diz mentirosamente que ignora aquilo que a voz do sangue grita e que Deus lembra. Os outros mentirosamente negam o que o sangue do Cristo grita e que a Escritura tinha anunciado. "*Fallax ignoratio, falsa negativo*".[94] Contudo, deslocando assim a lição de Caim da confissão das faltas à fé no Evangelho, santo Agostinho não modifica, no fundo, o que diziam sobre a penitência as *Homilias* ou o *De paradiso*. Ele liga fortemente e com um laço explícito aquilo que Crisóstomo e Ambrósio, no texto em questão, deixavam em estado implícito: a saber, que a obrigação de verdade, por relação com as faltas, está profundamente aparentada à obrigação de verdade, por relação com a Revelação. O dizer verdadeiro e o crer, a veridicção sobre si mesmo e a fé na Palavra são ou deveriam ser indissociáveis. O dever de

94 Santo Agostinho, *Contra Faustum*, XII, 10.

verdade, como crença e como confissão, está no centro do cristianismo. Os dois sentidos tradicionais da palavra "confissão" recobrem estes dois aspectos. A "confissão" é, de uma maneira geral, o reconhecimento do dever de verdade.

Deixarei de lado, bem entendido, o problema, no cristianismo, do dever de verdade compreendido como fé, para considerar somente o dever de verdade compreendido como confissão, e tomando seus efeitos numa economia da falta e da salvação. Todavia, sem cessar, as relações entre estes dois aspectos deverão ser evocadas. E isto na medida mesmo em que será sempre preciso sublinhar que o "dizer verdadeiro" da falta ocupa, no cristianismo, um lugar muito mais importante e nele desempenha, em todo caso, um papel muito mais complexo do que na maior parte das religiões – e elas são numerosas – que requerem a confissão dos pecados. Pelo menos quanto às religiões gregas e romanas, o cristianismo impôs a seus fiéis uma obrigação de dizer verdadeiro sobre si mesmos infinitamente mais imperiosa em sua forma e mais exigente em seu conteúdo.

É por meio destas novas regras de "veridicção" que é preciso tentar compreender o que foi dito no cristianismo a propósito da carne.

Anexo 4

Porém, o problema central não está aqui. Está na necessidade de pensar a possível relação sexual anterior à queda fora da categoria de corrupção. Esta, com efeito, tal como era utilizada pela maior parte dos predecessores de Agostinho, estabelecia, entre morte dos indivíduos e conjunção dos sexos, ao mesmo tempo uma comunidade de essência e uma causalidade recíproca: impura, a relação sexual era uma forma de corrupção, bem como a morte, porque esta é destruição do corpo. O ato sexual, portanto, podia ser pensado como um dos efeitos desta corrupção que atingiu os homens quando a morte lhes foi imposta a título de castigo. E, inversamente, poder-se-ia considerar que, levando a impureza aos corpos, ele atingia a incorruptibilidade e os expunha à destruição. O remanejamento fundamental operado por Agostinho consiste em desfazer esta categoria global da corrupção, dissociando, por um lado, a morte da mortalidade e, por outro, a conjunção dos sexos de um estado corrompido do corpo.

Que o primeiro casal não teria morrido se não tivesse pecado é o que mostra nitidamente, segundo Agostinho, o texto do Gênesis (2,17): "A partir do dia em que comeres [do fruto proibido], tu morrerás." É, portanto, depois e por causa da transgressão que a morte se produz, mas como intervenção de uma possibilidade já formada, que ainda não teria encontrado, antes desse evento, condições para se realizar. Caso fosse a própria possibilidade da morte e não sua realização que se devesse à falta, Deus não teria falado de uma sucessão temporal, mas de uma implicação necessária; ele teria dito "se comerdes dele, morrereis". É preciso conceber, portanto, que o homem, ao sair das mãos do Criador, carrega em si mesmo a possibilidade da morte, assim como um corpo absolutamente são e que não é atingido de forma alguma, nem por doença, nem por envelhecimento, pode ser dito mortal. Mas é em um sentido diferente que se diz que um corpo doente está exposto a morrer. Tal foi o estado da humanidade depois da queda: "Esta vida, não digo somente desde o nascimento, mas desde o primeiro instante de nossa concepção, é ela outra coisa que uma espécie de doença incipiente que fatalmente nos conduz à morte?"[95] É preciso, pois, distinguir a mortalidade e a morte, ou, antes, é preciso definir a mortalidade anterior ao pecado como condição ontológica do homem, tal como foi criado. Longe de assinalar um defeito, ela era susceptível de assinalar sua virtude e sua sabedoria, visto que permanecia em suspenso, a título de condição geral, por tanto tempo quanto ele seguisse fielmente a lei de Deus. E é preciso definir a mortalidade posterior ao pecado como o caminho efetivo da morte ao longo de uma vida inteira cuja falta original constituiu, para todos os homens, uma espécie de longa doença. A mortalidade da condição humana não é o efeito de uma corrupção, mesmo que chegue um dia em que todos os homens, fatalmente, morram da corrupção de seus corpos."[96]

Por outro lado e simetricamente, Agostinho dissocia da corrupção o ato sexual pelo menos em seu princípio e em sua possibilidade originária. Uma passagem de *A cidade de Deus* é, particularmente, significativa neste ponto. Pela preocupação de manter o princípio de uma existência paradisíaca incorrupta, muitos exegetas negavam qualquer relação física entre Adão e Eva antes de sua queda. A humanidade anterior

95 Santo Agostinho, *De Genesi ad litteram*, IX, 9, 16-17.

96 Quando Agostinho fala da *necessitas mortis*, quando diz que todos os homens são *morituri*, dá um sentido forte e preciso a estas expressões: trata-se de distinguir este inevitável futuro dos homens decaídos do estatuto do *homo mortalis* atribuído a nossos primeiros pais.

à queda era, portanto, virgem, e a virgindade hoje era, então, *mutatis mutandis*, retorno a este estatuto de origem. Ora, Agostinho admite, ao mesmo tempo, a possibilidade de uma relação física real e a manutenção da virgindade da mulher: "O esposo teria fecundado a esposa sem o aguilhão de uma paixão sedutora, na serenidade da alma e na integridade perfeita do corpo. Se a experiência não o pode mostrar, não é uma razão para duvidar disso; porque as partes do corpo teriam sido não excitadas por um ardor perturbador, mas empregadas segundo as necessidades por um poder mestre de si. Assim, a semente teria podido ser comunicada à esposa conservando sua virgindade, como, no presente, o fluxo menstrual pode se produzir sem qualquer ofensa à virgindade. Porque é pela mesma via que um é introduzido, e o outro, rejeitado."[97] Será preciso voltar, mais adiante, à significação desta efusão fecundante que teria sido absolutamente voluntária, e que se teria realizado sem ruptura do hímen. O que é preciso enfatizar aqui é que a relação sexual ocorre sem "corrupção" física. E por corrupção é preciso entender, ao mesmo tempo, a ofensa à integridade corporal da mulher e a violência de um movimento que domina involuntariamente o corpo do homem.

De todos estes fenômenos que fazem o corpo escapar ao domínio da alma, que o atravessam com movimentos sem controle, que o ferem como uma doença e, em parte, o destroem, de tudo isto que anuncia a fatalidade da morte e a prepara, o primeiro casal teria podido, embora se unindo um ao outro, permanecer livre. Podia conhecer "um casamento honrado" e "um leito sem sujeira".[98]

---

97 Santo Agostinho, *La Cité de Dieu*, XIV, 26.

98 [Epístola aos hebreus, 13, 4.]

Porém, uma vez dissociada esta categoria geral da corrupção que ligava a relação sexual à morte e à impureza, o problema é saber o que podia ser a relação dos sexos entre mortais para quem a morte não era ainda inevitável e, entre os quais, a queda não havia ainda introduzido a impotência, a fraqueza, as paixões e todas as doenças do corpo e da alma. Em suma: é preciso fazer a teoria das relações entre o ato sexual e a concupiscência.

Índice das obras citadas

1 Michel Foucault não se atém jamais a uma única tradução: pode citar a tradução de Louis Segond, a da *Bible de Jerusalem* (Paris, Ed. du Cerf, 1977) ou ainda a dos tradutores de tratados patrísticos. [Ed. bras. Gorgulho, Gilberto da Silva; Storniolo, Ivo; Anderson, Ana Flora (org.). *Bíblia de Jerusalém*. Edição revista e ampliada. São Paulo: Paulus, 2004.]

Autores antigos[2]

ABREVIATURAS

B. A. "Bibliothèque augustinienne", Paris, Desclée de Brouwer.
C.U.F. "Collection des Universités de France" ("Collection Budé"), Paris, Les Belles Lettres.
OE. C. São João Crisóstomo, *Oeuvres complètes*, tradução em francês sob a direção de Mons. Jeannin, Bar-le-Duc, L. Guérin & Cie. (org.), 1863-1867.
OE. T. Oeuvres de Tertullien, Paris, L. Vivès, 1852.
P. G. *Patrologiæ cursus completus, Series Græca*, sob a direção de J.-P. Migne, Paris, 1857-1866.
P. L. *Patrologiæ cursus completus, Series Latina*, sob a direção de J.-P. Migne, Paris, 1844-1865.
S. C. "Sources chrétiennes", Paris, Éditions du Cerf.

2 Mencionamos para cada obra a tradução ou a edição que Michel Foucault, ordinariamente, utiliza. No entanto, muito pontualmente, pode acontecer que ele se refira a uma outra fonte — por exemplo, para santo Agostinho: Mgr Péronne *et al.*, Paris, L. Vivès, 1869-1878; ou ainda, para são João Crisóstomo: Abbé Bareille *et al.*, Paris L. Vivès, 1865-1873, ou: Abbé Joly, Nancy, Bordes, 1864-1867. É preciso acrescentar que as citações podem ter sido retrabalhadas por Foucault a partir do texto latino ou grego (no mais, ele não hesita em se referir diretamente à Patrologia, grega ou latina, de Migne).

Enarrationes in Psalmos Davidicos, P. L., tomo 14.
P. 112, 135.
Explanatio symboli, texto estabelecido e traduzido em francês por Dom B. Botte, S. C., 1961.
P. 97.
Expositio Evangelii secundum Lucam, texto estabelecido e traduzido em francês por Dom G. Tissot, S. C., 1956-1958.
P. 135, 137-138.
De lapsu virginis consecratae, P. L., tomo 16.
P. 191, 251.
De officiis ministrorum, P. L., tomo 16.
P. 470, 487, 489, 491.
De paenitentia, texto estabelecido e traduzido em francês por R. Gryson, S. C., 1971.
P. 81-84, 89-91, 111-113, 115, 121, 125-129, 135-136, 138.
De paradiso, P. L., tomo 14.
P. 134-135, 138, 498-499.
De sacramentis, texto estabelecido e traduzido em francês por Dom B. Botte, S. C., 1961.
P. 99, 102-103.
De Spiritu Sancto, P. L., tomo 17.
P. 112.
De virginibus, P. L., tomo 16.
P. 191, 197-200, 227-228, 230, 235-236, 244, 253, 312.
In Psalmum David CXVIII Expositio, P. L., tomo 15.
P. 151.
[Ed. bras.: *Examerão*. São Paulo: Paulus Editora, 2009.]
SANTO ANTÔNIO,
Apophtègmes des Pères, P. L., tomo 65.
P. 159.
ARISTÓTELES,
Éthique à Nicomaque, texto estabelecido e traduzido em francês por R.-A. Gauthier e J.-Y. Jolif, Louvain-Paris, Publications universitaires de Louvain, 1958-1959.
P. 40.
[Ed. bras.: *Ética a Nicômacos*. Trad. de Mário da Gama Kury. Brasília: Editora UnB, 1985.]
Histoire des animaux, texto estabelecido e traduzido em francês por P. Louis, C.U.F., 1964-1969.

P. 47, 49.
[Ed. bras.: *História dos animais*. Trad. de Maria de Fátima Souza e Silva. São Paulo: WM Martins Fontes, 2014.]
Génération des animaux, texto estabelecido e traduzido em francês por P. Louis, C.U.F., 1961.
P. 49.
SANTO ATANÁSIO,
Apologia ad imperatorem Constantium, P. G., tomo 25.
P. 226.
Vita S. Antonii, P. G., tomo 26.
P. 184.
[Ed. bras.: *Patrística* – Contra os pagãos; A encarnação do Verbo; Apologia ao imperador Constâncio; Apologia de sua fuga; Vida e conduta de S. Antão. São Paulo: Paulus Editora, 2002. V. 18.]
ATENÁGORAS,
Supplicatio pro Christianis (*Supplique au sujet des chrétiens*, texto estabelecido e traduzido por G. Bardy, S. C., 1943).
P. 22.
Legatio, texto estabelecido por W. Schoedel, Oxford, Clarendon Press, 1972.
P. 192.
SANTO AGOSTINHO,
De bono conjugali, texto estabelecido e traduzido em francês por G. Combès, B. A., 1948.
P. 318, 354, 359, 373, 375, 381-386, 388-390, 393, 395, 397-398, 400, 403-404, 406, 410.
[Ed. bras.: *Dos bens do matrimônio*. São Paulo: Paulus Editora, 2001.]
De bono viduitatis, texto estabelecido e traduzido em francês por J. Saint-Martin, B. A., 1939.
P. 354, 357, 361.
[Ed. bras.: *Dos bens da viuvez*. São Paulo: Paulus Editora, 2001.]
De catechizandis rudibus, texto estabelecido e traduzido em francês por G. Combès e A. Farges, B. A., 1949.
P. 372.
De conjugiis adulterinis, texto estabelecido e traduzido

em francês por G. Combès, B. A., 1948
P. 354.
De continentia, texto estabelecido e traduzido em francês por J. Saint-Martin, B. A., 1939.
P. 191, 238, 354.
[Ed. bras.: *A continência*. São Paulo: Paulus Editora, 2013.]
Contra duas epistulas Pelagionorum, texto estabelecido e traduzido em francês por F.-J. Thonnard, E. Bleuzen et A. C. De Veer, B. A., 1974.
P. 412-413.
Contra Faustum, P. L., tomo 42.
P. 499.
Contra Julianum, texto traduzido pelo abade Burleraux, in *OEuvres completes de saint Augustin*, sob a direção de Mons. Poujoulat e do abade Mons. Raulx, Bar-le-Duc, 1864-1872, 17 volumes, tomo XVI, 1872.
P. 359-360, 382, 408-409, 412, 416, 421, 432, 435-437, 440-441, 446.
La Cité de Dieu, texto traduzido em francês por G. Combès, B. A., 1959-1960
P. 378, 381, 407, 414, 419, 422-423, 425, 427-428, 503.
[Ed. bras.: *A cidade de Deus*. Petrópolis: Vozes, 2014.]
Discours sur les Psaume, P. L., tomos 36 e 37.
P. 138-139, 234, 422.
[Ed. bras.: *Comentário aos Salmos*. São Paulo: Paulus Editora, 1997.]
De Genesi ad litteram, texto estabelecido e traduzido em francês por P. Agaesse e A. Solignac, B. A., 1972.
P. 240, 375-377, 380, 413, 418-420, 427, 502.
[Ed. bras.: *Comentário ao Gênesis*. São Paulo: Paulus Editora, 2005.]
De Genesi contra Manichaeos, in *OEuvres complètes de saint Augustin*, tomo III, tradução em francês por M. Péronne et al., Paris L. Vivès, 1873.
P. 370-371, 418.
De gratia Christi et de peccato originali, texto traduzido em francês

por J. Plagnieux e F.-J. Thonnard, B. A., 1976.
P. 425.
De nuptiis et concupiscentia, texto traduzido em francês por F.-J. Thonnard, E. Bleuzen e A. C. De Veer, B. A., 1974.
P. 381-382, 409, 412, 414-415, 417, 424, 426-427, 431-432, 435-438.
Opus imperfectum, P. L., tomo 45.
P. 410, 412, 429-430, 432, 435-437, 444.
Quaestiones in Evangelium secundum Matthaeum I, P. L., tomo 35.
P. 358.
Retractationes, texto estabelecido e traduzido em francês por G. Bardy, B. A., 1950.
P. 404.
De sancta virginitate, texto estabelecido e traduzido em francês por J. Saint-Martin, B. A., 1939.
P. 191, 354-357, 359, 363, 370.
[Ed. bras.: A Santa Virgindade. São Paulo: Paulus Editora, 2001.]
Sermons, P. L., tomo 38.
P. 298, 419, 422, 469.
BARNABÉ, PSEUDO-BARNABÉ,
Épître, texto traduzido em francês por Soeur Suzanne-Dominique e Fr. Louvel, in *Les Écrits des Pères apostoliques*, Paris, Éd. du Cerf, 1979, tomo III.
P. 51-52, 65, 75, 101-102, 108-110, 193, 298.
[Ed. bras.: Carta de Barnabé. In: PADRES APOSTÓLICOS. São Paulo: Paulus Editora, 1997.]
BASÍLIO DE ANCIRA,
De l'intégrité de la virginité, P. G., tomo 30; traduzido em francês por A. Vaillant, in saint Basile, *De virginitate*, Paris, Institut d'études slaves, 1943.
P. 236, 251-252, 256, 261, 266.
De renuntiatione saeculi, P. L., tomo 31
P. 162.
BASÍLIO DE CESAREIA,
Constitutions monastiques, P. G., tomo 31.
P. 154.

Exhortation à renoncer au monde, texto in P. L., tomo 31.
P. 299.
Grandes règles, P. G., tomo 31.
P. 299.
Règles brèves, P. G., tomo 31.
P. 299.
SÃO BENTO,
La Règle, texto traduzido por A. de Vogüé, S. C., 1972.
P. 359.
[Ed. bras.: *A regra de são Bento*. Trad. de D. João Evangelista Enout. Rio de Janeiro: Edições Lumen Christi, 2008.]
CÍCERO,
De finibus, texto estabelecido e traduzido em francês por J. Martha, C.U.F., 1928-1930.
P. 217.
[Ed. bras.: *Os limites dos bens e dos males*. Trad. de Bruno Fregni Bassetto. Uberlândia: Edufu, 2018.]
CLEMENTE DE ALEXANDRIA,
Excerpta ex Theodoto, P. G., tomo 9.
P. 76.
Le Pédagogue, texto traduzido em francês por H.-I. Marrou e M. Harl, S. C., 1960.
P. 24, 26-27, 29, 32, 37, 42-43, 46, 49, 51-52, 54-57, 59, 61, 63, 65-69, 151.
[Ed. bras.: *O pedagogo*. São Paulo: Ecclesiae, 2014.]
Le Protreptique, texto estabelecido e traduzido em francês por C. Mondésert, S. C.,1949.
P. 68.
Quis dives salvetur, P. G., tomo 9.
P. 111, 152.
Les Stromates (II), texto estabelecido e traduzido em francês por C. Mondésert, H.-I. Marrou e O. Staehlin, S. C., 1976.
P. 34, 43, 67.
Les Stromates (III), P. G., tomo 9.
P. 25, 65, 67-68, 233.
CLEMENTE ROMANO,
Première Épître, texto em francês por Soeur Suzanne-Dominique, in *Les Écrits des Pères apostoliques*, Paris, Éd. du Cerf, 1979, tomo I.

P. 109-110.
SÃO CIPRIANO,
Correspondance, texto estabelecido e traduzido em francês pelo cônego Bayard, C.U.F., 1925.
P. 119, 123.
De habitu virginum, P. L., tomo 4.
P. 192, 196, 200-201.
De lapsis, P. L., tomo 4.
P. 122, 128, 132, 135, 468.
CIRILO DE JERUSALEM,
Procatéchèse, texto traduzido em francês por A. Faivre, Lyon, J.-B. Pélagaud, 1844.
P. 96.
DEMÓCRITO,
In *Die Fragmente der Vorsokratiker*, texto estabelecido por H. Diels e W. Kranz, Berlim, Weidmann, 1903.
P. 59.
[Ed. bras.: *Os filósofos pré-socráticos*. Bornheim, Gerd A. (org.). São Paulo: Editora Cultrix, 1997.]
PSEUDO-DEMÓCRITO,
In *Geoponica sive Cassiani Bassi scholastici de re rustica eclogae*, texto estabelecido por H. Beckh, Leipzig, Teubner, 1895.
P. 47.
Didaqué, texto traduzido por R.-F. Refoulé, in *Les Écrits des Pères apostoliques*, Paris, Éd. du Cerf, 1979, tomo I.
P. 76, 97, 109, 193, 297-298
[Ed. bras.: *Didaqué*: o catecismo dos primeiros cristãos para as comunidades de hoje. São Paulo: Paulus Editora, 1989.]
DIOCLECIANO,
Du régime, in Oribase, *Collection médicale. Livres incertains*, tomo III, texto traduzido em francês por U. Bussemaker e Ch. Daremberg, Paris, J.-B. Baillière, 1858.
P. 31.
DIÃO CRISÓSTOMO [DIÃO DE PRUSA],
Discours 1-11, texto estabelecido e traduzido por J. Cohoon, Cambridge, MA, Harvard University Press, Loeb Classical Library, 1932.
P. 476.
DOROTEU DE GAZA,
Vie de Dosithée, in *OEuvres*

spirituelles, texto estabelecido e traduzido em francês por Dom L. Regnault e Dom J. de Préville, S. C., 1964.
P. 163.
[Ed. bras.: *Ensinamentos espirituais*. São Paulo: Subiaco, 2003.]
ELIANO,
Natura animalium, texto estabelecido e traduzido em francês por M. Dacier, Paris, Impr. Auguste Delalain, 1827.
P. 47.
EPICTETO,
Manuel, texto estabelecido e traduzido por A. Jagu e J. Souilhé, C.U.F., 1950.
P. 217.
[Ed. bras.: *O manual de Epicteto*. Trad. de Flávio Arriano e Aldo Dinucci. Sergipe: Editora da UFS, 2014.]
EURÍPEDES,
Ion, texto estabelecido e traduzido por L. Parmentier e H. Grégoire, C.U.F., 1959.
P. 40.
[Ed. bras.: *Eurípedes*: teatro completo – volume 2. Trad. de Jaa Torrano. São Paulo: Iluminuras, 2016.]
EUSÉBIO DE CESAREIA,
Histoire ecclésiastique, livros I-IV, texto estabelecido e traduzido por G. Bardy, S. C., 1962.
P. 194.
[Ed. bras.: *História eclesiástica*. São Paulo: Paulus Editora, 2000.]
EUSÉBIO DE EMESA,
Homélies, in *Clavis Patrum Graecorum. Ab Athanasio ad Chrysostomum*, texto estabelecido por M Geerard, Turnhout, Brepols, 1974.
P. 251.
EVÁGRIO PÔNTICO,
Traité pratique, texto estabelecido e traduzido por A. e C. Guillaumont, S. C., 1971.
P. 178-179, 286, 468.
FAUSTO DE RIEZ,
Discours aux moines sur la pénitence, P. L., tomo 58.
P. 459.
GALENO,
Commentaire aux Épidémies *d'Hippocrate*, in *Opera omnia*, ed. C. G. Kühn,

P. 134.
Homélie sobre o Gênesis, in OE. C., tomo 5.
P. 134-135, 241-242, 246, 334, 339, 492-493, 496.
Trois homélies sur le mariage, in OE. C., tomo 4.
P. 327, 330, 341.
Homélie sobre a penitência, in OE. C., tomo 5.
P. 134, 492, 494, 499.
Homélie sobre são Mateus, in OE. C., tomos 7 e 8.
P. 142.
Qu'il est dangereux pour l'orateur et pour l'auditeur de parler pour plaire, in OE. C., tomo 3.
P. 177.
Sur le mariage unique, texto estabelecido e traduzido por B. Grillet e P. Ettlinger, S. C., 1968.
P. 327, 330, 341.
Huit catéchèses baptismales, texto estabelecido e traduzido por A. Wenger, S. C., 1957.
P. 95.
De la virginité, texto estabelecido e traduzido por B. Grillet e H. Musurillo, S. C., 1966.
P. 225-226, 228, 231-233, 236-237, 240-241, 243-248, 251-253, 256, 258, 261, 266, 283, 319, 335-336, 340-341, 349-350.
[Ed. bras.: *Comentário às Cartas de são Paulo/3*. São Paulo: Paulus Editora, 2013.]
SÃO JERÔNIMO,
Adversus Helvidium De perpetua virginitate B. Mariae, P. L., tomo 23.
P. 230, 247.
Adversus Jovinianum, P. L., tomo 23.
P. 191, 194, 226-227, 229-230, 239, 335.
Lettres, texto estabelecido e traduzido por J. Labourt, C.U.F., 1949-1963.
P. 489.
JUSTINO,
Apologies, texto traduzido em francês por L. Pautigny, Paris, A. Picard et fils, 1904.
P. 22-23, 75-76, 78.
[Ed. bras.: *I e II Apologias*. São Paulo: Paulus Editora, 1995.]
SÃO LEÃO,
Lettres, P. L., tomo 13.

P. 113, 115, 132, 466-467.
LUCRÉCIO,
De natura rerum, texto estabelecido e traduzido por A. Ernout e L. Robin, C.U.F., 1920-1928.
P. 48.
[Ed. bras.: *Da natureza*. São Paulo: Abril Cultural, 1973.]
MARCO AURÉLIO,
Pensées, texto estabelecido e traduzido por A.-I. Trannoy, C.U.F., 1925.
P. 217.
[Ed. bras.: *Meditações*. São Paulo: Abril Cultural, 1973.]
MÉTODO DE OLIMPO,
Le Banquet, texto estabelecido e traduzido por H. Musurillo e V.-H. Debidour, S. C., 1963.
P. 206, 211, 215, 217, 220, 223, 250.
MUSÔNIO RUFO,
Reliquiae, texto estabelecido por O. Hense, Leipzig, Teubner, 1905.
P. 28, 39, 62.
OCELOS LUCANO,
De universi natura, ed. F. W. A. Mullach, Paris, A. Firmin-Didot, 1860.
P. 40.
ORÍGENES,
Commentaire sur saint Jean, livre VI, texto estabelecido e traduzido por C. Blanc, S. C., 1970.
P. 102.
Contra Celsum, texto estabelecido e traduzido por M. Borret, S. C., 1976.
P. 48.
[Ed. bras.: *Contra Celso*. São Paulo: Paulus Editora, 2004.]
Exhortatio ad martyrium, texto traduzido em francês por G. Bardy, Paris, J. Gabalda, 1932.
P. 139.
Homélies sobre o Cântico dos cânticos, texto traduzido em francês por Dom O. Rousseau, S. C., 1954.
P. 323.
[Ed. bras.: *Homilias e comentário ao Cântico dos cânticos*. São Paulo: Paulus Editora, 2018.]
Homélies sur la Genèse, texto estabelecido e traduzido por H. de Lubac e L. Doutreleau, S. C., 1976.

P. 239.
Homélies sur les Nombres, P. G., tomo 12.
P. 96.
OVÍDIO,
Métamorphoses, texto estabelecido e traduzido por G. Lafaye, C.U.F., 1965.
P. 47.
[Ed. bras.: *Metamorfoses*. São Paulo: Editora 34, 2017.]
PACIANO DE BARCELONA,
Lettres, P. L., tomo 13.
P. 129.
Parénèse, P. L., tomo 13, tradução francesa in C. Vogel, *Le Pécheur et la pénitence dans l'Église ancienne*, Paris, Éd. du Cerf, 1969.
P. 128.
PACÔMIO,
Praecepta et Instituta, in Dom A. Boon, *Pachomiana Latina*, Louvain, Bibliothèque de la *Revue d'histoire ecclésiastique*, 1932.
P. 461.
PAULINO,
Vita Ambrosii, P. L., tomo 14.
P. 123.
FÍLON DE ALEXANDRIA,
De opificio mundi, texto estabelecido e traduzido por R. Arnaldez, Paris, Éd. du Cerf, 1976.
P. 239-240.
[Ed. bras.: *Da criação do mundo e outros escritos*. São Paulo: Filocalia, 2015.]
De specialibus legibus, texto traduzido em francês por S. Daniel e A. Mosès, Paris, Éd. du Cerf, 1970-1975.
P. 57.
De agricultura, texto traduzido em francês por J. Pouilloux, Paris, Éd. du Cerf, 1961.
P. 475.
PLATÃO,
Cratyle, texto estabelecido e traduzido por L. Méridier, C.U.F., 1931.
P. 79.
[Ed. bras.: *Crátilo*. Trad. de Carlos Alberto Nunes. Belém: UFPA, 1973.]
Les Lois, texto estabelecido e traduzido por A. Diès e E. des Places, C.U.F., 1951-1956.

P. 56, 474, 481.
[Ed. bras.: *As leis*. Trad. de Carlos Alberto Nunes. Belém: UFPA, 1980.]
Le Politique, texto estabelecido e traduzido por A. Diès, C.U.F., 1935.
P. 475, 480.
[Ed. bras.: *Político*. Trad. de José Cavalcante de Souza. São Paulo: Nova Cultural, 1991.]
La République, texto estabelecido e traduzido por E. Chambry, C.U.F., 1931-1934.
P. 474, 478, 480.
[Ed. bras.: *A República*. Trad. de Carlos Alberto Nunes. Belém: UFPA, 1973.]
PLOTINO,
Ennéades, texto estabelecido e traduzido por E. Bréhier, C.U.F., 1924-1938.
P. 217.
[Ed. bras.: *Enéadas*. Petrópolis: Vozes, 2010.]
POMÉRIO,
De vita contemplativa, P. L., tomo 59.
P. 467, 469.
QUODVULTDEUS
Sermones 1-3, texto estabelecido por R. Braun, Turnhout, Brepols, 1953.
P. 97.
RÈGLE DU MAÎTRE
Texto estabelecido e traduzido por Adalbert de Vogüé, S. C., 1964.
P. 465.
RUFO DE ÉFESO,
OEuvres, ed. C. Daremberg e C. E. Ruelle, Paris, Imprimerie nationale, 1879.
P. 59.
SÊNECA,
De ira, texto estabelecido e traduzido por A. Bourgery, C.U.F., 1922.
P. 148-150, 176, 182.
[Ed. bras.: *Sobre a ira*. São Paulo: Penguin Classsics Companhia das Letras, 2014.]
Lettres à Lucilius, texto estabelecido e traduzido por F. Préchac e H. Noblot, C.U.F., 1945-1964.
P. 62.
De tranquillitate animae, texto estabelecido e traduzido por R. Waltz, C.U.F., 1927.
P. 143, 145, 147

[Ed. bras.: *Da tranquilidade da alma*. São Paulo: Abril Cultural, 1973.]

SORANO,

Traité des maladies des femmes, in *Corpus Medicorum Graecorum*, t. IV, Leipzig, 1927; tradução francesa por F. J. Hergott, Nancy, Impr. Berger-Levrault, 1895.

P. 57.

TERTULIANO,

Adversus Marcionem, texto estabelecido e traduzido por A.-E. de Genoude, in *OE. T.*, tomo 1.

P. 83, 312.

De baptismo, texto estabelecido e traduzido por F. Refoulé e M. Drouzy, S. C., 1952.

P. 82-83, 89, 95, 97, 139.

De carne Christi, trad. A.-E. de Genoude, in *OE. T.*, tomo 1.

P. 67.

De cultu feminarum, texto estabelecido e traduzido por M. Turcan, S. C., 1971.

P. 199.

Exhortatio ad castitatem, trad. A.-E. de Genoude, in *OE. T.*, tomo 3.

P. 197, 199, 312.

De paenitentia, texto estabelecido e traduzido por P. de Labriolle, Paris, Picard, 1906.

P. 81-84, 89-91, 111-113, 115, 121, 125-129, 131, 135-136, 138.

De pudicitia, texto traduzido em francês por P. de Labriolle, Paris, Picard, 1906.

P. 124, 127, 139, 197.

De resurrectione carnis, trad. A.-E. de Genoude, in *OE. T.*, tomo 1.

P. 101-102, 192, 249.

Ad uxorem, trad. A.-E. de Genoude, in *OE. T.*, tomo 3.

P. 197, 199, 249, 312.

De virginibus velandis, trad. A.-E. de Genoude, in *OE. T.*, tomo 3.

P. 197-200, 312.

TITO LÍVIO,

Histoire romaine, tradução francesa sob a direção de M. Nisard, Paris, Firmin Didot frères, 1839.

P. 200.
[Ed. bras.: *História de Roma*. São Paulo: Paumape, 1990.]
XENOFONTE,
Économique, texto estabelecido e traduzido por P. Chantraine, C.U.F., 1949.
P. 327, 331.
[Ed. bras.: *Econômico*. Trad. de Anna Lia Amaral de Almeida Prado. São Paulo: Martins Fontes, 1999.]
Autores modernos
A. D'ALÈS,
L'Édit de Calliste. Étude sur les origines de la pénitence chrétienne, Paris, Beauchesne, 1914.
P. 108, 121.
DOM D. AMAND E C. MOONS,
"Une curieuse homélie grecque inédite sur la virginité adressée aux pères de famille", *Revue bénédictine*, LXIII, 1953.
P. 191, 236.
E. AMMAN,
Artigo "Pénitence", *Dictionnaire de théologie catholique*, Paris, Letouzey et Ané, 1933, tomo XII.
P. 121.
A. BENOÎT,
Le Baptême chrétien au second siècle. La théologie des Pères, Paris, PUF, 1953.
P. 74, 101.
J.-P. BROUDÉHOUX,
Mariage et famille chez Clément d'Alexandrie, Paris, Beauchesne, 1970.
P. 72.
O. CHADWICK,
John Cassien. A Study in Primitive Monasticism, Cambridge, Cambridge University Press, 1950.
P. 158.
A. DELATTE,
Essai sur la politique pythagoricienne, Paris e Liège, Bibliothèque de la Faculté de Philosophie et Lettres de l'Université de Liège, 1922.
P. 474.
F. J. DÖLGER,
Der Exorzismus im altchristlichen Taufritual: eine religionsgeschichtliche Studie, Paderborn, F. Schöningh, 1909.

P. 95.
Sphragis, Paderborn, F. Schöningh, 1911.
P. 75.
A. DONDEYNE,
"La discipline des scrutins dans l'Église latine avant Charlemagne", *Revue d'histoire ecclésiastique*, XXVIII, 1932.
P. 96.
R. DRAGUET,
Les Pères du Désert, Paris, Plon, 1949.
P. 158.
M. DUJARIER,
Le Parrainage des adultes aux trois premiers siècles de l'Église, Paris, Éd. du Cerf, 1962.
P. 93.
H. FRANKFORT,
La Royauté et les Dieux, trad. J. Marty e P. Krieger, Paris, Payot, 1951.
P. 472.
C. J. GADD,
Ideas of Divine Rule in the Ancient East, Londres, Oxford University Press, 1948.
P. 473.
E. GÖLLER,
"Analekten zur Bussgeschichte des 4. Jahrhunderts", *Römische Quar-talschrift*, XXXVI, 1928.
P. 122.
J. GROTZ,
Die Entwicklung des Busstufenwesens in der vornicänischen Kirche, Fribourg en-Brisgau, Herder, 1955.
P. 114, 122.
R. GRYSON,
Le Prêtre selon saint Ambroise, Louvain, Éd. Orientalistes, 1968.
P. 115, 122.
J.-C. GUY,
"Examen de conscience (chez les Pères de l'Église)", *Dictionnaire de Spiritualité*, Paris, Beauchesne, t. IV, 1961.
P. 150.
I. HADOT,
Seneca und die griechisch-römische Tradition der Seelenleitung, Berlim, De Gruyter, 1969.
P. 144.

P. HADOT,
"Théologies et mystiques de la Grèce hellénistique et de la fin de l'Antiquité", *Annuaire de l'École pratique des hautes études*, 5e section, t. LXXXV, 1970.
P. 168.
A. VON HARNACK,
Die Mission und Ausbreitung des Christentums in den ersten drei Jahrhunderten, Leipzig, J. C. Hinrichs, 1906.
P. 193.
I. HAUSHERR,
Direction spirituelle en Orient autrefois, Rome, Pont. Institutum Orientalium Studiorum, 1955.
P. 154.
H. JAEGER,
"L'examen de conscience dans les religions non chrétiennes et avant le christianisme", *Numen*, VI, 1959.
P. 145.
R. LABAT,
Le Caractère religieux de la royauté assyro-babylonienne, Paris, Librairie d'Amérique et d'Orient, 1939.
P. 478.
P. LUNDBERG,
La Typologie baptismale dans l'ancienne Église, Leipzig, Éd. A. Lorentz, 1942.
P. 102.
I. MAGLI,
Gli uomini della penitenzia, Bolonha, Capelli, 1967.
P. 458.
E. E. MALONE,
Martyrdom and Monastic Profession as a Second Baptism, Dusseldorf, Vom christlichen Mysterium, 1951.
P. 139.
H.-I. MARROU; J. DANIÉLOU,
Nouvelle histoire de l'Église, Paris, Le Seuil, 1963.
P. 314.
[Ed. bras.: *Nova história da Igreja*. Petrópolis: Vozes, 1984.]
S. MORENZ,
La Religion des Égyptiens, trad. L. Jospin, Paris, Payot, 1962.
P. 477, 479.
J. MORINUS,
Commentarius historicus

de disciplina in administratione sacramenti paenitentiae, Antuérpia, 1682.
P. 121.
J. PARGÈS,
Les Idées morales et religieuses de Méthode d'Olympe, Paris, Beauchesne, 1929.
P. 216.
B. POSCHMANN,
Paenitentia secunda, Bonn, P. Hanstein, 1940.
P. 76, 108, 112, 121.
K. VON PREYSING,
"Ehezweck und zweite Ehe bei Athenagoras", *Theologische Quartalschrift*, CX, 1929.
P. 22.
F. QUATEMBER,
Die christliche Lebenshaltung des Klemens von Alexandrien nach dem Pädagogus, Viena, Verlag Herder, 1946.
P. 31.
P. RABBOW,
Seelenführung. Methodik der Exerzitien in der Antike, Munique, Kösel-Verlag, 1954.
P. 144.
K. RAHNER,
"La doctrine d'Origène sur la pénitence", *Recherches de science religieuse*, XXXVII, 1950.
P. 116.
PH. DE ROBERT
Les Bergers d'Israël, Genebra. Labor et Fides. 1968
P. 473, 482.
A. SAGE,
"Le péché originel dans la pensée de saint Augustin", *Revue d'études augustiniennes*, XV, 1969.
P. 426.
A. TURCK,
Évangélisation et catéchèse aux deux premiers siècles, Paris, Éd. du Cerf, 1962.
P. 76.
"Aux origines du catéchuménat", *Revue des sciences philosophiques et théologiques*, XLVIII, 1964.
P. 92.
L. VERHEIJEN,
Nouvelle approche de la Règle de saint Augustin, Bégrolles-en-Mauges, Abbaye de Bellefontaine (Vie monastique, VIII), 1980.

P. 359.
P. VEYNE,
Le Pain et le Cirque, Paris, Le Seuil, 1976.
P. 476.
[Ed. bras.: *Pão e circo*. São Paulo: Editora Unesp, 2015.]
F. DE B. VIZMANOS,
Las vírgenes cristianas de la Iglesia primitiva, Madri, La Editoral Católica, 1949.
P. 226.
C. VOGEL,
La Discipline pénitentielle en Gaule, Paris, Letouzay et Ané, 1952.
P. 468.
Le Pécheur et la pénitence dans l'Église ancienne, Paris, Éd. du Cerf, 1966.
P. 459.
A. VOÖBUS,
History of Asceticism in the Syrian Orient, Lovaina, Secrétariat du Corpus Scriptorum Christianorum Orientalium, 1958.
P. 462.

Este livro foi composto na tipografia Dante MT Std, em corpo 12/15 e impresso em papel off-white no Sistema Cameron da Divisão Gráfica da Distribuidora Record.